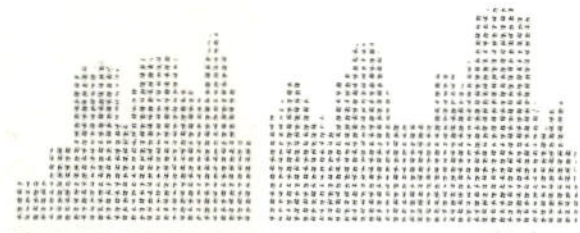

Research on the Strategy of Economic Overtaking Development in Developing Regions under the Background of the New Normal of China's Economy: Case Studies in Henan Province

经济新常态背景下欠发达地区经济赶超发展策略研究

——以河南省为案例分析

张伟丽◎著

本书的出版受到以下项目的资助：

（1）国家自然科学基金项目“时空耦合俱乐部趋同形成与演化机制研究”（项目批准号：41771124）

（2）2017年度教育部人文社会科学研究青年基金项目“追赶与融合：中国区域经济增长俱乐部趋同形成与演化机制研究”（项目批准号：17YJC790198）

（3）河南省哲学社会科学规划项目“河南县域经济协调发展路径分析研究”（项目批准号：2017BJJ009）

（4）河南省高等学校哲学社会科学研究优秀学者资助项目“河南省区域协调发展问题研究”（项目批准号：2015-YXXZ-17）

图书在版编目（CIP）数据

经济新常态背景下欠发达地区经济赶超发展策略研究——以河南省为案例分析/张伟丽著. —北京：经济管理出版社，2018. 7
ISBN 978-7-5096-5967-0

Ⅰ. ①经… Ⅱ. ①张… Ⅲ. ①不发达地区—经济发展—研究—中国
Ⅳ. ①F127

中国版本图书馆 CIP 数据核字（2018）第 200289 号

组稿编辑：赵亚荣
责任编辑：赵亚荣
责任印制：黄章平
责任校对：王纪慧

出版发行：经济管理出版社
（北京市海淀区北蜂窝 8 号中雅大厦 A 座 11 层　100038）
网　　址：www. E-mp. com. cn
电　　话：（010）51915602
印　　刷：三河市延风印装有限公司
经　　销：新华书店
开　　本：720mm×1000mm/16
印　　张：19. 25
字　　数：336 千字
版　　次：2018 年 7 月第 1 版　2018 年 7 月第 1 次印刷
书　　号：ISBN 978-7-5096-5967-0
定　　价：67. 00 元

前 言

随着中国改革开放步入深水区，中国的经济发展面临着生产力成本不断上升、技术进步方式不断变化、投资收益率持续下降以及出口导向型增长的不可持续性等问题，这些因素使中国经济进入了一个新常态。2014 年与 2013 年相比，31 个省份 GDP 增速均出现不同程度的回落。重庆 2014 年 GDP 增长 10.9%，增速居全国第一，山西则以 4.9%的增速垫底。山西、云南回落幅度最大，均较 2013 年回落 4 个百分点。2015 年地方整体增速呈小幅下滑趋势，有两省份 GDP 出现负增长，分别是甘肃 -0.68% 和黑龙江-0.29%。伴随着中国经济结构调整和向新常态迈进，2014 年中国县域经济增速总体出现下滑，400 个样本县（市）实际经济增长率为 6.2%，相比 2013 年 7.3%的实际经济增长率回落了 1.1 个百分点。400 个样本县（市）地区生产总值占全国地区生产总值的比重继续呈现下降趋势，由 2013 年的 26.1%降低到 25.8%。在这种情况下，中国的区域经济增长面临着新的挑战。特别是对于欠发达区域而言，如何在这样一个大的背景下寻找新的发展动力是学术界和各级政府亟须解决的问题。

本书以河南省作为欠发达省份的案例，从探寻中国经济持续高速增长的奥秘入手，沿着中国区域经济增长空间格局及其演变、区域经济接力增长模型构建、河南省区域经济发展现状、河南省县域经济增长空间分布动态、河南省区域经济差异及其空间演变、河南省区域经济协调发展及其空间演变、河南省县域经济新增长点研究、河南省区域经济增长俱乐部趋同分析及预测、河南省区域经济赶超发展的城市支撑、河南省区域经济赶超发展的产业支撑等方面，着重探讨了经济新常态下欠发达地区区域经济赶超发展的策略。具体而言，本书主要包括以下内容：

第 1 章为绪论。

第 2 章为中国区域经济增长新格局。基于 1990~2013 年中国 300 多个地级市的经济数据，采用基尼系数、泰尔指数、沃尔夫森指数、空间自相关分析、空间冷热点分析等方法，分析了地级市之间的总体经济差异、四大地区之间的经济差异，以及地级市之间经济增长的空间关联性、经济总量的冷热点分布、经济增长率的冷热点分布等。得到的主要结论有：中国各地级市之间的总体的经济差异在 2007 年之前总体上是扩大的，而 2007 年之后出现了下降的趋势。东部地区的差异较大，西部地区的差异次之，然后是中部地区和东北地区。经济发展的热点区域范围逐渐缩小，东南沿海地区的热点区域范围逐渐缩小并在 2013 年消失，逐渐成为经济发展的次热区域或次冷区域。冷点区域范围逐渐扩大，并逐渐向西部和西南地区扩散。

第 3 章为区域经济接力增长模型。构建区域间经济快速增长阶段“接力”模型，从理论上证明通过对不同区域经济快速增长阶段的组织及管理，就可以用“接力”的方式使大国经济体获得比小国经济体更长时间的经济持续较快增长能力。并以中国作为案例，在分析不同类型区域的地区生产总值贡献变化的基础上，以劳均地区生产总值增长率为核心，从沿海与内陆、四大区域及不同省份等层次分析中国经济持续增长的可能性。最后，提出中国通过对区域经济增长的有效组织和管理，为保持全国经济持续较快增长提供理论参考和政策选择依据，为欠发达地区区域经济赶超发展策略的设计提供重要的理论基础。

第 4 章为河南省区域经济发展现状。首先，从省辖市经济发展现状、工业发展现状、农业发展现状和服务业发展现状等方面对河南省各省辖市的区域经济进行了多方位的分析。其次，从经济总量、产业经济、空间经济，以及经济发展模式等方面对比分析了河南、广东、江苏和浙江的异同，总体上刻画了河南省内区域经济发展状况和在国内的大致地位。

第 5 章为河南省县域经济增长空间分布动态。使用 1993~2014 年河南省 108 个县域的相关数据，以人均 GDP 和相对人均 GDP 为指标，利用 Kernel 密度估计和马尔科夫链分析方法，对河南省区域经济增长的分布动态进行了实证研究。研究结果表明：河南省的区域经济增长存在四种增长类型，分别为低水平、中低水平、中高水平和高水平。其中，低水平和高水平两个类型最为稳定，而中低水平和中高水平两个类型较易发生转移。高水平趋同俱乐部主要集中分布在郑州、洛阳周围，中高水平趋同俱乐部和中低水平趋同俱乐部分散分布在河南的各地，低水平趋同俱乐部则集中分布在河南东南部地区。荥阳市、新密市、新郑市、偃师市、博爱县、沁阳市、孟州市、长葛市、渑池县经济增长趋于稳定，而且具有较强的辐射作用，应该充分发挥其良好的交通区位优势，以带动整体县域经济的发展。

第 6 章为河南省区域经济差异及其空间演变。基于多尺度与多机制的研究框架，采用了泰尔指数、马尔科夫链、空间自相关、多层次回归模型等方法，并运用 MlWin 等专业分析软件对河南省的区域经济差异做了详尽的分析。研究了基于不同尺度的河南省经济差异状况，及其时空动态演变过程，并通过对河南、广东、江苏、浙江等省份各项泰尔指数、泰尔指数贡献率的分析，对比了各省内部发达地区与欠发达地区之间县域经济发展差异。接着，测度了河南省各个地区在时空上的相关性以及投资水平、市场活跃度、分权化、产业结构、劳动力资源、资源禀赋、受教育程度、城乡分异、地形因素等动力机制对河南省经济差异的作用。得到的主要结论有：①地理尺度越小，区域经济差异越大。不同时间尺度下，区域经济差异程度相异。②河南省的区域经济分布大致呈现核心—外围的格局，富裕区域主要分布在河南省中部与西北部地区，特别集中在中部地区，贫困区域主要分布在东部与南部，特别集中在东部区域。③发达省份县域经济发展差异要低于欠发达的省份。④投资水平、分权化、产业结构、资源禀赋是促进河南省区域经济协调发展的主要因素，市场活跃度、城乡分异、地形因素是弱化经济差异的因素，受教育程度与劳动力资源虽然对区域经济差异有一定影响，但影响不大。

第 7 章为河南省区域经济协调发展及其空间演变。本章认为，区域经济协调发展是区域之间联系逐渐密切、分工更加合理、各个区域经济整体增长、区域间差异逐渐缩小的状态和过程，在此基础上用经济水平差异、经济增长速度差异、空间联系程度三个指标作为判断区域经济协调发展的标准，定量分析了河南省区域经济协调发展的空间分布格局及演化趋势。结果发现，河南省地级市中协调度处于高水平的地级市大约占 10%，处于中高水平的大约占 20%，处于中等水平的约占 30%，处于中低水平的约占 25%，协调度处于低水平的地级市约占全省的 15%。根据空间格局的演化趋势，协调度保持不变的占全省的 45%左右。向下转移的区域多为豫西豫西豫西南经济区和黄淮经济区等经济不太发达的地区，向上转移的区域多为中原城市群、豫北经济区等区域经济发展水平较好的地区。

第 8 章为河南省县域经济新增长点研究。以河南省 108 个县市 2000～2015 年的相对 GDP、相对人均 GDP、GDP 增长速度以及人均 GDP 增长速度为分析数据，利用 Arcgis 的局部热点分析法研究各年份经济发展的冷、热点地区，将每年的经济总量与年均增长速度进行静态和动态对比，得出河南省县域经济的新增长点。得出的主要结论有：河南省县域经济发展处于热点地区的县市以郑州、焦作为核心向外扩散分布，并不断向西北方向聚集；冷点地区主要处于信阳、周口、驻马店这三个市管辖范围内。总体来看，河南县域经济的增长热点从西北方向开始向中东地区及东南地区转移。新的经济增长点主要有确山县、桐柏县、固始县、罗山县、商城县、光山县、潢川县、台前县、通许县、濮阳县、南乐县、虞城县、新县等。

第9章为河南省区域经济增长俱乐部趋同分析及预测。采用马尔科夫链、空间马尔科夫链、时空加权马尔科夫链等方法，对比了地理空间邻居和经济空间邻居下空间马尔科夫转移概率矩阵的异同。得到的主要结论有：①低水平经济类型县域主要分布在豫东南及豫西地区，中低水平县域多分布于豫南、豫北、豫东边缘，中等水平县域分布较为零散，中高水平以及高水平地区多分布于郑州—洛阳片区，且中高水平围绕高水平县域分布。②传统地理邻居具有一定局限性，经济空间邻居相对较全面。传统地理邻居对中低水平、中等水平县域经济类型判定存在误差，且变化趋势与地理邻居经济水平呈正相关，而在经济空间邻居下，综合考虑县域经济空间邻居的经济水平与县域水平变化，转移概率小于地理邻居下的转移概率，且更符合实际。③利用时空加权马尔科夫链预测河南县域2020年经济类型发现，发生经济类型转移概率较大的县域原始状态多为中低、中等、中高水平县域，低水平县域与高水平县域经济类型维持在原状态不动的概率在70%以上。

第10章为河南省区域经济赶超发展的城市支撑。主要从河南省城市化发展进程，河南城市发展存在问题，以及中原城市群与长三角、珠三角城市群在空间范围、经济发展水平、城市规模、产业结构、地方公共财政支出、金融发展、固定资产投资、社会消费品零售总额、利用外资、社会保障水平、市政基础设施水平及资源环境质量等的比较等方面分析河南省区域经济赶超发展在城市方面的支撑。

第11章为河南省区域经济赶超发展的产业支撑。主要从三次产业发展概况、农业发展优势及劣势分析、工业发展优势及劣势分析和服务业发展优势及劣势分析等方面剖析河南省区域经济赶超发展的产业支撑。

第12章为河南省区域经济赶超发展策略研究。根据前面对中国区域经济的研判和对河南省区域经济的全方位分析，提出河南省区域经济赶超发展的策略：抓住经济新常态机遇，实现河南省整体经济的赶超发展；有序组织不同趋同俱乐部的增长，以接力的方式保持河南整体经济的持续增长；利用西北与东南的互动，增强新增长点的接力增长能力；尽快缩小河南区域经济差异，实现区域经济的协调发展；加快中原城市群的创新发展，为河南省整体经济的赶超发展提供城市支撑；加快产业的转型和结构优化，为河南省整体经济的赶超发展提供产业支撑。

目 录

1 绪论

1.1 研究背景

随着中国改革开放步入深水区，中国的经济发展面临着生产力成本不断上升、技术进步方式不断变化、投资收益率持续下降以及出口导向型增长的不可持续性，这些因素使中国经济进入了一个新常态。这个新常态的表现就是经济增长率下降、“滞胀”隐患出现、就业压力减小、消费占比提高、产业结构从劳动密集型向资金密集型和知识密集型转换。

习近平总书记于2014年考察河南省时提出“新常态”一词，表明了中国对当前国内外经济形势的研判和态度。2015年中央经济工作会议再次强调“认识新常态、适应新常态、引领新常态，是未来一个时期中国经济发展的主要基调”。从认识论来看，新常态经济是区域经济经过一段时间不正常发展之后，经济发展转变为正常；新常态表明经济增长由原来的高速转为中高速，一方面是边际性减速，另一方面是结构性减速。边际性减速即为经济总量回落，结构性减速即为人口红利、劳动供给要素等降低，经济呈现正常增长水平。

2014年与2013年相比，31个省份GDP增速均出现不同程度的回落。重庆2014年GDP增长10.9%，增速居全国第一，山西则以4.9%的增速垫底。山西、云南回落幅度最大，均较2013年回落4个百分点。辽宁、黑龙江、天津的回落幅度也较大，均超过了2个百分点。在增速普遍回落的同时，各地2015年的预期增长目标也大都进行了下调。目前，除西藏GDP目标与上年持平外，北京、河北等26个省份均明确下调了GDP增长目标。上海则干脆取消了GDP目标，只提出了“经济平稳增长”。2015年，全国GDP总量排名前五的省份分别是广东、江苏、山东、浙江、河南。增速方面，31个省份中有23个省份GDP同比增幅超过7%，超过10%的有3个省份，分别为重庆、贵州、西藏。2014年GDP同比增幅超过7%的有26个省份，高于

10%的省份有 5 个。2015 年地方整体增速呈小幅下滑趋势。有两省份 GDP 出现负增长，分别是甘肃-0.68%和黑龙江-0.29%。2016 年，从各地经济实际增速和名义增速来看，中国经济呈现西部最快、中部次之、东部放慢、东北最弱的特征，平均实际经济增速分别约为 8.6%、7.7%、7.6%和 3.5%。其中，实际经济增速最快的是重庆，达到 10.7%，其次是贵州和西藏，增速分别为 10.5%、10%。经济增速数据低于全国 6.7%的三个省份分别为辽宁负增长 2.5%、山西增速 4.5%和黑龙江增长 6.1%。

从区域发展来看，1990~2013 年中国区域经济增长速度较快的地区数量有所减少，且减少幅度相对较大。区域经济发展状况较好的地区占整个区域的比重 1990~1995 年为 37.76%，在 2007~2013 年下降至 15.11%；区域经济发展状况较差的地区占整个区域的比重 1990~1995 年为 62.24%，在 2007~2013 年上升至 84.89%[①]。

总体来看，国内东部沿海城市经济增长速度回落，但欠发达城市及县域经济增长速度相比往年有所提高。2014 年，河南省经济增长速度为 8.86%，相比 2013 年经济增长速度回落 0.14%。其中经济增长速度最高的为范县，同比增长 14.1%，最低的为伊川县，增长速度为 3.2%。纵观近几年河南县域经济发展，108 个县域经济均呈现不同幅度的增长，不同行政隶属单位县域间以及同属行政单位隶属县域间经济增长幅度差距仍较明显；2014 年，相对经济水平较高的县域，经济增长速度保持平稳增长，如巩义市、荥阳市、登封市、宝丰县、许昌市等部分地级市，而经济水平相对落后的县域，经济增长速度则出现较大幅度的增长，如新郑市，2015 年经济增长速度达到 15.6%，中牟县达到 13.5%，孟津县 12.1%，新安县 12.5%，郏县 15.6%，安阳县 13.7%等。

《中国县域发展报告（2016）》指出，从全国县域来看，2015 年 400 个样本县地区生产总值同比实际增速较 2014 年下降了 2.26 个百分点，明显超过全国 0.5 个百分点的下降幅度。400 个样本县地区生产总值占全国的比重继续下降，由 2014 年的 25.8%下降到 24.4%。地区比较表明，2015 年中部地区样本县经济增速最快，成功实现对西部地区的超越。而且，中部地区样本县全社会固定资产投资完成额、社会消费品零售总额和地方公共预算收入的增速分别达到 12.4%、16.1%和 7.8%，都明显超过东部地区和西部地区样本县的增速。

① 根据笔者自己的计算而得，详细过程可见第 3 章。

因此，经济新常态下，国家经济增速放缓，但经济质量在提高，这对于国内欠发达地区、区域内经济水平落后地区来说，是实现经济快速发展，提高经济水平，缩小与发达地区、经济水平较好地区经济差距的难得机遇。那么，欠发达地区怎样才能实现区域经济的赶超发展呢？我们认为，这一问题的解决需要从以下几个方面入手：

第一，这一问题的解决需从探寻中国过去 40 年经济的持续高速增长奥秘开始。这一工作不仅有助于挖掘中国经济持续增长的原动力，也可为欠发达地区赶超发达地区提供重要的启示。

自 1978 年改革开放以来，中国经济保持强劲增长态势，GDP 增长率在 1979~2012 年平均为 9.9%，经济总量先后超过了俄罗斯、加拿大、意大利、法国、英国、德国、日本，成为世界第二大经济体。“二战”以后，一批新兴工业化国家和地区也依次经历了快速增长的过程，日本历经了 19 年的高速增长，年均增长率为 9.2%；新加坡的经济高速增长期是 20 年，年均增长率为 9.9%；中国香港的经济高速增长期是 21 年，年均增长率为 8.7%；中国台湾的经济高速增长期是 26 年，年均增长率为 9.5%；韩国的经济高速增长期是 30 年，年均增长率为 8.5%。相对而言，中国自改革开放以来经济的高速增长期更长，这不能不说是创造了一个奇迹。

第二，中国的区域经济空间格局出现了许多新的变化，这些新的变化为欠发达地区区域经济赶超发展的可能提供了数据支撑。譬如，从区域空间分布范围来看，东南沿海地区的热点区域范围逐渐缩小并在 2013 年消失，逐渐成为经济发展的次热甚至次冷区域。2001~2006 年，经济增长状况较好的热点区域集中分布在东部沿海地区的上海、浙江、江苏等的部分城市和内蒙古的鄂尔多斯、包头、巴彦淖尔等地，冷点区域则集中分布在黑龙江、吉林、贵州、湖北、湖南、广东等地。2007~2013 年，热点区域集中分布在内蒙古、黑龙江、吉林的呼伦贝尔、兴安盟、通辽、大庆、齐齐哈尔、白城等地区，次热区域则主要集中在东南沿海的浙江、福建及云南的部分地区，冷点区域集中分布在京津冀地区和山东、河南的部分城市以及南部沿海的广东部分地区。

第三，国家实施“一带一路”倡议、京津冀协同发展战略及长江经济带建设等，使大多数欠发达地区被摆在更加重要的位置，外部条件的变化为欠发达地区的赶超发展提供了重要契机。当前，国际经济格局正在从一体化趋势转向碎片化趋势。从国内看，国家着眼于开拓发展新空间，将以区域发展总体战略为基础，以“一带一路”建设、京津冀协同发展、长江经济带建设为引领，构建沿海沿江沿线经济带为主的纵向横向经济轴带。

第四，从欠发达地区的典型代表入手，以上述三方面工作为基础，全面分析欠发达地区区域经济赶超发展策略。本书选择河南省作为欠发达地区的典型代表，主要基于下述考虑：首先，河南省作为内陆人口大省，劳动力、自然资源等传统要素资源丰富，技术、管理以及资金等创新要素、高端要素不足，其主要人均指标低于全国平均水平的状况一直没有改变。其次，“一带一路”倡议的提出，改变了沿海开放战略下中原地区不靠海、不沿边的被动局面，将地处中原腹地的河南推到了新一轮开放发展的前沿。再次，国家把中原城市群发展放在了加快培育继而引领中西部地区发展的重要位置，这是河南和中原地区的重大利好。最后，近年来河南省着力构建一大批科学发展平台，有航空港实验区等三大国家战略规划的战略类平台，有产业集聚区、服务业“两区”等产业类平台，有高新区、经开区等创新类平台，有跨境电子商务综合试验区、综合保税区、出口加工区以及各类指定口岸等开放类平台，有中原城市群、城乡一体化示范区等区域性平台，有产权交易市场、郑东新区金融集聚核心区、粮食期货市场等市场类平台等，这些平台的推动为河南的区域经济实现赶超发展提供了坚实的基础。

1.2 研究现状

国内外学术界对中国经济增长的持续性问题进行了大量的研究，也取得了丰富的成果，但是，从研究视角上看绝大多数文献是从 TFP 的增长率来分析中国经济增长的持续性，且由于使用的估计方法及数据等方面的不同，得到的结论并不一致，甚至相悖。另外，TFP 的核算很大程度上依赖于投入要素的数据如何测定。再者，现有研究均未考虑到中国是一个大国，从发展阶段来看，存在不同类型的区域。由于各类区域的产业发展阶段、经济增长点和所处的经济周期等均存在差异，当某些区域的经济面临调整的时候，另一些区域可能正处于经济发展的较好时期，因此，不同类型区域间发展水平的梯度差异就有可能逐渐转变为大国经济增长的可持续性。

有关中国区域经济新格局的相关研究中，较多是基于全国省级行政单元的数据对区域经济差异进行分析，也有部分研究综合省级、地级行政区域单元的数据进行区域经济差异和空间格局演变的分析。然而，对中国区域经济发展模式的研究，很少出现基于小规模地域研究单元且持续时间的分析。并且，以往的研究忽视了经济增长率的差异。

河南省区域经济发展的相关研究较多，但基于经济新常态背景下的区域经济赶超发展方面的系统研究较少。伴随着经济的快速增长，河南省内的经济差异总体上呈现扩大的趋势，两极分化现象突出，协调发展任务艰巨。经济发达区集中于陇海线以北、京广线以西，经济次发达区主要位于发达区周围和南阳盆地，经济欠发达区构建全省的基本格局，且主要位于发达区和次发达区的外围，经济不发达区主要分布在经济边缘地带。因此，具有较大经济差异的河南各区域如何在经济新常态的背景下协调发展已经成为迫在眉睫的现实问题。总体来看，有关河南省区域经济差异的研究方面，多偏重于单一范围尺度，缺少不同尺度之间的对比分析，影响因素的分析无法描述各种因素在不同等级结构中的影响力度及在时间序列上的效果差异。

区域经济协调发展方面，缺乏定量分析，有关区域协调发展度分布格局及演进的研究较少；且缺乏比较分析，即多数文献仅仅就河南论河南，缺乏河南与国内发达省份以及国际上发达国家之间的比较，未能较好地汲取国内外促进区域经济协调发展的成功经验。事实上，国内的发达省份，如江苏、浙江、广东等，它们的协调发展程度也是较高的，当然它们也经历了区域经济差异扩大—区域经济差异缩小—区域经济协调发展的过程，在这一过程中摸索出了促进协调发展的好方法，比如，浙江的“山海协作工程”、江苏的“区域共同发展战略”以及广东的“双转移”等。另外，国际上的发达国家，如地处北欧的瑞典，人口近 900 万，面积 46 万平方千米，是人均国民生产总值接近 3 万美元的发达福利国家。自 20 世纪 60 年代以来，瑞典对开发边远地区进行了有益的探索，采取了一系列措施缩小北部边远地区与南部发达地区之间的差距，并取得了可喜的成绩。比如，坚持在欠发达地区依法普及教育，坚持全国统一的医疗、失业、养老保险及补助标准，用政府拨款、减税和成立“发展基金”等经济手段鼓励企业到边远地区投资等。河南省亟须借鉴这些国内外促进区域经济协调发展的成功经验。

在区域经济增长趋同研究中，俱乐部趋同得到了越来越多的关注。其原因是，现实世界中，贫穷区域和富裕区域共存是一个普遍现象，经济上持续增长的不平等已经成为社会不安定的一个重要因素，并制约了落后区域的发展。学者们都在探索落后区域是否能够追赶上富裕区域，如果能，落后区域如何追赶上富裕区域等，对这些问题的探索形成了区域经济增长俱乐部趋同研究的主要领域。俱乐部趋同能够更好地描述区域经济增长总体上趋异而局部趋同的现象，而这恰恰与现实世界中贫穷区域和富裕区域各自集聚的现象相符，因此，如何准确地识别俱乐部趋同并进一步解释其形成和演化机制已经引起学者和政策制定者的广泛关注。研究俱乐部趋同可以更加准确地观察区域经济增长的空间格局，针对性地分析不同类型区域经济增长的影响因素，从中发现扩大富裕组或缩小贫穷组的成员个数，或促成贫穷组成员进入到富裕组成员的路径，这对于缩小区域经济差异，促进区域协调发展无疑具有重要的理论启示和决策参考价值。因此，不同国家或区域之间，以及同一国家不同区域之间的俱乐部趋同研究就显得十分重要。

自 Barro 和 Sala-I-Martin 提出俱乐部趋同的概念以来，其间伴随着研究视角由起初的不考虑区域间相互关系，发展到重视区域间相互影响的变换，俱乐部趋同的假说的检验方法也得到了改进，国内外相关研究取得了大量的成果，但事实上，目前的相关研究仍然处于检验俱乐部趋同假说的初级阶段，现有研究多忽视了时间维度和空间维度的耦合。时间维度文献的特点是重视初始增长条件和结构特征等因素当期及前期值对趋同的影响，而忽略区域间的空间效应。空间维度文献的特点是强调区域间的空间效应，但忽略因素前期值的影响。忽视空间效应就是把区域的发展看作一个空间上互不联系的“孤岛”，而忽视前期值的影响又把区域的发展看作一个时间上割裂的“断层”。无论是“孤岛”还是“断层”都不符合经济增长的实际情况，因为区域的经济增长一方面不仅与其本身有关，还与其周围的邻居区域有关，存在明显的空间关联性，即空间自相关；另一方面不仅与影响因素的当期值有关，还与这些因素的前期值有关，表现出明显的时间关联性，即时间自相关。因此，现有文献中把时间维度与空间维度分离开来的做法不利于科学地解释区域经济增长俱乐部趋同现象，俱乐部趋同研究领域的发展亟须将时间维度和空间维度结合起来。此外，现有研究还存在另一个突出问题，即绝大多数文献在定义空间邻居时，并不考虑经济空间邻近因素。地理意义上的近邻对县域经济增长产生一定的作用，周边经济环境对县域经济发展具有一定的影响，那么经济空间上的邻居是否对县域经济发展具有一定的作用呢？是否与地理意义上的近邻表现得相同？

1.3 研究意义

1.3.1 理论意义

本研究的理论意义主要体现在以下几个方面：

第一，构建区域间经济快速增长阶段“接力”模型，证明通过对不同区域经济快速增长阶段的组织及管理，就可以用“接力”的方式使经济体保持持续较快增长能力。以中国作为案例，在分析不同类型区域的地区生产总值贡献变化的基础上，以劳均地区生产总值增长率为核心，从沿海与内陆、四大区域及不同省份等层次分析中国经济持续增长的可能性。

第二，在经济俱乐部趋同的基础上引入空间经济邻居概念，打破传统地理邻居的限制，加入空间邻居效应，对河南县域经济发展进行更精确的研究。俱乐部即为河南 108 个县域不同类型的经济水平，用来描述区域内经济发展趋异而局部趋同现象，更能清晰地反映出区域内不同经济类型以及相同经济类型个体变化以及发展趋势。在俱乐部的基础上，采用格兰杰因果关系分析，引入空间经济邻居，并建立空间马尔科夫概率转移矩阵，对省内县域经济变动进行研究，最后在分析结果的基础上，利用局部空间莫兰指数以及时空加权马尔科夫链对河南县域经济发展类型进行预测，该模型为政策的制定提供数据支撑，这方面的工作具有开创性意义。

第三，将多尺度和多机制分析框架应用在区域经济差异研究中，能更清楚地阐明省域经济差异的多尺度分异特征，并通过多层次回归模型较好地阐释造成区域经济差异的因素。

第四，提出区域经济协调发展是区域之间联系逐渐密切、分工更加合理、各个区域经济整体增长、区域间差异逐渐缩小的状态和过程，用经济水平差异、经济增长速度差异、空间联系程度三个指标作为判断区域经济是否协调发展的标准，用主成分分析的方法确定三个指标的权重，从而测算河南省区域经济协调发展度，定量地分析了河南省区域经济协调发展的空间分布格局及演化趋势，并用河南省地级市人均 GDP 的冷热点图与地级市区域经济发展协调度的分布做对比，分析了河南省区域经济协调度的分布变化规律。

第五，提出时空加权马尔科夫链方法，并采用时空加权马尔科夫链方法预测河南未来的经济增长类型。马尔科夫链侧重时间方面的自相关，而空间马尔科夫链侧重空间方面的自相关，因此，亟须将时间维度和空间维度结合起来，即进行时空加权分析。

1.3.2　实践价值

本研究的实践价值主要体现在以下几个方面：

第一，以中国地级市为研究地域单元，从人均 GDP 及人均 GDP 增长率两个方面连续地分析 1990~2013 年中国区域经济的冷热点及其空间演变。这一分析将弥补现有研究的不足，并有利于识别出潜在的经济增长热点，有利于设计经济新常态下欠发达地区的未来赶超发展路径。

第二，从河南经济发展的国内及省内比较、河南区域经济发展的产业支撑及城市支撑、河南区域经济差异、河南区域经济协调发展、河南区域经济发展空间格局的演变与河南区域经济俱乐部趋同分析及其预测等方面探寻其区域经济赶超发展的路径，为经济新常态下其他欠发达地区的区域发展提供重要的参考。

第三，打破传统地理邻居限制，引入空间邻居效应，更能精确地反映出河南县域经济发展情况，有利于当地政府定量分析县域经济协调发展，为当地政府提供未来区域发展的政策依据。

1.4 主要内容

本书的主要内容安排如下：

第1章，绪论。本章简要介绍本书的研究背景、研究现状、研究意义、主要内容、研究方法、学术创新及学术价值。

第2章，中国区域经济增长新格局。首先，分析了中国区域经济差异的现状。以中国329个地级行政单元为研究对象，以人均GDP及其增长率为重要指标，利用基尼系数、泰尔指数、沃尔夫森指数和变异系数来衡量区域整体的空间差异和极化趋势。其中，基尼系数、泰尔指数、变异系数用来衡量区域经济发展的空间差异，沃尔夫森指数用来衡量整体上的空间极化程度。结果发现，我国地级市的区域经济总体差异呈现出“扩大—缩小”的趋势，并且相对而言，缩小的趋势小于扩大的趋势。与区域总体差异相比较，东部地区的差异较大，西部地区的差异次之，然后是中部地区和东北地区。其次，从全局空间自相关系数、局部冷热点分析以及潜在的区域经济增长冷热点分析三方面展示了中国区域经济增长的新格局及其演变。结果发现，从区域空间分布范围来看，热点区域范围逐渐缩小，东南沿海地区的热点区域范围逐渐缩小并在2013年消失，逐渐成为经济发展的次热区域或次冷区域；同时，冷点区域范围逐渐扩大，并逐渐向西部和西南地区扩散，1995~2013年西部地区的克孜勒苏柯尔克孜、喀什、和田等地区一直属于冷点区域或次冷区域。

第3章，区域经济接力增长模型。本章从中国经济持续40年高速增长的奇迹入手，提出区域发展阶段的异质性可能是中国经济持续高速增长的密钥。通过在新古典增长模型中加入时间因素 t，并引入四个重要因素，即增长阶段、投资、阻碍因素的总和及技术创新等，构建了区域经济接力增长的理论模型。接着，模拟试验、中国四大区域的经验检验及河南省内各区域的经验检验等均表明构建的区域经济接力增长模型是合理的。因此，欠发达地区如果能够科学地利用其内部各区域之间增长阶段的异质性，就有可能获得经济的快速发展，并最终赶超发达地区。

第 4 章，河南省区域经济发展现状。本章从河南区域经济发展的省内比较及国内比较两方面展开。首先，对河南省所辖 18 个地市的区域经济发展状况进行综合评价，计算河南省经济发展水平的综合得分，并根据综合得分对河南省的各地级市进行聚类分析，揭示河南区域经济发展的综合差异。其次，选取北京、天津、江苏、上海、浙江、广东 6 省市作为比较对象，通过经济总量、产业经济以及空间经济的比较，找出河南省区域发展的优劣势；同时总结发达省份可借鉴的区域发展经验，为后述的河南区域经济赶超发展战略做铺垫。之所以选取上述 6 省市，是因为它们为经济较发达省市，在发展模式上有着比河南领先的优势，而且，它们分别属于全国经济最发达的三大经济圈，即环渤海经济圈、长江三角洲经济圈、珠江三角洲经济圈中的重要省市，在经济总量上比河南省有优越性。

第 5 章，河南省县域经济增长空间分布动态。本章以河南省 108 个县域 1993~2014 年人均 GDP 为资料来源，采用核密度估计和马尔科夫链方法，结合 ArcGIS 和 EViews 软件，对河南省县域经济增长的动态分布过程进行分析。研究结果表明：①河南省的区域经济增长存在四种类型，分别为低水平、中低水平、中高水平和高水平类型。其中低水平和高水平两种增长类型比较稳定，而容易产生波动的是中低水平和中高水平两个增长类型。低水平区域由于政策因素和自身发展条件而不容易和其他高水平的区域发生经济联系，容易形成“贫困陷阱”。而高水平区域由于其良好的区位优势和政策扶持能够保持自身的发达实力。②在空间分布上，高水平类型主要集中分布在郑州、洛阳周围，中高水平类型和中低水平类型分散分布在河南的各地，低水平类型则主要集中分布在河南东南部地区。这主要是因为郑州是河南的省会，洛阳与郑州相邻，经济发展水平相对来说比较高，能带动周围的经济发展。③要加大对于低水平区域如鲁山县、柘城县、虞城县等的扶持开发力度，给予更多的政策支持。对于富裕地区如巩义市、荥阳县、新密县、新郑县等要借助其区位优势，增强其自主性发展的能力。同时要增强对中间水平地区创新能力的培养，努力实现向高水平类型的跃进。

第6章，河南省区域经济差异及其空间演变。本章采用泰尔指数来研究河南省区级、市级、县级三种不同空间尺度的经济差异。在县级泰尔指数的基础上进行了地区间与地区内泰尔指数的分解，进一步分析了各地区之间与地区内部的经济差异。接着，采用马尔科夫链方法对河南区域经济进行核心—外围结构的类型划分，采用 Moran's I 指数与 Moran 散点图具体研究河南区域经济差异的时空动态。然后，利用泰尔指数的分解，本章分析了河南省与广东省、江苏省和浙江发达县域与欠发达县域经济差异的异同。接着，本章采用多层次回归模型进一步分析河南区域经济差异的动力机制。在动力机制的研究方面，本章采用的指标体系相比广东省与浙江省更加完整。根据现有文献对河南省区域经济差异形成机制的研究，选取投资水平、市场活跃度、分权化、产业结构、劳动力资源、资源禀赋、受教育程度、城乡分异及地形因素等指标来探究河南省区域经济差异的影响因素。在分析的过程中将与广东、浙江省进行比较，河南是欠发达省份，广东、浙江是发达省份，这样的对比分析比较具有意义。研究发现，地理尺度和时间尺度对河南省的区域经济差异有着重要的影响。从地理尺度来看，河南省县级尺度泰尔指数大于市级，市级大于区级，因此，地理尺度越小，区域经济差异越大。从时间尺度来看，河南省在不同的时间泰尔指数不同，区级与市级的经济差异整体上呈现扩大的趋势，县级经济差异趋于平缓变动。因此，在不同时间尺度下，区域经济差异程度相异。从空间分布来看，河南省的区域经济差异大致呈现核心—外围的格局，富裕区域主要分布在河南省中部与西北部地区，特别集中在中部地区，贫困区域主要分布在东部与南部，特别集中在东部区域。河南、广东、江苏、浙江四个省的县域经济发展差异整体都呈现下降的趋势，并且发达省份的县域经济发展差异要低于欠发达的省份。四省的县域经济发展差异主要来源于内部发达地区与欠发达地区之间的县域经济发展差异。投资水平、分权化、产业结构、资源禀赋是促进河南省区域经济差异增大的主要因素，市场活跃度、城乡分异、地形因素是弱化经济差异的因素，受教育程度与劳动力资源虽然对区域经济差异有一定影响，但影响不大。

第7章，河南省区域经济协调发展及其空间演变。本章认为，区域经济协调发展是区域之间联系逐渐密切、分工更加合理、各个区域经济整体增长、区域间差异逐渐减小的状态和过程。用经济水平差异、经济增长速度差异、空间联系程度三个指标作为判断区域经济协调发展的标准，用主成分分析的方法确定三个指标的权重，来测算河南省区域经济协调发展度，定量分析河南省区域经济协调发展的空间分布格局及演化趋势，并用河南省地级市人均 GDP 的冷热点图与地级市区域经济发展协调度的分布做对比，分析河南省区域经济协调度的分布变化规律。结果发现，河南省地级市中协调度处于高水平的地级市大约占 10%，处于中高水平的大约占 20%，处于中等水平的约占 30%，处于中低水平的约占 25%，协调度处于低水平的地级市约占全省的 15%。中原城市群协调度平均值约为 0.46，豫西豫西南经济区协调度平均值约为 0.42，豫北经济区协调度平均值约为 0.33，黄淮经济区协调度平均值约为 0.18。根据空间格局的演化趋势可得，协调度保持不变的占全省的 45%左右。向下转移的区域多为豫西南经济区和黄淮经济区这些经济不太发达的地区，向上转移的区域多为中原城市群、豫北经济区等区域经济发展水平较好的地区。

第 8 章，河南省县域经济新增长点研究。本章以河南省 108 个县市 2000~2015 年的相对 GDP、相对人均 GDP、GDP 增长速度以及人均 GDP 增长速度为分析数据，利用 Arcgis 的空间自相关来分析各县市经济发展的关联性，再进一步用热点分析法研究各年份经济发展的冷、热点地区，将每年的经济总量与一段时间内的年均增长速度进行静态和动态对比，得出河南省县域经济的新增长点。得出的主要结论有：①各县域的经济发展呈正相关关系，经济发展水平较为相似的地区其集聚特征显著。较为富裕的县市主要集中分布在中部与西北部地区，而贫困地区主要分布在东部与南部地区。②河南省的县域经济发展处于热点地区的县市以郑州、焦作为核心向外扩散分布，并不断向西北方向聚集；冷点地区主要处于信阳、周口、驻马店这三个市管辖范围内。总体来看，河南县域经济的增长热点从西北方向开始向中东地区及东南地区转移。③新的经济增长点主要有确山县、桐柏县、固始县、罗山县、商城县、光山县、潢川县、台前县、通许县、濮阳县、南乐县、虞城县、新县等。

第 9 章，河南省区域经济增长俱乐部趋同分析及预测。本章根据河南省区域经济增长中存在的空间依赖性和时间自相关性，将河南省区域经济增长的空间特征和时间特征结合起来，在传统马尔科夫链中引入空间效应，并利用区域经济增长的自相关系数和局部 Moran's I 指数作为时空权重加以校正，构建了时空加权马尔科夫链，进而研究河南省区域经济增长过程中的时空动态演变特征。本章的另一项重要工作是引入了经济空间邻居的概念，并对比分析了地理邻居下河南县域经济增长空间马尔科夫转移概率矩阵和经济邻居下该概率矩阵的差异。得到的主要结论有：①河南县域经济发展有两极分化趋势，处于低水平以及高水平经济类型县域较稳定，其他经济类型县域在经济新常态背景下变动较为明显。低水平经济类型县域主要分布在豫东南及豫西地区，中低水平县域多分布于豫南、豫北、豫东边缘，中等水平县域分布较为零散，中高水平以及高水平地区多分布于郑州—洛阳片区，且中高水平围绕高水平县域分布。②高水平经济类型县域发展容易产生“虹吸效应”但辐射力不足，辐射范围有限。同时属于低水平类型的县域占比40%，与比其经济发展水平高的县域经济联系不强，容易陷入“贫困陷阱”。③传统地理邻居具有一定局限性，经济空间邻居相对较全面。传统地理邻居对中低水平、中等水平县域经济类型判定存在误差，且变化趋势与地理邻居经济水平呈正相关，而在经济空间邻居下，综合考虑县域经济空间邻居的经济水平与县域水平变化，转移概率小于地理邻居下的转移概率，且更符合实际。④利用时空加权马尔科夫链方法预测河南县域2020年经济类型发现，发生经济类型转移概率较大的县域原始状态多为中低、中等、中高水平县域，低水平县域与高水平县域经济类型维持在原状态不动的概率在70%以上。

第10章，河南省区域经济赶超发展的城市支撑。前面的章节分析了河南省经济总体横向演进规律和河南省内部区域经济差异以及协调发展演变，可以看出，河南省区域经济差距较大，经济发展不平衡。同时，河南省与沿海较发达省市之间在产业结构、空间集聚、城市化水平等方面也有很大差距。因此，为加快河南经济发展，缩小省内、省际发展差距，本章将对河南区域经济发展的城市支撑进行分析，重点分析河南的城市化进程及城市群的发展。因为，城市群是当前促进区域经济增长和缩小区域差距的重要空间表现形式。本章从河南省城市化发展进程、河南城市发展存在问题，以及中原城市群与长三角、珠三角城市群在空间范围、经济发展水平、城市规模、产业结构、地方公共财政支出、金融发展、固定资产投资、社会消费品零售总额、利用外资、社会保障水平、市政基础设施水平及资源环境质量等的比较等方面分析河南省区域经济赶超发展在城市方面的支撑。

第11章，河南省区域经济赶超发展的产业支撑。本章从三次产业发展概况、农业发展优势及劣势分析、工业发展优势及劣势分析和服务业发展优势及劣势分析等方面剖析河南省区域经济赶超发展的产业支撑。

第12章，河南省区域经济赶超发展策略研究。据前几章的详细分析可知，河南省与国内较发达省份对比，代表当今经济发展的高端制造业和现代服务业发展较缓慢，要实施创新发展之路，提高区域综合竞争力。据省内地市分析，河南省区域差异明显，大致呈现出核心—外围的分布格局，要实施区域协调发展战略，实现可持续发展。通过国内几大城市群的对比分析，发现河南需要以城市群为空间载体来实现河南区域经济的快速、协调发展。此外，结合经济新常态背景下我国提出的新的发展战略，以及本成果构建的区域经济接力增长的理论模型等，提出河南省区域经济赶超发展策略：抓住经济新常态机遇，实现河南省整体经济的赶超发展；有序组织不同趋同俱乐部的增长，以接力的方式保持河南整体经济的持续增长；利用西北与东南的互动，增强新增长点的接力增长能力；尽快缩小河南区域经济差异，实现区域经济的协调发展；加快中原城市群的创新发展，为河南省整体经济的赶超发展提供城市支撑；加快产业的转型和结构优化，为河南省整体经济的赶超发展提供产业支撑。

1.5 研究方法

本书采用的研究方法主要有：

第一，采用基尼系数、泰尔指数、沃尔夫森指数和变异系数来衡量区域整体的空间差异和极化趋势。

第二，采用全局空间自相关系数、局部冷热点分析，以及潜在冷热点分析等方法揭示河南省区域经济发展的空间格局及其演变。

第三，采用提出理论假设，并通过在新古典增长模型中加入时间因素 t，以及引入四个重要因素，即增长阶段、投资、阻碍因素的总和及技术创新等方法，构建区域经济接力增长的理论模型，并进一步采用模拟试验及经验检验等方法对该理论模型进行检验。

第四，采用聚类分析揭示河南区域经济发展的综合差异。

第五，采用核密度估计和马尔科夫链方法，分析河南省县域经济增长的空间分布动态演进。

第六，采用马尔科夫链方法对河南区域经济进行核心—外围结构的类型划分，采用 Moran's I 指数与 Moran 散点图具体研究河南区域经济差异的时空动态。进一步，采用多层次回归模型分析河南区域经济差异的动力机制。

第七，采用模糊数学与主成分分析结合的方法，从经济水平差异、经济增长速度差异、空间联系程度等方面测算河南省区域经济协调发展度。并用河南省地级市人均 GDP 的冷热点图与地级市区域经济发展协调度的分布做对比，分析河南省区域经济协调度的演变。

第八，采用空间自相关分析测度河南各县经济发展的关联性，并进一步用局部热点分析方法，对比地区生产总值和人均地区生产总值的冷热点分布，得到河南县域的新增长点。

第九，采用时空加权马尔科夫链方法研究河南省区域经济增长过程中的时空动态演变特征，并预测未来河南区域经济增长的类型。

第十，采用引力模型测算中原城市群核心—外围经济联系潜力。

1.6 研究思路

本书研究的基本思路如图 1-1 所示。

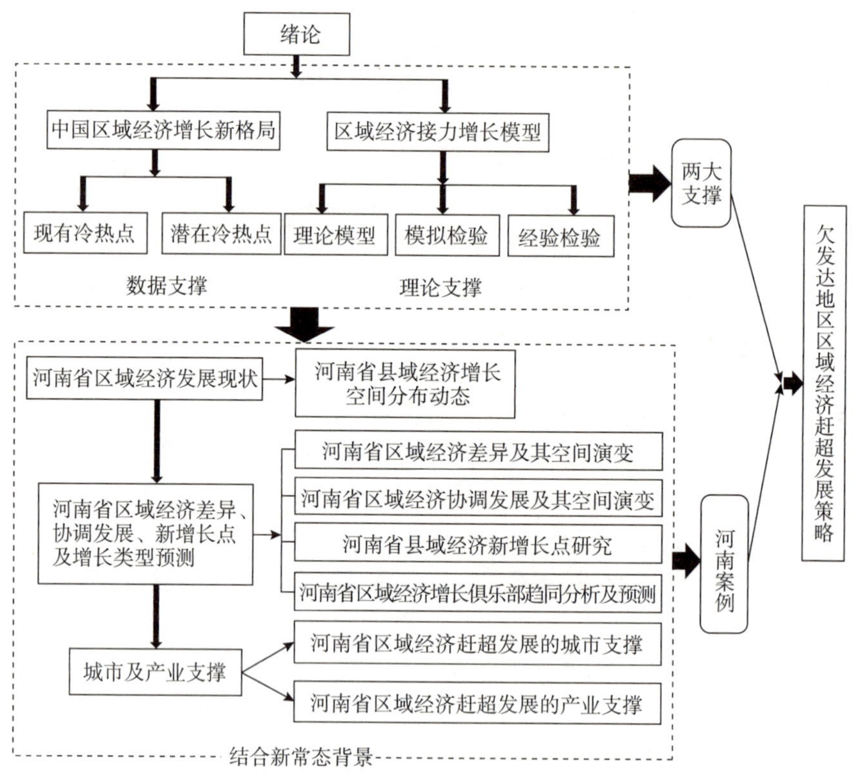

图 1-1　研究思路

1.7 学术创新

本书的学术创新集中体现在以下几点：

第一，在新古典增长模型中引入经济增长时间因素，构建区域经济接力增长理论模型，初步证明了经济体可以依靠区域接力增长而实现更长时间的经济持续快速增长。以该理论模型为指导，从沿海与内地、四大区域、省区市三个区域层次，运用劳均 GDP 增长率、GDP 增长率、GDP 贡献率以及 GDP 规模扩张等指标，对改革开放以来中国经济持续快速增长过程做了多角度的综合分析，结果发现，总体上东部与内地之间的区域接力增长是中国经济能够得以保持持续快速增长的一个重要原因。

第二，采用传统的统计指标与探索性空间数据分析技术的结合，全方位地分析中国区域经济增长的新格局、河南省区域经济空间格局及其演变、河南省区域经济差异和区域经济协调发展的空间格局及其演变等问题，为欠发达地区的区域经济赶超发展策略设计提供翔实的数据及空间分布基础。

第三，采用多尺度及多机制分析框架研究河南区域经济差异，弥补了现有研究不能将区域经济差异影响因素的时间及空间尺度结合起来分析的缺陷。

第四，采用将时间相关性与空间相关性结合起来的时空加权马尔科夫链方法分析及预测河南省区域经济增长的类型。

1.8 学术价值

本书的学术价值主要有：

第一，长期以来，研究中国经济增长持续性的文献很多，但从区域经济角度所做的探讨却很少。本书通过构建区域经济接力增长理论模型，以及据此对中国经济持续快速增长做出解释，为这方面的研究提供一个研究路径和方法方面的参考。同时，从这个方面去探寻并设计欠发达地区区域经济赶超发展的模式是有效的。

第二，多尺度分析既注重时间尺度，也关注空间尺度，能够测度不同时间段及不同地域单元的区域经济差异，全面刻画区域经济差异的不同时空表现。而多机制分析则在空间水平的模型中加入了不同的时间及空间层次，弥补了现有机制分析忽视时间或忽视空间的缺陷，揭示的区域经济差异的形成机制更加合理。

第三，现有区域经济增长的研究方法忽视了时间维度和空间维度的耦合。事实上，一方面，区域经济的增长不仅与当期的指标有关，还与前几期的指标有关，因此，存在时间自相关性；另一方面，区域的经济增长不仅与其本身有关，还与其周围的邻居有关，因此，存在空间自相关性。马尔科夫链侧重时间方面的自相关，而空间马尔科夫链侧重空间方面的自相关，因此，亟须将时间维度和空间维度结合起来，采用时空加权马尔科夫链分析方法，该方法还可较为准确地预测区域经济增长类型的演变趋势，更好地为政策制定服务。

第四，在区域经济接力增长模型的基础上，本书以河南省作为欠发达地区的典型案例，并基于对河南区域经济发展现状、河南县域经济增长空间分布动态、河南区域经济差异的多尺度多机制分析、河南区域经济协调发展的空间格局及其演变、河南县域经济新增长点研究、河南区域经济增长类型的预测，以及河南省区域经济赶超发展的城市和产业支撑等的分析，构建了欠发达地区区域经济赶超发展策略。

2 中国区域经济增长新格局

2.1 引言

自改革开放以来，中国的区域经济空间格局出现了许多新的变化。譬如，东部地区的经济差异和极化较为显著，1990 年以来东北三省区域经济重心不断南移，东、中、西三大区域逐渐发散趋异，1990~1998 年中国沿海地区与内陆地区的县域经济发展相对差异出现扩大，等等。与此同时，随着经济的快速发展，对于中国区域经济格局的研究也一直吸引着诸多学者的关注，尤其是在区域经济发展差异和经济发展极化问题方面。

相关研究中，较多是基于全国省级行政单元的数据对区域经济差异进行分析，这些分析从省份数据出发，通过省级层面对区域经济发展格局变化进行研究，也有部分研究综合省级、地级行政区域单元的数据进行区域经济差异和空间格局演变的分析。基于省份数据的研究，可以较好地展示区域经济发展大格局的变化，也可以对东、中、西三大地带之间的差异和空间变化有所分析和展示。然而，基于省级行政区域单元的数据分析在考虑省际差异的同时，却忽略了省内区域经济的非均质性。事实上，相当多的省份在 1990 年以来内部的区域经济差异和极化现象是明显增强的，即使是经济发达的省份也存在相对落后地区。在此基础上，也有部分学者尝试使用地级行政区域单元数据对中国区域经济差异进行研究。这些研究在研究单元上取得了很大的进步，但没有统计地区、州和自治州，而且时间上也不连续。县级行政区域单元层面上的研究成果由于数据的可比性和全国范围内多年连续数据可获得性差等原因，相关研究较少。譬如，李小建等对于市辖各区统计资料缺乏的将市区统一考虑，靳诚等（2009）基于县域单元对江苏省经济空间格局的分析仅选取 1993 年、1997 年、2003 年、2007 年 4 个年份作为研究断面，夏雪等（2014）对鄂豫皖赣省际边缘区区域经济差异时空演变格局的分析剔除了 2010 年国务院所批准的共青城市。此外，国外也存在着关于中国区域经济发展格局变化的相关研究。

对于区域经济发展状况进行度量的指标使用方面，既有基于单一指标的测量，譬如人均 GDP 或人均国民收入、国内生产总值等；也有多指标的综合评价，如夏雪等（2014）使用 AHP-熵值组合赋权法构建鄂豫皖赣省际边缘区经济发展水平评价指标体系，孙平军等（2011）通过主成分分析法对区域发展衡量指标进行计算，赵莹雪（2003）从经济实力、经济发展阶段、经济发展活力 3 个方面选取 14 个指标构建广东省县际差异衡量指标体系。在测度方法方面，单一指标的测度主要使用表征空间极化程度和发展趋势的指数对区域发展状况进行测定，譬如基尼系数、变异系数、泰尔指数、最大最小值等；多指标综合评价则是使用主成分分析或因子分析的方法对区域经济发展水平和空间差异的特点进行分析。这些指标和方法的运用，均可以在一定程度上反映某一地区或区域的经济发展程度和区域发展差异。然而，2000 年以来，中国的宏观经济政策发生了较大改变，区域经济政策更加注重地区特色优势，与 20 世纪 90 年代相比较而言，进入 21 世纪之后，我国的地区差距发展趋势和空间格局也都出现了一定的变化，且未来我国区域经济发展战略新格局的实现将会更多地受影响于相关区域政策作用的发挥。

然而，上述研究中，在过去的 20 多年里，对中国经济发展模式的研究很少出现基于小规模地域研究单元且持续时间的分析；而且，以往的案例研究主要集中在不同的时间的绝对差，而忽视经济增长率的差异。因此，在上述诸多研究的基础上，本章对中国区域经济分布格局及时空演变进行分析，大致框架如下：第二部分是对数据和研究方法的简单描述，第三部分对我国四大区域的经济发展状况进行分析，第四部分则是对 1990~2013 年中国区域经济发展状况的空间演变的分析，第五部分是结论和建议部分。

2.2 数据和研究方法

2.2.1 研究区域和数据来源

自进入 21 世纪以来，国家实施了西部大开发战略和振兴东北老工业基地战略，中国区域经济格局演变开始变得复杂。因此，对于这一时期内区域经济发展格局的演变，更需要使用适当的空间单元去研究和验证。显然，省级行政单元较大，如果用县级行政单元，市、县的可比性又相对较差。综合考虑各种因素，本章认为以地级市为行政单元进行研究是相对较为合适的。

本章的研究区域为中国的 331 个地级市，包含中央直辖市、自治州和副省级市，香港特别行政区、澳门特别行政区、台湾省、西藏自治区以及湖北省神农架林区由于数据难以获取并不在本章的研究范围之内。

本章使用 1990~2013 年中国 331 个地级市的国内生产总值、年末总人口和人均 GDP 数据来进行研究，统计数据主要来源于各年份的《中国城市统计年鉴》《中国区域经济统计年鉴》和各省份的统计年鉴。

2.2.2 研究方法

当前的区域空间结构演化研究方法大致分为两类：一是利用空间差异和极化指数来衡量，二是使用空间自相关分析方法。两种方法都有相应的优点和缺点，指数法可以准确测量极化的空间差异和变化趋势，但前提是每个研究单元是独立的。所以本章采用了两种研究方法相结合的方式对中国区域经济分布的宏观格局和时空演变状况进行分析。

2.2.2.1 空间差异与极化指数

本章选择了基尼系数、泰尔指数、沃尔夫森指数和变异系数来衡量区域整体的空间差异和极化趋势。其中，基尼系数、泰尔指数、变异系数用来衡量区域经济发展的空间差异，沃尔夫森指数用来衡量整体上的空间极化程度。上述四个指数的值越大，说明区域经济差异越大或极化现象越严重。

（1）基尼系数。基尼系数是意大利经济学家基尼（Gini）于 1922 年根据洛伦兹曲线提出的判断收入分配平均程度的指标，可以反映出地区差距的变化，国际上以 0.4 为临界点。本章采用对各地市的 GDP 数据进行区域人口加权的计算方法，公式为：

$$G = 1 - \sum_{i=1}^{n} p_i(2Q_i - w_i) \tag{2-1}$$

其中，n 为地级单元数，p_i 为第 i 个地级单元人口数占全国总人口的比重，w_i 为第 i 个地级单元的 GDP 数值占全国 GDP 总量的比重，Q_i 为 i 个地级单元的 GDP 数值从低到高排列后的累计 GDP 比重。

（2）泰尔指数。泰尔指数又称为 Theil 熵，由数学家 Shannon 和 Wiener 建立，1967 年 Theil 在研究国家间的收入差距时首先加以运用，公式为：

$$T = \sum_{i=1}^{n} x_i \log \frac{x_i}{p_i} \tag{2-2}$$

其中，n 为地级单元数，p_i 为第 i 个地级单元人口数占全国总人口数的比重，x_i 为第 i 个地级单元 GDP 数值占全国 GDP 总量的比重。

（3）沃尔夫森指数。2010 年 James E. Foster 和 Michael C. Wolfson 基于排序公理提出了一个不受选取区域限制的测量中产阶级减少与极化的新的直观的极化指数方法，是利用基尼系数推导出的一个极化指数。本章使用 W 表征某一地区经济发展的总体极化指数，计算公式为：

$$W=\frac{2\times(y_*-y_L)}{m} \tag{2-3}$$

其中，y_* 表示修正的地级单元的人均 GDP 均值，且 $y_*=y\times(1-G)$，y 是人均 GDP 的平均值，G 为不同年份的 Gini 系数；y_L 是所有研究单元人均 GDP 排序之后的较低的 1/2 地级单元平均值；m 为人均 GDP 的中位数。

2.2.2.2 空间自相关分析

本章采用 Moran's I 指数来考察各区域单元经济发展的相互联系和影响程度。它反映空间邻接或邻近的区域单元属性值的相似程度，其计算公式为：

$$I=\left[n\sum_{i=1}^{n}\sum_{j=1}^{n}C_{ij}(x_i-\bar{x})(x_j-\bar{x})\right]\Big/\left[\sum_{i=1}^{n}\sum_{j=1}^{n}C_{ij}\sum_{i=1}^{n}(x_i-\bar{x})^2\right] \tag{2-4}$$

其中，x_i 为区域 i 的属性值；C_{ij} 代表空间单元 i 与 j 之间的空间权重；$\bar{x}=\frac{1}{n}\sum_{i=1}^{n}x_i$，为观测量平均值。当 Moran's I 指数大于 0 时，表明区域内存在正向的空间自相关；当值小于 0 时，证明区域内存在负向的空间自相关；当值为 0 时，证明观测值呈独立的随机分布。本章使用各区域单元的相对人均 GDP 数据，借助于 ArcGIS 10.0 软件计算出不同年份的 Moran's I 指数和 Z 得分。

为了进一步分析区域经济发展状况在空间格局上的演化，本章进一步利用 Getis-Ord G_i^* 指数来识别不同位置上的高值簇和低值簇，即热点区域与冷点区域的空间分布。

Getis-Ord G_i^* 的计算公式为：

$$G_i^*(d)=\sum_{j\neq i}w_{ij}x_j\Big/\sum_{j\neq i}x_j \tag{2-5}$$

其中，x_i 为地区单元 i 的观测值；w_{ij} 为空间权重矩阵，单元 i 和单元 j 空间相邻为 1，不相邻则为 0。若 G_i^* 值显著为正，表明 i 地区周围的值相对较高，属于经济发展较快的空间集聚区域（热点区域）；反之则为经济发展缓慢的空间集聚区域（冷点区域）。

2.2.2.3 增长率分析

本章对各地级单元不同年份的人均 GDP 增长率情况进行分析，为了使不同时期的增长速度具有可比性，引用经济平均增长指数：

$$S_t = \frac{E_{t_2} - E_{t_1}}{E_{t_1}(t_2 - t_1)} \tag{2-6}$$

其中，S_t 为人均 GDP 的平均增长指数，t 表示 1990~2013 年不同的年份间隔，E_{t_1}、E_{t_2}分别为 t_1、t_2 年份的人均 GDP 数据。然后，在经济平均增长指数的基础上，对不同年份的人均 GDP 增长率及其空间变化进行分析。

2.3 区域经济发展现状分析

2.3.1 区域经济发展差异分析

本章对中国 1990~2013 年的人口数据和 GDP 数据进行了一系列的计算，并对人均 GDP 数值进行取对数处理，以消除异方差的影响，最终得出了反映空间差异与极化的各个指数值结果，如表 2-1 所示。

表 2-1 1990~2013 年的空间差异与极化指数

年份	基尼系数	泰尔指数	沃尔夫森指数
1990	0. 244	0. 0972	0. 5339
1991	0. 2431	0. 1075	0. 7971
1992	0. 2422	0. 117	1. 1051
1993	0. 2681	0. 1124	0. 733
1994	0. 2916	0. 1189	0. 6246
1995	0. 2965	0. 1171	0. 4596
1996	0. 2937	0. 1159	0. 5921
1997	0. 2955	0. 1154	0. 5776
1998	0. 3027	0. 1181	0. 5727
1999	0. 3015	0. 126	0. 7487
2000	0. 3341	0. 1353	0. 4691
2001	0. 3247	0. 1303	0. 514
2002	0. 328	0. 1315	0. 4953
2003	0. 3397	0. 1399	0. 4811

续表

年份	基尼系数	泰尔指数	沃尔夫森指数
2004	0. 3303	0. 1367	0. 5035
2005	0. 3478	0. 1497	0. 4459
2006	0. 3522	0. 1545	0. 4311
2007	0. 3477	0. 1513	0. 4161
2008	0. 3409	0. 145	0. 42
2009	0. 3394	0. 141	0. 4041
2010	0. 3353	0. 139	0. 3503
2011	0. 3269	0. 1338	0. 3466
2012	0. 3156	0. 1242	0. 3599
2013	0. 3373	0. 1254	0. 5735

（1）1990~1992 年。这一时期我国区域经济差异的增长趋势缓慢。1990 年我国区域经济的泰尔指数为 0. 0972，1992 年的基尼系数为 0. 2422，是所分析年份的最低值，说明这一时期的区域差异相对较小。同时，1990~1992 年，基尼系数在 0. 243 左右浮动，变化幅度较小；泰尔指数呈现出较弱的增加趋势，1992 年增加至 0. 117，与 1990 年相比，增长了 0. 0198。这一分析表明，该时期的区域差异相对较小，且变化幅度较弱。

（2）1993~2000 年。这一时期我国经济平稳发展，区域差异呈现扩大的趋势。1993 年我国区域经济的基尼系数和泰尔指数分别为 0. 2681、0. 1124，2000 年的值分别为 0. 3341、0. 1353。这一时期，基尼系数和泰尔指数分别增加了 0. 066、0. 0229，年均增长幅度分别为 3. 0772%、2. 5467%。这一分析表明，该时期的区域差异有所扩大，且变化幅度较大。

（3）2001~2006 年。在上一时期的基础上，该时期我国的区域增长差异持续扩大。2001 年我国区域经济的基尼系数和泰尔指数分别为 0. 3247、0. 1303，2006 年的值分别为 0. 3522、0. 1545。2006 年为所分析年份的最高值，与 2001 年的绝对数值相比，基尼系数和泰尔指数分别增加了 0. 0275、0. 0242，相对 2001 年分别增长了 8. 4694%、18. 5725%，该阶段的年均增长幅度分别为 1. 4116%、3. 0954%，基尼系数的年均增长幅度较上一阶段缩小趋势明显，泰尔指数的年均增长幅度则有所增加，这表明这一时期的区域经济差异仍呈现出扩大趋势，但幅度有所减弱。

（4）2007~2013 年。这一时期我国区域增长差异呈现出下降的趋势。2007 年我国区域经济的基尼系数和泰尔指数分别为 0.3477、0.1513，2013 年的值分别为 0.3373、0.1254，与 2007 年的绝对数值相比，基尼系数和泰尔指数分别减少了 0.0104、0.0259，相对 2007 年分别下降了 2.9911%、17.1183%，该阶段的年均下降幅度为 0.4985%、2.8531%，基尼系数和泰尔指数的下降趋势明显，且幅度较大，这表明我国区域经济差异逐步缩小（见图 2-1）。

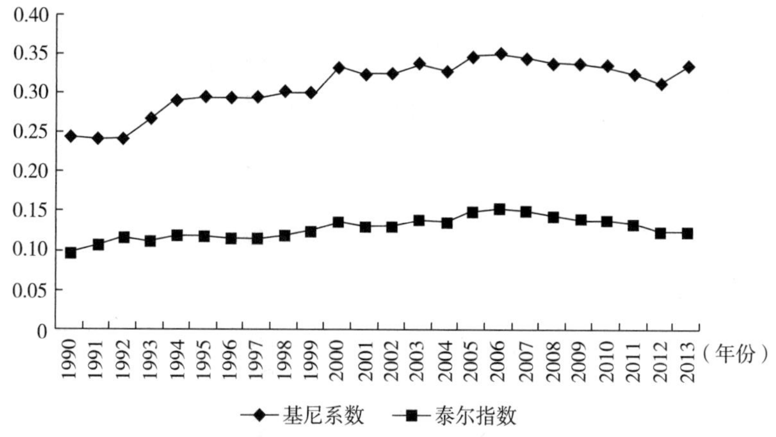

图 2-1 中国地级单元经济发展差异演变过程

2.3.2 区域经济发展极化分析

本章使用修正的沃尔夫森指数衡量区域经济发展极化程度，整体趋势与区域经济发展差异的变化趋势相似，呈现出“增长—下降”的趋势，但是，相对而言，下降的幅度大于增长的幅度。

由表 2-1 可知，1992 年我国区域经济发展的极化程度最高，数值为 1.1051，2011 年的极化指数数值最低，为 0.3466，两者相差 0.7585。总体来说，1990~2000 年，区域极化程度较高，整体上在 0.6 附近波动，其中，1990 年、1995~1998 年、2000 年这 6 个年份的极化指数低于 0.6，1991~1994 年、1999 年这 5 个年份的极化指数高于 0.6；2001~2012 年，区域极化程度相对上一阶段有所减缓，呈现出现下降的趋势，2001 年的沃尔夫森指数为 0.514，2012 年的数值为 0.3599，两者相差 0.1541，年均下降幅度为 2.4984%。然而，2013 年的沃尔夫森指数为 0.5735，明显高于 2012 年。

2.3.3 四大板块区域经济差异及极化

1990 年以来，我国经济取得了飞速的发展。这一时期，我国在推进经济发展方式转变、调整经济发展结构、促进经济快速发展的同时，区域发展战略布局也有所变化，西部大开发战略、振兴东北老工业基地战略、中部崛起战略等的实施，使各个区域的比较优势更为凸显，区域经济发展差异也随之发生变化。进入“十一五”时期，随着区域经济发展的变动，“四大板块”①的区域格局日渐明晰。四大板块区域格局反映了我国区域经济发展差异和极化的宏观格局。此外，这一时期，区域发展极大不平衡是我们必须长期面对的基本国情。为充分考虑我国宏观区域经济发展水平和区域经济发展阶段的基本特点，从省级尺度出发，通过对地级行政单元的数据分析，可以更好地展示区域格局的变化过程。

本章通过对泰尔指数进行分解，基于四大板块的区域分布情况，分别计算出各地区的差异系数。为更为直观地展示差异系数变化趋势，在 Excel 2010 中将其绘成图（见图 2-2）。

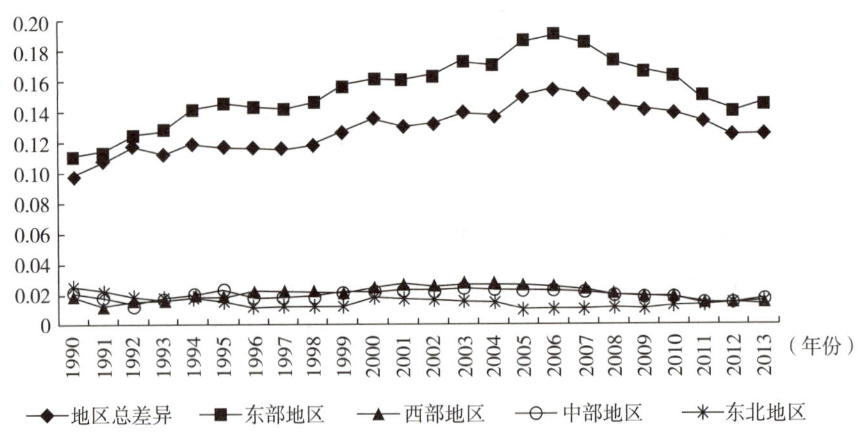

图 2-2 中国不同地区之间经济发展差异比较

① 四大板块分别为东部地区、西部地区、中部地区和东北地区。其中，东部地区包括北京、天津、河北、江苏、浙江、上海、福建、山东、广东、海南 10 个省份；西部地区包括四川、重庆、贵州、云南、西藏、陕西、甘肃、青海、宁夏、新疆、广西、内蒙古 12 个省份；中部地区包括山西、河南、湖北、湖南、安徽、江西 6 个省份；东北地区包括吉林、辽宁、黑龙江 3 个省份。

从图 2-2 中可以看出：①与区域总体差异相比较，东部地区的差异较大，西部地区的差异次之，然后是中部地区和东北地区。②在区域差异变化趋势方面，东部地区的差异变化趋势与区域总体差异的变化趋势相似，均是先增大后缩小。其中，东部地区的区域差异扩大趋势较为明显，2006 年区域差异最大，达到 0.1907，与 2006 年的区域总体差异相比增长了 0.0362；西部地区的区域差异变化幅度较小，基本上围绕在 0.02 附近浮动，在 2004 年达到最大值，也仅为 0.0261，略高于中部地区和东北地区，但是也明显低于东部地区；中部地区的区域差异扩大趋势不甚明显，1995 年的最大值仅为 0.0237，明显低于同一时期的区域总体差异和东部地区差异；1990~2013 年东北地区的区域差异变化幅度基本在 0.1~0.2，且呈现出微弱的下降趋势，其中，1990 年的区域差异最大，为 0.0259，明显高于西部地区和中部地区，而 2005 年区域差异最小值仅为 0.0094，明显低于东部、西部和中部地区。③区域总体差异由 1990 年的 0.0972 上升至 2013 年的 0.1254，东部地区的区域差异由 1990 年的 0.1101 上升至 2013 年的 0.1442，西部地区由 1990 年的 0.0181 下降至 2013 年的 0.0141，中部地区的区域差异则由 1990 年的 0.0207 下降至 2013 年的 0.0168，东北地区由 1990 年的 0.0259 下降至 2013 年的 0.0122。其中，区域总体差异、东部地区差异数值分别上升 0.0282、0.0341，其余三个地区分别下降了 0.004、0.0039、0.0137。

本章通过对沃尔夫森指数进行分解，基于“四大板块”的区域分布情况，分别计算出各地区的极化指数，并使用这一指数对不同地区的区域极化程度进行分析。为更为直观地展示极化程度变化趋势，在 Excel 2010 中将其绘成图（见图 2-3）。

从图 2-3 中可以看出：①1990~2013 年区域总体极化程度的最大值与最小值相差 0.7585，而四大区域相对应的差值依次是 1.1249、0.7737、0.8511、0.2583，其中东部地区、西部地区和中部地区的差值均大于区域总体，仅东北地区的差值低于区域总体。②在区域极化程度变化趋势方面，东部地区的极化程度变化幅度较大，1992 年的极化程度最高，为 1.2633，1990~1992 年该地区的极化程度处于上升的趋势，1993~2012 年的极化程度则呈现出下降趋势，2012 年下降至 0.1967，而在 2013 年上升至 0.6209；西部地区的极化程度在 1992 年最高，为 1.1626，2013 年下降至 0.6095，整体呈现出下降的趋势；与东部地区、西部地区对比而言，中部地区的地区极化程度变化幅度相对较小，1992 年的极化程度最高，为 0.8529，2002 年极化程度最低值仅为 0.0018；1990~2013 年，东北地区的极化程度在 0.11~0.38

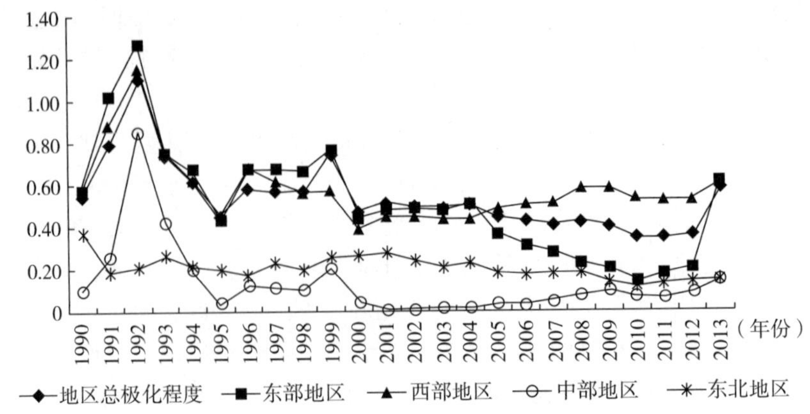

图 2-3　中国不同地区之间经济发展极化程度比较

区间波动，1990 年极化程度最高，为 0.375，而 2010 年的极化程度最低。③从不同地区极化程度的总体趋势来看，1990~2013 年四大地区的区域极化程度均呈现出不断下降的趋势。其中，中部地区在 2003~2009 年有所上升，但是上升的幅度明显低于其余年份的下降幅度；同时，东北地区的极化程度变化范围相对较为稳定，波动状况弱于其他地区。④通过对 1990~2013 年各地区极化程度均值的计算，发现西部地区极化程度均值最高，为 0.5807，明显高于区域总体极化程度均值 0.5398；东部地区的极化程度均值略低于区域总体极化程度均值，为 0.5182；东北地区的极化程度均值为 0.204，而中部地区极化程度均值最低，为 0.1307，这两个地区的极化程度均值明显低于地区总极化程度均值。

2.4　区域经济新格局

2.4.1　全局空间自相关

根据式（2-4）对我国地级行政单元经济发展的空间相关性进行分析，所使用数据为各行政单元的人均 GDP 数值。计算结果如表 2-2 所示。由表 2-2中数据可知，各年份的 P-value 均为 0.0000（1991 年、1992 年除外），小于 0.005，且 Z 得分均大于 1.96（1992 年除外），Moran's I 指数均为正值，说明各年份的全局 Moran's I 指数均显著，各地级行政单元之间存在正向自相关关系。

总体上，各地级行政单元之间的空间自相关性呈现出先增大，后减小，再增大—减小的趋势，2003 年的Moran's I指数最大。①1990~1995 年，Moran's I 指数逐渐变大，由 1990 年的 0.1271 上升至 1995 年的 0.2134，增长了 0.0863，年均增长 0.0144。②1996~1999 年，该指数呈现出微弱的下降趋势，由 1996 年的 0.183 下降至 1999 年的 0.174，下降了 0.009，年均下降 0.0023，相对于上一阶段的增大幅度而言，该阶段的下降幅度较小。③2000~2003 年，Moran's I指数呈现出一定的上升趋势，至 2003 年上升了 0.0579，年均上升 0.0145。④2004~2013 年，Moran's I 指数逐渐变小，由 2004 年的 0.2997 下降至 2013 年的 0.1851，下降了 0.1146，年均下降 0.0115。由此可见，在整体上，区域自相关系数的下降幅度明显低于上升幅度，各地级行政单元之间的空间相关性在 1990~2013 年逐渐增大。这说明，随着经济的发展，区域之间的相关性逐渐增强，经济联系逐渐紧密，但是 2003 年之后这一紧密程度逐渐减弱。

表 2-2 1990~2013 年全局 Moran's I 指数

年份	Moran's I 指数	方差	Z 得分	P-value
1990	0.1271	0.000205	9.0943	0.0000
1991	0.0237	0.000162	2.102	0.0355
1992	0.0221	0.0002	1.7768	0.0756
1993	0.1329	0.0002	9.6053	0.0000
1994	0.1722	0.00018	13.0548	0.0000
1995	0.2134	0.000237	14.0637	0.0000
1996	0.183	0.000181	13.8449	0.0000
1997	0.1682	0.000178	12.8387	0.0000
1998	0.1745	0.000176	13.3952	0.0000
1999	0.174	0.000202	12.4704	0.0000
2000	0.2474	0.000238	16.2371	0.0000
2001	0.2687	0.000238	17.5996	0.0000
2002	0.2836	0.000239	18.5505	0.0000
2003	0.3053	0.000239	19.964	0.0000
2004	0.2997	0.000239	19.6022	0.0000
2005	0.2621	0.000235	17.2791	0.0000
2006	0.2618	0.000236	17.227	0.0000

续表

年份	Moran's I 指数	方差	Z 得分	P-value
2007	0.2612	0.000238	17.1386	0.0000
2008	0.2359	0.000238	15.4941	0.0000
2009	0.2252	0.000237	14.8189	0.0000
2010	0.2282	0.000237	15.0081	0.0000
2011	0.2295	0.000237	15.096	0.0000
2012	0.224	0.000237	14.731	0.0000
2013	0.1851	0.000225	12.5509	0.0000

2.4.2 区域经济冷热点分析

使用各地市不同年份的人均 GDP 数据，根据式（2-5）对我国地级行政单元经济发展状况进行局部聚类检验，Getis-Ord G_i^* 指数主要用来检验局部地区是否存在统计显著的高值或低值以及这些高值或低值是否在空间上趋于集聚。本章借助于 ArcGIS 10.0 软件，选取 1990 年、1995 年、2000 年、2005 年、2010 年和 2013 年这 6 个年份进行分析，所使用数据为各行政单元取自然对数之后的人均 GDP 数值。同时，采用自然间断点分级法（Jenks）对相应年份统计量分类，并得到相对应的聚类分布数量统计表（见表 2-3）和空间分布情况。

表 2-3 不同年份中国区域经济发展聚类分布数量 单位：个

年份	热点区域	次热区域	次冷区域	冷点区域
1990	104	90	79	58
1995	84	80	97	70
2000	59	102	102	68
2005	62	98	88	83
2010	76	97	78	80
2013	67	94	106	64

由表 2-3 可以看出，1990~2013 年中国区域经济发展的热点区域、次热区域、次冷区域、冷点区域数量处于动态变化中。其中，热点区域数量减少

趋势明显，由1990年的104个下降至2013年的67个，减少37个，2000年是热点区域最少的年份；冷点区域有所增加，由1990年的58个上升至2013年的64个，增加了6个，1990年是冷点区域最少的年份；次热区域的变化幅度相对较小，呈现出较弱的上升趋势，2000年分布数量最多，1995年最少，两者相差22个；次冷区域则呈现出明显的上升趋势，2013年分布数量最多，2010年最少，两者相差28个。

从冷热点区域的空间分布可得出以下结论：①1990~2013年，无论是经济发展的热点区域，还是冷点区域，其空间范围均处于动态变化过程中，且在空间上呈现出一定的集聚趋势，空间分布特征明显。②1990~2013年，区域经济发展较好的热点区域主要分布在东部、东南部的沿海地区，如北部沿海地区的京津冀、东部沿海地区的长三角、东南沿海地区的广东省等；区域经济发展较差的冷点区域主要分布在云南、四川、重庆、贵州、陕西、新疆等中西部地区。③热点区域范围逐渐减小，东南沿海地区的热点区域范围逐渐减小并在2013年消失，逐渐成为经济发展的次热区域或次冷区域；同时，1990年和1995年属于热点区域范围内的阿勒泰、克拉玛依、塔城市、昌吉市、乌鲁木齐、吐鲁番等地区在2000~2013年则变为次热区域；1990年东北地区的部分经济发展热点区域，在2000年、2005年逐渐减少，并渐次成为次热区域或次冷区域，而2010年、2013年有部分地区又逐渐成为热点区域；2010年和2013年热点区域增加较为明显的是巴彦淖尔、赤峰、通辽、吉林、大连等地区。④从区域空间分布范围来看，冷点区域范围逐渐增大，并逐渐向西部和西南地区扩散，1995~2013年西部地区的克孜勒苏柯尔克孜、喀什、和田等地区一直属于冷点区域或次冷区域。

同时，从整体上进行统计发现，区域经济发展状况较好（热点区域+次热区域）的地区占整个区域的比重1990年为58.61%，2013年下降至48.64%；区域经济发展状况较差（次冷区域+冷点区域）的地区占整个区域的比重1990年为41.39%，2013年上升至51.36%。此外，1990年、2010年热点区域和次热区域占区域整体的比重大于冷点区域和次冷区域所占的比重，而在1995年、2000年、2005年、2013年则呈现出与之相反的态势。

2.4.3 潜在区域经济增长冷热点分析

使用1990~2013年各地市的人均GDP数据，以1990年为基期计算不变价格的人均GDP，然后根据式（2-6）计算出不同时间段的人均GDP平均增长指数，同样借助于Getis-Ord G_i^* 指数对我国地级行政单元的经济发展状况进行局部聚类检验，用以分析局部地区是否有潜在的区域经济增长热点存在。在 ArcGIS 10.0 软件平台上，选取 1990~1995 年、1996~2000 年、2001~2006 年、2007~2013 年这 4 个时间段进行分析。同时，采用自然间断点分级法（Jenks）对相应的时间段统计量进行分类，得到相对应的聚类分布数量统计表（见表 2-4）和冷点、热点区域的空间分布。

表 2-4 不同年份间隔中国区域经济发展聚类分布数量

年份	热点区域	次热区域	次冷区域	冷点区域
1990~1995	34	91	131	75
1996~2000	66	59	142	64
2001~2006	30	46	148	107
2007~2013	8	42	195	86

由表 2-4 可以看出，4 个时间段的中国区域经济增长的热点区域、次热区域、次冷区域、冷点区域数量均处于动态变化中。其中，热点区域数量减少趋势较为明显，由 1990~1995 年的 34 个减少至 2007~2013 年的 8 个，减少 26 个；次热区域数量也呈现出明显的减少趋势，由 1990~1995 年的 91 个下降至 2007~2013 年的 42 个，减少 49 个；同时，次冷区域数量增加趋势明显，由 1990~1995 年的 131 个，增加至 2007~2013 年的 195 个，增加了 64 个；冷点区域增加趋势较弱，但是其变动浮动较大，1990~1995 年的数量为 75 个，2007~2013 年增加至 86 个，增加了 11 个。这一分析说明，我国区域经济增长速度在 1990~2013 年有所下降，经济增长状况较好的地区集聚的空间范围在逐渐缩小，并且局部地区的集聚状况并不十分稳定。

同时，从整体上进行统计发现，区域经济发展状况较好（热点区域+次热区域）的地区占整个区域的比重 1990~1995 年为 37.76%，在 2007~2013 年下降至 15.11%；区域经济发展状况较差（次冷区域+冷点区域）的地区占整个区域的比重 1990~1995 年为 62.24%，在 2007~2013 年上升至 84.89%。这一分析说明 1990~2013 年中国区域经济增长速度较快的地区数量有所减少，且减少幅度相对较大。

由空间分布演变可以看出：①4 个时间段中，无论是经济增长状况较好的热点区域，抑或是经济增长状况稍差的冷点区域，其空间分布呈现出动态变化，但是局部地区的集聚趋势明显。②1990~1995 年，冷点区域和次冷区域的空间范围较大，热点区域仅分布在东南部沿海地区，且热点区域、次热区域空间分布范围相对较小；1996~2000年，冷点区域范围明显减少，主要分布在中部和东南沿海的部分地区，次冷区域范围明显增加，热点区域范围向中西部地区扩散。③从空间分布范围来看，整体上，区域经济发展状况较好的地区空间分布范围较小，相对地，经济增长状况稍差的地区空间分布范围广泛，同时，2007~2013年的次冷区域空间范围明显增大，热点区域、次热区域的空间范围减小趋势明显。

2.5　本章小结

本章基于1990~2013年中国300多个地级市的经济数据，采用基尼系数、泰尔指数、沃尔夫森指数、空间自相关分析、空间冷热点分析等方法，分析了地级市之间的总体经济差异，四大地区之间的经济差异，以及地级市之间经济增长的空间关联性、经济总量的冷热点分布和经济增长率的冷热点分布等，得到的主要结论有：

（1）基于中国地级行政单元的分析我们发现，中国各地级市之间总体的经济差异在2007年之前总体上是扩大的，而2007年之后出现了下降的趋势。从极化程度来看，2000年之前经济极化程度较高，而2000年之后，极化程度相对上一阶段有所降低。

（2）从四大地区来看，东部地区的差异较大，西部地区的差异次之，然后是中部地区和东北地区。整体上，区域总体差异、东部地区差异呈现出上升的趋势，西部地区、中部地区、东北地区则呈现出微弱下降的趋势。与区域总极化程度相比较，东部地区、西部地区、中部地区的极化程度变化幅度相对较大，东北地区的极化程度变化幅度相对较小，四大地区的区域极化程度均呈现出不断下降的趋势。

（3）1990~2013年中国区域经济发展状况较好/较差的地区数量不断减少/增加，即局部地区统计上显著的高值/低值地区数量不断减少/增加，而且各地级市之间的空间关联性呈现下降的趋势。

（4）从水平上看，经济发展的热点区域范围逐渐缩小，东南沿海地区的热点区域范围逐渐缩小并在2013年消失，逐渐成为经济发展的次热区域或次冷区域。冷点区域范围逐渐扩大，并逐渐向西部和西南地区扩散。从增长率来看，2001~2006年，经济增长状况较好的热点区域集中分布在东部沿海地区的上海、浙江、江苏等的部分城市和内蒙古的鄂尔多斯、包头、巴彦淖尔等地，冷点区域则集中分布在黑龙江、吉林、贵州、湖北、湖南、广东等地；2007~2013年，热点区域集中分布在内蒙古、黑龙江、吉林的呼伦贝尔、兴安盟、通辽、大庆、齐齐哈尔、白城等地区，次热区域范围则主要集中在东南沿海的浙江、福建及云南省的部分地区，冷点区域集中分布在京津冀地区和山东、河南的部分城市以及南部沿海的广东部分地区。

根据本章的研究，我们提出，在经济新常态背景下，中央政府尤其要关注潜在的经济增长热点地区，即本章发现的内蒙古、黑龙江、吉林的呼伦贝尔、兴安盟、通辽、大庆、齐齐哈尔、白城等地区，以及东南沿海的浙江、福建及云南省的部分地区，这些潜在的增长热点地区将在未来中国整体的经济增长中发挥重要作用。

针对人均GDP为热点但其增长速度为冷点的地区，例如广东、江苏、浙江、山东等，这些东部地区的加工贸易的范围较大，外向型经济占据的比重也很高。全国面临的经济危机和对外需求扩张放慢的节奏，使东部地区进行的经济转型取得了一定的初步成效。随着改革能量的充分发挥、政策优势的逐渐消失，出现了经济增长速度相对放缓的不利局面，到达经济增长的一个瓶颈期。应积极优化其产业结构，利用沿海的地区优势，在人才培养、建设创新平台、研发投入上向世界先进水平看齐；着力推动“一带一路”建设、京津冀协同发展、长江经济带发展三大战略的实施，培育区域发展新格局，有助于形成“东西双向、海陆联动”的开放格局；深化国内区域合作，扩大对内对外开放，我国既需要扩大对内开放，深化国内区域合作，通过国内重点地区的合作提升自身的产业竞争力，又需要通过扩大对外开放，充分吸收国际产业转移来促进后发地区的发展。

针对人均GDP为冷点但其增长速度为热点的地区，例如安徽、甘肃、贵州、湖北、青海、陕西、四川、云南、新疆、内蒙古等，这些中西部地区经济基础较差，经济发展相对东部地区来说比较滞后，上游资源型产业比重较大，进行产业升级转型的时间较为滞后，但其增长速度逐渐增长成为热点区域，想要加快追赶进程，必须摆脱传统的经营发展模式，充分利用其优势资源，推进基本公共服务基础化；积极推进城镇化建设，促进区域协调发展，城乡一体化；在经济新常态的大浪潮下，促进经济发展从规模速度型粗放增长向质量效率型集约增长转变。

3 区域经济接力增长模型

3.1 引言

自 1978 年改革开放以来，中国经济保持强劲增长态势。GDP 增长率在 1979~2011 年平均为 9.9%，2000~2011 年增长率达到 10.5%。中国经济总量先后超过了俄罗斯、加拿大、意大利、法国、英国、德国、日本，成为世界第二经济大国。据国家统计局统计，到 2011 年底，中国 GDP 总量达到 47.288 万亿元，按不变价格计比 1978 年增长近 21 倍，按汇率折算已近 7.6 万亿美元，占全球 8%以上；人均 GDP 水平达到 3.518 万元，按不变价格计比 1978 年增长了 16 倍，折算成美元，已经达到 5648 美元左右，超过了当代中等收入发展中国家的平均水平。

“二战”以后一批新兴工业化国家依次经历了快速增长的过程，日本历经了 19 年的高速增长，年均增长率为 9.2%；新加坡的经济高速增长期是 20 年，年均增长率为 9.9%；中国香港的经济高速增长期是 21 年，年均增长率为 8.7%；中国台湾的经济高速增长期是 26 年，年均增长率为 9.5%；韩国的经济高速增长期是 30 年，年均增长率为 8.5%（魏枫、樊士德，2010）。相对而言，中国自改革开放以来经济的高速增长期更长，这不能不说是创造了一个奇迹。从工业化、城市化、市场化、国际化、信息化等方面体现的现代化进展程度看，中国到 2025 年前后有可能实现当代国际标准意义上的新兴经济体发展目标（中国社科院经济增长前沿课题组，2005）。

中国经济为什么能够迅速增长，以及这种增长是否能够持续？这一问题在国内外学术界都是一个历久弥新的话题。早在 1994 年，Krugman（1994）就认为中国经济的高速增长依靠的主要是资本、劳动的大量使用，而非技术进步或生产率的提高，全要素生产率（TFP）对经济增长的贡献率较低，这种靠投入驱动的增长模式和苏联黄金时期的增长模式没区别。因此，他认为，中国的高增长是一种“不可持续的增长”。Wu（2000）认为以前的研究是从中国的农业或工业入手计算 TFP，不能反映整个经济的情况，他利用随机前沿分析方法计算了中国 1981~1995 年各省的 TFP，其变化趋势类似“J”形，中国整体的经济增长主要靠效率提高而不是技术进步，因此，未来中国经济的高速增长是不可持续的。Young（2003）得到了同样的结论，他计算得到 1978~1998 年中国的 TFP 年均增长 1.4%，但他仅仅估计了非农业经济，如果包括农业经济这个数值可能更低。Palley（2006）认为，中国的增长模式是出口导向型的，对外商直接投资和出口的依赖很强，这样的增长从长期来看是不可持续的。Lardy（2006）认为，中国经济增长的源泉是商品和服务净出口，中国经济要想保持可持续增长，就应该从投资驱动型增长转变到消费驱动型增长。Cao 等（2009）的研究细化到中国的 33 种产业，将总的 TFP 增长分解为各个产业的 TFP 增长。他们发现，20 世纪 80 年代中国的 TFP 年均增长率比较高，而 20 世纪 90 年代中期至 21 世纪初，中国的 TFP 增长率下降，甚至为负，总体来看，1982~2000 年，中国的 TFP 年均增长率为 2.5%。从产业来看，第三产业对 TFP 增长的贡献在 20 世纪 80 年代较高，但其趋势是下降的，甚至在 90 年代后期为负，中国经济增长的源泉是资本积累，因此，是不可持续的。James（2010）的研究更为深入，他构建了一个简单的宏观经济模型，即公平模型，利用该模型预测中国至 2020 年经济增长的几个情景，结果表明，出口增长率的下降、人民币的升值及紧缩的财政政策将阻碍中国经济的持续增长，未来中国的经济将难以保持现在的高速增长，除非政府能够避免较高的通货膨胀率。一时间东亚出口导向型的增长模式被视为低效率和不成功的代表。

但进入 21 世纪以后，人们发现东亚经济非但没有停滞不前，反而迅速恢复了生机。因而人们开始重新思考东亚及中国的所谓“粗放式增长”的路径，并认为中国经济增长的要素高投入模式并非一定是低效率的，因为每年新增投资具有明显的异质性，即新增的机器设备均包含着相对于现有资本存量更为先进的技术，因此，物化性技术设备占据全社会技术进步的主要形式，从这个意义上来讲，资本要素每年都是不同的。其实，物化在机器设备之中的技术进步形式并非中国的特例，而是在世界范围内广泛存在的一种技术进步形式。Fan（2011）对中国和印度的研究发现，技术创新对两个国家的经济增长均具有较大的贡献，特别是 20 世纪 90 年代，两个国家都具有吸引海外高技术投资的条件，有可能重演台湾电子工业的成功奇迹。

Garnaut（2005）认为，只要具备一定的相关条件，持续增长就会自然出现，而不是什么“奇迹”。这些条件包括具有一个强大的高效率的国家，以保证有一个稳定的市场交易环境；具有较高的储蓄率和投资率，并与国际商品、服务、资本和技术市场深层次地结合；另外，发达国家与新兴国家的收入差距也会给后者提供经济快速发展的机会。而中国正是由于具备了上述有利条件，才保持了长期的高速增长。Bosworth 和 Collins（2008）比较了中国和印度的经济增长，计算得到 1978 ~ 2004 年中国的 TFP 年均增长率为 3.6%，两个经济体从供给因素来讲均能持续增长，因为两者均具有大量廉价的劳动力和较高的私人储蓄率。Rawski（2008）认为虽然面临许多挑战，但是，由于一系列有益的因素，中国的经济前景是光明的，增长是能够持续的。Wu（2011）评论了有关中国全要素生产率对中国经济快速增长的作用的相关研究，该文指出 TFP 的计算受到估计方法及数据选择的影响，通过对 74 篇文献的分析，计算出 TFP 平均年均增长率为 3.62%，这一数值虽然低于发达国家，但充分表明中国未来的经济增长是可持续的。Wang（2010）的研究更为深入，他构建了一个东亚经济发展模型，该模型将制度变迁和经济发展联系起来。利用该模型对中国进行研究发现，中国经济的持续增长需要有以下保障，即要素市场的改革（如土地等）、城乡之间的均衡、经济自由化的有序进行及法律的民主化等。

国内多数学者认为，如果深化体制改革，调整产业结构，中国经济可以获得持续的快速增长。虽然增长速度会低于过去 30 多年的平均水平，但中国经济在中长期内仍可保持快速增长。易纲、林明（2003）提出了中国经济存在技术进步率提高的四点证据，即经济微观主体的转变、技术进步状况的改善、人力资本结构的提升及人民币汇率的提高和官方储备的增长，他们对中国经济发展的可持续性持乐观态度。林毅夫 2005 年在留美经济学会重庆年会上预测，如果不受到重大国际事件的干扰，中国经济持续 30 年的高速增长没有问题。林毅夫、任若恩（2007）曾专门撰文指出 Krugman（1994）的观点有误，他们认为 Krugman 误解了全要素生产率的意义，未能清晰地区分技术进步与全要素生产率增长的区别，全要素生产率所体现的技术进步是不包括资本投入的中性的技术进步，因此，不能简单地根据 Krugman 对“东亚经济奇迹”的批评来评论中国的经济发展经验。他们认为，对于一个国家经济的长期可持续发展来说，重要的是技术的不断创新，而不在于全要素生产率的高低。中国要善于利用与发达国家的技术差距，掌握两个基本原则，即初期引进物化技术的设备，中后期在一些关键的领域进行自主创新，这样的话，中国的经济增长将是可持续的。刘伟（2012）认为中国经济正处在一个长达近 50 年的高速增长周期的后半段，今后还有 15 年左右的较高速增长。阚先学、韩秀兰（2009）认为有六大因素支撑中国经济在未来至少20年内继续保持高速增长，这六大因素分别是技术“创新”优势、城市化的普及和发展、低成本优势以及改革效应、庞大的市场规模和产业结构升级。魏枫、樊士德（2010）在总结中国经济增长的典型化事实的基础上，通过构建的一个新古典与内生增长理论综合的模型，给出中国经济能够顺利实现赶超的理论证明及实现条件。他们的研究表明，中国目前的经济增长路径基本处于由模仿向创新过渡的阶段，对外模仿、吸引外资对经济增长的促进作用将下降，而自主研发对经济增长的贡献将显著上升。要保持经济长期稳定地增长，政府就应逐渐减低对经济的扭曲，将生产资源的定价权逐步交还给市场。王小鲁、樊纲等（2009）重构了卢卡斯模型，他们认为，中国经济增长方式正在发生转变，TFP增长对GDP的贡献率在逐步上升，最近十年约在3.6%。场景分析说明，如果能够制止行政管理成本的膨胀，促进国内消费回升及促进人力资本的增长，那么，中国经济在2008~2020年将能够更好地克服不利因素的影响，仍然可能保持9%以上的增长率。战明华等（2006）的研究更为深入，他们在对Ramsey-Cass-Koopmans模型进行修正的基础上，对中国经济一直呈现高投资、低消费但却相对平稳增长这一有悖于标准理论的现象给出了一个解释框架。结论是：正是资本边际产出的非递减与利率渐近改革的结合使资本存量很高而消费很低的经济有了持续增长的可能。李宾、曾志雄（2009）使用并且延展了Holz（2006）的资本存量序列，通过要素收入份额可变的增长核算法，重新测算了我国改革开放以来的TFP增长率，结果发现1992年以后的TFP增长率比其他类似文献中的要高出1~2个百分点，且明显不接近于零，并认为其主要原因在于资本存量估算上的差异。这一结果将有助于理解中国经济增长的可持续性。蔡昉（2009）在回顾过去30年人口因素对中国经济增长的贡献的基础上，揭示了在第一次人口红利式微乃至消失后，仍然可以产生第二次人口红利，第二次人口红利是中国经济持续增长的重要源泉。

但是，国内也有一些学者对中国经济持续增长持谨慎态度。如，郑京海、胡鞍钢（2008）认为，中国自20世纪90年代中期以来的发展策略强调资本的形成，牺牲了有效率的资源配置和其他生产要素的利用，由此导致了TFP增长的减缓。在中国已经进行的多轮改革中，虽然获得了多次短期的生产率提高，但具有长期效应的结构性改革被推延了。因此，中国现在需要调整其改革方案以促进生产率的持续增长。张军（2002）认为从90年代中期以来，中国全要素生产率的增长率呈下降趋势甚至出现负值的原因在于资本产出比的过快上升，经济的增长主要靠投资的拉动，对我国的增长前景感到担忧。郭庆旺、贾俊雪（2006），何帆、张明（2007）等得到了类似的结论，即中国的高速增长只不过是由高积累堆积起来的总量扩张，长期将难以为继。蔡昉（2005）认为如果不能把经济增长从主要依靠投入扩张转向主要依靠生产率提高，中国经济增长的潜力就会减弱乃至枯竭。邱晓华等（2006）认为未来十几年中国经济要达到目前的高增长速度将面临投资效率继续提高、能源约束加大等因素的制约，必须大力转变经济增长方式。江小涓（2004）的研究更加具体，认为中国经济持续高速增长的障碍主要有两方面，即国内资金和技术的供给能力无法满足原有支柱产业结构调整升级的要求，以及体制因素抑制经济增长，如社会化的产权保护制度不完善、金融体系的不稳定等。汤向俊、任保平（2010）从结构转化视角分析“刘易斯拐点”和人口转变对于中国经济增长可持续性的影响。他们的研究表明，中国人口的“刘易斯拐点”即将到来，农村剩余劳动力逐渐消失，新增劳动力将明显减少，现有的高投资增长模式难以维持，中国经济将逐步进入低速增长阶段。白仲林等（2012）的研究虽然认为中国绝大多数中西部地区的人口红利尚未显现，但他们也指出“人口红利”对中国经济增长的贡献有限。欧阳峣等（2012）从技术差距的角度分析了中国经济持续增长的关键因素，他们认为驱动经济增长的主要要素的转变是经济增长方式转变的核心，而技术差距是影响经济资源配置格局及效率的关键变量，因此，经济增长方式应随技术水平的提升而逐步转换，其顺序为从“生产性投资驱动”到“研发驱动”、从“模仿主导”到“创新主导”，这样才能保持持续的增长。

还有一些学者开始从更微观的角度考察中国经济增长的持续性。如涂正革、肖耿（2006）提出对中国经济的走势及对中国整体经济效率的评价不能脱离中国经济多层次、动态复杂的现状，更不能脱离微观企业效率的现实状况。该文采用微观层面的企业数据，运用增长核算法考察全部大中型工业 37 个行业的 TFP，结果发现 TFP 的行业加权年均增长率为 6.8%，且呈逐年上升的趋势，全要素生产率的增长逐渐成为经济增长的主要源泉。而这一结论与多数认为 TFP 下降的学者的观点相悖，可见，宏观经济结论并不能反映中国经济的多元结构特征。

总之，国内外学术界针对有关中国经济增长未来的可持续性问题进行了大量的研究，也取得了丰富的成果，但存在如下问题：

（1）从研究视角上看绝大多数文献均从 TFP 的增长率来分析中国经济增长的持续性，但由于使用的估计方法及数据等方面的不同，得到的结论并不一致，甚至相悖。正如林毅夫、任若恩（2007）指出的那样，TFP 并不等同于技术进步，但在实证研究中，一些学者将两者等同。另外，TFP 的核算很大程度上依赖于投入要素的数据如何测定，因此，TFP 的计算和经济增长因素的分析应该有一个严谨的理论体系和框架。

（2）现有研究均未考虑到中国是一个大国，从发展阶段来看，存在不同类型的区域。由于各类区域的产业发展阶段、经济增长点和所处的经济周期等均存在差异，当某些区域的经济面临调整的时候，另一些区域可能正处于经济发展的较好时期，因此，不同类型区域间发展水平的梯度差异就有可能逐渐转变为大国经济增长的可持续性。即大国的区域发展具有异质性，存在发展阶段的差异，因此，就存在把各类区域发展的快速发展阶段进行“组织”的可能性。经验表明（江小涓，2004），一个区域的快速发展阶段有10~30年的时间。这样，可以通过使不同类型区域的快速增长周期进行有序的衔接来延长大国的快速增长周期。

仅有少数学者注意到了区域差异对中国经济持续增长的重要影响，如刘伟、蔡志洲（2009）通过对我国各个省、市、自治区 2003~2007 年地区生产总值、人均地区生产总值、固定资产投资、产业结构高度等数据的分析，刻画了我国当前经济增长的区域特征，得到的基本结论是区域发展差异是我国经济保持持续高速增长的重要资源，内陆地区的加速发展正为我国的经济增长提供新的动力。但是，该文分析的时段较短，无法全面地刻画改革开放至今我国经济增长的区域特征。另外，该文仅限于经验分析，未能上升到理论的高度，也未能构建出能够反映区域经济接力增长的模型。

基于上述考虑，本章针对目前关于中国经济增长能否保持较快的持续增长的争论，从大国经济体内所存在的各区域经济增长阶段的异质性出发，做如下工作：

（1）构建区域间经济快速增长阶段“接力”模型，从理论上证明通过对不同区域经济快速增长阶段的组织及管理，就可以用“接力”的方式使大国经济体获得比小国经济体更长时间的经济持续较快增长能力。

（2）以中国作为案例，在分析不同类型区域的地区生产总值贡献变化的基础上，以劳均地区生产总值增长率为核心，从沿海与内陆、四大区域及不同省份等层次分析中国经济持续增长的可能性。

（3）总结全文并为中国通过对区域经济增长的有效组织和管理，保持全国经济持续较快增长提供理论参考和政策选择根据。

3.2　理论模型构建

假设：

(1) 在一个封闭的经济体中，存在两类区域，记为区域1和区域2。其中，区域1是先发区域，区域2是后发区域。

(2) 假定经济体的技术条件和制度条件一定，因此，对于这两类区域而言，存在经历相似增长阶段的可能，只是存在时间上的异质，由此有了下面的假定（3）。

(3) 两类区域的经济增长均要历经缓慢增长阶段、快速增长阶段及结构调整阶段，分别记为阶段Ⅰ、阶段Ⅱ、阶段Ⅲ。这样划分的内在逻辑是，每类区域的经济增长能量要经过长期积累—快速释放—增长消退的过程。为讨论方便，各阶段的时间长度假定均为 T。

在以上假定条件下，下文将构建一个区域经济增长“接力”模型，以证实下述假说：

一个大的经济体，如果其内部存在不同类型的区域，这些区域的经济增长阶段具有异质性，那么，只要有效地组织不同类型区域快速增长阶段的进行时序，就能对整个经济形成一种快速增长的“接力”，从而实现该经济更长时间的持续快速增长。

下面证明这一假说。

为了考察区域经济增长的阶段变化，我们在新古典增长模型中加入时间因素 t，则区域1（或区域2）的生产函数可以表示为：

$$Y_i(t)=F(K,\ L,\ t) \qquad i=1,\ 2 \tag{3-1}$$

其中，$Y_i(t)$ 表示 i 区域 t 时期的产出，K 为 i 区域 t 时期的资本投入，L 为 i 区域 t 时期的劳动力投入。该生产函数可以把区域产出变化与时间变量直接联系起来，从而方便我们动态地分析区域经济增长的阶段变化过程。

假定一定时期劳动力投入不变，式（3-1）两边同时除以 L 可得：

$$y_i(t)=f(k,\ t) \qquad i=1,\ 2 \tag{3-2}$$

其中，$y_i(t)$ 为人均产出，k 为人均资本投入。为了考虑问题的方便，首先分析一类简单的区域，假定该类区域在一小段时间内处于停滞状态，即新增加的投资仅仅能够弥补折旧的需要，这样，该类区域只能维持简单的再生产过程。用准确的数学语言表述为，假定从某一连续生产的区域中任意选取一段微小的生产过程 Δt，在这段时间内，人均产出的增加表现为人均资本

为 $k+\Delta k$ 时的人均产出与人均资本为 k 时的人均产出之差，即在一微小的时间间隔里，人均产出的增加等于人均资本增加导致的产出变动，用数学公式表述为：

$$\Delta f(k,\ t)_{k+\Delta k}-\Delta f(k,\ t)_{k}=\Delta f(k,\ t)_{t} \tag{3-3}$$

将式（3-3）的左边用泰勒公式展开，并取一阶近似后求极限（$\Delta k\to 0$）得左边为$\frac{\partial^2 f}{\partial k^2}$，式（3-3）的右边也取极限（$\Delta t\to 0$）可得右边为$\frac{\partial f}{\partial t}$，因此，可得：

$$\frac{\partial^2 f}{\partial k^2}=\frac{\partial f}{\partial t} \tag{3-4}$$

式（3-4）从数学上来看，是一个标准的热方程，表明当区域的生产过程连续时，人均产出将维持一个稳定的状态，当给定适当的初始值条件后，能够得到定解。但是，从上述推导过程可以看出，这是一个简单的再生产函数，区域无法扩大再生产，因为我们忽视了很多重要的因素，与现实不符。为此，需要对这一方程进行改进。

第一个因素是增长阶段，一般来讲，人均产出与增长阶段成正比，即处于较高增长阶段的区域其人均产出较高，反之，处于较低增长阶段的区域其人均产出也较低。比如，2002 年（以一个恰当的时间段合适，这样才能体现出“阶段”），我国的东部地区处于快速增长阶段，平均人均 GDP 为 17960 元，而西部地区处于缓慢增长阶段，平均人均 GDP 为 5791.5 元，东部平均人均 GDP 水平为西部的 3 倍。因此，为了考虑问题的简化，可设增长阶段与人均产出成正比，表示为 af。

第二个因素是投资，投资是扩大再生产的重要因素，凯恩斯经济周期理论里面更是把投资作为引致经济增长的第一要素。根据新古典增长理论，投资的边际收益递减，为了考虑问题的方便，不妨假定在一个微小的时段内，其他条件不变时由投资变动产生的人均产出为 $BI^{1/2}$，函数 $BI^{1/2}$的一阶导数大于零，而二阶导数小于零，能够满足我们的假定。当然，满足假定条件的函数还有其他形式，这里只是为了分析的方便。事实上，由下文的分析可以看出，无论取哪种函数形式得到的结论均是相似的。因此，反过来，可设定投资与人均产出的二阶量成正比，表示为 bf^2。

第三个是阻碍增长的因素总和，简称阻力因素。比如，资源的约束、环境的恶化、资本的折旧，以及区域间的摩擦等，可设定它与增长的三阶量成反比，表示为 cf^3。

第四个是技术创新。技术创新也是影响人均产出的一个重要因素，根据新古典增长理论，我们也认为其边际收益递减，与投资因素类似，可假定其与人均产出的四阶量成正比，即表示为 df^4。

当然，除了上述四个因素外，还可以考虑其他因素，但这对于我们的研究来讲已经没有多大意义。因为式（3-4）是在 $\Delta t \to 0$ 时得到的，而当 $\Delta t \to 0$ 时，上述四种因素的影响也趋于 0，即：

$$\lim_{\Delta t \to 0}(af + bf^2 + df^4 - cf^3) = 0 \tag{3-5}$$

因此，由式（3-4）和式（3-5）整理可得：

$$\frac{\partial f}{\partial t} - \frac{\partial^2 f}{\partial k^2} - f(cf^2 - bf - df^3 - a) = 0 \tag{3-6}$$

式（3-6）是一个反应—扩散型非线性偏微分方程，这类方程存在行波解，可将方程的解写为如下形式：

$$f = f(\xi),\ \xi = k - pt \tag{3-7}$$

其中，p 表示波的传播速度，为常数。将式（3-7）代入式（3-6），根据复合函数的求导法则可得：

$$-p\frac{df}{d\xi} - \frac{d^2 f}{d\xi^2} - f(cf^2 - bf - df^3 - a) = 0 \tag{3-8}$$

为了解此类方程，可设其通解具有如下形式：

$$f = \frac{1}{1 + e^{\lambda\xi}} \tag{3-9}$$

其中，λ 表示积分常数，由此可得：

$$\frac{df}{d\xi} = -\frac{\lambda e^{\lambda\xi}}{(1 + e^{\lambda\xi})^2} \tag{3-10}$$

$$\frac{d^2 f}{d\xi^2} = -\frac{\lambda^2 e^{\lambda\xi}(1 - e^{\lambda\xi})}{(1 + e^{\lambda\xi})^3} \tag{3-11}$$

将式（3-9）、式（3-10）、式（3-11）代入式（3-8）并整理可得：

$$(\lambda^2 + p\lambda + 3a + 2b - c)e^{\lambda\xi} + (2p\lambda + 3a + b)e^{2\lambda\xi} + (-\lambda^2 + p\lambda + a)e^{3\lambda\xi} = 0 \tag{3-12}$$

因此，必有如下式子成立：

$$\begin{cases} 2p\lambda + 3a + b = 0 \\ -\lambda^2 + p\lambda + a = 0 \end{cases} \tag{3-13}$$

解方程组（3-13）可得：

$$\begin{cases}\lambda=\pm\sqrt{\dfrac{a+b}{2}}\\ p=\pm\dfrac{b-a}{2}\left(\dfrac{a+b}{2}\right)^{-\frac{1}{2}}\end{cases}\tag{3-14}$$

设 $\xi\geqslant0$，为了使解收敛，可取：

$$\begin{cases}\lambda=-\sqrt{\dfrac{a+b}{2}}\\ p=\dfrac{b-a}{2}\left(\dfrac{a+b}{2}\right)^{-\frac{1}{2}}\end{cases}\tag{3-15}$$

代入式（3-9）可得：

$$f=\frac{1}{1+e^{-\sqrt{\frac{a+b}{2}}\xi}}\tag{3-16}$$

这就是在我们的假定下得到的区域经济增长阶段变化函数的基本形式，可以看出，这个函数类似 S 曲线，其图形如图 3-1 所示。

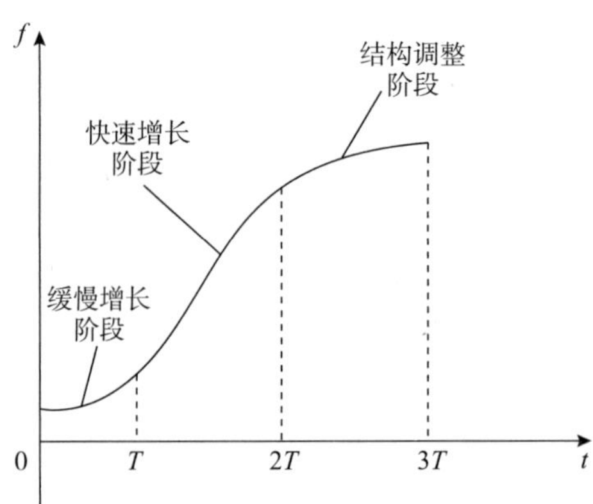

图 3-1 区域经济增长阶段

从式（3-16）还可以看出，当 k 一定时，人均产出水平与增长阶段有着紧密的联系，事实上，不同的增长阶段中，a 的取值是不同的，即 a 是一个变量。从图 3-1 可以看出，对于三个增长阶段而言，人均产出水平存在如下关系：$f_1<<f_2<f_3$。即缓慢增长阶段的人均产出远远小于快速增长阶段的人均产出，而结构调整阶段的人均产出虽然比快速增长阶段的多，但其增速较为缓慢。为了考虑问题的方便，不妨设三个发展阶段 a 的取值分别为常数 a_1、

a_2、a_3，且有 $a_1<<a_2<a_3$，因此，人均产出水平就是一个分段函数，其形式如式（3-17）所示。

$$\begin{cases} f_1=1/(1+e^{-\sqrt{(a_1+b)/2}\xi}),\ t\in[0,\ T] \\ f_2=1/(1+e^{-\sqrt{(a_2+b)/2}\xi}),\ t\in(T,\ 2T] \\ f_3=1/(1+e^{-\sqrt{(a_3+b)/2}\xi}),\ t\in(2T,\ 3T] \end{cases} \tag{3-17}$$

由于先发区域和后发区域在增长阶段上的异质性，使得两者具有相互学习技术创新及制度创新的可能，因此，假定技术或制度创新能够自由溢出，那么，任何一类区域在经过结构调整期后，由于得到了增长较快区域的技术或制度溢出效应，或者由于利用自身所积累的创新资源，采用正确的策略进行了技术或者制度创新，或者二者兼有，从而摆脱经济衰退的命运而进入下一个增长的周期。当然，受到资源条件的制约，以及技术或制度创新障碍等阻碍因素的影响，这种情形并不能无限地持续下去。假定先发区域 1 和后发区域 2 的增长阶段组合如表 3-1 所示。

表 3-1 先发区域与后发区域的增长阶段组合

阶段组合	先发区域	后发区域
第一轮	Ⅱ	Ⅰ
	Ⅲ	Ⅱ
	Ⅰ	Ⅲ
第二轮	Ⅱ	Ⅰ
	Ⅲ	Ⅱ
	Ⅰ	Ⅲ

此后，增长阶段的组合情况与第一轮和第二轮相同，直至资源耗尽，或者两个区域均无技术及制度创新的能力，整个经济体的增长进入衰退。

为了分析的简化，假定先发区域 1 和后发区域 2 的人口规模相等，且并不存在人口的流动，或者即使存在人口的流动，对任何一类区域总有流入的人口与流出的人口相等，这样，这个经济体在一个完整增长周期内的人均产出函数如式（3-18）所示，该式就是本章构建的区域经济增长“接力”模型。

$$\begin{cases} f_{1经济体}=0.5(f_2+f_1),\ t\in[0,\ T] \\ f_{2经济体}=0.5(f_3+f_2),\ t\in(T,\ 2T] \\ f_{3经济体}=0.5(f_{1+T}+f_3),\ t\in(2T,\ 3T] \end{cases} \tag{3-18}$$

其中，f_{1+T}代表下一轮缓慢增长阶段的人均产出水平，其值大于f_3，与f_1是不相等的。

为了便于看出整个经济体的人均产出与单类区域人均产出之间的关系，不妨假定第一轮的增长阶段组合中，$f_2=5f_1$（如果取 $T=15$ 年，初始年份为改革开放开始的 1978 年，则中国快速增长阶段平均人均 GDP 是缓慢增长阶段的 9 倍，因此认为快速增长阶段的平均人均产出水平为缓慢增长阶段的 5 倍是可以的），$f_3=2f_2=10f_1$（比 f_2 略大），$f_{1+T}=1.5f_3=15f_1$（比 f_3 略大），由此可得：

$$\begin{cases} f_{1经济体}=3f_1,\ t\in[0,\ T] \\ f_{2经济体}=7.5f_1=1.5f_2,\ t\in(T,\ 2T] \\ f_{3经济体}=12.5f_1=1.25f_3,\ t\in(2T,\ 3T] \end{cases} \quad (3-19)$$

在第二轮的经济增长中，假定第二阶段与第三阶段的人均产出水平与第一阶段的关系和上一轮一样，则可得：

$$\begin{cases} f_{1+T,经济体}=37.5f_1=3f_{1+T},\ t\in(3T,\ 4T] \\ f_{2+T,经济体}=93.75f_1=1.5f_{2+T},\ t\in(4T,\ 5T] \\ f_{3+T,经济体}=156.25f_1=1.25f_{3+T},\ t\in(5T,\ 6T] \end{cases} \quad (3-20)$$

比较式（3-19）和式（3-20），显然 $3f_1<7.5f_1<12.5f_1<37.5f_1<93.75f_1<156.25f_1$，因此，经济体的人均产出在考察期［0，6T］内是持续增长的。可以证明，只要三个增长阶段的人均产出水平满足$f_1<<f_2<f_3$，先发区域和后发区域的增长阶段组合如表 3-1 所示，整个经济体的人均产出是能够持续增长的。

模拟出经济体的人均产出曲线如图 3-2 所示，可以看出整个经济体的人均产出曲线大概是 S 曲线的组合，其经济增长也分为缓慢增长、快速增长及结构调整三个阶段，只是每一阶段人均产出水平的变动要比单类区域的人均产出变动剧烈，而且，整体上是向更高人均产出水平的推进。我们模拟的是两轮经济增长情况，其后的人均产出曲线与之类似，这种情形一直持续到我们假定的条件得不到满足为止。

由图 3-2 可以看出，相比单类区域如图 3-1 所示的经济增长阶段而言，由两类区域构成的经济体能够快速增长的时段更长。在［T，2T］、［3T，4T］及［4T，5T］三个时段内经济体均呈现快速增长的态势，三个时段总长为 3T，显然要比单类区域快速增长时段长。因为，按照我们的假定，单类区域经济增长在时段［0，6T］内最多能保持长度为 2T 的快速增长。

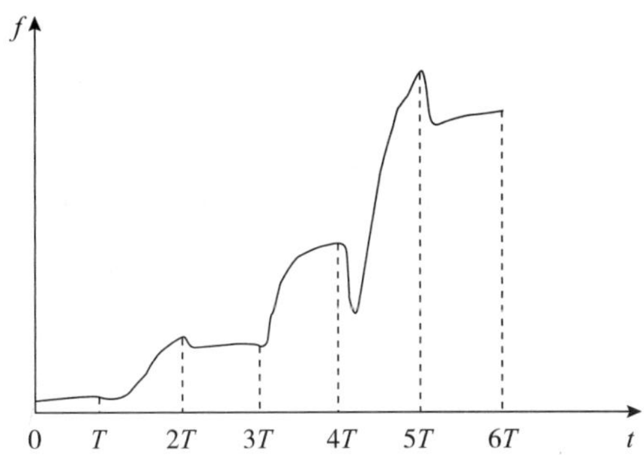

图 3-2　由两个区域构成的经济体增长趋势

当经济体包括三类区域时，上述各种假定条件仍然成立，只是不同类区域增长阶段的组合与两类区域有些差异，具体的组合情况假定如表 3-2 所示。

表 3-2　三区域的增长阶段组合

阶段组合	区域 1	区域 2	区域 3
第一轮	Ⅱ	Ⅰ	Ⅲ
	Ⅲ	Ⅱ	Ⅰ
	Ⅰ	Ⅲ	Ⅱ
第二轮	Ⅱ	Ⅰ	Ⅲ
	Ⅲ	Ⅱ	Ⅰ
	Ⅰ	Ⅲ	Ⅱ

同样重复上面的推导过程，易得在第一轮经济增长中，经济体的人均产出水平可表示为式（3-21）：

$$\begin{cases} f_{1\text{经济体}}=\dfrac{1}{3}(f_1+f_2+f_3)=\dfrac{1}{3}(f_1+5f_1+10f_1)=5.3f_1,\ t\in[0,\ T] \\ f_{2\text{经济体}}=\dfrac{1}{3}(f_2+f_3+f_{1+T})=\dfrac{1}{3}(5f_1+10f_1+15f_1)=10f_1=2f_2,\ t\in(T,\ 2T] \\ f_{3\text{经济体}}=\dfrac{1}{3}(f_3+f_{1+T}+f_{2+T})=\dfrac{1}{3}(10f_1+15f_1+75f_1)=33.3f_1=3.3f_3,\ t\in(2T,\ 3T] \end{cases} \tag{3-21}$$

同样假定在第二轮的经济增长中，第二阶段和第三阶段的人均产出水平与第一阶段的关系同上一轮一样，则经济体的人均产出水平可表示为式（3-22）：

$$\begin{cases} f_{1+T,\text{经济体}} = \frac{1}{3}(f_{1+T}+f_{2+T}+f_{3+T}) = \frac{1}{3}(15f_1+75f_1+150f_1) = 80f_1 = 5.3f_{1+T},\ t\in[3T,\ 4T] \\ f_{2+T,\text{经济体}} = \frac{1}{3}(f_{2+T}+f_{3+T}+f_{1+2T}) = \frac{1}{3}(75f_1+150f_1+225f_1) = 150f_1 = 2f_{2+T},\ t\in(4T,\ 5T] \\ f_{3+T,\text{经济体}} = \frac{1}{3}(f_{3+T}+f_{1+2T}+f_{2+2T}) = \frac{1}{3}(150f_1+225f_1+1125f_1) = 500f_1 = 3.3f_{3+T},\ t\in(5T,\ 6T] \end{cases} \quad (3-22)$$

图 3-3 模拟了上述由三类区域构成的经济体人均产出水平的增长过程。可以看出，相比单类区域如图 3-1 所示的经济增长阶段而言，由三类区域构成的经济体能够快速增长的周期更长，在［T, 5.5T］内经济体总体上呈现快速增长的态势，总时长为 4.5T，显然要比单类区域快速增长时段长，也比由两类区域构成的经济体快速增长时段长（4.5T>3T>2T）。

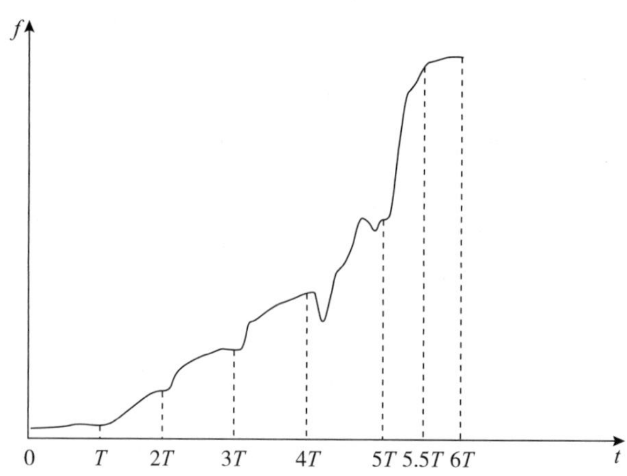

图 3-3　由三个区域构成的经济体增长趋势

对比式（3-19）与式（3-21）及式（3-20）与式（3-22）易知，只有两类增长阶段异质的区域构成的经济体的人均产出水平远远小于由三类增长阶段异质的区域构成的经济体的人均产出水平，两者之间的差距在第二轮经济增长中更加明显。因为 $3f_1<5.3f_1$、$7.5f_1<10f_1$、$12.5f_1<33.3f_1$、$37.5f_1<80f_1$、$93.75f_1<150f_1$、$156.25f_1<500f_1$。另外，包含多类区域的经济体与单类经济增长阶段依次为缓慢增长、快速增长及结构调整的区域相比，人均产出

水平更高。由式（3-19）、式（3-20）、式（3-21）及式（3-22）可知，两类区域构成的经济体其人均产出水平在三个增长阶段依次为单个区域的 3 倍、1.5 倍及 1.25 倍，三类区域构成的经济体其人均产出水平在三个增长阶段依次为单个区域的 5.3 倍、2 倍及 3.3 倍。图 3-4 直观地刻画了由两类区域构成的经济体与由三类区域构成的经济体人均产出水平的差异。

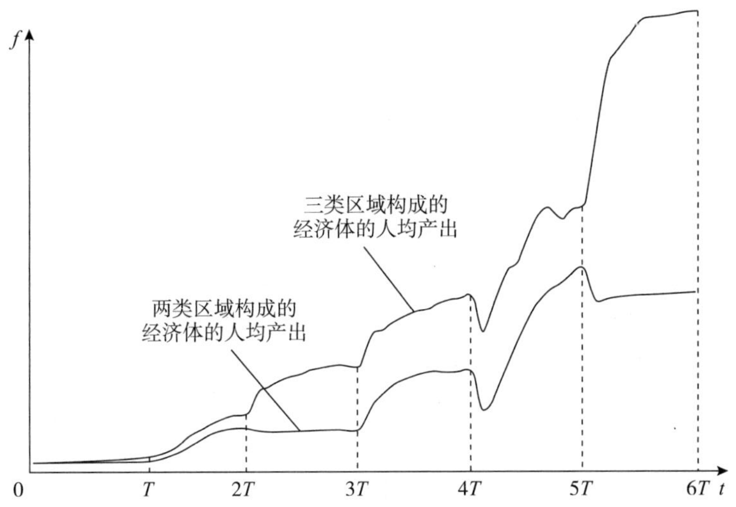

图 3-4　两区域构成经济体与三区域构成经济体人均产出曲线比较

另外，由表 3-1 和表 3-2 的对比可以看出，两类区域构成的经济体其增长阶段组合中，总有两类区域均不能快速增长的时候。而三类区域构成的经济体其增长阶段组合中，总有一类区域是处于快速增长阶段的，因此，相比之下，该经济体的增长能够在更高水平持续。

下面对上述论证过程进行简单的讨论：

（1）增长阶段时长问题。上文为了讨论方便，简单地设定三个增长阶段的时长一样，均为 T。事实上，三个阶段的时长不一定相同，但这并不影响分析的结果。因为，只要不同类型区域处于每一个阶段的时长相同，就能得到上述结论。

（2）不同增长阶段人均产出水平之间的关系问题。上文为了讨论方便，简单地设定阶段Ⅰ、阶段Ⅱ、阶段Ⅲ之间人均产出水平相差常数倍数，即 $f_2=5f_1$、$f_3=2f_2$，以及 $f_{1+T}=1.5f_3$。事实上，人均产出水平相差常数倍数这一条件很难满足，但是，即使它们之间相差的倍数不为常数，只要符合缓慢增长阶段的人均产出远远小于快速增长阶段的人均产出，而结构调整阶段的人均产出虽然比快速增长阶段的多但其增速较为缓慢等条件，均能得到与假说相同的结论，只是经济体人均产出水平曲线的变化更加复杂一些。

（3）不同类型区域的人口比重问题。上文为了分析的简化认为不同类型区域之间不存在人口流动，或者人口净流动为0。事实上，往往发达区域处于较高的增长阶段，更能吸引人口的流入，其人口的比重会相对较大。但这并不影响我们的结论，发达区域拥有更多的人口权重仅使整个经济体的人均产出水平上升，变动更加剧烈，但变化的趋势大致不变。

（4）区域的类型问题。上文讨论了两类和三类区域的情况，没有涉及四类及以上区域的情形。事实上，由于根据本章的分析将区域经济增长划分为三个阶段，四类及以上区域的增长阶段组合必与三类区域的类似，因为由表3-2可知，本章分析的三类区域的组合就是经济增长三个阶段组合的所有情形。因此，仅从经济增长阶段的异质性来看，最多将一个大的经济体划分为三类区域，即仅存在上文讨论的单类区域、两类区域和三类区域的情形。

（5）经济增长的无限持续问题。上文对这个问题已经讨论过，如果简单地理解我们上述讨论，似乎经济体的增长可以通过不同类型区域快速增长阶段的“接力”而无限地持续下去。但事实上，这是不可能发生的。因为，在经济体的发展过程中，假设条件终究会因内外部因素的变化而发生改变。一旦假定条件不能满足，这种“接力”就会停止，经济体的增长也将减速，甚至停止。

综合上述分析可知，我们从理论上构建了一个区域经济增长“接力”模型，证实了如果能够合理地利用不同类型区域在经济增长阶段方面的异质性，那么，经济体就能实现比单类区域更长时间的快速增长。因此，大国内部区域之间存在的增长阶段差异将成为大国经济体保持持续较快增长的重要来源。

就我国而言，东部、中部和西部三大地区之间的经济差异较大，经济增长速度及规模均存在异质性，因此，从理论上讲，我国在主要依靠东部发达地区实现了超过30年的持续快速增长之后，仍然具有利用区域之间的经济增长接力实现更长时间持续较快增长的可能性。下面第三部分将从经验上进行检验。

3.3 中国各区域的经验检验

在这个部分，我们分别从沿海与内地、四大区域、省区市三个区域层次检验 1978~2011 年中国经济持续快速增长过程中是否存在区域接力增长的现象。我们将依次分析不同类型区域的劳均 GDP 增长、GDP 增长、GDP 贡献率及 GDP 规模扩张程度等方面的变化趋势，目的是判断中国是否存在区域接力增长现象及其对中国经济持续快速增长所产生的影响。需要说明的是，我们之所以选择这三个方面的指标，一是理论模型构建中使用的是劳均 GDP 指标，二是绝大多数文献都是从 GDP 增长、GDP 贡献率及 GDP 规模扩张程度等方面考察经济增长情况。我们所使用的数据来源于各省区市 1979~2011 年统计年鉴和《新中国五十五年统计年鉴》，对 GDP 数据按照相应年份的指数换算为 1978 年的不变价。由于缺少 1978 年和 2011 年的劳动力数据，所以对劳均 GDP 的分析时段是 1979~2010 年。

根据初步的分析，在考察劳均 GDP 时，我们将中国的经济增长划分为 1979~2001 年、2002~2010 年两个时段。在考察 GDP 相关指标时，将中国的经济增长划分为 1978~1992 年、1993~2004 年、2005~2011 年三个时段。

3.3.1 沿海与内地的接力增长

3.3.1.1 沿海与内地劳均 GDP 增长的接力情况

图 3-5 显示了沿海与内地的劳均 GDP 增长率变化过程。从中可以看出，如果忽略小的波动，2001 年之前，内地劳均 GDP 增长率总体上低于沿海。这种情形在 2001 年之后发生了逆转。事实上，两者之间的差距在 1995 年就开始缩小。

下面，我们将整个考察期划分为 1979~2001 年、2002~2010 年两个次级时段，分别计算其平均年增长率、期初值、期末值及变化幅度，结果如表3-3 所示。

表 3-3 沿海与内地劳均 GDP 增长率分段比较 单位：%

区域	1979~2001 年			2002~2010 年			平均年增长率的两时段差距
	平均年增长率	期初值	期末值	平均年增长率	期初值	期末值	
沿海	9.6	5.9	8.5	9.2	8.1	10.2	-0.4
内地	7.0	4.2	8.6	10.7	9.3	11.8	3.7

由表 3-3 可知，1979~2001 年沿海的劳均 GDP 平均年增长率比内地高 2.6 个百分点，2002~2010 年则是内地比沿海高 1.5 个百分点，说明从 2002 年开始拉动中国劳均 GDP 增长的主要区域由沿海逐渐转变为内地。另外，

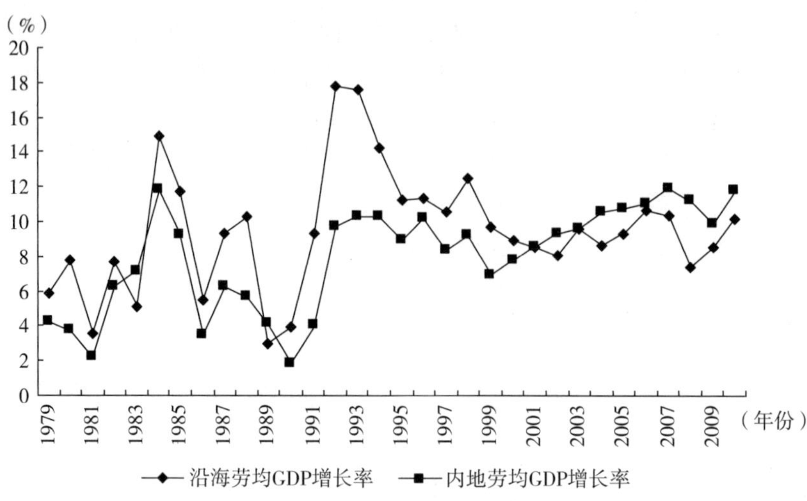

图 3-5 1979~2010 年沿海与内地劳均 GDP 增长率变化

当沿海劳均 GDP 平均年增长率减小时，内地的平均年增长率却是增加的，这进一步表明沿海与内地之间存在劳均 GDP 接力增长现象。

3.3.1.2 沿海与内地 GDP 增长的接力情况

如图 3-6 所示，2007 年之前内地的 GDP 增长率总体上低于沿海，2007 年之后则高于沿海。进一步观察可以看出，1992 年沿海与内地的 GDP 增长率差距达到最大值，而 2005 年两者之间 GDP 增长率的差距开始明显缩小。所以，我们将考察期 1978~2011 年划分为 1978~1992 年、1993~2004 年及 2005~2011 年三个次级时段，分别计算它们的平均年增长率、期初值、期末值及其变化幅度，结果如表 3-4 所示。

由表 3-4 可以看出，1978~1992 年沿海的 GDP 平均年增长率较高，比内地高出 2.3 个百分点，而且，它们的增长率变化幅度都比较大。1993~2004 年，虽然沿海的平均年增长率也比较高，但与内地的差距比前一个时段缩小了 0.4 个百分点。2005~2011 年，内地的平均年增长率超过了沿海。这说明，当沿海的经济增长速度放缓的时候，内地的经济增长开始提速，且超过了沿海。因此，从 GDP 增长率来看，大体上从 2005 年开始拉动中国经济增长的动力已由沿海逐步转移到内地。总的来看，沿海与内地接力拉动中国经济增长的特征是明显的。

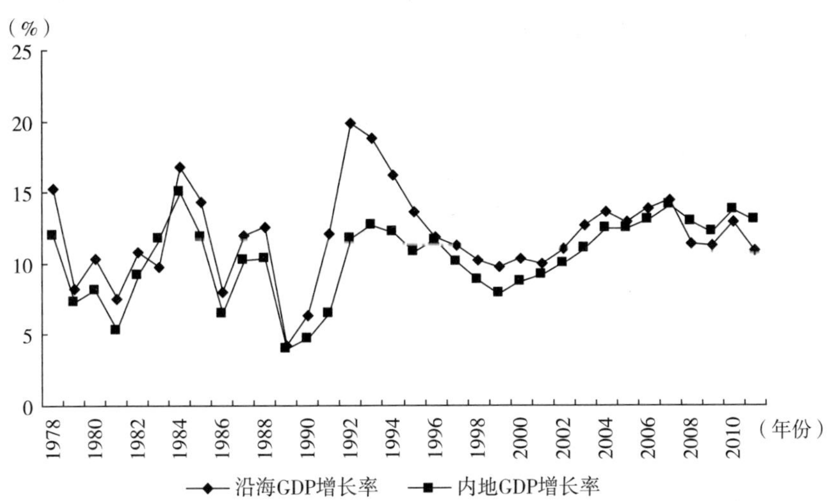

图 3-6　1978~2011 年沿海与内地 GDP 增长率变化

表 3-4　沿海与内地 GDP 增长率的分时段比较　　单位：%

区域	1978~1992 年				1993~2004 年				2005~2011 年			
	平均年增长率	期初值	期末值	期末—期初变化幅度[①]	平均年增长率	期初值	期末值	期末—期初变化幅度	平均年增长率	期初值	期末值	期末—期初变化幅度
沿海	11. 2	15. 2	19. 8	23. 0	12. 4	18. 8	13. 6	-37. 8	12. 5	12. 9	10. 9	-18. 2
内地	8. 9	11. 9	11. 8	-1. 4	10. 5	12. 7	12. 5	-1. 5	13. 1	12. 4	13. 0	4. 5

另外，观察期末—期初变化幅度这一指标可以发现，1978~1992 年及 2005~2011 年这两个时段内，当沿海（内地）的年均增长率期末—期初变化幅度为正时，内地（沿海）的年均增长率期末—期初变化幅度为负。虽然 1993~2004 年沿海与内地的该项指标均为负，但是内地相比沿海的要大得多。这就充分表明，正是由于所处增长阶段的不同，不同类型的区域其经济增长的变化才能够互补，即当某类区域增长减缓时，总有另一类区域增长加速。

① 期末—期初变化幅度的计算式为：（期末年增长率-期初年增长率）/期初年增长率。使用这个指标是为了考察指标期末与期初的相对变化程度及方向。

3.3.1.3 沿海与内地 GDP 贡献率的接力情况

图 3-7 显示了沿海与内地 GDP 占全国的比重变化情况。1978~2005 年沿海所占比重持续增大，内地则持续减小。其中，1992 年以前内地所占比重高于沿海，1992 年之后沿海所占比重高于内地。2006 年开始，沿海所占比重趋于下降，而内地所占比重开始上升。因此，我们将考察期 1978~2011 年划分为 1978~1992 年、1993~2004 年及 2005~2011 年三个次级时段，进一步考察沿海与内地 GDP 贡献率的变化，结果如表 3-5 所示。

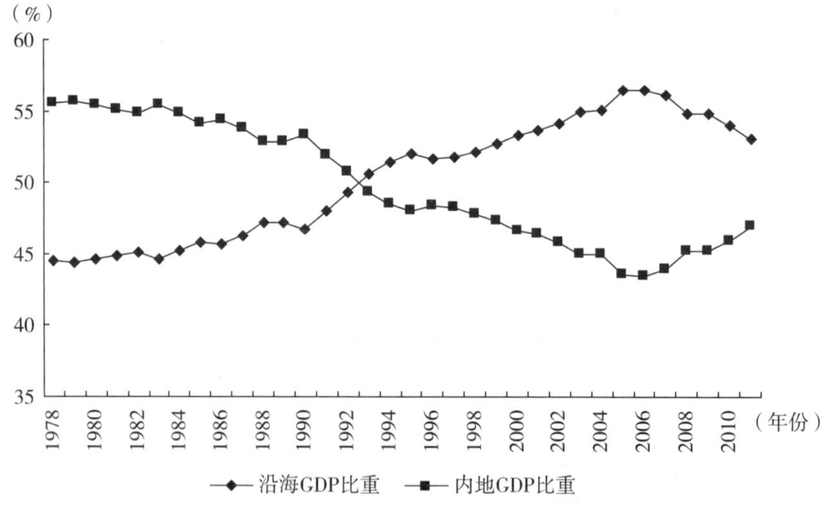

图 3-7 1978~2011 年沿海与内地的 GDP 贡献率变化

由表 3-5 可以看出，1978~1992 年沿海 GDP 的平均贡献率为 46%，低于内地的 54%，说明中国的经济增长主要靠内地支撑。但是，从期末与期初变化幅度可以看出，沿海的 GDP 贡献率明显趋于上升，而内地则趋于下降。1993~2004 年沿海 GDP 的平均贡献率提高至 52.8%，高于内地的 47.2%，此时，沿海成为全国经济增长的主要引擎。2005~2011 年，虽然沿海的 GDP 平均贡献率仍然高于内地，但已呈现下降趋势，而内地的 GDP 贡献率呈上升趋势。这表明，支撑全国经济增长的区域正在沿海与内地之间发生悄然的变化。就 1978~2011 年总体观察，沿海与内地对中国经济增长的支撑显示出了明显的接力特征。

表 3-5　沿海与内地 GDP 贡献率分段比较　　单位：%

区域	1978~1992 年				1993~2004 年				2005~2011 年			
	平均贡献率	期初值	期末值	期末—期初变化幅度	平均贡献率	期初值	期末值	期末—期初变化幅度	平均贡献率	期初值	期末值	期末—期初变化幅度
沿海	46.0	44.5	49.3	10.9	52.8	50.6	55.1	8.8	55.1	56.5	53.1	-5.9
内地	54.0	55.5	50.7	-8.7	47.2	49.4	44.9	-9.1	44.9	43.5	46.9	7.7

另外，观察期末—期初变化幅度这一指标可以发现，不同类型区域的期末—期初变化幅度存在异质性。当沿海为正时，内地为负，而当内地为正时，沿海为负。这就充分表明，正是由于所处增长阶段的不同，不同类型的区域对全国增长的贡献才能够互补，当某一贡献减小时，总有另一贡献增加。

3.3.2　四大区域间的接力增长

3.3.2.1　四大区域间劳均 GDP 增长的接力情况

四大区域的劳均 GDP 增长率变化情况较为复杂（见图 3-8）。1979~1989 年没有哪一区域劳均 GDP 具有绝对增长优势且呈现出无规律的变化，此后逐渐出现一定的规律性变化。1979~2000 年中部的劳均 GDP 增长率总体上低于东部。而 2001 年开始，中部的劳均 GDP 增长率超过了东部（除 2003 年）。东北的情形与中部的类似。西部的劳均 GDP 增长率在 2002 年之前也是总体低于东部，2002 年之后开始高于东部。总体上看，2001 年四大区域劳均 GDP 增长率差别最小，这是格局变化的重要时点。因此，我们把整个考察期划分为表 3-6 所示的两个次级时段，进一步分析四大区域劳均 GDP 增长的接力情况。

由表 3-6 可知，1979~2001 年东部劳均 GDP 的平均年增长率最高，比居于第二位的中部高出近 2 个百分点，总体上处于快速增长期，与其他三大区域的差距较大。中部、西部和东北的增长率波动与东部类似，但总体上处于缓慢增长阶段。2002~2010 年，东部劳均 GDP 进入快速增长向增速减缓过渡的阶段，平均年增长率降低了 0.4 个百分点。而中部、西部和东北则逐步进入快速增长阶段，它们的劳均 GDP 增长率陆续超过东部，总体呈小幅上升的态势。而且，表 3-6 最后一列数据显示，当东部的平均年增长率减少时，中部、西部和东北的平均年增长率却是增加的。这说明东部与中西部和东北之间存在劳均 GDP 接力增长的情况。

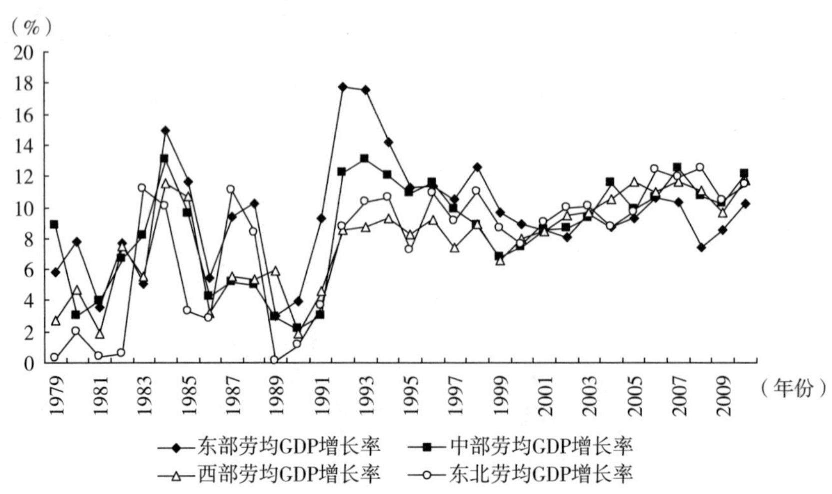

图 3-8　1979~2010 年四大区域劳均 GDP 增长率变化

表 3-6　四大区域劳均 GDP 增长率分段比较　　单位：%

区域	1979~2001 年			2002~2010 年			平均年增长率的两时段差距
	平均年增长率	期初值	期末值	平均年增长率	期初值	期末值	
东部	9.6	5.9	8.5	9.2	8.1	10.2	-0.4
中部	7.7	8.8	8.6	10.6	8.7	12.1	2.9
西部	6.7	2.8	8.4	10.7	9.5	11.7	4.0
东北	6.4	0.3	9.0	10.8	10.0	11.4	4.4

3.3.2.2　四大区域间 GDP 增长的接力情况

图 3-9 显示四大区域的 GDP 增长变化较为复杂。1978~1989 年各区域都没有表现出绝对的增长优势，此后才逐渐表现出一定的规律性变化。1989~2005 年，除个别年份外，东部 GDP 增长率均高于其他三大区域。其中，1991~1995 年东部大大超过其他区域，此后与其他区域的差距逐渐缩小。2005~2007 年四大区域的 GDP 增长率变化呈现出高度相似性，三年的 GDP 增长率变异系数分别为 0.027、0.024、0.007，为改革开放以来最低的三年。此后直至 2011 年，东部 GDP 增长放缓。

根据图 3-9 所示的四大区域 GDP 增长率特点，我们将考察期 1978~

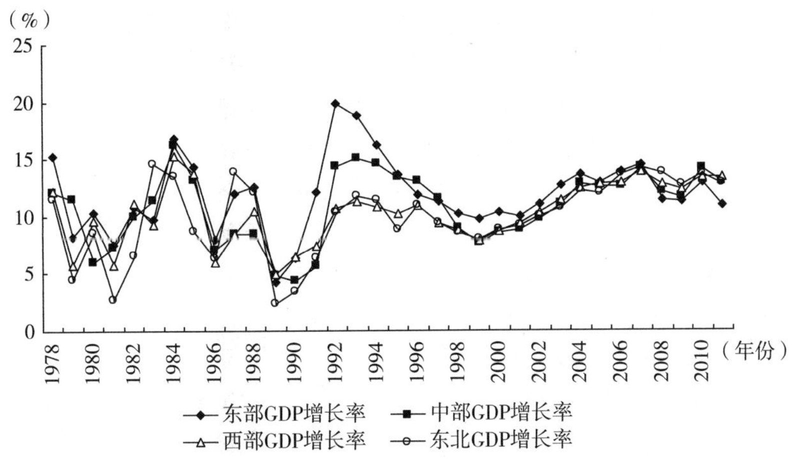

图 3-9 1978~2011 年四大区域 GDP 增长率变化

2011 年划分为 1978~1992 年、1993~2004 年及 2005~2011 年三个次级时段，以便进一步揭示其接力增长的情况，结果如表 3-7 所示。

表 3-7 四大区域 GDP 增长率分段比较 单位:%

区域	1978~1992 年				1993~2004 年				2005~2011 年			
	平均年增长率	期初值	期末值	期末—期初变化幅度	平均年增长率	期初值	期末值	期末—期初变化幅度	平均年增长率	期初值	期末值	期末—期初变化幅度
东部	11.2	15.2	19.8	23.0	12.4	18.8	13.6	-37.8	12.5	12.9	10.9	-18.2
中部	9.4	12.1	14.3	15.3	11.3	15.0	12.8	-17.3	12.9	12.5	12.9	3.1
西部	9.1	12.2	10.7	-14.1	10.1	11.3	12.5	9.7	13.1	12.8	13.4	4.3
东北	8.3	11.5	10.4	-11.3	10.0	11.8	12.2	3.6	13.2	12.0	12.8	6.0

可以看出，1978~1992 年东部的 GDP 年均增长率最高，比最低的东北高 2.9 个百分点，比第二位的中部高 1.8 个百分点。1993~2004 年东部的年均增长率仍然最高，但是与其余三个区域之间的差距缩小，仅比第二位的中部高 1.1 个百分点。2005~2011 年，情形发生了较大变化，东部由年均增长率最高变为年均增长率最低，其他区域的增长率均超过东部，显现出强劲的增长势头。由此可见，1978~2011 年东部与其他三个区域之间的 GDP 增长

存在着以 2005 年为时点的接力增长。

另外，观察期末—期初变化幅度这一指标可以发现，在分析的三个时段内，当某一（些）区域的年均增长率期末—期初变化幅度为正时，总有另一（些）区域的年均增长率期末—期初变化幅度为负，再次验证了东部与其他三个区域之间的 GDP 增长存在接力。

3.3.2.3 四大区域间 GDP 贡献率的接力情况

由图 3-10 可以看出，四大区域 GDP 对全国 GDP 的贡献随时间发生变化。东部占全国 GDP 的比重在 1978~1992 年总体上呈上升趋势，且集中在 44%~49%。1993 年后其比重高于 50%，在 2006 年之前不断增长，之后则开始下降。东北占全国 GDP 的比重基本上呈下降趋势，这一趋势在 1978~1995 年较为明显，1996~2003 年变化不大，2004~2006 年小幅下降，2007 年后变化不大。中部占全国 GDP 的比重变化较为复杂，1978~1986 年总体呈小幅上升趋势，1987~1994 年总体上呈下降趋势且后半期更加明显，在历经 1995~1997 年的短暂上升后，1998~2004 年基本上呈下降态势，2005 年后开始小幅上升。西部占全国 GDP 的比重在 1978~1987 年总体上小幅下降，1988~1990 年略有上升，1991~2003 年开始下降且幅度较大，但 2004 年之后开始稳步上升。

总体观察，东部 GDP 占全国 GDP 的比重在 2007 年开始下降，而中部和西部则自 2005 年、2006 年开始呈现上升的态势。因此，忽略小的波动，可以将考察期划分为 1978~1992 年、1993~2004 年及 2005~2011 年三个时段做进一步分析，结果如表 3-8 所示。

表 3-8 四大区域 GDP 贡献率分段比较 单位：%

区域	1978~1992 年				1993~2004 年				2005~2011 年			
	平均贡献率	期初值	期末值	期末—期初变化幅度	平均贡献率	期初值	期末值	期末—期初变化幅度	平均贡献率	期初值	期末值	期末—期初变化幅度
东部	46.0	44.5	49.3	10.9	52.8	50.6	55.1	8.8	55.1	56.5	53.1	-5.9
中部	22.5	22.0	20.7	-5.8	20.7	20.3	20.0	-1.6	19.6	19.1	20.4	6.7
西部	18.6	19.2	18.2	-5.1	16.2	17.4	15.5	-10.8	16.6	15.6	17.6	12.7
东北	13.0	14.3	11.7	-18.0	10.3	11.6	9.4	-18.8	8.7	8.8	8.9	1.1

可见，1978~1992 年东部的平均贡献率较高，达到了 46%，且呈较强的上升趋势，其他三大区域的贡献率均为下降趋势，特别是东北下降幅度达

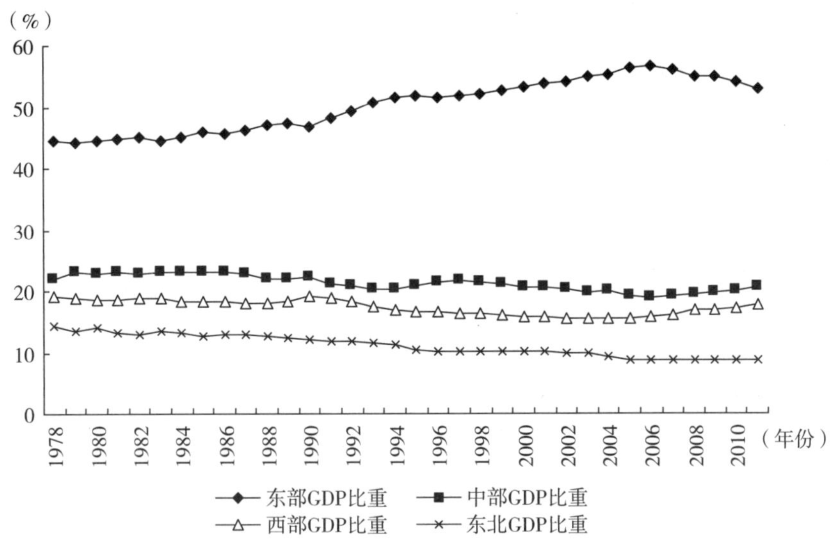

图 3-10 1978~2011 年四大区域的 GDP 贡献率变化

18%。1993~2004 年，东部的平均贡献率上升为 52.8%，相比上一时段提高了近 7 个百分点，其他三个区域的贡献率总体上继续下降，但个别年份有所增加。如 1994~1997 年中部的 GDP 贡献率呈上升态势，由 20.3%增加至 21.7%。2005~2011 年，东部的平均贡献率仍然较高，但出现了下降趋势，相比上一时段仅增加了 2.3 个百分点。其他三个区域 GDP 贡献率则呈现总体上升的态势，尤以西部上升最快，其 GDP 贡献率提高了 2 个百分点。从中不难看出，就 GDP 贡献率变化而言，东部与其他三个区域之间总体上以 2006 年为界发生了接力增长的转变。

另外，观察期末—期初变化幅度这一指标可以发现，不同类型区域的期末—期初变化幅度存在异质性。当东部为正时，中部、西部及东北为负，而当中部、西部及东北为正时，东部为负。这就充分表明，正是由于所处增长阶段的不同，不同类型的区域对全国增长的贡献才能够互补，当某一（些）贡献减小时，总有另一（些）贡献增加。

3.3.3 省区间的接力增长

3.3.3.1 省区间劳均 GDP 增长的接力情况

表 3-9 给出了各省区市劳均 GDP 增长率不同时段的变化比较。把省区市

表 3-9　各省区市不同时段劳均 GDP 增长率比较　　单位:%

位次	1979~2001 年				2002~2010 年				位次变化
	省份	平均年增长率	期初值	期末值	省份	平均年增长率	期初值	期末值	
1	浙江	11. 1	11. 4	7. 7	内蒙古	16. 1	21. 1	13. 4	↑
2	江苏	10. 9	12. 6	9. 7	江苏	12. 7	10. 7	12. 0	—
3	广东	10. 7	7. 1	7. 7	四川	12. 5	10. 5	14. 7	↑
4	福建	10. 3	2. 3	7. 9	吉林	11. 7	7. 7	12. 6	↑
5	上海	9. 8	5. 2	7. 1	山东	11. 6	10. 6	10. 4	↑
6	海南	9. 3	0. 9	7. 7	辽宁	11. 5	12. 6	12. 2	↑
7	新疆	9. 0	10. 9	6. 1	湖北	11. 4	8. 2	14. 1	↑
8	湖北	8. 9	13. 5	8. 2	河南	11. 4	9. 4	10. 8	↑
9	山东	8. 9	5. 0	9. 4	甘肃	11. 2	8. 5	11. 0	↑
10	北京	8. 4	3. 5	9. 5	湖南	11. 1	7. 9	13. 2	↑
11	天津	8. 2	6. 0	10. 7	广西	11. 0	9. 3	12. 1	↑
12	河北	8. 2	4. 6	8. 0	陕西	11. 0	4. 5	13. 8	↑
13	江西	7. 9	11. 1	9. 1	宁夏	10. 7	8. 9	14. 4	↑
14	西藏	7. 9	2. 2	10. 9	青海	10. 5	10. 9	12. 3	↑
15	安徽	7. 9	7. 2	8. 1	天津	10. 3	11. 5	9. 1	↓
16	河南	7. 5	6. 2	10. 2	江西	10. 3	6. 6	11. 6	↓
17	内蒙古	7. 4	2. 6	7. 7	河北	10. 2	8. 8	10. 1	↓
18	四川	7. 2	8. 2	9. 1	安徽	10. 0	8. 4	12. 8	↓
19	山西	7. 1	8. 0	7. 9	贵州	9. 8	8. 4	11. 7	↑
20	陕西	7. 1	4. 9	10. 8	福建	9. 5	8. 3	13. 2	↓
21	吉林	7. 0	1. 5	9. 0	山西	9. 5	11. 4	10. 2	↓
22	湖南	6. 9	6. 8	8. 1	浙江	9. 4	10. 1	10. 5	↓
23	云南	6. 8	0. 9	5. 3	西藏	9. 2	9. 5	9. 5	↓
24	辽宁	6. 8	-1. 2	8. 1	黑龙江	9. 2	9. 6	9. 5	↑
25	广西	6. 6	0. 8	7. 6	广东	8. 6	9. 7	10. 4	↓
26	宁夏	6. 0	3. 4	8. 7	云南	8. 6	7. 3	9. 0	↓
27	贵州	5. 9	10. 3	7. 6	海南	8. 5	5. 7	12. 0	↓
28	黑龙江	5. 5	0. 4	9. 9	新疆	7. 4	5. 6	7. 1	↓
29	甘肃	5. 4	-1. 3	8. 5	上海	5. 9	3. 3	7. 6	↓
30	青海	4. 5	-12. 5	10. 7	北京	5. 5	2. 2	6. 7	↓

与四大区域结合起来看，1979~2001 年劳均 GDP 增长率前 1/3 的省份中，8 个属于东部区域；属于中部、西部的各有 1 个，分别是湖北和新疆，其排名比较靠后。劳均 GDP 增长率后 1/3 的省份均属于中部、西部和东北，特别是西部的省份较多，有 6 个。可见，东部沿海发达省份与内地的欠发达省份之间劳均 GDP 增长率的差异较大，说明在这个时段内东部沿海发达省份是推动中国经济增长的重要引擎。

2002~2010 年，情况发生了很大的变化。在劳均 GDP 增长率前 1/3 的省份中，只有 2 个属于东部，即江苏和山东；而中部和西部的省份各有 3 个，东北的省份有 2 个。这说明，东部沿海省份劳均 GDP 增长率的绝对优势地位被打破了，一些内地资源比较丰富的省份在这一时段开始了快速的增长。其中，排名第一的内蒙古，其位次由上一时段的第 17 位一下子跃升到第 1 位，其平均年增长率增长了一倍多。在劳均 GDP 增长率后 1/3 的省份中有 5 个属于东部，浙江、广东、海南、上海和北京曾经位于前 1/3 的省份纷纷进入到后 1/3 省份。取而代之的是原来增速不快的内地中等发达省份，如内蒙古、四川、吉林、河南、辽宁、湖南等。

综合上述结果，不难发现，东部发达省份与内地部分省份之间的经济接力增长情形是明显的。2002 年是一个重要的转换时点，沿海发达省份作为中国经济增长引擎的地位渐渐地让位于内地部分省份。

3.3.3.2 省区间 GDP 规模扩张的接力情况

表 3-10 显示了 1978~2011 年不同时期各个省份的 GDP 扩张程度及位次变化。从中可以看出，一些省份之间存在较为明显的增长接力。从我国目前省份经济规模扩张的情况看，拉动中国经济增长的主要省份已经由东部发达省份逐渐转为内地的一些中等发达省份。

表 3-10 分省份不同时段地区生产总值规模扩张程度比较 单位：倍

位次	1978~1992 年		1993~2004 年			2005~2011 年		
	地区	经济规模扩张程度	地区	经济规模扩张程度	位次变化	地区	经济规模扩张程度	位次变化
1	广东	13.17	浙江	5.89	↑	内蒙古	3.69	↑
2	福建	11.82	西藏	5.67	↑	宁夏	3.47	↑
3	海南	11.08	山东	5.57	↑	陕西	3.40	↑
4	浙江	11.03	天津	5.47	↑	青海	3.07	↑
5	新疆	10.30	福建	5.36	↓	天津	3.06	↓

续表

位次	1978~1992 年		1993~2004 年			2005~2011 年		
	地区	经济规模扩张程度	地区	经济规模扩张程度	位次变化	地区	经济规模扩张程度	位次变化
6	山东	9.74	河南	5.30	↑	湖南	3.02	↑
7	云南	8.96	河北	5.19	↑	湖北	3.01	↑
8	江苏	8.57	江苏	5.14	—	吉林	2.92	↑
9	广西	8.52	内蒙古	5.09	↑	江西	2.88	↑
10	河南	7.86	北京	4.96	↑	贵州	2.88	↑
11	贵州	7.29	上海	4.93	↓	广西	2.88	↑
12	内蒙古	7.27	江西	4.84	↑	四川	2.85	↑
13	湖北	7.21	广东	4.67	↓	安徽	2.85	↑
14	安徽	7.03	安徽	4.50	—	海南	2.79	↑
15	河北	6.98	宁夏	4.43	↑	辽宁	2.78	↑
16	吉林	6.81	湖北	4.43	↓	山西	2.69	↓
17	湖南	6.79	四川	4.41	↑	江苏	2.68	↓
18	陕西	6.64	黑龙江	4.41	↑	福建	2.67	↓
19	江西	6.58	湖南	4.39	↓	甘肃	2.60	↑
20	北京	6.52	陕西	4.36	↓	云南	2.56	↑
21	山西	6.48	新疆	4.35	↓	河南	2.54	↓
22	辽宁	6.43	山西	4.32	↓	新疆	2.54	↓
23	宁夏	6.40	青海	4.25	↑	山东	2.45	↓
24	四川	6.38	甘肃	4.19	↑	河北	2.43	↓
25	青海	5.63	吉林	4.12	↓	西藏	2.41	↓
26	黑龙江	5.52	贵州	3.83	↓	浙江	2.41	↓
27	西藏	5.01	广西	3.81	↓	广东	2.38	↓
28	天津	4.98	云南	3.80	↓	北京	2.36	↓
29	甘肃	4.91	辽宁	3.42	↓	黑龙江	2.28	↓
30	上海	4.08	海南	2.98	↓	上海	2.10	↓

1978~1992 年，在经济规模扩张前 1/3 的省份中，属于东部区域的就有 6 个，特别前 4 名均为东部省份，它们的经济规模扩张程度均超过了 10 倍。

而在经济规模扩张程度后 1/3 的省份中，东部仅有 3 个，其余均为内地省份。可见，在这一阶段的经济增长中，由于有改革开放优惠政策的扶持，东部沿海大部分省份均实现了高于全国平均水平的经济规模扩张，与内地省份的经济差距在扩大，东部沿海发达省份无疑是推动中国经济增长的重要区域。

1993~2004 年，仍然有 6 个东部省份位于经济规模扩张前 1/3 的省份之中，但具体省份与上一时段不同，而且，总体扩张程度均大幅下降，排名总体上比上一时段靠后。排名第 1 的浙江其经济规模扩张程度也仅为上一轮排名第 4 时的 52%。总体来看，东部省份的经济规模扩张程度仍高于其他省份，但是两者之间的差距已经缩小。与之相反的是，一些内地省份的排名开始前移，表明内地省份已经开始加速追赶沿海省份，它们之间经济规模扩张程度的差距开始缩小。

在 2005~2011 年的经济规模扩张中，排名前 1/3 的省份中只有天津一个属于东部；而西部省份有 5 个，分别是内蒙古、宁夏、陕西、青海及贵州；中部省份有 3 个，即湖南、湖北和江西，还有 1 个是东北的吉林。相反，排名后 1/3 的省份中东部占 60%，其中山东、河北、浙江、广东、北京、上海的排名依次为 23、24、26、27、28、30。与前两个时段相比可以发现，东部沿海省份的绝对优势已经被打破，一些内地的中等发达省份在本轮规模扩张中表现不俗，已成为拉动中国经济增长的最主要地区。

3.3.4　小结

以上我们从三个区域层次对改革开放以来中国经济的区域接力增长情况做了考察，总体上证明了中国存在区域接力增长的情况，初步验证了我们根据区域增长接力理论模型对中国经济持续性所做的推断和解释。下面，我们按照区域接力增长理论模型中所划分的三个增长阶段对上述分析结果分别做出归纳，以便更直观地反映中国经济持续快速增长中的区域接力增长情形。具体结果如表 3-11、表 3-12 和表 3-13 所示。

表 3-11　不同类型区域劳均 GDP 增长的接力情况

	1979~2001 年	2002~2010 年
沿海	快速增长阶段	增速减缓和结构调整阶段
内地	缓慢增长阶段，或缓慢增长阶段向快速增长阶段过渡	快速增长阶段
增长主导区域	沿海	内地

续表

	1979~2001 年	2002~2010 年
东部	快速增长阶段	增速减缓和结构调整阶段
中部、西部及东北	缓慢增长阶段，或缓慢增长阶段向快速增长阶段过渡	快速增长阶段
增长主导区域	东部	中部、西部及东北
沿海发达省份	快速增长阶段	增速减缓和结构调整阶段
内地欠发达资源大省	缓慢增长阶段向快速增长阶段过渡	快速增长阶段
增长主导区域	沿海发达省份	内地欠发达资源大省

表 3-12　不同类型区域 GDP 增长的接力情况

	1978~1992 年	1993~2004 年	2005~2011 年
沿海	快速增长阶段	快速增长阶段向增速减缓和结构调整阶段过渡	增速减缓和结构调整阶段
内地	快速增长阶段末期	增速减缓和结构调整阶段向缓慢增长阶段过渡	缓慢增长阶段
增长主导区域	沿海	沿海	内地
东部	快速增长阶段	快速增长阶段向增速减缓和结构调整阶段过渡	增速减缓和结构调整阶段
中部、西部及东北	快速增长阶段向增速减缓和结构调整阶段过渡	增速减缓和结构调整阶段	缓慢增长阶段
增长主导区域	东部	东部	中部、西部及东北

表 3-13　不同类型区域 GDP 贡献率的接力情况

	1978~1992 年	1993~2004 年	2005~2011 年
沿海	缓慢增长阶段向快速增长阶段过渡	快速增长阶段	增速减缓和结构调整阶段
内地	增速减缓和结构调整阶段	缓慢增长阶段	快速增长阶段
增长主导区域	沿海	沿海	内地
东部	缓慢增长阶段向快速增长阶段过渡	快速增长阶段	增速减缓和结构调整阶段
中部、西部及东北	增速减缓和结构调整阶段	缓慢增长阶段	快速增长阶段
增长主导区域	东部	东部	中部、西部及东北

综合上述分析不难发现，不同区域层次和不同的考察指标的分析结果均证实了改革开放以来中国存在区域接力增长的现象，这正是中国经济能够实现持续快速增长的一个重要原因。尽管在不同的指标情形下，区域所处的增长阶段不一定相同，[①] 但是，不同层次的区域接力增长并没有表现出显著的差异。依据我们得到的分析结果，可以概括为：沿海（或东部，或东部发达省份）作为带动和支撑中国经济持续快速增长的主体区域地位已经发生变化，目前内地（或中西部，或内地资源大省）已经成为拉动中国经济持续快速增长的新的主体区域。拉动中国经济持续快速增长的区域“接力棒”自2005年（甚至在2002年就出现了苗头[②]）开始已逐渐由沿海（或东部，或东部发达省份）传递给内地（或中西部，或内地资源大省）。

3.4 中国未来实现经济持续快速增长的区域接力增长策略

大体上从2005年开始，[③] 沿海与内地在推动全国经济持续增长方面已悄然发生角色转换，内地部分省份正逐渐接替沿海地区成为中国保持经济持续较快增长的重要区域。这意味着中国经济进入了又一个关键的区域接力增长转换期，表现在：受自身经济结构问题、要素和资源环境约束、国际金融危机冲击等综合影响，珠三角、长三角、环渤海等沿海发达地区进入了经济增速减缓和结构调整阶段，逐渐失去推动全国经济持续较快增长的功能，而内地部分省份则进入了快速增长阶段。我们可以从各省份的GDP增速清晰地看到这种变化。2006~2011年沿海发达地区的GDP增速出现了明显的下降。其中，上海、北京、浙江分别位居全国各省份GDP增速下降前三名，其降幅分别为7个、6.4个、5.7个百分点；广东、江苏则分别位居GDP增速下降第五、第六名，分别下降了4.9个和3.9个百分点。2012年前三季度，沿海发达地区除天津外，GDP增速继续下滑。其中，上海、北京、浙江、广东的GDP增速均低于8%，分别是7.4%、7.5%、7.7%和7.9%，位居GDP增速倒数第一至倒数第四名；江苏的GDP增速是10.1%，也低于各省份平均

① 毕竟不同的指标含义不同，其变化趋势也不尽相同，因此，揭示的区域所处经济增长阶段存在差异。

② 在劳均GDP增长的接力分析中2002年是一个转换时点。在GDP增长的接力分析中2005年是转换时点。

③ 如果从劳均GDP增长看，时间是2002年。

水平。与之相反，内地的 GDP 增速普遍较高。2006~2011 年，中部地区的湖北、湖南、安徽和江西 GDP 增速均保持了 12%以上较为稳定的发展态势，西南地区的重庆、四川、贵州和云南总体上呈现出大于 12%的向上趋势；西北地区总体上呈现出大于 11%的增速。2012 年前三季度，中西部地区的 GDP 增速均大于 10%，明显高于全国 7.7%的增速。其中，重庆、贵州的 GDP 增速高达 13.8%，黑龙江的 GDP 增速为 13.4%，位居全国各省份前列；四川、陕西、甘肃、云南、青海、西藏、吉林、安徽的 GDP 增速在 12%以上；内蒙古、新疆、湖北、湖南、宁夏的 GDP 增速也超过了 11%。

因此，我们认为，从保持我国经济持续较快增长的战略需求看，国家应及时抓住近年来所出现的区域接力增长新机遇，采取有效的政策措施，加快中西部地区经济增长。而且，我们相信，如果国家能够抓住此次区域接力增长的机遇，加以利用，及时有效地促进中西部地区经济增长，那么，实现全国经济更长时间的持续较快增长是完全可能的。为此，我们提出如下政策建议：

3.4.1 重点支持重庆等中西部八省份加快发展

根据 2006 年以来经济总体上保持较高增长速度和持续上升趋势、对全国 GDP 增长贡献大于 2%的标准，中西部地区的重庆、四川、湖北、湖南、江西、安徽、河南和陕西 8 个省份符合担负全国经济增长接力区域的条件。这 8 个省份彼此相邻，连接成片，具有较好的发展基础和条件，曾经在我国的经济发展中发挥过重要的作用。因此，建议国家抓住其经济总体上进入了快速增长阶段的有利时机，在全国区域发展总体战略中将这 8 个省份作为一个重点发展的政策区域，加大对它们的政策支持力度，稳定其经济快速增长势头，将其培育成接替沿海发达地区、带动和支撑全国经济持续较快增长的新增长极。

可以考虑的具体措施包括：一是赋予其更大的改革发展自主权，开创开放发展的新局面，形成全国经济增长的新热点。主要是围绕协调推进其工业化、城镇化和农业现代化，在行政审批、投资审批、破除垄断、户籍制度改革、对外对内开放、口岸和自由贸易区设立，以及促进发展机会公平和发展成果共享等方面，允许这 8 个省份先行先试，大胆改革和创新，探索新道路，积累新经验，加快发展步伐。二是加大在这些省份的重大发展项目布局，引导其以新型工业化为导向，以内需和外需为支撑，大力发展传统优势制造业、先进制造业和现代农业，建设成为我国重要的制造业和农业基地。

三是大力推进长江中游城市群、成渝城市群、中原城市群、关中城市群的总体规划和建设，促进人口和经济活动适度集聚、加速发展，成为中西部地区新型城市化的引擎和全国经济社会发展的战略支点。四是继续在这些省份推进以高铁、重载铁路、长江航运、宽带互联网、能源网络为重点的基础设施战略布局，加快建设步伐，大力提升其现代化基础设施水平，形成对经济持续较快发展的有力支撑。

3.4.2 积极促进中西部其他省份的经济增长

除了上述 8 个省份外，中西部其他省份也大体上处于由缓慢增长阶段向快速增长阶段转换的时期。但是，这些省份面临着经济增长基础较弱、发展势头不够稳定、推动经济增长的动力结构不健全等问题。因此，建议国家针对这类省份采取以下措施，逐步提高其接力发展的能力，成为推动全国经济持续较快发展的后备接力区域：一是加大对这些省份的基础设施、基础教育投入，改善公共卫生和文化条件，加强生态文明建设，治理好生态环境，不断增强其经济持续较快发展的内生能力。二是从优化投资结构入手，引导这些省份转变经济增长方式，提高经济增长的持续性。重点是改变依赖自然资源开采和粗加工、利用房地产投资而产生的不健康的经济快速增长现象。特别是要严控房地产过快发展，预防其拉动要素价格过快上涨而使这些省份的低要素成本优势在短期内耗尽，丧失发展后劲。三是把消除区域性贫困摆在重要位置，采取移民搬迁与乡村城镇化、工业化相结合，生态治理与生态农业、生态旅游业发展相结合，政府扶持与非政府组织、企业参与相结合等多种手段，突破制约连片贫困地区发展的瓶颈。

3.4.3 利用东西互动增强中西部地区的接力增长能力

沿海发达地区虽然进入了结构调整阶段，但其经济实力相对雄厚，可以为中西部地区加快发展注入新的能量。因此，建议国家继续从以下几个方面推动沿海发达地区与中西部地区之间的互动发展：第一，加大引导产业有序转移的力度。综合运用税收优惠、产业布局规划和地区准入、建设用地指标分配等综合措施，支持沿海发达地区的产业向中西部地区转移，激活承接地区的资源和市场潜力，促进其经济结构调整和发展。第二，以“四横两纵”的高铁干线辐射带，以及长江和珠江（主要是西江）为依托，规划建设连贯东西的经济带，构建东西互动发展走廊。第三，制定和实施区域合作法规。大力支持沿海发达地区与中西部地区之间开展以地方政府和企业为主体的区域合作，形成互利共赢的区域合作长效机制。第四，积极推动沿海发达地区对中西部地区的生态补偿，支持中西部地区加强生态环境治理和保护。第五，创新沿海发达地区与中西部地区之间的帮扶机制。围绕攻克连片贫困地区发展难题，开展包括地方政府、非政府组织、企业等多元主体，省市区、城市、乡镇等多个层次在内的多样化对口帮扶，帮助中西部地区消除加快发展的区域“短板”。

3.4.4 推动沿海发达地区通过结构转型升级进入新一轮增长周期

我们要清楚地认识到，沿海发达地区的经济增速减缓和结构调整既是必然的，也是必要的。因为，沿海发达地区的这轮调整是其进入新一轮增长周期的前奏，是带领全国进入新增长周期的前期准备，是未来区域接力增长的需要。因此，我们认为，需要从开启全国新的增长周期的战略全局角度，谋划和推动沿海发达地区的经济结构转型升级。首先，要坚持沿海发达地区结构转型升级的方向不动摇。在一定时期内，敢于承受沿海发达地区经济增长速度下滑所产生的压力，允许沿海发达地区从容地进行结构转型和升级，防止为保一时的增长速度而失去转型升级的战略机遇。其次，瞄准第三次工业革命的新动向，以增强创新发展能力、抢占新的技术和产业制高点为核心，引导沿海发达地区的结构转型和升级，推动其在全国率先进入新的增长周期。最后，加强教育、科技投入，提升人力资源素质，着力构建支撑结构转型升级的要素禀赋，积极培育结构转型升级所必需的“土壤”。

4　河南省区域经济发展现状

河南省是我国中部六省的重要成员，也是我国第一人口、农业大省，因省内区域间自然条件、区位、经济基础等各方面因素的影响而使区域经济发展呈现出多元面貌。本章首先回顾中华人民共和国成立以来河南区域经济发展战略的演变；其次分析河南区域经济发展的概况，并在此基础上进行了河南区域经济发展的 SWOT 分析；最后从省内及国内两方面对河南的区域经济发展进行了比较分析。

4.1　河南区域经济发展战略演变

改革开放以来，根据社会经济发展所处阶段的特点和任务，河南在区域经济发展战略的演变上大体经历了以下几个阶段：

4.1.1　第一阶段（1949~1957 年）

该阶段历时 8 年，包括国民经济恢复时期和第一个五年计划，采用的是封闭式的平衡发展战略。这一时期，河南省在认真贯彻执行党在过渡时期总路线的基础上，优先发展重工业，并兼顾了农业和轻工业，积累和消费协调，经济发展趋向平衡，人民生活逐步改善。这一发展战略尊重客观经济发展规律，符合当时的国情和省情，取得了较好的社会经济效果。

4.1.2　第二阶段（1958~1978 年）

该阶段历时 20 年，是河南经济发展最为缓慢的时期，包括“大跃进”和经济调整时期（1958~1965 年）、“三五”和“四五”（1966~1975 年）时期以及“五五”前期（1976~1978 年）。该阶段的战略类型属封闭型、重型的不平衡发展战略，在对外关系上强调自力更生，延续闭关自守的旧有格局，在经济建设中违背客观经济规律，片面追求高速度，搞“大跃进”，强调“以钢为纲”，发展重工业，在农业上强调“以粮为纲”的单一生产模式，在处理经济建设和政治建设的关系上片面强调“以阶级斗争为纲”，忽视了工作重心的转移，具有明显的赶超性和不平衡性。这一阶段是河南国民经济最困难时期，除经济调整时期外，建设脱离省情，生产遭到严重破坏，商品供应紧张，人民生活不见改善。

4.1.3 第三阶段（1979~2002年）

这一阶段历时21年，包括“五五”后期、“六五”“七五”“八五”以及“九五”时期，该阶段发展战略属开放型、重效率的非均衡发展战略。与前两阶段相比，开放性和平衡性是其显著特征。这一阶段是中华人民共和国成立后全省经济和社会全面迅速发展时期，各项建设事业蓬勃发展，成绩斐然。尤其是1994年实行分税制后，根据河南省的发展现状和优势资源陆续出台了一系列专项政策，逐步形成了独立自主、初具成效的政策轮廓。

在产业方面，在《90年代国家产业政策纲要》的指导下，河南省相继发布了《河南省造纸产业政策》（1997）、《河南省机电产品出口推进计划实施意见》（1999）、《关于加快我省小麦加工转化工作的意见》（1999）等产业政策，不断优化产业结构和组织形式，在传统产业继续保持发展优势的情况下，机电、化工、轻纺、食品、建材行业的影响力不断提高，逐步成为支撑河南经济发展的五大支柱产业。

在对外开放方面，1993年河南省确定了“开放带动”的经济发展主战略，1997年颁布的《对外开放工作意见的通知》对外贸出口、利用外资、创汇农业、对外承包工程等对外开放的形式做出了较为具体的安排。正是得益于这种“大经贸”战略，河南省的对外开放规模不断扩大，1986~1995年，全省进出口总值年均增长17.9%，外商直接投资年均增长52.9%。

在城市化方面，根据1980年国家《城市规划法》的规定，河南省确立了“优先发展小城镇”的政策，并于1983年以后实行地市合并、撤地建市和以市带县的新体制，先后新建了卫辉、济源、巩义、荥阳、新郑、登封、林州、灵宝、长葛、项城等小城市。20世纪90年代，河南省的城市化建设进入了快速推进时期，不仅在大中城市的间隙处增设新市，而且在省际边缘，特别是经济水平较高的豫北广大乡村中设置了新市，如汝州、新密、鹤壁、濮阳、义马等。

在环境保护方面，1984~1991年，河南省先后召开了三次环境保护会议，确定了环境保护政策的基本框架。后来根据《国务院关于印发全国生态环境建设规划的通知》的精神，制定了《河南省生态环境建设规划》

(1999)、《河南省环境污染防治设施监督管理办法》(2001),为河南省的生态环境建设提供了政策指南和实施依据。

4.1.4 第四阶段(2003年至今)

进入21世纪,河南省的区域经济发展战略也步入了新的发展时期,一个既延续了河南经济社会发展的必然逻辑,又具有鲜明的创新精神和时代特征的政策体系处于不断充实与深化中。

(1)区域布局方面,2003年颁布的《河南省全面建设小康社会规划纲要》,为实现经济社会的全面发展、奋力实现中原崛起描绘了宏伟蓝图和总体目标。此后,《河南省国民经济和社会发展第十一个五年规划纲要》(2006)、《河南省人民政府关于促进产业结构调整的实施意见》(2006)、《河南省知识产权战略纲要的通知》(2008)等政策相继出台,为加快河南省向经济强省、文化强省的跨越做出了具体规划。

(2)区域分工方面,河南省先后批准实施了《关于推进农业现代化建设的意见》(2004)、《关于加快发展服务业的若干意见》(2007)以及《关于促进百户重点工业企业和50户高成长型高技术企业加快发展的意见》(2008)等政策措施。在这些产业政策的干预和引导下,河南省顺利完成了产业结构升级进程,形成了以传统农业、一般重化工业为主的大工业以及以高科技产业为代表并以知识经济产业为支撑的发展模式。城市化方面,2003年做出了实施区域性中心城市带动战略、加快中原城市群经济隆起带发展的重大决策,2006年出台的《关于实施中原城市群总体发展规划纲要的通知》,对城市群内各城市的功能定位、产业布局、重大交通基础设施等进行了统筹规划。对外开放方面,相继出台了《加快发展开放型经济的若干意见》(2004)、《河南省加快实施开放带动主战略指导意见》(2006)、《关于进一步加强招商引资工作的意见》(2008)等政策。截至目前,已经确定了53个县(市)作为对外开放的重点县(市),全省进出口总值也于2007年首次跨过百亿元大关。

(3)区域组织方面,从2006年起,河南省连续三年印发了《河南省整顿和规范市场经济秩序工作要点》,加强市场监管。产业结构调整方面,出台的《关于大力发展农民专业合作组织的意见》(2005)、《河南省农产品批发市场建设规划(2006~2010年)》(2007)等政策,有利于实现小生产与大市场的有效对接,提高农民的组织化程度和农业产业化经营水平。特别是为应对经济危机,提出的《关于积极承接产业转移加快开放型经济发展的指导意见》(2009)以及相关产业的调整振兴规划，为积极承接境内外产业转移，促进河南省内产业结构优化升级发挥了良好的政策导向和支撑作用。环境保护方面，先后实施了《关于加快发展循环经济的实施意见》(2006)、《河南省环境保护“十一五”规划》(2006)等政策，着重推进重点流域、重点区域、重点城市的环境治理和生态保护。2007年在全国率先颁布并实施了《河南林业生态省建设规划》，促进了生态效益和社会效益的大幅提高。人才引进方面，出台了《关于促进人才柔性流动的实施意见》(2006)、《关于引进海外高层次人才的意见》(2009)等措施，有力地推动了中原人才高地的形成。

(4)区域特殊补偿方面，河南省2005年出台了《进一步加快经济技术开发区发展的若干意见》，进一步扩大了开发区的行政管理权限，并给予信贷、投融资、价格、进出口等政策支持。2009年开始实施的《关于加快产业集聚区科学发展若干政策（试行）》，提供了土地、税收、人才引进等方面的25条优惠措施。区域补偿政策更加注重通过转移支付、公共投资、补贴等措施加大对落后地区的扶持力度，按照《河南省农村扶贫开发规划(2003~2010年)》的安排，2005年以来共安排涉及农村民生项目的支出达90.8亿元，累计增长18.5倍，有效地改善了贫困地区群众的生产生活条件，为经济欠发达地区的发展增强了后劲。

(5)区域法规方面，河南省先后通过了《河南省口岸管理办法》(2004)、《河南省节约能源条例》(2006)以及《河南省传统工艺美术保护办法》(2008)等一系列法律法规，已获批准实施的《河南省人民政府2009年度立法计划》涵盖了资源开发、知识产权保护、产业发展、环境治理等方面，以立法的形式确保了区域经济政策的战略目标和实施方案。此外，对不符合区域发展要求的地方性法规、规章和决定等依法予以清理，2005年、2008年相继做出了关于第六批、第七批取消和调整行政审批项目的决定，为优化政策环境、推动区域经济协调可持续发展提供了切实保障。

4.2 河南区域经济总体发展态势

4.2.1 经济持续快速健康发展

4.2.1.1 经济总量持续增长

改革开放以来，河南省取得重大成就，尤其是自21世纪以来河南省GDP持续稳定增长，河南2005年GDP突破1万亿元，成为全国第五个GDP超1万亿元的省份；2010 年，GDP 突破 2.2 万亿元。从 1 万亿元到 2 万亿元，仅仅用时 5 年，而从 2 万亿元到 3 万亿元，仅用时 3 年。2014 年全国各地区 GDP 排名河南省依然保持第五名。2000~2013 年，河南省的 GDP 增长速度一直保持在 9%以上（见图 4-1），到 2014 年增长速度有所下滑，为 8.9%。

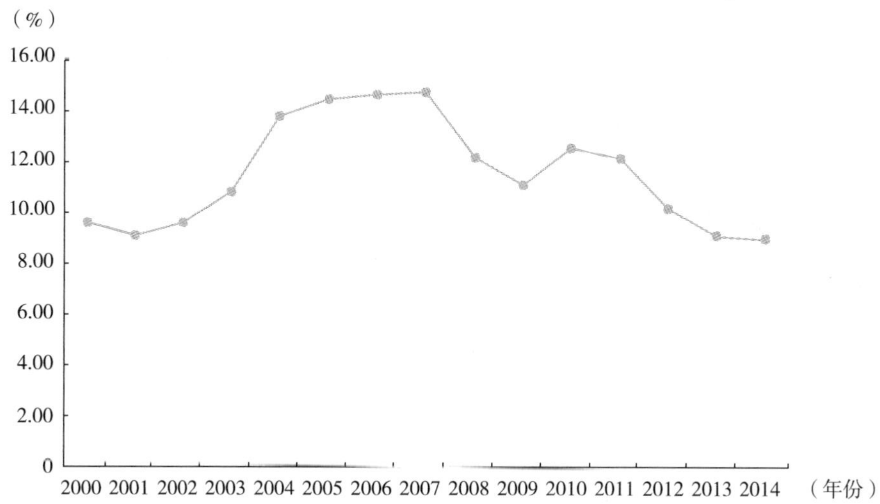

图 4-1 河南省 2000~2014 年 GDP 增长速度

4.2.1.2 人均 GDP 水平持续上升

河南省人均 GDP 1978 年为 232 元，甚至低于世界低收入国家平均水平的起步阶段；到 2000 年达到 5450 元，到了 2014 年人均 GDP 达到 37072 元，按当年价格计算，是 1978 年的 159 倍，已达到世界中等收入国家的平均水平（见图 4-2）。

4.2.2 经济结构逐步优化

根据河南省三次产业产值的变化情况，将 1986~2013 年河南省产业结构情况分为三个阶段：①1986~1991 年，三次产业发展较为均衡，三次产业是“二一三”的发展格局；②1992~2002 年，第三产业产值超过第一产业，产业结构变化为“二三一”的发展格局，期间三次产业产值均增长缓慢；③2003~2014 年，三次产业迅速发展，产值迅速增加，其中第二产业产值急速增加，第一产业产值增加较慢。虽然河南省产业结构 1986~2014 年不断调整优化，然而比起发达国家和地区产业结构呈现的“三二一”格局，仍然存在第一产业占比过大、第三产业相对弱小的现象，与发达国家 20 世纪 20 年代水平相近。

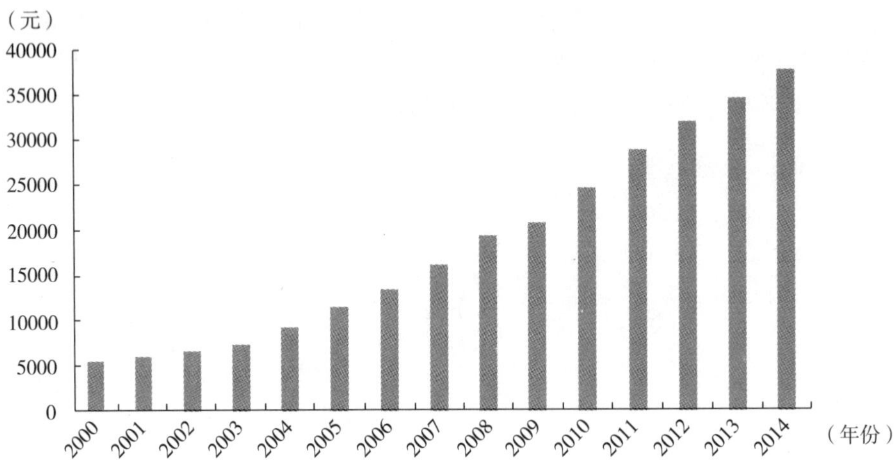

图 4-2　河南省 2000~2014 年人均 GDP

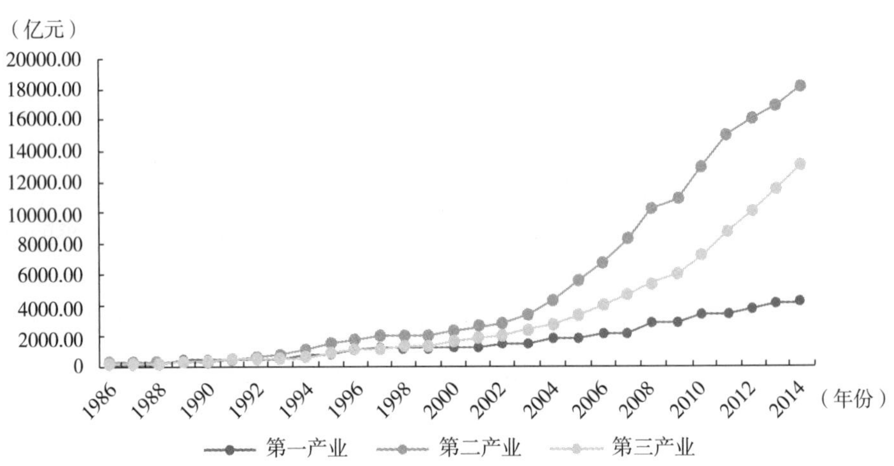

图 4-3　河南省 1986~2014 年三次产业发展趋势

通过图 4-3 可以发现河南省三次产业整体走势的特点，第二产业虽然总量遥遥领先，但增长趋势是逐步减缓的。自 21 世纪以来，第三产业显著进步，增长趋势日益加快，效率不断提高。同时通过对比 1986 年三次产业的结构与 2013 年三次产业的结构，发现产业结构的比例从 35.6：40.2：24.2 变为 12.6：55.4：32 的状况（见图 4-4）。到 2014 年，产业结构的比例已经变为 11.9∶51.0∶37.1，第三产业比重持续上升。

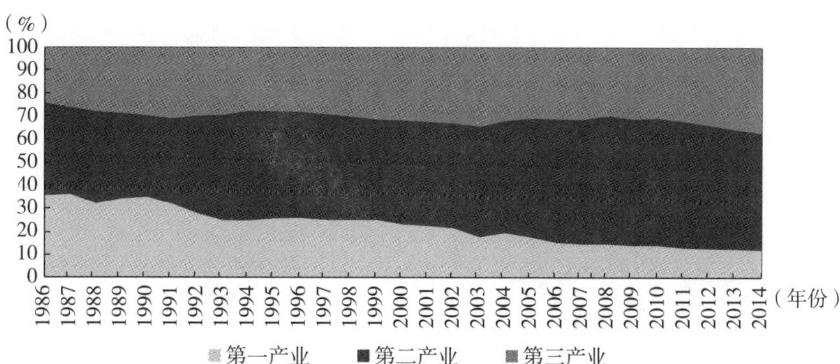

图 4-4 河南省 1986~2014 年三次产业比例变化

4.2.3 人民生活水平大幅提高

4.2.3.1 城乡居民收入不断增加

2000 年以来，城镇居民家庭人均可支配收入和农村居民家庭人均纯收入均呈现快速增长态势，2013 年城镇居民家庭人均可支配收入和农村居民家庭人均纯收入分别达到 22398.03 元和 8475.34 元，分别为 2000 年的 4.7 倍和 4.3 倍。2014 年城镇居民家庭人均可支配收入和农村居民家庭人均纯收入分别达到 23672 元和 9966.07 元，均为 2000 年的 5 倍，可以看出，城镇与农村居民的生活水平稳步提高（见表 4-1）。

表 4-1 城乡居民家庭收入与恩格尔系数

年份	城镇居民家庭		农村居民家庭	
	人均可支配收入（元）	恩格尔系数（%）	人均纯收入（元）	恩格尔系数（%）
2000	4766.26	36.2	1985.82	49.7
2001	5267.42	34.7	2097.86	48.6
2002	6245.40	33.7	2215.74	48.0
2003	6926.12	33.6	2235.68	48.2
2004	7704.90	35.0	2553.15	48.6
2005	8667.97	34.2	2870.58	45.4

续表

年份	城镇居民家庭		农村居民家庭	
	人均可支配收入（元）	恩格尔系数（%）	人均纯收入（元）	恩格尔系数（%）
2006	9810. 26	33. 1	3261. 03	40. 9
2007	11477. 05	34. 6	3851. 60	38. 0
2008	13231. 11	34. 8	4454. 24	38. 3
2009	14371. 56	34. 2	4806. 95	36. 0
2010	15930. 26	33. 0	5523. 73	37. 2
2011	18194. 80	34. 1	6604. 03	36. 1
2012	20442. 62	33. 6	7524. 94	33. 8
2013	22398. 03	33. 2	8475. 34	34. 4
2014	23672. 00	30. 0	9966. 07	30. 0

4. 2. 3. 2　城乡居民消费能力不断增强

城镇居民与农村居民恩格尔系数 2000~2014 年的大致变化趋势为：无论是城镇还是农村，恩格尔系数都是逐渐减小。这说明不管是农村还是城镇的消费均表现为娱乐享受型消费明显增加，城乡居民步入较为宽裕的小康生活。

4. 2. 4　可持续发展取得显著成绩

4. 2. 4. 1　节能降耗迈出实质性步伐

万元 GDP 能耗自 2004 年开始出现向下的“拐点”，2005 年降为 1. 38 吨标准煤，2007 年降至 1. 19 吨标准煤，比 2006 年下降 9. 16%，2008 年下降至 1. 05 吨标准煤，比 2007 年下降了 10. 3%，此后一直连续下降，到 2013 年下降至 0. 77 吨标准煤，2014 年已下降至 0. 66 吨标准煤。2014 年河南省万元工业增加值能耗比 2013 年下降 11. 29%，初步核算可超额完成年度万元生产总值能耗下降目标（见图 4-5）。

4. 2. 4. 2　环境治理保护工作取得新进展

2014 年河南省 83 个省控河流监测断面中，水质符合Ⅰ~Ⅲ类标准的断面占 44. 6%，比 2013 年降低 1. 2 个百分点；符合Ⅳ类标准的断面占 26. 5%，比 2013 年增加 7. 2 个百分点；符合Ⅴ类标准的断面占 4. 8%，比 2013 年降低 6 个百分点；水质为劣Ⅴ类的断面占 24. 1%，与 2013 年持平。全省城市空气质量优良天数比例为 70. 6%，18 个省辖市城市环境空气质量级别均为轻污染。

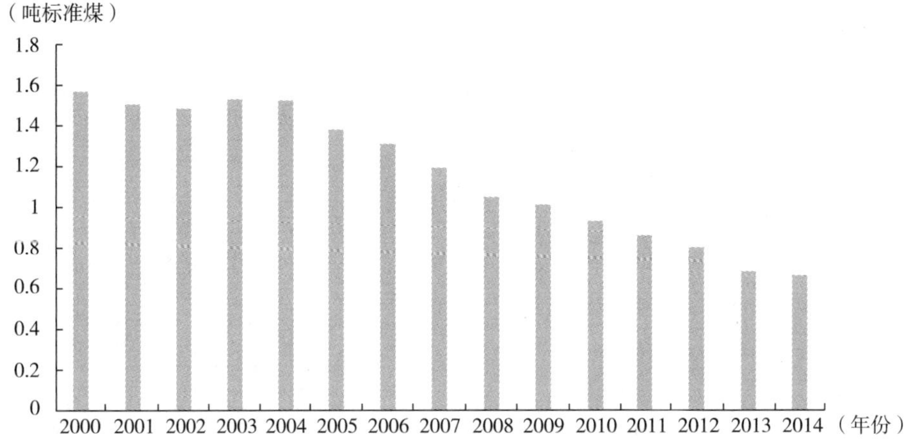

图 4-5 河南省 2000~2014 年万元 GDP 能耗变化

4.2.4.3 经济发展与扩大就业逐步形成良性互动

改革开放以来，河南全社会从业人员数以每年平均 2.38%的速度增加，尤其是 2002 年以来，城镇新增就业人员数呈上升趋势，到 2011 年首次突破百万人大关，2013 年新增就业人员数为 153 万人，到 2014 年，河南省的就业人数已经达到 1713 万人。农村的就业人员数自 2000 年以来呈现先减少后增加再减少的趋势。自 2011 年以来，农村就业人员逐年减少，2013 年河南省农村就业人员比 2012 年减少了 54 万人，2014 年河南省农村就业人员比 2013 年减少了 44 万人。这说明以前在农村就业的人员开始向城镇转移。城镇登记失业率自 2000 年以来呈现先上升后下降的趋势，由 2000 年的 2.6%上升到 2006 年的 3.52%，之后开始缓慢下降，到 2013 年下降至 3.1%，2014 年城镇登记失业率继续下降到 3%以下（见图 4-6）。

三次产业的从业人员结构明显优化，由 2000 年的 64.0：17.5：18.5 转变为 2013 年的 40.1：31.9：28.0，到 2014 年已变为 40.7：30.6：28.7，农村剩余劳动力转移加快，第二、第三产业吸纳就业的能力显著增强（见表 4-2）。

表 4-2 2000 年以来各产业从业人员数和从业人员比例变化

年份	从业人员（万人）				从业人员构成（%）		
	总计	一产	二产	三产	一产	二产	三产
2000	5572	3564	977	1031	64.0	17.5	18.5
2001	5517	3478	997	1042	63.0	18.1	18.9

续表

年份	从业人员（万人）				从业人员构成（%）		
	总计	一产	二产	三产	一产	二产	三产
2002	5522	3398	1038	1086	61.5	18.8	19.7
2003	5536	3332	1084	1120	60.2	19.6	20.2
2004	5587	3246	1142	1200	58.1	20.4	21.5
2005	5662	3139	1251	1272	55.4	22.1	22.5
2006	5719	3050	1351	1318	53.3	23.6	23.0
2007	5773	2920	1487	1366	50.6	25.8	23.7
2008	5835	2847	1564	1424	48.8	26.8	24.4
2009	5949	2765	1675	1509	46.5	28.2	25.4
2010	6042	2712	1753	1577	44.9	29.0	26.1
2011	6198	2670	1853	1675	43.1	29.9	27.0
2012	6288	2628	1919	1740	41.8	30.5	27.7
2013	6387	2563	2035	1789	40.1	31.9	28.0
2014	6520	2652	1996	1873	40.7	30.6	28.7

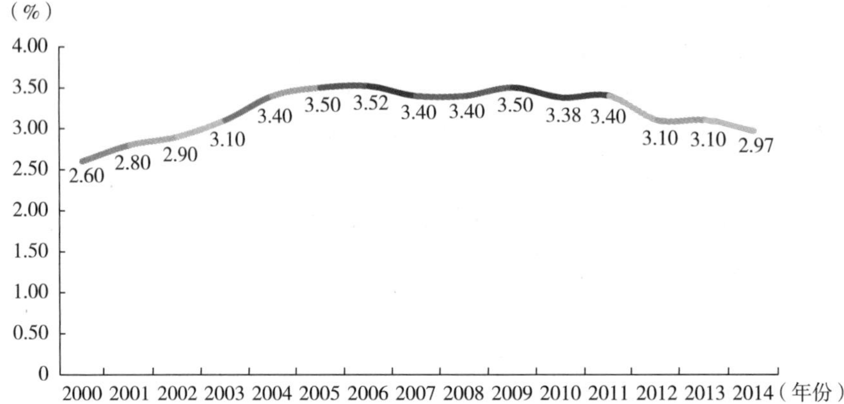

图 4-6　2000 年以来河南省城镇登记失业率变化

4.2.5　开放型经济的水平与质量不断提高

4.2.5.1　对外贸易发展迅速

2000 年河南省进出口总额 1883584 万元，2014 年达到 39943605 万元，为2000年的21.2倍。2009年受金融危机影响进出口总额增长速度下降，呈现负增长态势。2010年随着经济缓慢复苏，河南进出口呈现恢复增长态势，2011年增长率达71.97%。进出口占GDP的比重也逐年上升，其中，出口额占GDP的比重从2000年的2.45%上升到2014年的6.92%，进口额占GDP的比重从2000年的1.28%上升到2014年的4.51%。河南省的外贸依存度逐步提高。2014年全省进出口总额3994.36亿元，比2013年增长7.5%。其中，出口总额2418.81亿元，增长8.4%；进口总额1575.55亿元，增长6.1%。机电产品出口1625.89亿元，增长7.1%；高技术产品出口1360.55亿元，增长5.9%（见表4-3）。

表4-3　2000年以来河南省进出口变化状况

年份	增加值（万元）	出口		进口	
		出口值（万元）	占GDP比重（%）	进口值（万元）	占GDP比重（%）
2000	50529900	1236519	2.45	647065	1.28
2001	55330100	1419864	2.57	891475	1.61
2002	60354800	1754333	2.91	898173	1.49
2003	68677000	2467779	3.59	1437400	2.09
2004	85537900	3457811	4.04	2018134	2.36
2005	105874200	4131243	3.90	2134176	2.02
2006	123627900	5289240	4.28	2519853	2.04
2007	150124600	6424771	4.28	3379098	2.25
2008	180185300	7504743	4.17	4733263	2.63
2009	194804600	5018380	2.58	4161384	2.14
2010	230923600	7131309	3.09	4912694	2.13
2011	269310300	12208344	4.53	8503607	3.16
2012	295993100	18697083	6.32	13905620	4.70
2013	321558600	21943999	6.82	14607520	4.54
2014	349382400	24188100	6.92	15755539	4.51

出口产品结构得到优化，机器、机械、电气设备及其零件，录音机及电视图像及附件占总出口的比例由2007年的12.21%上升到2014年的62.7%，跃升为全省第一大出口产品。

4.2.5.2 招商引资快速发展，引资质量不断提升

自2000年以来，河南省利用外资规模逐年增加。2000年实际利用外资额为53999万美元，到2014年，实际利用外资额增加到134.57亿美元，是2000年的24.92倍。至2014年实际利用外商直接投资149.27亿美元，比2013年增长10.9%。实际利用省外资金7206亿元，增长16.3%。2013年末实有外商和港澳台商投资企业数2045家，2013年新批准外商投资企业143家，2014年新批准外商投资企业328家。

4.2.5.3 “走出去”战略初见成效

2013年末河南省建成投产企业数382家，中方实际投资额65675万美元。对外承包工程和劳务合作签订合同数315份，签订合同金额40.58万美元，营业额42.09万美元。2014年新签合同额42.29亿美元，比2013年增长4.2%；营业额47.08亿美元，增长11.9%。

4.2.6 科技创新能力不断增强

河南科研的人力和资金投入逐渐增大。2012年有科技活动的单位数为6616个，比2000年的1984个多了4632个，是2000年的3倍多。2012年科技活动从业人员数为20.57万人，比2000年的15.51万人多了5.06万人。科技经费投入中的R&D经费投入快速上涨，R&D经费内部支出从2000年的24.8亿元上升到2014年的400亿元，R&D经费外部支出从2000年的1.51亿元上升到了2014年的9.1亿元（见表4-4）。

表4-4 2000年以来河南省R&D项目、经费、人员等变化状况

年份	R&D人员（人）	R&D经费内部支出（万元）	R&D经费外部支出（万元）	R&D项目数（个）	R&D机构数（个）
2000		248024	15050	7904	1331
2001		283091	24064	8100	1122
2002		293151	31148	8470	1151
2003		341910	24664	9293	1173
2004		423560	24573	12105	1423
2005		556090	39913	16069	1498
2006		798414	47729	18904	1432
2007		1011302	59761	24395	1531
2008		1240890	55061	27349	1727

续表

年份	R&D 人员（人）	R&D 经费内部支出（万元）	R&D 经费外部支出（万元）	R&D 项目数（个）	R&D 机构数（个）
2009		1747599	96107	22347	1821
2010	144408	2113773	89253	24050	1798
2011	167386	2644922	109950	28422	1817
2012	185116	3107803	124399	30319	1870
2013	216269	3553486	109470	33015	2064
2014	232105	4000098.7	91021.1	36449	2203

4.3　河南区域经济发展的 SWOT 分析

4.3.1　优势分析

4.3.1.1　区位优势

中外经济发展的历史表明，区位优势是决定各地区间发展差异最主要的先天因素之一。

（1）地理区位优势。河南位于北纬 31°23′~36°22′，东经 110°21′~116°39′，东接安徽、山东，北接河北、山西，西连陕西，南邻湖北，呈望北向南、承东启西之势。河南地理位置优越，古时即为驿道、漕运必经之地，商贾云集之所。今天，河南地处沿海开放地区与中西部地区的接合部，是我国经济由东向西梯次推进发展的中间地带。国家促进中部地区崛起的战略部署，更加凸显了河南独特的区位优势。全省总面积 16.7 万平方千米，居全国第 17 位，占全国总面积的 1.73%。地势西高东低，北、西、南三面有太行山、伏牛山、桐柏山、大别山沿省界呈半环形分布，中、东部为黄淮海冲积平原，西南部为南阳盆地；处于我国由东向西的经济技术和由西向东的资源要素交汇区，对我国东西部发展起着重要的协调作用，具有优越的地理区位优势。正是这种地理上的优越位置使河南不仅是各种生产资料的集散中心，也是各种消费品进入中部地区市场的重要通道，成为东部沿海产业向内陆地区转移的重要战略平台和中外客商投资的首选地之一。

（2）交通区位优势。河南省处于京广铁路、京珠高速公路与陇海铁路、连霍高速公路的大十字交叉路口，加上河南近年来大力发展交通而形成的稠密全省交通网，交通极为发达。这为全国东西南北经济交流和周边地区的资源输往中原地区提供了便捷的交通条件，使运输成本大大降低，不仅有利于承接来自发达地区的产业转移和经济辐射，而且还能将承接产业转移而聚集起来的经济能量进一步向中原腹地辐射延伸。河南的交通区位优势，还表现在高铁为河南所带来的各种利好因素。高铁使河南同三大发达经济区的时空距离变得更短了；同时，高铁时代的来临也使高铁沿线的其他中部省份，如湖南、湖北以及河北等省相对河南的区位优势不像以前那么明显了。高铁的建成通车将会强化河南的区位优势，这是河南省所拥有的一个新的利好因素。

（3）市场容量区位优势。作为河南省会的郑州，与广东、上海、北京3个发达经济中心的距离都非常适中，这就可以确保河南省既能利用这些发达地区的各种资源，又不会与它们存在明显的市场竞争，相比之下，江西、安徽与湖南等省，尽管毗邻发达的沿海地区，但与发达地区的市场辐射半径存在太多的交叉。另外，河南省有1亿多人口，加上河南近年来快速经济发展所形成的较强消费潜能，这样的市场规模能够支撑任何一个产业的启动与发展。这就为河南提供了强有力的市场条件，成为河南最大的区位优势。

（4）经济发展的空间区位优势。从区域发展空间来看，与中部省份的省会城市合肥和武汉相比，郑州作为国内交通枢纽和市场中心，不仅辐射的范围大，强度也高。以郑州为中心，半径500千米的5小时经济圈可以辐射3.6亿人口；半径1000千米的12小时经济圈可以辐射7.9亿人口。中部高速客运铁路网投入使用后，以郑州为核心的3小时经济圈将覆盖全国经济总量的2/5。在现实的经济关系中，郑州直接的辐射范围就包括河南全省，以及周边的山西、河北、山东、安徽等省份的一些地区。同时还应看到，以郑州为中心的河南经济发展，不会遇到像以武汉为中心的湖北经济发展那样的阻碍，因为河南西部的西安、兰州以及东部的合肥、芜湖城市群还远未形成具有区际影响的城市圈，况且以郑州为中心的中原城市群的经济总量，远远高于武汉城市圈的经济总量，也不存在湖北省经济发展中经济腹地薄弱的经济格局。这就为河南提供了强有力的经济发展空间。另外，河南工业布局合理，工业园区都规划在重要道路的节点上，产业集中度相对较高；加上河南丰富的资源能源、劳动力等方面的优势，使河南能以得天独厚的区位优势形成较为明显的组合优势，从而更好地吸纳来自国际和东部沿海地区的产业转移。

4.3.1.2 资源优势

（1）矿产资源丰富。河南地层齐全，地质构造复杂，矿产资源丰富，是全国矿产资源大省之一。目前，已发现各类矿产 127 种（含亚矿种 158 种）。其中，探明储量的 75 种，已开发利用的 86 种。在已探明储量的矿产资源中，居全国首位的有 8 种，居前 3 位的有 19 种，居前 5 位的有 26 种。煤、铝、钼、金、石油、天然气、天然碱、萤石、耐火黏土等储量较大，其中石油保有储量居全国第 12 位，煤炭居第 8 位，天然气居第 17 位。

（2）农业资源丰富。河南作为中国粮食主产区之一，2014 年播种面积为 16242.4 千公顷。粮食产量为 5773.3 万吨，占全国粮食总产量的 9.51%，在全国居第二位，仅少于全国第一位的黑龙江 0.77 个百分点。其中，小麦产量为 3329 万吨，占全国小麦总产量的 26.46%，居全国第一位，比第二位的山东高 8.3 个百分点。棉花产量为 14.7 万吨，油料产量为 584.33 万吨，园林水果产量为 496.25 万吨。

（3）人力资源丰富。河南省 2014 年末总人口 10662 万人，居全国第三位，人力资源丰富。劳动力供给丰富，全省 15~59 岁年龄人口为 6843.94 万人，占全部人口的比重为 64.19%。劳动力成本比较低，在劳动密集型产业，产品占据优势且竞争力强。河南工业长期保持了中国经济强省中最低工资成本优势，在国际国内竞争中处于有利地位。此外，河南省的劳动力素质也在提高，河南省普通高校毕业生迅速增加，再加上中专和技校毕业生和逐渐增长的留学归国人员，劳动力素质提高和劳动力资源丰富廉价的优势将长期存在。

（4）旅游资源丰富。河南既是历史文化资源大省，也是自然景观荟萃之地，山川壮美，风光秀丽，融南秀北雄于一体。全省有国家级风景名胜区 8 处，省级 23 处。郑州的嵩山，洛阳的龙门山、白云山，信阳的鸡公山，焦作的云台山，济源的王屋山，平顶山的石人山，安阳的太行大峡谷，南阳的宝天曼、老界岭，鹤壁的云梦山，驻马店的嵖岈山等均属山水奇观；黄河自西向东流经河南，出三门峡后经小浪底流入黄淮平原，郑州至开封段河床高出地面，形成地上悬河的独特自然景观。郑汴洛沿黄“三点一线”和南太行景区成为国内外知名旅游品牌，伏牛山生态旅游整体开发全面启动。红色旅游迅速发展，全省共有红色旅游景区 26 处，拥有驻马店确山县竹沟革命纪念馆、信阳市红色旅游系列景区（点）、南阳桐柏英雄纪念馆、郑州二七纪念堂 4 处红色旅游经典景区。新开发的工业旅游、农业旅游项目也令海内外游客流连忘返。

4.3.1.3　经济优势

通过前几章河南经济国内、国外的横向对比以及自身改革开放以来的纵向分析，得出：河南具有明显的经济优势，是当前中国的资源大省、经济大省、农业强省。独特的经济发展优势使河南的城市化水平达 45.2%，中原经济区已初具规模，正成为我国最具竞争力的增长极之一。

4.3.2　劣势分析

4.3.2.1　经济大而不强

2014 年河南省 GDP 在全国排名第 5 位，但人均 GDP 在全国所有省份里排名第 23 位。美国经济学家钱纳里运用多国模型对人均 GDP 与经济发展阶段的关系进行研究，得出结论：人均 GDP 在 1200～2400 美元，经济发展处于工业化初级阶段；人均 GDP 在 2400～4800 美元，经济发展处于工业化中级阶段；人均 GDP 在 4800～9000 美元，经济发展处于工业化高级阶段（1998 年标准）。河南经济发展正处在工业化中级阶段，但还算不上高水平的中级阶段的工业化，较低的人均 GDP 水平使河南省在工业化发展的进程和今后知识经济时代的竞争中处于劣势。此外，河南地方财政收入、外贸进出口总额、城镇居民人均可支配收入和农村居民人均纯收入等涉及民生的指标均低于沿海较发达省份。这说明河南离强省目标还有很长一段路要走。

4.3.2.2　经济结构不够优化合理

河南 2014 年全省生产总值 34938.24 亿元，比上年增长 9%。其中，第一产业增加值 4261.67 亿元，增长 4.2%；第二产业增加值 17886.33 亿元，增长 9.8%；第三产业增加值 12790.37 亿元，增长 12.41%。产业产值比重中第一产业比重为 11.9%，第二产业比重为 51%，第三产业比重为 37.1%，三次产业结构为 11.9∶51.0∶37.1。可见，河南省产业结构呈现“二、三、一”的格局，与全国及发达地区“三、二、一”的格局存在较大差距。河南省经济发展的主要途径就是发展第二、第三产业。第三产业与第二产业相比，对农村劳动力的吸纳能力更有优势一些。然而，第三产业发展缓慢，不利于河南省产业结构综合发展水平的提高。河南第二产业的发展与第三产业的发展出现了结构性的不协调，阻碍了农村劳动力的转移速度，降低了第二、第三产业的就业人员比重，影响了河南省产业结构，进而影响了河南省产业结构的综合发展水平。河南省三次产业结构仍不尽合理，主要表现为第一产业比重过高，第三产业比重严重偏低，而第二产业实力不强。与同样发展水平的中部其他省份相比，突出表现为第三产业比重最低，第二产业比重较高，河南省三次产业结构的水平相当落后。

4.3.2.3 区域发展差距大

河南省的区域差异发展呈现东、中、西三种梯度，较大的区域差距将会使未来河南省的区域经济发展处于不利的地位。

4.3.3 机遇分析

4.3.3.1 世界经济发展趋势与河南区域经济发展

（1）经济全球化趋势增强。“经济全球化”这个词最早是由 T. 莱维于 1985 年提出的，它是指生产要素超越国界，在全球范围内自由流动，使世界各国相互依赖增强，以至相互融合成整体的历史过程。经济全球化是当今世界的一个基本特征，是社会生产力发展的客观要求和必然结果。经济全球化趋势要求世界各国积极参与国际化的分工与合作，融入全球化带来的大市场，竞相向产业价值链的高端迈进，提升国家（区域）产业国际竞争力。具体来讲，就是要通过资源、要素、投资、创新和财富驱动，加快以人为本的产业结构转型，提升产业的自主创新能力，发挥产业的空间集聚优势，发展以高新技术产业为主导的先进制造业和以金融、保险、中介、会展、旅游、创意、文化等产业为主导的现代服务业。中国为适应经济全球化趋势，从“十五”计划开始，进行产业结构、地区结构、城乡结构、所有制结构等经济结构的战略性调整，促进产业结构优化升级和产业空间合理化布局。

（2）区域经济一体化趋势加速。区域经济一体化是第二次世界大战后伴随经济全球化发展而出现的新现象，它起源于经济最发达和市场机制发展最充分的西欧，以欧洲经济共同体为典型的全球经济一体化组织始建于 20 世纪 50 年代后期，并产生了巨大的辐射效应。20 世纪 80 年代中期以来，在国际政治局势日趋缓和与经济全球化加速发展的大背景有力推动下，区域经济一体化高潮再起，发展至今已经演变成某种特定经济部门的一体化、自由贸易区、关税同盟、共同市场、经济联盟和完全的经济一体化，这种由低到高的一体化形式。其实质是生产关系对生产力不同发展程度的调整，建立不同地区不同程度的一体化组织来适应各地区生产力发展造成的不同程度的经济融合，使区域经济一体化呈现出多层次性、向纵深方向发展的新局面。

中国为顺应区域经济一体化趋势，形成了以城市群、都市圈、经济带为载体的多层次的区域经济一体化发展模式，发展至今，京津冀、长三角、珠三角、山东半岛、辽中南、中原、长江中游、海峡西岸、川渝和中原城市群十大城市群逐渐成形，推动了中国区域经济一体化进程。

(3) 经济全球化、区域经济一体化与河南区域经济发展。河南作为环渤海经济圈的一翼，在中国区域经济格局中占据重要的地位。河南应抓住当前经济全球化和区域经济一体化带来的机遇，提升产业国际竞争力，优化河南半岛城市群、济南都市圈、鲁南经济带、黄河三角洲高效生态区以及河南半岛蓝色经济区的空间布局，在世界和中国经济发展格局中寻求区域发展制高点。

4.3.3.2 中国重要战略机遇期与河南区域经济发展

2014 年我国国内生产总值已超过 636462.7 亿元，人均 GDP 已达到 46531.17 元，中国经济社会正步入发展新阶段。世界经济发展的规律表明，人均 GDP 达到 3000 美元，将进入工业化、城镇化步伐加快，经济增长加速的重要时期，而产业结构、消费类型也将发生重大转变，工业化、信息化、城镇化、市场化、国际化深入发展。河南作为中国三大经济总量大省之一，2014 年人均 GDP 达到 37072 元，工业化进程已经完成了一大半，河南经济发展已经步入工业化中后期，根据国际经验，这一时期也将是产业结构换代升级的加速期，经济总量平稳较快增长的态势将持续较长一段时间。2014 年河南城镇化水平达到 45.2%，已经达到世界城镇化的平均水平，正处在城镇化加速发展阶段，规律使然，城市化还将加速，河南城市群、都市圈的成长性将会继续增强。河南信息化进程发展迅速，当前河南面临的已经不是简单的信息化带动工业化的问题，而是如何促进工业与信息产业互相融合，使两者互相提供发展空间、互相创造市场需求、产生崭新融合型产业门类的问题，河南已经步入信息化融合期。同时，包括企业、市场、中介、政府、社会保障体系、法制体系等在内的社会主义市场经济体系将会更加完善、有序、开放、统一，经济科学发展的体制机制障碍将会逐步扫清，市场机制配置和调节资源的作用将会发挥得越来越好，河南经济发展将会越来越充满活力，河南经济发展已经步入市场化完善期。另外，河南在全方位开放格局已经形成的基础上，对外开放将会不断向纵深发展，对外开放的质量和水平将会不断提高，河南经济发展已经步入国际化拓展期。

在中国经济发展新阶段，在河南经济步入工业化中后期、城镇化加速期、信息化融合期、市场化完善期、国际化拓展期的发展进程中，河南经济正处于重要的战略机遇期，河南应充分抓住这一重大机遇，利用好国际国内两大市场，优化内部机制，整合各类资源，促进河南区域经济快速发展。

4.3.3.3 国家的政策推动机遇

以 2008 年 3 月 13 日《天津滨海新区综合配套改革试验总体方案》获得

国务院正式批复作为标志，至今为止国家出台了包括《珠江三角洲地区改革发展规划纲要（2008~2020年）》《关于支持福建省加快建设海峡西岸经济区的若干意见》《江苏沿海地区发展规划》《关中—天水经济区发展规划》《辽宁沿海经济带发展规划》《横琴总体发展规划》《中国图们江区域合作开发规划纲要》《促进中部地区崛起规划》《黄河三角洲高效生态经济区发展规划》《鄱阳湖生态经济区规划》《甘肃省循环经济总体规划》《国务院关于推进海南国际旅游岛建设发展的若干意见》等一系列区域发展规划和政策性文件，为区域经济发展战略带来了重大的政策机遇。2011年10月，《国务院关于支持河南省加快建设中原经济区的指导意见》正式发布，意味着这一区域规划正式上升为国家战略。以河南为主体的中原经济区既是中原崛起、河南振兴的载体和平台，也是河南探索一条不以牺牲农业和粮食、生态和环境为代价的“三化”协调、科学发展路子的载体和平台。中原经济区建设的内在要求是必须遵循区域经济发展规律，从区域经济发展全局出发，推进中原经济区的一体化协调发展，以建设全国“三化”协调发展示范区。

4.3.4 挑战分析

4.3.4.1 面临国际国内的竞争压力

世界贸易组织产业保护期结束后，将对全省的一些制造业和服务业带来冲击。依赖于成本价格优势的低端出口，将产生更多的贸易摩擦和冲突。国内长三角和珠三角领先、西部开发、中部崛起、东北振兴，区域间将形成竞相发展态势。在全面开放的市场环境下，全省将面临更广领域和更加激烈的竞争。

4.3.4.2 面临资源环境、人才科技、体制机制的瓶颈约束

河南人均占有资源水平较低，产业结构以重型化为主，随着经济快速发展，土地、水、能源和重要原材料短缺矛盾将日益尖锐，环境承载压力十分严峻。科技创新能力和劳动者素质与产业结构升级的要求不适应，体制机制与经济社会结构的变化不适应，将制约经济整体素质和综合竞争力的提高。

4.3.4.3 面临实现社会和谐发展的繁重任务

“十三五”期间，“三农”问题依然突出，城乡差距、地区差距、不同社会群体收入差距有继续拉大的趋势，维护社会稳定的任务将十分艰巨。

4.4 河南区域经济发展省内比较

虽然全省的经济总量较大，但是由于人口基数过大，人均水平较低，在

国内的排名比较靠后，属欠发达地区，与发达地区相比仍有较大差距。同时，由于受自然环境、经济区位、历史基础等因素的影响，河南省内区域经济发展也存在着很大的差异。区域经济不平衡是经济发展过程中不可避免的现象，是在多方面原因的基础上形成的。适度的区域经济不平衡对经济发展有着促进作用，但是过分严重的区域经济发展不平衡将会阻碍区域经济的发展，不利于经济社会的稳定和协调发展。因此，对河南省各省辖市的经济发展水平进行详细研究，从定量的角度做出综合评价，对于河南省今后的发展有着十分重要的意义。

4.4.1 各地市经济总量比较

郑州市作为省会城市，交通便利，资源丰富，有着得天独厚的优势，GDP 总量一直排在全省首位，约占全省 GDP 总量的 19%。洛阳市和南阳市凭借其工农业基础，GDP 总量分别排在第二位和第三位。排名前三位的城市在 GDP 总量上占 GDP 总量的比例达 36.4%，远远领先于其他城市。许昌、周口、新乡、焦作、安阳、信阳、平顶山、驻马店、商丘、开封 GDP 总量各占全省的 4%~6%，处于中间位置。三门峡、濮阳、漯河、鹤壁、济源 GDP 总量较低，位于靠后的位置，在 4%以下。

河南省人均 GDP 较高的省辖市有郑州、济源、三门峡、焦作、洛阳、许昌，这 6 个城市 2013 年人均 GDP 均在 40000 元以上，而开封、信阳、南阳、驻马店、商丘、周口 2013 年人均 GDP 低于 30000 元，远低于全国人均 GDP 41908 元，与其他省辖市也有着较大的差距。其中，郑州市的人均 GDP 约为周口市的 3.3 倍。

对区域经济发展水平进行综合评价是一个比较复杂的问题，需要首先构建一个恰当的评价指标体系，再根据评价指标体系确定综合评价的方法。由于经济指标的复杂性和多样性，本章在选取指标体系时遵循了以下原则：

（1）科学性原则。所用指标概念科学、含义明确、范围清楚、统计口径一致。

（2）全面性原则。指标体系能够全面反映各地区的经济发展状况。

（3）差异性原则。选取各地区差异较大的指标，能够反映经济发展的地域差异。

（4）可操作性原则。指标数据易于收集，便于计算，并能切实可行地进行评价。

基于以上原则，通过系统总结相关文献，结合河南省经济发展现状，以河南省 18 个地市为样本，选取综合经济状况、财政金融状况、人民生活水平、基础设施建设 4 个一级指标，人均 GDP、人均农业生产总值等 17 个二级指标，构建了河南省区域经济发展水平综合评价指标体系（见表 4-5）。

表 4-5 河南省区域经济发展水平综合评价指标体系

目标层	一级指标	二级指标
经济发展水平	综合经济状况	人均 GDP
		人均农业产值
		人均工业产值
		人均第三产业产值
	财政金融状况	人均财政收入
		人均固定资产投资
		人均储蓄存款年底余额
	人民生活水平	农村居民人均消费支出
		城镇居民人均消费支出
		城镇居民家庭人均可支配收入
		农村居民家庭人均纯收入
		城镇职工平均工资
	基础设施建设	每万人公路里程
		人均邮政业务总量
		人均电信业务总量
		人均教育经费
		每万人卫生机构床位数

4.4.2 各地市经济发展水平综合评价

4.4.2.1 聚类分析

聚类分析是一种建立分类的多元统计分析方法，它能够将一批样本（或变量）数据根据其诸多特征，按照在性质上的亲疏程度在没有先验知识的情况下进行自动分类，产生多个分类结果。类内部个体特征具有相似性，不同类间的个体特征的差异性较大。

层次聚类法是聚类分析方法中最常用的一种方法。它的优点在于可以指出由粗到细的多种分类情况，典型的层次聚类结果可由一个聚类图展示出来。层次聚类的步骤如下：

（1）计算 n 个样本点两两之间的距离 $\{d_{ij}\}$，记为矩阵 $D=(d_{ij})_{n\times n}$。

（2）构造 n 个类，且每一个类中只包含一个样本点，每一类的平台高度均为零。

（3）合并距离最近的两类为新类，并且以这两类间的距离值作为聚类图中的平台高度。

（4）计算新类与当前各类之间的距离，若类的个数已等于 1，转入步骤（5），否则，回到步骤（3）。

（5）画聚类图。

结合上述建立的指标评价体系，利用 SPSS 统计分析软件，对河南省 18 个省辖市 2014 年的经济发展情况进行聚类分析，聚类图如图 4-7 所示。

可以看出，若分为两类，则郑州市“一枝独秀”，各项指标均遥遥领先于其他省辖市，独自为一类，其他 17 个城市分为一类。若分成三类，郑州市为第一类；焦作、许昌、三门峡、济源、洛阳为第二类；其他城市为第三类。从聚类分析的结果来看，郑州作为省会城市，大多数指标均处于领先地位，综合经济实力突出。焦作、许昌、三门峡、济源、洛阳均属于新兴工业城市，引进各项高新技术，在近些年来取得了较大的发展。其他城市由于人口众多，工业基础落后，地理位置相对封闭，经济发展一直较慢。

4.4.2.2　主成分分析法

主成分分析是利用降维的思想，在损失较少信息的前提下把多个指标转化为几个综合指标的多元统计分析方法。通常把转化之后的综合指标称为主成分，其中每个主成分都是原始变量的线性组合，且各个主成分之间互不相关，这就使在研究复杂问题时，可以只考虑少数几个主成分而且保持原有变量绝大部分的信息，从而使问题得到简化，提高分析效率。

为了研究河南省 18 个地级市的经济发展水平，本章共选取了 17 个经济指标构成指标评价体系，由于指标个数过多，彼此之间势必会存在一定的相关性，因而使样本数据在一定程度上反映的信息有所重叠。同时，在高维空间中对样本进行研究会增加分析问题的复杂性。所以，我们希望在信息损失最小的情况下，对数据进行降维处理。采用主成分分析法进行综合评价的步骤如下：

（1）对原始数据进行标准化处理。

在本章中，进行主成分分析的指标变量有 17 个，即 x_1，x_2，…，x_{17}，

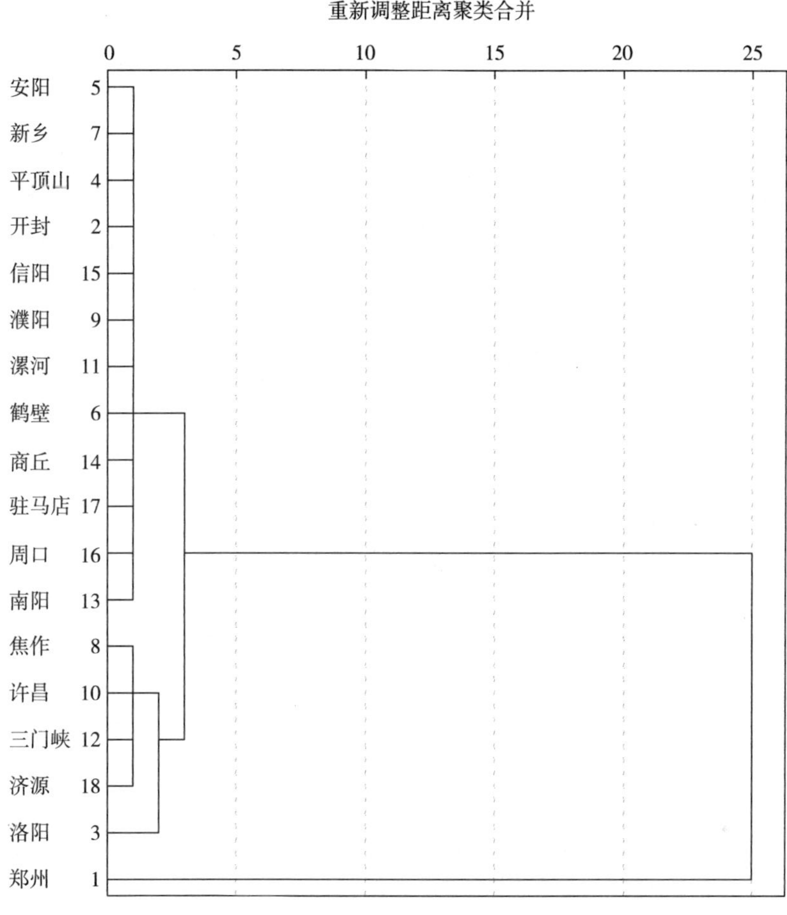

图 4-7 河南省 2014 年各省辖市经济综合发展情况聚类图

共有 18 个评价对象，第 i 个评价对象的第 j 个指标的取值为 x_{ij}。标准化公式为：

$$\hat{x_{ij}}=\frac{x_{ij}-\bar{x}_j}{s_j}$$

其中，$\bar{x}_j=\frac{1}{n}\sum_{i=1}^{n}x_{ij}$，$s_j=\frac{1}{n-1}\sum_{i=1}^{n}(x_{ij}-\bar{x}_j)^2$，即 $\bar{x}_j$、s_j 为第 j 个指标的样本均值和样本标准差。

（2）计算样本相关系数矩阵 R。

相关系数矩阵 $R=(r_{ij})_{m\times m}$

$$r_{ij}=\frac{\sum_{k=1}^{n}\hat{x}_{ki}\hat{x}_{kj}}{n-1}(i,\ j=1,\ 2,\ \cdots,\ m)$$

其中，$r_{ii}=1$，$r_{ij}=r_{ji}$，r_{ij}就是第 i 个指标与第 j 个指标的相关系数。

（3）计算特征值和特征向量。

计算相关系数矩阵 R 的特征值 $\lambda_1\geqslant\lambda_2\geqslant\cdots\geqslant\lambda_m\geqslant0$，及对应的特征向量 u_1，u_2，…，u_m，其中 $u_j=(u_{1j},\ u_{2j},\ \cdots,\ u_{nj})^T$，由特征向量组成 m 个新的指标变量。

$$\begin{cases}F_1=u_{11}\hat{x}_1+u_{21}\hat{x}_2+\cdots+u_{n1}\hat{x}_n\\F_2=u_{12}\hat{x}_1+u_{22}\hat{x}_2+\cdots+u_{n2}\hat{x}_n\\\vdots\quad\vdots\quad\vdots\quad\ddots\quad\vdots\\F_m=u_{1m}\hat{x}_1+u_{2m}\hat{x}_2+\cdots+u_{nm}\hat{x}_n\end{cases}$$

其中，F_i（$i=1$，2，…，m）表示第 i 主成分。

（4）选择 p（$p\leqslant m$）个主成分。

计算特征值 λ_j（$j=1$，2，…，m）的信息贡献率和累积贡献率。称 $b_j=\frac{\lambda_j}{\sum_{k=1}^{m}\lambda_k}(j=1,\ 2,\ \cdots,\ m)$ 为主成分 F_j 的信息贡献率；$\alpha_p=\frac{\sum_{k=1}^{p}\lambda_k}{\sum_{k=1}^{m}\lambda_k}$ 为主成分 F_1，F_2，…，F_p 的累积贡献率。α_p 越接近于 1，说明选取前 p 个主成分代替原来的 m 个指标变量的信息损失越小。通常取 $\alpha_p\geqslant0.85$。

（5）计算综合得分。

综合得分的计算公式如下：

$$F=\frac{\sum_{j=1}^{p}b_jF_j}{\sum_{j=1}^{p}b_j}$$

根据综合得分值就可进行评价。

按照经验，应选取大于 1 的特征根所对应的主成分。从表 4-6 中可以看出，前三个主成分对应的特征根大于 1，其累积贡献率为 86.96%，故选取前三个主成分，使降维后的数据能够包含原始数据大部分的信息，进一步减少信息损失，使评价结果更准确。根据各自主成分载荷向量分别除以各自主成分特征值的算术平方根，即可得到各主成分的特征向量，如表 4-7、表 4-8 所示。

表 4-6 主成分分析特征根及方差贡献率

变量序号	特征根	贡献率（%）	累积贡献率（%）
1	10. 999	64. 698	64. 698
2	2. 590	15. 237	79. 935
3	1. 194	7. 026	86. 961
4	0. 742	4. 365	91. 325
5	0. 506	2. 978	94. 303
6	0. 361	2. 123	96. 426
7	0. 244	1. 438	97. 863
8	0. 132	0. 774	98. 637
9	0. 098	0. 574	99. 211
10	0. 068	0. 401	99. 612
11	0. 030	0. 176	99. 788
12	0. 019	0. 113	99. 901
13	0. 010	0. 061	99. 961
14	0. 005	0. 027	99. 988
15	0. 002	0. 011	99. 999
16	0. 000	0. 001	100. 000
17	1. 529E-11	8. 995E-11	100. 000

表 4-7 主成分分析的载荷矩阵

变量	载荷矩阵		
	1	2	3
人均财政收入	0. 921	0. 355	-0. 022
人均 GDP	-0. 837	0. 031	0. 207
人均电信业务总量	0. 805	0. 565	-0. 104
人均第三产业产值	0. 965	-0. 123	0. 085
人均固定资产	0. 982	0. 045	0. 064

续表

变量	载荷矩阵		
	1	2	3
农村居民家庭人均消费支出	0. 842	0. 475	0. 132
人均储蓄存款余额	0. 895	-0. 356	0. 101
每万人卫生机构床位数	0. 867	-0. 127	-0. 055
农村居民家庭人均纯收入	0. 686	0. 033	0. 406
城镇居民家庭人均可支配收入	0. 873	0. 184	-0. 301
人均第二产业产值	0. 877	0. 133	-0. 170
人均第一产业产值	0. 755	-0. 222	0. 425
城镇居民家庭人均消费支出	-0. 332	0. 457	0. 747
城镇职工平均工资	0. 815	-0. 467	0. 013
人均邮政业务量	0. 930	-0. 249	-0. 110
人均教育经费	0. 489	0. 696	0. 048
每万人公路里程	0. 438	-0. 827	0. 245

表 4-8　主成分分析的特征向量

变量 Z_j	特征向量		
	f_{1j}	f_{2j}	f_{3j}
人均财政收入	0. 278	0. 221	-0. 020
人均 GDP	-0. 252	0. 019	0. 189
人均电信业务总量	0. 243	0. 351	-0. 095
人均第三产业产值	0. 291	-0. 076	0. 078
人均固定资产	0. 296	0. 028	0. 059
农村居民家庭人均消费支出	0. 254	0. 295	0. 121
人均储蓄存款余额	0. 270	-0. 221	0. 092
每万人卫生机构床位数	0. 261	-0. 079	-0. 050
农村居民家庭人均纯收入	0. 207	0. 021	0. 372
城镇居民家庭人均可支配收入	0. 263	0. 114	-0. 275
人均第二产业产值	0. 264	0. 083	-0. 156
人均第一产业产值	0. 228	-0. 138	0. 389
城镇居民家庭人均消费支出	-0. 100	0. 284	0. 684

续表

变量 Z_j	特征向量		
	f_{1j}	f_{2j}	f_{3j}
城镇职工平均工资	0.246	-0.290	0.012
人均邮政业务量	0.280	-0.155	-0.101
人均教育经费	0.147	0.432	0.044
每万人公路里程	0.132	-0.514	0.224

由表 4-8 可得，三个主成分分别为：

$$F_1 = \sum f_{1j}Z_j$$

$$F_2 = \sum f_{2j}Z_j$$

$$F_3 = \sum f_{3j}Z_j$$

进一步计算主成分得分，得到表 4-9。最后，计算各地的综合得分，得到表 4-10。

表 4-9 各地区主成分得分

地区	主成分		
	1	2	3
郑　州	10.569	-2.958	0.139
开　封	-1.935	-0.934	-0.287
洛　阳	2.295	-0.627	1.001
平顶山	-0.550	-0.696	0.750
安　阳	-0.472	-0.750	-1.074
鹤　壁	-0.125	2.237	-1.311
新　乡	0.096	-0.689	-0.657
焦　作	1.569	0.882	-1.401
濮　阳	-1.254	-0.113	-1.055
许　昌	0.635	0.767	-0.784
漯　河	-0.943	0.008	-1.019
三门峡	1.574	2.702	2.561
南　阳	-1.695	-0.886	1.652

续表

地区	主成分		
	1	2	3
商　丘	-2.957	-0.858	0.510
信　阳	-3.356	0.182	1.003
周　口	-3.528	-1.356	0.162
驻马店	-3.222	-0.761	-0.097
济源	3.493	3.852	-0.094

表 4-10　各地区综合得分及排名

地区	得分	排名
郑　州	7.900	1
开　封	-1.513	14
洛　阳	1.964	3
平顶山	-0.217	7
安　阳	-0.626	10
鹤　壁	-0.428	9
新　乡	-0.239	8
焦　作	0.809	5
濮　阳	-1.204	13
许　昌	0.272	6
漯　河	-0.963	12
三门峡	1.826	4
南　阳	-0.838	11
商　丘	-2.069	15
信　阳	-2.240	16
周　口	-2.583	18
驻马店	-2.422	17
济　源	2.575	2

从主成分分析的结果来看，郑州市处于首位，且综合得分是位于第二名的济源市的三倍还多，作为省会城市，实至名归，充分证明了其综合发展水平远远领先于省内其他城市。

济源、三门峡和洛阳位于第二集团，相较于其他城市有着较大的优势。其中，济源市是河南省“最年轻”的地级市，依托当地便利的交通和丰富的矿产资源，形成了以钢铁、铅锌、机械制造等支柱产业为核心的工业生产体系，再加之丰富的旅游资源，经济发展速度很快，综合发展水平仅次于省会郑州市。三门峡市位于河南省西部，是随着三门峡大坝的建设而崛起的新兴城市，依托黄金、铝、煤炭三大优势矿产资源和丰富的电力资源，大力推动工业化建设，使经济发展水平有了很大的提高，其综合实力已远远超越了老牌城市洛阳市。洛阳市是中华人民共和国成立后建立的重工业基地，工业基础雄厚；同时，洛阳市有着丰富的自然资源和人文资源，3A 级以上景区数量居全国首位，旅游业非常发达。受客观条件限制，洛阳市在城市建设方面要落后于新兴城市，使其综合实力稍稍落后。

对于其他城市来说，矿产资源匮乏，能源不足，经济基础薄弱，不利于工业尤其是重工业的发展，地区经济只能依赖于农业以及以农业资源为基础的轻工业。同时，人口众多是限制城市发展水平的另外一个重要因素。以南阳市为例，在前文中，我们提到南阳市的 GDP 总量居河南省第三位，但人均水平却处于落后的位置，综合水平更是排到了第 13 位。

本部分从不同角度出发，选取了多种方法对河南省各地市的经济发展情况做出了综合评价，并对结果进行了科学合理的分析。不同方法的结果基本一致，能够相互印证，进一步增强了研究结果的可靠性。

4.4.3 地级市工业发展现状分析

2014 年，全省工业生产总体呈现平稳增长趋势，规模以上工业实现增加值增长 11.2%，比 2013 年回落 0.6 个百分点。全省工业增速高于全国平均水平 2.9 个百分点，居全国第 7 位，在中部六省的位次是第 2 位。各地市工业发展状况从各地市工业情况、工业生产增长情况、工业经济效益指标等方面来分析。

2014 年全省工业主营业务收入增速波动中小幅回升，由 1~2 月的同比增长 10.1%提高到 1~11 月的 11.3%。利润总额增速小幅回落，由 1~2 月的同比增长 10.5%回落到 1~11 月的 8.3%。主营业务收入增速居全国第 6 位、中部六省第 2 位，均较 2013 年前移 2 位；利润总额增速居全国第 12 位、中部六省第 3 位，分别较 2013 年同期前移 3 位和 2 位。

可以看出，2012 年和 2013 年工业增加值排名变化不大，排在前 5 位的有郑州、洛阳、许昌、南阳、焦作，排在后 5 位的有漯河、开封、信阳、鹤壁、济源。而增长速度方面，有 14 个城市的增长速度超过了 10%，余下 4 个的增长速度也在 5%以上。增长速度排在第一位的是鹤壁，其增长速度为 14.57%，排在第二位的是濮阳，其增长速度是 14.22%。这说明河南省大多数地市的工业增加值增长速度较高（见表 4-11）。

表 4-11　河南省各地市工业增加值与增长速度

地区	2012 年		2013 年		2013 年与 2012 年对比	
	工业增加值（亿元）	排名	工业增加值（亿元）	排名	增长速度（%）	排名
郑州市	2802.47	1	3101.38	1	10.28	13
开封市	487.1	15	555.95	14	13.85	3
洛阳市	1583.2	2	1590	2	7.18	17
平顶山市	845.53	6	835.81	8	6.24	18
安阳市	805.67	8	855.54	7	10.12	14
鹤壁市	356.47	17	413.68	17	14.57	1
新乡市	812.4	7	873.73	6	10.82	11
焦作市	984.42	5	1083.61	5	12.56	7
濮阳市	593.16	11	690.81	11	14.22	2
许昌市	1076.57	4	1201.55	3	11.97	8
漯河市	515.18	14	548.85	15	10.55	12
三门峡市	714.5	9	741.11	10	9.54	16
南阳市	1082.5	3	1110	4	9.69	15
商丘市	570.47	12	624.39	12	13.63	5
信阳市	449.86	16	520.53	16	11.78	10
周口市	664.44	10	798.86	9	13.2	6
驻马店市	519.09	13	594.9	13	11.9	9
济源市	307.93	18	324.6	18	13.8	4

注：2012 年和 2013 年工业增加值均为当年价，增长速度按可比价计算。

资料来源：《河南统计年鉴》（2013、2014）。

4.4.4　地级市农业发展现状分析

2014 年河南省农业发展保持了持续向好、稳中有进的发展势头，全年粮食总产量再创新高，实现“十一连增”。畜牧业生产形势好转，主要农产品供应充足，农资市场运行平稳，高标准良田建设进度过半，新型农业经营组织快速发展。

从表4-12中可以看出，河南省农业增加值在绝对量上有很大区别，2012年农业增加值最大的省辖市为南阳市，其农业增加值为423.62亿元，最小的为济源市，其农业增加值为19.55亿元，前者是后者的21.67倍。2013年农业增加值最大的省辖市仍为南阳市，其农业增加值为449.78亿元，最小的仍为济源，其农业增加值为21.51亿元。2012年农业增加值排在前5位的省辖市有南阳、周口、信阳、驻马店、商丘，排在后5位的省辖市有焦作、漯河、三门峡、鹤壁、济源。2013年前5名排名不变，后5名排名也没有变化。从各地市农业增长率来看，其农业增加值的增长速度均在3%~5%。增长速度的最大值和最小值差别不大，最大为济源（4.6%），最小为郑州（3.19%）。

表4-12 河南省各地市农业增加值与增长速度

地区	2012年		2013年		2013年与2012年对比	
	农业增加值（亿元）	排名	农业增加值（亿元）	排名	增长速度（%）	排名
郑州市	142.40	12	146.96	13	3.19	18
开封市	257.66	6	280.40	6	4.50	6
洛阳市	223.76	7	248.89	7	3.90	17
平顶山市	145.85	11	162.53	11	4.40	7
安阳市	187.32	9	199.16	9	4.00	13
鹤壁市	58.13	17	61.04	17	4.00	16
新乡市	200.34	8	212.29	8	4.40	9
焦作市	122.42	14	133.07	14	4.40	8
濮阳市	137.76	13	148.62	12	4.60	2
许昌市	177.82	10	184.98	10	4.00	14
漯河市	98.01	15	107.53	15	4.00	15
三门峡市	90.57	16	99.66	16	4.50	5
南阳市	423.62	1	449.78	1	4.40	10
商丘市	323.22	5	343.17	5	4.50	4
信阳市	377.64	3	419.53	3	4.01	12
周口市	417.56	2	445.96	2	4.27	11
驻马店市	365.91	4	393.84	4	4.50	3
济源市	19.55	18	21.51	18	4.60	1

注：2012年和2013年农业增加值均为当年价，增长速度按可比价计算。

资料来源：《河南统计年鉴》（2013、2014）。

4.4.5 地级市服务业发展现状分析

2014 年全省第三产业总体呈现稳中有升态势，传统服务业稳定增长，现代物流业加快发展，郑州国际物流中心地位显著提升，信息服务业步入快速发展轨道，金融业集聚效应初步显现，中原旅游品牌形象持续提升，文化产业规模不断扩大，科技研发、教育培训、商务服务、健康养老等新兴服务业健康发展。服务业增加值增速持续攀升，高于 GDP 增速。2014 年，全省第三产业增加值增长 9.4%，增速呈现季度攀升态势。第三产业投资快速增长，占比提高。2014 年全省服务业投资 13361.87 亿元，增长 19.6%，高于全社会投资增速 0.4 个百分点。第三产业税收贡献份额持续提升。服务业税收对税收收入增长的贡献率达 82.1%，拉动全省税收收入增长 7.7 个百分点。

从表 4-13 可以看出，河南省各地市的服务业在总量上也有很大区别。2012 年郑州服务业增加值为 2274.46 亿元，排名第一，济源服务业增加值为 85.47 亿元，排在最后一名，两个省辖市相差 25.6 倍。2013 年服务业增加值最大和最小的省辖市仍为郑州和济源，两者相差 26.3 倍。2012 年排名在前 5 位的省辖市有郑州、洛阳、南阳、新乡、安阳，排名在后 5 位的省辖市有三门峡、濮阳、漯河、鹤壁、济源。2013 年排名在前 5 位的省辖市与排名在后 5 位的省辖市与 2012 年相同。就增长速度来说，2013 年服务业增长速度要高于农业增长速度，增速最高的是许昌，为 11.4%，增速最低的为安阳，为 6.6%。

表 4-13 河南省各地市服务业增加值与增长速度

地区	2012 年		2013 年		2013 年与 2012 年对比	
	服务业增加值（亿元）	排名	服务业增加值（亿元）	排名	增长速度（%）	排名
郑州市	2274.46	1	2584.37	1	10	6
开封市	416.13	10	473.55	9	11	3
洛阳市	969.28	2	1078.43	2	8.8	14
平顶山市	439.21	7	487.79	7	9.7	8
安阳市	478.73	5	523.39	5	6.6	18
鹤壁市	103.07	17	114.82	17	9.7	8
新乡市	493.78	4	554.31	4	9.9	7
焦作市	382.44	13	423.27	13	10.4	5
濮阳市	207.41	15	233.74	15	8.8	14

续表

地区	2012年		2013年		2013年与2012年对比	
	服务业增加值（亿元）	排名	服务业增加值（亿元）	排名	增长速度（%）	排名
许昌市	388.24	12	434.17	12	11.4	1
漯河市	153.18	16	169.92	16	8.6	16
三门峡市	270.34	14	305.23	14	9.5	10
南阳市	696.11	3	784.21	3	9.2	11
商丘市	420.85	8	475.06	8	11.1	2
信阳市	461.34	6	522.03	6	10.9	4
周口市	407.75	11	451.04	11	9.1	12
驻马店市	419.43	9	473.20	10	9	13
济源市	85.47	18	94.53	18	8	17

注：2012年和2013年服务业增加值均为当年价，增长速度按可比价计算。

资料来源：《河南统计年鉴》（2013、2014）。

4.5 河南区域经济发展的国内比较

本节选取与河南省存在可比性的北京、天津、江苏、上海、浙江、广东六大省份作为比较对象，通过经济总量、产业经济以及空间经济的比较，找出河南省发展的优劣势，同时总结出其他省份可以借鉴的经验，为后述的河南经济整体发展战略做铺垫。之所以选取上述六大省份，首先是因为它们为经济较发达省份，在发展模式上有着比河南领先的优势；其次，它们分别属于全国经济最发达的三大经济圈，即环渤海经济圈、长江三角洲经济圈、珠江三角洲经济圈中的重要省份，在经济总量上比河南省有优越性。

4.5.1 经济总体状况

为了既能体现横向比较又能看出纵向发展，这里选取2000~2014年的相关数据进行分析，数据来源主要是历年的各省份统计年鉴。在衡量经济总体水平方面，选用GDP总量以及人均GDP作为主要指标，在影响GDP的因素中，这里重点考虑投资、储蓄、消费和进出口四个方面。投资又分为固定资产投资和实际利用外资额；储蓄以年末城乡居民储蓄余额为指标；消费以年度社会消费品零售总额为指标；由于上述比较的都为东部省份，对外贸易对地区经济发展起到较大的作用，因此选取年度进出口总额为衡量对外联系的指标。综合上面几大指标，为了便于比较分析，整理为如下分项指标：

4.5.1.1 各区域 GDP 年均增长率

计算公式如下：

$$R_j=(\sqrt[13]{y_{2014}/y_{2000}}-1)\times100$$

其中，R_j 表示 j 地区 2000~2014 年的 GDP 平均增长率，y_{2014}表示 2014 年的国内生产总值，y_{2000}表示 2000 年的各地区国内生产总值。

4.5.1.2 各区域对外开放水平

在我国区域经济发展中，外资和外贸是两个最为明显的外部影响因素，运用这两个指标构建区域对外开放水平指数。

$$Q_i=\frac{T_i+F_i}{2}$$

其中，T_i 为 i 区域年度进出口总额与 GDP 的比值，F_i 为 i 区域年度实际利用外资额占全社会固定资产投资的比值。此处比较时采用 2000~2014 年的平均值。

4.5.1.3 消费储蓄比率

这里我们利用各地区每年的社会消费品零售总额与年末城乡储蓄余额的比例来说明各地区的内部消费需求。同上，具体比较中采用 2000~2014 年平均值（见表 4-14）。

表 4-14 河南省区域经济总体状况国内比较

地区	2014 年 GDP（亿元）	2014 年人均 GDP（元）	GDP 年均增长率（%）	对外开放水平	消费储蓄比
河南	34938.24	37072	15.89	0.17	0.33
北京	21330.80	98966	18.01	0.68	0.09
天津	15722.47	105889	18.99	0.34	0.19
江苏	64394.75	81107	16.77	0.29	0.25
上海	23174.71	97600	13.34	0.70	0.12
浙江	39899.61	72571	15.64	0.29	0.21
广东	67277.05	63207	16.10	0.55	0.22

通过对相关数据进行分析，得出以下结论：

（1）河南省 GDP 总量在 7 省份中排名第四位，人均 GDP 却排名最后一位。GDP 的增长速度较快。这说明河南是经济大省但不是经济强省，然而经济发展较为迅速。

（2）河南省对外开放水平很低。从表 4-14 中可以明显看到河南省的对外开放水平指数远远低于其他地区，由于其他地区大多沿海，有良好的区位优势，河南省处于中部内陆，所以在对外开放方面水平低、发展空间小。

（3）河南省消费储蓄比较为领先。由于影响消费储蓄比的因素主要是消费倾向和金融资本能力，从事实状况可知河南省相比于其他地区的金融实力明显较弱，说明河南在消费倾向方面较为前卫，内需拉动力量比较强大。

4.5.2 产业结构

改革开放以来，河南省产业结构发生了深刻而显著的变化。河南省的三次产业结构从 1978 年的 39.8：42.6：17.6 调整为 2014 年的 12.01：50.99：37.1。这个过程体现了河南省产业结构的不断升级与优化。表 4-15 显示的是河南省 2014 年三大产业结构比例与其他地区的对比。

表 4-15 各省份 2014 年三次产业结构比较

	第一产业比重（%）	第二产业比重（%）	第三产业比重（%）
河南	12.01	50.99	37.10
北京	0.70	21.40	77.90
天津	1.30	49.40	49.30
江苏	5.60	47.70	47.60
上海	0.60	37.20	62.20
浙江	4.40	47.70	47.90
广东	4.70	46.20	49.10
全国	10.01	43.89	46.00

通过以上数据可以观察到：第一，很明显河南省是“二三一”结构，与此类似的还有天津、江苏，说明这些省份都处于工业化大发展时期。第二，河南省第三产业所占比重低于全国平均水平，而且在所对比地区中是最低的，说明促进服务业尤其是现代服务业的迅速发展成为制定河南经济未来发展战略的关键。第三，北京、上海、浙江、广东处于“三二一”结构，第三产业成为拉动经济增长的支柱力量。综上，可以看到河南省的差距以及努力方向。

产业结构效应的一般分析，主要是对产业结构对经济增长的贡献进行研究，是指产业比例关系变化所引起的经济总量的增加（也称为结构弹性分析）。产业比例关系变动的增加额占同一期经济总的增加额的百分比，便是产业结构变动对经济增长的贡献率，该值对应于产业结构的效应值。计算方法分别是 $\Delta Y_1/\Delta Y$，$\Delta Y_2/\Delta Y$，$\Delta Y_3/\Delta Y$。

其中，ΔY_1 表示第一产业增加值的增加额，ΔY_2 表示第二产业增加值的增加额，ΔY_3 表示第三产业增加值的增加额，ΔY 表示总的增加值的增加额。

表 4-16　各地区三次产业结构的贡献率　　单位：%

地区	2005 年			2008 年			2014 年		
	一产	二产	三产	一产	二产	三产	一产	二产	三产
河南	17.87	52.08	30.05	14.44	56.92	28.63	5.3	62.4	32.3
北京	0.30	20.93	78.77	1.01	16.20	82.79	-0.01	20.10	79.91
天津	0.97	66.97	32.06	1.48	69.59	28.93	0.36	49.11	50.53
江苏	2.84	58.06	39.10	6.21	51.57	42.22	1.86	48.24	49.90
上海	0.57	55.47	43.96	0.66	36.93	62.41	0.01	20.71	79.28
浙江	4.40	51.18	44.41	4.04	52.91	43.05	0.81	44.48	54.70
广东	5.95	58.8	35.25	5.96	53.41	40.63	1.70	49.10	49.10

笔者分别对 2005 年、2008 年和 2014 年三个年份各地区三大产业的结构效应做了计算，以此来分析各地区三大产业结构对经济增长的贡献。其中，一产、二产、三产分别表示三次产业对 GDP 增量的贡献率（见表 4-16）。

从横向角度比较，在 2005 年，除了北京以外其他地区都是第二产业贡献率最高，由此说明在进入 21 世纪的 5 年里，我国的工业化进程在加快。2008 年，除了北京和上海，其他地区的经济增长仍然以第二产业为主导。其中，河南的第二产业贡献率在对比地区中仅次于天津。2014 年，除了河南仍以第二产业为主导，广东的第二和第三产业持平之外，其他地区均为第三产业主导。

从纵向角度看，河南省第二产业在对 GDP 贡献率稳居三大产业之首的同时，在 2005~2014 年出现逐渐上升然后又下降的走势，说明河南省在重视工业现代化的同时也同样注重第三产业的发展。

4.5.3　区域经济发展战略

4.5.3.1　江苏省

（1）以“苏南”带动“苏北”的区域共同发展战略。江苏省南北发展水平差异很大，早在 1994 年，江苏省委、省政府就将“区域共同发展”作为指导江苏发展的五个战略之一。进入 21 世纪后，江苏加大了促进区域共同发展的力度，在省“十一五”规划中，江苏再次将促进区域协调发展作为新的指导思想。以“苏南”经济发达区带动“苏北”的崛起，从基础设施的建设到产业转移的承接，以及借鉴“韩国新乡村运动”的经验，加速农村区域发展，还包括海洋资源的开发利用，江苏省在 1996 年就提出“海上苏东”战略，重视推动海洋经济的发展。

（2）江苏省区域经济空间发展战略。在区域空间发展方面，江苏省提出依托南京、苏锡常和徐州三个都市圈，首先加快建设沿江城市群，强化沿江两岸融为一体；其次，积极推动东陇海城市发展，利用沿东陇海铁路地区地处新亚欧大陆桥东段的区位优势，加快建设徐州都市圈；最后，着力培育区域性中心城市，壮大县城和重点中心镇，逐步形成结构合理的城镇体系。

在产业空间发展方面，首先建设沿江基础产业带，使沿江地带尽快成为具有国际竞争力的制造业走廊；其次建设沿沪宁线的高新技术产业带，形成全国领先、全球重要的信息产业基地；最后建设沿陇海线以资源加工为主的产业带，整体规划苏北生产力布局，加快沿江地区的相关产业向苏北地区进行有序转移。

4. 5. 3. 2　浙江省

浙江省提出“一域、四核、三带、两翼”的空间发展构架。融入“一域”指以环杭州湾地区为龙头，加快接轨上海，融入长三角；强化“四核”是指以杭、甬、温都市圈和浙中城市群为发展极核，发挥中心城市的带动作用，推动城乡一体化发展；构筑“三带”是指积极构筑环杭州湾、温台沿海、金衢丽三大产业带，提升区域特色经济；保护和合理开发“两翼”是指西部山区绿色屏障和东部海域“蓝色屏障”。在区域经济协调发展方面，浙江省提出了山海协作共跨越策略，这种以沿海发达地区带动山区欠发达地区共同发展为主要内容的山海协作工程，使浙江在统筹区域发展方面取得了明显成效。

4. 5. 3. 3　广东省

广东省的区域经济空间发展主要是依托城市来进行的。首先，依托珠江三角洲城市群，建设广州和深圳两个国际城市，抢占战略制高点和发展先机，与国际性大都市香港一起融入世界市场经济。其次，建设区域中心城市，包括珠海、中山等珠三角西部中心城市、珠三角中部城市佛山、粤东地区的汕头、粤西的湛江以及粤北山区的韶关。依托区域中心城市，整合资源，带动周边地区发展。特别是东西两翼以及粤北山区的城市，要加大扶持力度，大力发展资源型加工业，创造条件承接珠江三角洲的产业转移和辐射，有效促进两翼地区以及粤北山区等经济欠发达地区的发展，为全省区域经济协调发展做出贡献。最后，以产业为特色，发展产业中心城市，主要包括东莞、惠州、肇庆等，其中东莞、惠州等珠三角东部城市以电子通信产品制造业为主，肇庆等珠三角西部城市以家用电器制造为主。在这样的城市发展战略指导下，广东最终将形成以珠江三角洲为核心、两翼并举、山区崛起的经济发展格局。

4.5.3.4　启示

在分析总结了江苏、浙江、广东三省的区域经济空间发展战略以后，不难发现，虽然各省在结合自身情况的基础上，都提出了促进区域发展的不同战略，但其中却有着以下共同点，可为河南区域经济战略的制定提供一定的借鉴作用。

第一，各省都在依托各自的优势条件，积极融入周边的大经济圈。江苏、浙江都在以新的方式积极融入以上海为龙头的长江三角洲经济圈；广东更是在继续发挥珠江三角洲核心作用的同时，积极融入港澳在内的大珠三角以及整个世界经济。在此形势下，河南省也应认真思考，加快与周边经济圈的分工与协作，北与京津冀经济圈连为一体；南边积极与湖北合作，争取分得长江中游的部分资源与市场。

第二，各省都在注重区域增长极的培育，以点带面，促进区域内部产业转移，加快经济协调发展。江苏以苏州、无锡、常州等苏南的发达城市积极带动苏北地区发展，给予苏北地区优惠政策，承接苏南地区产业转移；浙江省也正在培育杭州、宁波、温州等区域增长极，带动西部山区经济进步。广东省更是在珠三角、粤北、粤西、粤东地区都培养了各种层次与特点的区域增长极，带动本区域内的城镇体系发展。可见，培育区域增长极对于促进地区经济发展至关重要，那么河南省未来的区域增长极如何定位，必将成为河南区域经济发展中需要科学慎重考虑的问题之一。

第三，上述沿海省份都抓住了海洋这一优势资源，发展海洋经济，促进沿海地区高速发展成为区域经济发展中的重要战略，如江苏的“海上苏东”战略、浙江的“山海合作”战略等。由此可见，河南的“航空河南”战略必须坚定不移地贯彻下去。

4.5.4　区域发展模式

4.5.4.1　苏南模式

“苏南模式”是指江苏省的苏州、无锡和常州等地区通过发展乡镇企业实现非农化发展的方式。其主要特征是：农民依靠自己的力量发展乡镇企业；乡镇企业的所有制结构以集体经济为主，乡镇政府主导乡镇企业的发展。苏南地区毗邻上海，接受经济、技术辐射能力较强，同时该地区还是近代中国民族资本主义工商业的发祥地，具备发展集体经济的传统和基础，这些为其发展乡镇企业积累了宝贵的经验和必要的资金。苏南地区通过发展乡镇企业走出了一条先工业化，再市场化的发展路径。

4.5.4.2 温州模式

“温州模式”是指浙江省东南部的温州地区以家庭工业和专业化市场的方式发展非农产业，从而形成小商品、大市场的发展格局。其基本特征是：经济形式家庭化，小商品生产大都是以家庭为单位进行的，经营方式专业化，有家庭生产过程的工艺分工、产品的门类分工和区域分工。温州经济，乃至整个浙江经济又被称为“快艇经济”，即遍地小企业、小家庭作坊的场景。目前整个浙江的经济特点也是以个体私营经济为主，从控股情况看，浙江省私人控股企业总产值在规模以上工业中的比重达60%以上，与苏南模式的集体经济产品主要为大工业配套服务不同，温州经济的产品主要以日用品尤其是小商品为主。温州模式是通过市场化促进工业化的一种模式。如果说苏南模式是一种超强政府干预模式，那么温州模式基本属于政府“无为”模式。当然近年来浙江省也开始注重产品创新，提出以名牌领军企业打造区域创新性产业集群、发展高端制造业的发展思路与战略。

4.5.4.3 珠江模式

“珠江模式”是指珠江三角洲借助邻近香港的地缘优势，普遍发展“三来一补”企业，与香港形成前店后厂的格局。改革开放后，广东省先行一步的特殊优惠政策环境使港澳资本连同劳动密集型产业、技术、管理等，大规模地向珠江三角洲转移，不仅极大地促进了珠江三角洲工业化的发展，而且更重要的是使珠江三角洲的工业化从一开始就面对国际市场，逐步形成了以国际市场为导向，带动国内市场发展的外向型经济格局。珠江模式是一种由政府主导的以引进外资和发展外向型经济为主的经济模式，走出了一条具有中国特色的沿海地区新工业化发展道路。

4.5.4.4 河南“1+3”区域发展模式

与苏南的集体经济、浙江的“快艇经济”、广东的外向型经济不同，河南经济是以“一个载体，三个体系”为特征的“1+3”经济模式。“一个载体”是指以产业集聚区为重要载体建设，“三个体系”是指努力推动现代城镇体系、现代产业体系和自主创新体系建设。“1+3”经济模式包含了区域竞争优势培育的几乎所有要素，沿着这一思路付诸实践，对于提出三大战略、人口过亿的河南推动科学发展意义重大。这一模式的提出是基于区域发展阶段的科学判断，基于区域发展模式的清醒认识，基于区域发展特征的准确把握，基于区域发展策略的正确选择，基于区域转型发展内生动力的有效激发。“1+3”经济模式大力发展产业集聚区，加快构建现代产业体系，加快构建现代城镇体系，加快构建自主创新体系，目前已成为河南区域发展的具体抓手和实践平台，成为打造河南区域经济升级版的重要途径和现实支撑，成为河南区域竞争优势培育的基本内容和必然选择。

4.6 本章小结

本章从省辖市经济发展现状、工业发展现状、农业发展现状和服务业发展现状四个方面对河南省各省辖市的区域经济进行了多方位的描述，归纳得出以下结论：

第一，选取了综合经济状况、财政金融状况、人民生活水平、基础设施建设4个一级指标，人均GDP、人均农业生产总值等17个二级指标，构建了河南省区域经济发展水平综合评价指标体系。将河南省各地市运用聚类分析分成三类：第一类为郑州，第二类为济源和三门峡等城市，第三类为其他地区。运用主成分分析对各省辖市计算了综合得分，并进行排序，郑州排在第1位，济源排在第2位，周口排在最后一位。

第二，对各地市工业发展情况进行分析，发现2012年和2013年工业增加值排名变化不大，排在前5位的有郑州、洛阳、许昌、南阳、焦作，排在后5位的有漯河、开封、信阳、鹤壁、济源。

第三，对各地市农业发展情况进行分析，发现2012年和2013年农业增加值排在前5位的省辖市有南阳、周口、信阳、驻马店、商丘，排在后5位的省辖市有焦作、漯河、三门峡、鹤壁、济源。

第四，对各地市服务业发展情况进行分析，2012年和2013年排名在前5位的省辖市有郑州、洛阳、南阳、新乡、安阳，排名在后5位的省辖市有三门峡、濮阳、漯河、鹤壁、济源。

通过本章河南区域经济与国内各省份在经济总量、产业经济、空间经济以及经济发展模式方面的比较，归纳得出以下结论：

第一，经济总量方面，河南省GDP总量较高，人均GDP相对较低，GDP的增长速度快，但河南省对外开放水平不够高。从消费储蓄比来看，河南省这一指标较为领先，有着较强的内需拉动能力。

第二，产业经济方面，河南省产业结构处于“二、三、一”状态，第二产业是经济增长的支柱，占 GDP 比重达到 50.99%，高于其余 6 省份；第三产业比重较低，低于全国平均水平。从产业贡献率来看，自 2000 年以来河南省第二产业对 GDP 的贡献率一直稳居三大产业之首。在各省份高端制造业的主要行业的比较中得出，河南省具有比较优势的第二产业部门有化学制品加工、电器机械制造，新兴工业部门（如计算机、电子设备制造、废弃资源材料等相关部门）较为落后，工业现代化有待提高。

第三，空间经济方面，通过分析江苏、浙江与广东的空间经济发展战略，河南得到如下启示：一是依托各自的优势条件，积极融入周边的大经济圈，包括环渤海经济圈以及南部的长三角经济圈的部分资源与市场；二是注重区域增长极的培育，以点带面，促进区域内部产业转移，加快经济协调发展；三是抓住航空港这一优势资源，发展航空经济，继续实施“航空经济”战略。

第四，经济发展模式方面，在分析了苏南模式、温州模式、珠江模式等区域经济发展特色模式之后，讨论了河南“3+1”经济的优势以及今后发展中借鉴其他模式的地方，如：扩大开放，积极利用外资；大企业带动中小企业，搞活个体私营经济；发展现代服务业，为诸多大块头工业提供必要的配套服务支持等。

5 河南省县域经济增长空间分布动态

5.1 引言

县域经济是社会经济的一个重要组成部分，在我国国民经济和社会发展过程中有着不可替代的作用，同时也是解决“三农”问题的根本路径。县域经济增长不平衡是各个国家和地区都存在的一个问题，因此，县域经济增长的平衡发展，对于加快经济不发达地区的发展，同时保持发达地区的竞争力具有非常重要的意义。

目前对于县域经济发展的研究集中于县域经济增长和发展趋势演变。如周扬等采用空间关联技术和变差函数分析了中国 2352 个县域的经济发展格局的演化特点和演化机制，得出中国县域经济发展和增长之间有较强的正的空间自相关性，并且经济的发展之间出现了空间集聚的特点，这种集聚有逐渐增加的趋势（周扬等，2014）；齐元静等采用 Moran's I 指数和 Getis-Ord Gi^* 指数得出了中国经济的发展在空间上一直处于相对集聚的状态，而且经济的发展呈现出由沿海向内陆地区演进的趋势，从时间上看，全国的经济发展有放缓的趋势，但中西部地区的经济增长速度却在提高（齐元静等，2013）；许淑娜在对河南县域经济空间结构演变进行研究中，运用莫兰指数，得出河南省县域经济的发展逐渐由分散模式向集聚模式转变，并且这种转变在不断加强，经济发展不均衡的趋势也越来越明显（许淑娜，2008）；周腰华等从空间相关性等方面对中国县域经济的增长进行了检验和分析，得出中国县域经济增长存在显著的空间相关关系（周腰华等，2017）；何伟纯等运用 Theil 指数、ESDA 和多元线性回归等方法研究了河南省县域经济的时空差异、格局演变以及动力机制，得出河南省区域经济差异呈现先减后增再减的趋势，并且各个县域的经济发展水平呈现出显著的空间正相关（何伟纯等，2016）；靳诚等运用 ESDA 相关分析，选取 1993 年、1997 年、2003 年和

2007年的人均GDP为依据，描述了江苏省县域经济格局在空间上的演变过程，得出江苏省各县域的经济发展水平之间具有空间自相关性，并且呈现出一定的集聚形式（靳诚等，2009）；杜鹏等采用ESDA的方法，选取了东北地区各县域GDP平均增长量和平均增长率作为指标，研究了东北地区县域经济增长空间的格局呈现出高度的空间自相关，并且经济增长整体上呈现出由强向弱集聚的过程（杜鹏等，2015）。

随着中国改革开放的进一步深入，中国的经济发展正在面临着生产力成本不断上升、技术进步方式不断变化、投资收益率持续下降以及出口导向型增长的不可持续性等问题，这一系列因素使中国经济进入了一个新常态。中国经济增速放缓，迅猛增长的势头有所减弱，经济结构逐渐优化升级，在这种情况下，位于中部的河南省区域经济增长模式面临着新的机遇与挑战。随着郑州综合保税区的批准、航空港区的进一步壮大，及“一带一路”带动下的河南经济的快速增长，郑州乃至河南省的对外开放将迈上一个新的台阶，取得更快速的发展。但是，河南省区域经济的增长呈现出不均衡的状态，贫困的地区越来越贫困，富裕的地区越来越富裕，它们各自形成不同的增长类型，内部差异缩小，之间的差距扩大。因此，客观分析县域经济增长及其动态分布变化过程对于促进区域经济的协调发展具有非常重要的意义。

基于以上分析，现有对河南省县域经济增长分布动态的研究比较少，本章拟采用马尔科夫链法、核密度估计法，对河南省这一欠发达省份县域经济增长空间分布动态进行研究，利用河南省1993~2014年108个县域的统计数据，对收入指标（相对人均GDP）的分布演进动态进行分析，并应用ArcGis以及EViews软件进行数据的处理和趋势演变剖析，全面清晰描述河南省的区域经济增长空间分布动态及各个区域在研究期间的经济增长类型的转变。

5.2 研究区域、数据来源与方法

5.2.1 研究区域及数据来源

河南作为中国重要的经济大省、迅速发展的新型工业大省，位于中国中东部、黄河中下游，拥有丰富的自然资源、人力资源等要素资源和便利发达的交通运输条件，是中原经济区的主要战略阵地，地理位置十分重要，具有巨大的市场潜力和深厚的文化底蕴，在全国改革发展大局中占据重要战略地位。2015年，河南省总人口10722万人，常住人口9480万人，生产总值

37010.25 亿元，比 2014 年增长 8.3%。

本章主要研究河南省县域经济增长空间分布动态，一般来说，可用国内生产总值来衡量经济增长，但区域的人口规模、产业结构、资源潜能都会对 GDP 造成影响。相反，相对人均 GDP 作为一个相对指标，能够更客观、清楚地反映区域经济水平状况。本章采用河南省各个县域相对人均 GDP 指标衡量各个县域的经济增长水平，来分析各县域经济增长分布状况。本章以河南省 2014 年行政区划为标准，研究河南省 108 个县域的经济增长分布动态及增长类型转移分布（见表 5-1）。本章的原始数据除了一部分来源于1994~2015 年的《中国城市统计年鉴》外，其余均来源于 1994~2015 年的《河南统计年鉴》。

表 5-1　2014 年河南省行政区划及历年行政区划变更说明

地市名称	下辖县区	备注
郑州市	中牟县、巩义市、荥阳市、新密市、新郑市、登封市	
开封市	杞县、通许县、尉氏县、开封县、兰考县	
洛阳市	孟津县、新安县、栾川县、嵩县、汝阳县、宜阳县、洛宁县、伊川县、偃师市	
平顶山市	宝丰县、叶县、鲁山县、郏县、舞钢市、汝州市	
安阳市	安阳县、汤阴县、滑县、内黄县、林州市	
鹤壁市	浚县、淇县	
新乡市	新乡县、获嘉县、原阳县、延津县、封丘县、长垣县、卫辉市、辉县市	
焦作市	修武县、武陟县、温县、沁阳市、孟州市	
濮阳市	清丰县、南乐县、范县、台前县、濮阳县	
许昌市	许昌县、鄢陵县、襄城县、禹州市、长葛市	1997 年平顶山市的襄城县划归许昌市管辖
漯河市	舞阳县、临颍县	2002 年郾城县更名为郾城区
三门峡市	渑池县、陕县、卢氏县、义马市、灵宝市	
南阳市	南召县、方城县、西峡县、镇平县、内乡县、淅川县、社旗县、唐河县、新野县、桐柏县、邓州市	1994 年撤销南阳地区和县级南阳市、南阳县，设立地级南阳市

续表

地市名称	下辖县区	备注
商丘市	民权县、睢县、宁陵县、柘城县、虞城县、夏邑县、永城市	1997年撤销商丘地区和县级商丘市、商丘县，设立地级商丘市
信阳市	罗山县、光山县、新县、商城县、固始县、潢川县、淮滨县、息县	1998年撤销信阳地区和县级信阳市、信阳县，设立地级信阳市
周口市	扶沟县、西华县、商水县、沈丘县、郸城县、淮阳县、太康县、鹿邑县、项城市	
驻马店市	西平县、上蔡县、平舆县、正阳县、确山县、泌阳县、汝南县、遂平县、新蔡县	
济源市		原隶属于焦作市，1997年成为河南省直辖18个地市之一

5.2.2　研究方法

马尔科夫链是通过构造马尔科夫转移概率矩阵，刻画出县域之间在不同状态下的分布演变情况。一方面可以描述空间经济的不平衡特征，另一方面可以了解每个空间单元的演进特征和趋势，有助于研究区域的趋同、发散或极化趋势。首先将研究区域连续的数据离散化为 k 种类型，然后计算相应类型的概率分布及其在间隔几年的变化，来趋近于各个类型分布的变化过程。一般来说，将某一年份所有类型的概率分布表示为一个 $1\times n$ 的状态概率向量 F_t，记为 $F_t=[F_{1t}, F_{2t}, \cdots, F_{nt}]$，此外，不同年份区域人均GDP类型之间的转移可以采用一个 $n\times n$ 的马尔科夫转移矩阵A表示，如表5-2所示。

$$A=\begin{bmatrix} a_{11} & a_{12} & \cdots & a_{1n} \\ a_{21} & a_{22} & \cdots & a_{2n} \\ \vdots & \vdots & \ddots & \vdots \\ a_{n1} & a_{n2} & \cdots & a_{nn} \end{bmatrix}$$

表5-2　马尔科夫转移概率矩阵（k=4）

$t/t+1$	低水平	中低水平	中高水平	高水平
低水平	a_{11}	a_{12}	a_{13}	a_{14}
中低水平	a_{21}	a_{22}	a_{23}	a_{24}
中高水平	a_{31}	a_{32}	a_{33}	a_{34}
高水平	a_{41}	a_{42}	a_{43}	a_{44}

a_{ij}表示 t 年份属于类型 i 的区域在下一年份转移到 j 类型的概率，计算公式为：

$$a_{ij}=b_{ij}/b_i \tag{5-1}$$

其中，b_{ij}表示在整个研究期间内，由 t 年份属于 i 类型的区域在 $t+1$ 年份转移为 j 类型的区域数量之和，b_i 是所有年份中属于类型 i 的区域数量之和。如果某个区域的人均 GDP 类型在初始年份为 i，在下一年份仍保持不变，则定义该区域类型转移为平稳；如果人均 GDP 类型有所提高，则定义该区域向上转移，否则，为向下转移。

核密度估计是对随机过程中状态转换的概率密度函数的估计，核密度估计主要用于对随机变量密度函数进行估计，假设随机变量 X_1，X_2，…，X_n 同分布，其密度函数为 $f(x)$，其经验分布函数为：

$$F_n(x)=\frac{1}{n}\{X_1,\ X_2,\ \cdots,\ X_n \text{ 中小于 } x \text{ 的个数}\} \tag{5-2}$$

取核函数为均匀核，则：

$$K(x)=\begin{cases}1/2,\ -1\leqslant x<1\\0,\ \text{其他}\end{cases} \tag{5-3}$$

则核密度函数估计式为：

$$\begin{aligned}f_n(x)&=\frac{[F_n(x+h_n)-F_n(x-h_n)]}{2h}\\&=\int_{x-h}^{x+h}\frac{1}{h_n}K\left(\frac{t-x}{h_n}\right)dF_n(t)\\&=\frac{1}{\mathrm{nh_n}}\sum_{i=1}^{n}K\left(\frac{x-x_i}{h_n}\right)\end{aligned} \tag{5-4}$$

其中，$K(x)$ 为一个非负函数，又称为核函数。一般来说，要求核函数满足以下条件：

$$\begin{cases}K(x)\geqslant 0,\ \int_{-\infty}^{+\infty}K(x)dx=1\\ \sup K(x)<+\infty,\ \int_{-\infty}^{+\infty}K^2(x)dx<+\infty\\ \lim\limits_{x\to\infty}K(x)\cdot x=0\end{cases} \tag{5-5}$$

其中，h 为窗宽，K 为核函数。本章选择比较常用的高斯核函数进行估计，高斯核函数的表达式为：

$$K(x)=\frac{1}{\sqrt{2\pi}}\exp\left(-\frac{x^2}{2}\right) \tag{5-6}$$

对于窗宽 h，显然样本数越多，窗宽应越小，但不能太小，即 h 是 n 的函数且：

$$\lim_{x\to\infty} h(n)=0,\ \lim_{x\to\infty} nh(n)=n\to\infty \tag{5-7}$$

5.3　河南省县域经济增长的马尔科夫链分析

5.3.1　时间特征

本章研究的时间跨度为 1993~2014 年，研究区间为 22 年，间隔一年的分析由于其本身就具有较强的稳定性，分析间隔五年的马尔科夫转移概率矩阵更有利于揭示区域经济增长类型的变化，所以选取五年为研究周期。分别分析 1993 年、1998 年、2003 年、2008 年、2013 年及 2014 年河南省县域相对人均 GDP，根据历年县域人均 GDP 与全省人均 GDP 之比，以 1993 年为基准，将各个县域经济增长划分为低水平、中低水平、中高水平、高水平 4 种类型，且每种类型数量大致相同，划分区间为（0，0.64]、（0.64，0.77]、（0.77，1.08]、（1.08，+∞），对此后每间隔五年的相对人均 GDP 进行划分。

由于自然资源条件、区位因素的不同以及国家政策调控等，河南省县域经济的发展存在着较大的区域差异。经济增长类型转移在数量上有明显变化（见表 5-3）。

表 5-3　1993~2014 年县域经济增长类型数量变化　　单位：个

年份＼类型	低水平	中低水平	中高水平	高水平
1993	26	27	27	28
1998	27	24	25	32
2003	32	16	27	33
2008	39	19	14	36
2013	34	18	25	31
2014	29	22	25	32

由表 5-3 可知，1993~2014 年，河南省大多数县域各个类型的区域经济

增长在数量上基本保持稳定。与1993年相比，2003年、2008年低水平和高水平县域数量均增加，表明一部分县域经济增长较快，而另一部分增长较慢，容易形成“贫困陷阱”。将各县域1993~2014年变化类型分为稳定为低水平、稳定为中低水平、稳定为中高水平、稳定为高水平、向上转移、向下转移和波动几种状态，可得到河南县域经济增长类型的演变情况。22年间县域经济增长类型稳定在低水平的县域有11个，主要集中在河南省东南部地区，分别为鲁山县、柘城县、虞城县、夏邑县、淮滨县、息县、沈丘县、淮阳县、上蔡县、平舆县、新蔡县；稳定在中低水平的县域只有叶县；没有稳定在中高水平的县域；稳定在高水平的县域有19个，主要集中在河南省中北部，分别为巩义市、荥阳市、新密市、新郑市、登封市、偃师市、宝丰县、淇县、新乡县、修武县、博爱县、温县、沁阳市、孟州市、禹州市、长葛市、渑池县、义马市、灵宝市；向上转移的县域有19个，向下转移的有18个，处于波动状态的有40个。可以看出，处于波动状态的县域数量最多，占全部县域的37%，而稳定为中间水平的县域数量最少，仅占0.9%。

根据式（5-1），计算河南省108个县域的相对人均GDP在整个研究期间的马尔科夫转移矩阵（见表5-4）。

表5-4　1993~2014年河南省县域经济增长的马尔科夫转移概率矩阵

$t/t+5$	b_i	低水平	中低水平	中高水平	高水平
低水平	158	0.8165	0.1392	0.0443	0
中低水平	104	0.2400	0.5192	0.2308	0.0100
中高水平	118	0.0593	0.1950	0.5932	0.1525
高水平	160	0	0	0.0938	0.9062

根据表5-4，首先，河南省县域相对人均GDP增长包括低水平、中低水平、中高水平、高水平四个类型，主对角线上元素值均大于非对角线上的元素值，并且对角线端的元素值均大于中间的元素值，说明这四个类型稳定性较强。其中，对角线上中间的两个类型相对于两端的两个类型发生转移的概率要大一些，而两端的两个类型向其他类型转移的概率很小。这说明对角线两端的类型比较稳定，中间类型相对比较灵活，表明一个在初始时期类型为i的区域，在随后年份最少有51.92%的可能性仍属于此种类型，但是，两端

低水平增长、高水平增长的稳定性最大，仍保持此两种类型的可能性分别为81.65%、90.62%。

其次，不同相对人均GDP增长类型之间相互转移的概率相对较小，最大为24%，与主对角线相邻的概率数值即相邻两种类型之间的转变概率均在10%左右，而中高水平与低水平之间、中低水平与高水平之间的转移概率仅为3%左右，说明研究期间区域经济由低水平向中低、中高水平转变概率较小。由此分析河南省区域经济的发展是一个相对离散的过程，有可能实现跳跃性的增长或者衰退。根据对现有研究的分析，在县域经济分布动态变化研究中，也有学者分析出连续两个研究的年份区域经济增长类型跳跃式转移概率均为0的结论（戴钰，2015；何一鸣等，2011），本章结果与上述结论大致相同，说明区域经济普遍存在两极分化式的增长格局。

最后，河南省县域经济增长水平在整个研究时段内，各个增长类型均能保持不变的可能性最大的为高水平增长（90.62%）。

5.3.2 空间特征

从空间上来看，高水平增长县域主要分布在河南省中北部，以郑州为核心的向北延伸的外围区域。主要包括：禹州市、陕县、襄城县、鄢陵县、许昌县、西峡县、宝丰县、孟津县、温县、林州市、博爱县、新乡县、渑池县、灵宝市、偃师市、长葛市、登封市、孟州市、淇县、新安县、巩义市、新密市、沁阳市、中牟县、新郑市、荥阳市，以及义马市等。

低水平县域则主要分布在东南部，且数量呈上下波动，2008年、2013年分布范围比较广泛。主要有：封丘县、原阳县、鲁山县、上蔡县、宁陵县、方城县、滑县、新蔡县、淮阳县、太康县、唐河县、夏邑县、睢县、息县、社旗县、郸城县、南召县、卢氏县、沈丘县、正阳县、商水县、虞城县、获嘉县、淮滨县，以及柘城县等。

中等水平县域则在空间上比较分散。包括：平舆县、邓州市、镇平县、汝南县、民权县、西华县、固始县、浚县、内乡县、内黄县、延津县、扶沟县、郏县、西平县、项城市、光山县、叶县、泌阳县、嵩县、台前县、杞县、舞阳县、淅川县、鹿邑县、商城县、罗山县、开封县、潢川县、清丰县、汝阳县、南乐县、濮阳县、临颍县、确山县、范县、兰考县、尉氏县、长垣县、舞钢市、永城市、桐柏县、洛宁县、宜阳县、汤阴县、新县、新野县、伊川县、通许县、遂平县，以及汝州市等。

5.4 河南省县域经济的分布动态

为了进一步验证河南省区域经济增长是否存在两极分化现象，本章对各个县域的相对人均 GDP 指标进行核密度估计。相对人均 GDP 指标，即各地区人均 GDP 与河南省所有县域的平均 GDP 的比值。分别描绘出 1993~2014 年河南省 108 个县域的相对人均 GDP 概率分布（见图 5-1），图中横轴表示相对人均 GDP 指标，纵轴是密度。相对人均 GDP 为 1 表明某一地区的人均 GDP 与全省平均 GDP 相等。如果相对人均 GDP 大于 1，则表明这一地区经济发展超过全省平均水平，位于高速增长行列。

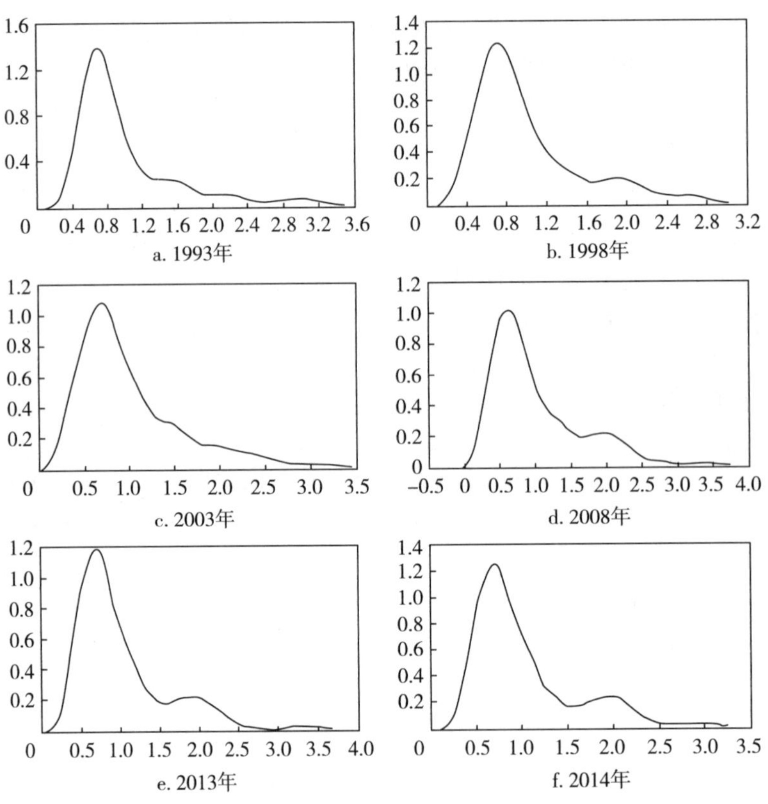

图 5-1　河南省县域相对人均 GDP 核密度估计

图 5-1 中分别是 1993 年、1998 年、2003 年、2008 年、2013 年和 2014

年6个年份相对人均GDP的Kernel密度图。

从图5-1中可以看出，1993年、2003年区域相对人均GDP核密度分布图整体为单峰分布。其值大部分在0.5~1.6，说明这一时期区域经济相对于全省人均GDP大体都处于低速增长状态。1998年、2008年、2014年出现由单峰向双峰转变的趋势，1998年，巩义市、荥阳市、新密市、新郑市、登封市、偃师市、淇县、新乡县、修武县、博爱县、温县、沁阳市、孟州市、长葛市、渑池县、义马市、灵宝市这17个县域经济增长速度较快，相对人均GDP在1.6以上，其余县域则处于稳定增长状态。与1998年相比，舞钢市、新安县在2008年相对人均GDP也达到1.6以上，增长速度比较快。2014年相对人均GDP在1.6以上的有巩义市、荥阳市、新密市、新郑市、登封市、偃师市、淇县、新乡县、博爱县、沁阳市、孟州市、长葛市、渑池县、义马市、灵宝市、新安县、中牟县，其余大部分县域增长速度在1.6以下。2013年核密度曲线图有向三峰转变的趋势，据此分为三类，巩义市、荥阳市、新密市、新郑市、登封市、偃师市、淇县、新乡县、博爱县、沁阳市、孟州市、长葛市、渑池县、灵宝市、新安县、林州市、中牟县相对人均GDP在1.6~3，义马市增长速度最快，相对人均GDP在3以上，其余大部分县域则稳定增长。

从空间分布上来看，相对人均GDP在1.6~3的县域主要集中在河南省北部，大部分县域相对人均GDP均在1.6以下，经济发展相对稳定。1993年、2003年、2008年、2013年均有县域相对人均GDP在3以上，经济发展非常快，是全省对应年份人均GDP的3倍以上。对处于（1.60，3.00）和（3.00，4.00）两个区间的具体县域进行汇总，如表5-5所示。

表5-5 1993~2014年各年份分类型县域

相对人均GDP区间 \ 年份	1993	1998	2003	2008	2013	2014
（1.60，3.00）	荥阳市 新密市 新郑市 偃师市 博爱县 沁阳市 孟州市 长葛市	荥阳市 新密市 新郑市 偃师市 博爱县 沁阳市 孟州市 长葛市	荥阳市 新密市 新郑市 偃师市 博爱县 沁阳市 孟州市 长葛市	荥阳市 新密市 新郑市 偃师市 博爱县 沁阳市 孟州市 长葛市	荥阳市 新密市 新郑市 偃师市 博爱县 沁阳市 孟州市 长葛市	荥阳市 新密市 新郑市 偃师市 博爱县 沁阳市 孟州市 长葛市

续表

相对人均 GDP 区间 \ 年份	1993	1998	2003	2008	2013	2014
(1.60，3.00)	渑池县 巩义市 义马市 修武县 温县	渑池县 巩义市 灵宝市 淇县 新乡县 登封市 义马市 修武县 温县	渑池县 灵宝市 淇县 新乡县 登封市 义马市 新安县	渑池县 巩义市 灵宝市 淇县 新乡县 登封市 温县 新安县 栾川县 舞钢市	渑池县 巩义市 灵宝市 淇县 新乡县 登封市 新安县 中牟县 林州市	渑池县 巩义市 灵宝市 淇县 新乡县 登封市 义马市 新安县 中牟县
(3.00，4.00)	新乡县	—	巩义市	义马市	义马市	—

由表 5-5 可以看出，荥阳市、新密市、新郑市、偃师市、博爱县、沁阳市、孟州市、长葛市、渑池县这九个县域均比较稳定，各年份区域经济均处于相对人均 GDP（1.60，3.00）这一区间，属于快速增长类型。巩义市、灵宝市、淇县、修武县、温县、新安县、登封市、栾川县、中牟县等县域的相对人均 GDP 则不太稳定。义马市 2013 年和 2014 年相对人均 GDP 在 108 个县域中最高，是全省平均 GDP 的 3.5 倍左右。结合图 5-1 和表 5-5 可以看出，县域经济增长较快的区域集中分布在郑州、洛阳周围，这些区域经济增长过快，而大部分区域经济增长相对比较缓慢，容易形成“贫困陷阱”。政府要加强区域间的协同合作，借助发展较快的区域的市场、区位优势带动其他地区的发展。经济新常态下的河南区域经济面临巨大的挑战，需要进一步统筹规划；同时“一带一路”倡议下的河南具有历史优势、交通优势、资源优势、产业优势，这些有利于加强与相关国家的交通联系、资源共享、人文交流和产业合作，从而促进河南经济快速发展。

5.5 本章小结

本章使用 1993~2014 年河南省 108 个县域的相关数据，以人均 GDP 和相对人均 GDP 为指标，利用 Kernel 密度估计和马尔科夫链分析方法，对河南省区域经济增长的分布动态进行了实证研究。研究结果表明：

（1）河南省的区域经济增长存在四种增长类型，分别为低水平、中低水平、中高水平和高水平。其中，低水平和高水平两个类型最为稳定，而中低水平和中高水平两个类型较易发生转移。低水平区域由于政策因素和区域原有的经济实力和发展条件而不容易和其他高层次的区域发生经济联系，从而容易形成“贫困陷阱”；而高水平区域由于其独特的先天优势和强大的竞争力使其能够保持自身的发达实力。中低水平和中高水平容易利用自身的条件和受到周围区域发展水平的影响而发生转移。

（2）在空间分布上，高水平趋同俱乐部主要集中分布在郑州、洛阳周围，中高水平趋同俱乐部和中低水平趋同俱乐部分散分布在河南的各地，低水平趋同俱乐部则集中分布在河南东南部地区。这主要是因为郑州是河南的省会，洛阳与郑州相邻，经济发展水平相对来说比较高，能带动周围的经济发展。

（3）基于对河南省相对人均 GDP 的 Kernel 密度分析可以得出，荥阳市、新密市、新郑市、偃师市、博爱县、沁阳市、孟州市、长葛市、渑池县经济增长趋于稳定，而且具有较强的辐射带动作用，应该充分发挥其良好的交通区位优势，以发展促发展，巩义市、灵宝市、淇县、修武县、温县、新安县、登封市、栾川县、中牟县等县域的相对人均 GDP 则不太稳定，各年份均有变动。

根据本章的研究，为了促进河南省区域经济的协调发展，特提出以下政策建议：

（1）要具体问题具体对待，根据各地区出现的问题对症下药。河南省的区域经济增长主要表现出贫穷和富裕两大类型，政府应该因地制宜制定相应的经济发展政策。对于低水平区域如鲁山县、柘城县、虞城县、夏邑县、淮滨县、息县、沈丘县、淮阳县、上蔡县、平舆县、新蔡县等要加大扶持力度、开发力度，对于富裕地区如巩义市、荥阳县、新密县、新郑县、登封县、偃师县、宝丰县、淇县、新乡县、修武县、博爱县、温县、沁阳市、孟县、禹州市、长葛县、渑池县、义马市、灵宝县等要借助其区位优势，增强其自主发展的能力，而中间水平的地区要增强创新能力的培养，努力向高水平的区域跃进。

（2）完善基础设施，加强企业间的合作。高水平区域的发展对周围地区的经济发展具有辐射带动作用，加强与高水平地区之间的联系，可以汲取高水平地区的文化和技术资源，促进与高水平地区企业之间的合作，也要完善地区之间的通信设施和交通设施，以更好地促进彼此合作，实现互利共赢。

由于低水平区域很容易形成“贫困陷阱”，政府要对低水平区域给予更多的重视，避免这种情况的发生。对经济落后的地区，控制人口增长的同时一定要加强教育，制定相应的地区优惠政策从而留住更多的人才，提高医疗卫生、社会保障、教育等公共服务水平，及时开发低水平区域的可利用资源，寻找当地的特色优势，加快低水平区域的发展。

6 河南省区域经济差异及其空间演变

6.1 区域经济差异的相关研究述评

伴随着经济的迅速发展，发达区域与不发达区域呈现并存格局的非均衡地理现象越来越明显，特别在我国，经济快速发展的同时，区域之间的经济差异却不断扩大。多数学者的研究均表明自改革开放后，东中西三大区域之间，以及沿海与内陆之间的区域经济差异呈扩大趋势。如贾俊雪（2007）研究发现，从20世纪90年代到2001年，经济差异不断上升，2001~2003年经济差异呈现趋于平缓又上升的趋势。潘文卿（2010）通过对人均GDP的研究得出全国省域间的差异在20世纪80年代趋同，在90年代后再次发散。余军华（2007）发现地带间的差异对全国总体区域经济差异的影响较地带内差异更为显著，其中，东部省际经济差异表现突出。

区域经济差异的研究尺度主要有国家、区域、省级、地市及县级等。国家尺度的研究集中在我国东、中、西三大经济地带之间及南北区域之间；区域尺度的研究常集中在长三角、泛珠三角、中部地区、三峡库区、兰新铁路沿线等区域；省域尺度方面的研究主要关注单一省份内部区域经济差异空间格局；近年来，一些基于地市及县域等小尺度的区域经济差异研究的文献也逐渐增多。不同尺度之间的对比主要集中在东中西三大地带间、省际和省内间等。

区域经济差异的测度方法大致分为统计指标计算、传统计量分析方法及空间计量分析方法等类型。在统计指标计算中，传统的变异系数、泰尔指数等的计算结果是衡量区域经济差异的依据。而传统计量分析方法常常采用趋同模型、横截面数据模型、面板数据模型等分析区域经济差异。目前，区域经济差异的空间演变状况以及空间关联情况越来越被重视，越来越多的学者采用空间计量经济分析方法进行区域经济差异方面的研究。

区域经济差异形成机制的研究方面，主要有定性分析、定量分析、层次分析框架、主导经济影响因素多元复合框架等。对区域经济差异的解释主要集中在以下几种观点：地区间固定效应差异；产业结构差异；政策差异；物资资本、人力等要素投入差异；市场化及城市化水平差异；基础设施水平差异；重工业优先发展的赶超战略；外商直接投资的区域差异；技术知识的扩散；资本流动；积极财政政策；企业家经验能力积累；等等。

有关河南省区域经济差异的研究方面，研究尺度以地市、县域尺度为主，此外，不少文献对河南省划分区域进行分析，根据河南省各区域所处的地理位置以及经济发展状况等，划分的结果主要有中原城市群地区、豫北地区、黄淮地区和豫西豫西南地区四大区域与豫北、豫西、豫南、豫东和豫中5个区域。研究方法方面，指数计算、空间计量、因子分析等被广泛应用于河南省经济差异的研究分析过程中，泰尔指数是表征经济差异的主要参数，标准差、变异系数、离差、比率、相对发展速度等参数的计算同样有效地分析了河南省各地区间的区域经济差异的总体特征和空间特征；ESDA空间分析技术在河南省经济空间格局演化的定量分析方面发挥了主要作用；对河南省经济发展差异的分析评价一般采用因子分析法。

目前，学界对河南省经济差异的研究表明：河南省区域经济差异呈逐渐增大的上升趋势，河南省的区域经济差异主要表现为中原城市群与其他地区、东部与西部之间的差异，两极分化现象比较严重。河南省局部区域的经济差异在增大，区域经济发展中的空间极化作用在增强。省内经济发展的集中程度持平，最发达地区与最落后地区的差距一直较大。经济相对发达区域的差异扩大程度最小，发达地区的相对发展速度值大，而落后地区的相对发展速度值小。在空间分布上，河南省区域经济发展水平总体表现为较强的空间自相关，经济发展相似的地区在空间上集聚分布，集聚性随时间推移有强弱变化。区域经济发展水平局部上具有空间分布非均衡性，以京广、陇海铁路为轴线形成了发达区俱乐部和不发达区俱乐部。

造成河南省区域经济差异性的因素是多种多样的，如：地形因素与资源禀赋造成的自然地理环境差异；投资水平以及分权差异带来的区域发展战略的影响；产业结构与所有制结构带来的经济结构的差异；教育水平、地区差别导致的文化观念和劳动力资源的差异等。

现有研究多偏重于单一范围尺度，缺少不同尺度之间的对比分析，而对区域经济差异影响因素的分析往往只表明单一层次对最终差异的影响程度，而无法描述各种影响因素在不同等级结构的影响力度，以及在时间序列上的影响效果等。因此，多尺度和多机制分析框架在区域经济差异研究的应用中，能更清楚地阐明省域经济差异的多尺度分异特征，并通过多层次回归模型较好地阐释造成区域经济差异的因素。

少量基于多尺度与多机制的研究主要以广东省与浙江省为研究区域。这方面的多尺度研究多采用泰尔指数对区级、市级、县级三个尺度的经济差异进行对比分析。广东省在县级尺度的基础上运用泰尔指数分解了广东省的区域经济差异，相比浙江省三个尺度的对比，对不同区域间的经济差异分析更加详尽。

在区域经济差异时空演变分析方面，这两个相对发达省份的研究结果表明，与河南省以往的研究成果一样，其也存在空间自相关性以及空间集聚特征。广东省的区域空间态势分析仅对时空集聚特征进行了研究，缺乏省域内具体地区的经济差异状况的描述；对比而言，浙江省区域经济差异的时空转移以及时空关联特征的研究在经济差异时空动态的表述上更加完善，对各个区域的经济发展状况所处的类型以及关联特征给予了清楚阐明。

浙江省与广东省区域经济差异的动力机制研究方面均采用了多层次分析模型。浙江省分析的影响因素主要是全球化、市场化、分权化和投资水平等，这些选取的因素主要是基于人文因素视角，在区位条件、自然环境本底及社会文化空间联系等方面未有涉及，缺乏综合性与完整性。广东省分析的影响因素是全球化、简政放权、投资水平和市场化，还有城乡分异和地形因素两个虚拟变量，相对浙江省而言选取的因素较为完整。河南省与浙江省和广东省比较而言，是欠发达省份，由以往研究结果得到的造成经济差异的主要机制表明，其动力机制与广东省和浙江省略有不同。因此，根据具体情况，参考相关研究成果，选取综合、合理、全面的机制因素，对于深入阐明各因素对河南省经济差异的综合影响、全面揭示经济差异形成的驱动机制具有现实意义。

河南作为中部的一个大省，是欠发达省份，对河南区域经济差异的研究也需要从不同的尺度进行，这样才能准确地刻画出河南区域经济差异的全景。首先，本章拟采用泰尔指数来研究河南省区级、市级、县级三种不同空间尺度的经济差异。在县级泰尔指数的基础上进行了地区间与地区内泰尔指数的分解，进一步分析了各地区之间与地区内部的经济差异。其次，本章拟采用马尔科夫链方法对河南区域经济进行核心—外围结构的类型划分，采用 Moran's I 指数与 Moran 散点图具体研究河南区域经济差异的时空动态。再次，本章采用多层次回归模型进一步分析河南区域经济差异的动力机制。在动力机制的研究方面，本章采用的指标体系相比广东省与浙江省更加完整。

根据现有文献对河南省区域经济差异形成机制的研究，本章选取了投资水平、市场活跃度、分权化、产业结构、劳动力资源、资源禀赋、受教育程度、城乡分异及地形因素等指标探究河南省区域经济差异的影响因素。在分析的过程中将与广东和浙江进行比较，河南是欠发达省份，广东、浙江是发达省份，这样的对比分析比较具有意义，也使项目的内容更加完整、充实。最后，对本章的内容进行小结，并提出缩小河南区域经济差异的政策建议。

6.2 研究方法及数据来源

河南位于中国中东部、黄河中下游、华北平原，面积 16.7 万平方千米，包括 18 个地级市，108 个县（市）。河南是人口大省、全国重要的农业和粮食生产大省，2014 年末总人口为 10662 万人，常住人口为 9436 万人。2014 年全省 GDP 为 34939.38 亿元，比 2013 年增长 8.9%，三次产业结构比为 11.9：51.2：36.9，人均 GDP 为 37072 元①。

本章根据各地市发展状况以及地理位置上的关联状况选取了中原城市群地区以及中原城市群外围地区作为区级研究范围，其中中原城市群外围地区包括豫北地区、黄淮地区与豫西豫西南地区，具体的中原城市群包括郑州、开封、洛阳、焦作、平顶山、新乡、许昌、漯河、济源，豫北地区包括安阳、濮阳、鹤壁，豫西豫西南地区包括三门峡、南阳，黄淮地区包括商丘、周口、信阳和驻马店。

6.2.1 研究方法

（1）泰尔指数。本章采用泰尔指数来研究基于不同尺度的河南省区域经济差异，分别测算县级、市级、区级三个尺度的泰尔指数，并在县级尺度的基础上把泰尔指数分解为地区尺度上的区域间泰尔指数与区域内泰尔指数，来分析中原城市群地区、豫北地区、豫西豫西南地区、黄淮地区四个地区之间的经济差异与这四个地区内部的经济差异。公式如下：

$$T=\sum_{i=1}^{n}\left(\frac{P_i}{P}\right)\log\left(\frac{P_i/P}{Y_i/Y}\right) \tag{6-1}$$

① 2014 年河南省国民经济和社会发展统计公报［EB/OL］. 河南省人民政府门户网站，http：//www.henan.gov.cn/jrhn/system/2015/03/03/010532048.shtml.

$$T_B = \sum_{i=1}^{M} \left(\frac{P_i}{P}\right) \log\left(\frac{P_i/P}{Y_i/Y}\right) \tag{6-2}$$

$$T_P = \sum_{i=1}^{N} \left(\frac{P_{ij}}{P_i}\right) \log\left(\frac{P_{ij}/P_i}{Y_{ij}/Y_i}\right) \tag{6-3}$$

其中，T 为泰尔指数；n 为河南省区级、地市级、县级三个尺度中每个尺度所对应的研究单元总数，如地市级尺度共有 $n=18$ 个地级市。T_B 为地区间泰尔指数，T_P 为地区内部未加权的泰尔指数，Y_i 为 i 地区的 GDP，Y 为全省的 GDP，P_i 为 i 地区的总人口，P 为全省总人口，M 为所分解地区的个数，N 为每个地区内县市的个数，Y_{ij}为 i 地区内第 j 县的 GDP，P_{ij}为 i 地区内第 j 县的总人口。

（2）马尔科夫链。本章在采用马尔科夫链进行分析计算时，采用的是不考虑年份的四分位分类法，按照人均 GDP 计算获得的分位点阈值，划分为富裕、发达、欠发达与贫困四种类别，分别对应了核心—边缘结构中的核心、半核心、半边缘与边缘。将不同县级空间单元分成基于相对人均 GDP 的不同子类别，编号为 1，2，…，N，N 即代表所有类别的数量。记 X_n 为时刻 T_n 的县级相对人均 GDP，建立 $N×N$ 维的转移概率矩阵 P，转移概率矩阵中的元素（i，j，t）指某个县在 t 时刻从 i 级别转变为 j 级别的概率，$P_{ij}=P(X_{n+1}=j/X_n=i)$，其中，$i$，$j=1$，2，…，$N$。将 t 时刻某县相对人均 GDP 等级的概率表示为 S_t，方程如下：

$$S_{t+1}=P\times S_t \tag{6-4}$$

其中，P 指两个状态之间转换的 $N×N$ 维转移概率矩阵。

（3）空间自相关。空间自相关主要用来研究区域之间的相关程度的大小，本章在对河南省经济差异的时空动态进行分析后，通过计算全局 Moran's I 指数来展现河南省区域经济发展的关联性及集聚特征。计算公式如下：

$$I = \frac{n}{\sum_{i=1}^{n}\sum_{j=1}^{n} W_{ij}} \frac{\sum_{j=1}^{n}(x_i - \bar{x})(x_j - \bar{x})}{\sum_{i=1}^{n}(x_i - \bar{x})^2} \tag{6-5}$$

计算出 Moran's I 之后，需对结果进行统计检验，一般采用 Z 检验。将变量 z 与其空间滞后向量 W_z 之间的相关关系，以散点图的形式加以描述，则构成 Moran 散点图，得到的散点图的四个区间分别对应 4 种不同的区域经济空间差异类型：高高集聚、低高集聚、低低集聚和高低集聚。

（4）多层次回归模型。本章运用空间多层次回归模型来研究河南省经济差异形成的机制。本章的多层次回归模型分为三个层次：第一个层次仅仅采用河南省的县级相关数据合并回归，忽略核心—边缘类别和时间变量；第二个层次包括县级数据和由马尔科夫链划分出的核心—边缘结构；第三个层次是在第二个层次的基础上增加了时间层级，选取的6个时间截面为1990年、1995年、2000年、2005年、2010年、2014年，在时间的选取上，大致根据1990~2014年每相隔5年进行选取，为使研究更加完善，加入了最近一年即2014年这个时间截面。空间多层次回归模型的公式如下：

$$y_{ijt}=\beta_0+\beta_1 x_{ijt}+v_{0t}+\mu_{0jt}+e_{ijt} \tag{6-6}$$

其中，i表示县的种类，即第i县；j表示核心—边缘类别中为j类别；t表示年份；β_0，β_1为系数；y_{ijt}表示在t年份时，第i县的人均GDP因变量，该县在核心—边缘结构中属于j类别；x_{ijt}是第i县在t年份的自变量；v_{0t}是在t年份的误差项；μ_{0jt}为核心—边缘结构中j类别在t年份的误差项；e_{ijt}则是第i县在t年份与在核心—边缘结构中j类别的误差项。

6.2.2 数据来源

数据来自《河南统计年鉴》《中国城市统计年鉴》和河南省各地级市统计年鉴以及部分市、县、区公布的统计数据。另外，根据研究的需要，对一些未知数据依据统计年鉴的部分数据进行了计算整理获得，如为满足不同尺度中的区级尺度研究，将区级中包含的各地区人均GDP推算加和得到，部分人均GDP数据通过国内生产总值除以总人口数计算得出。

在选取的数据指标上，河南省的区域经济差异多尺度研究采用各尺度的GDP和总人口，区域经济差异的时空演变以及时空关联性的研究均采用人均GDP指标。对河南省的经济差异多机制研究主要从投资水平、市场活跃度、分权化、产业结构、劳动力资源、资源禀赋、受教育程度、城乡分异、地形因素几个方面进行。投资水平指标选用数据为固定资产投资总额，市场活跃度则采用人均社会消费品零售总额，产业结构选取的是非农产业总产值，分权化选取的是人均预算财政支出，劳动力资源指标选用的数据为从业人口数，资源禀赋选用的为耕地面积，表示受教育程度大小的数据为普通中学学生数。城乡分异和地形因素为两个虚拟变量，城市地区赋值为1，乡村地区赋值为0，平原地区赋值为1，山区赋值为0。

6.3 河南省区域经济差异的多尺度分析

以GDP和总人口为指标，分别计算河南省区级、市级、县级的泰尔指数。泰尔指数的大小表示了区域经济差异的大小，泰尔指数越大，表明区域间的差异越大。区级、市级、县级各个尺度不同年份的经济差异有变动，三个尺度间的经济差异也有较大不同。

从地区级的尺度来看，中原城市群地区与其外围地区差异的泰尔指数随着年份处于不断的波动变化中。最大的泰尔指数为0.161，最小值为0.093。1992~1996年，经济差异呈现曲折上升趋势，1996~1997年快速下降，自1997年以后呈现波动性增长直到2009年，2010年处出现一个波谷（见图6-1）。地区之间的经济差异波动与影响其发展的各种因素都有一定关系。中原城市群的各个城市有较好的发展基础，其资源、区位、交通、政策等优势的发挥使其取得了迅速的发展，使地区间的差距逐渐扩大。郑州、洛阳、开封等城市的发展使中原城市群经济实力不断壮大，使其与周围城市的差距也有所拉大。泰尔指数近年来有下降的趋势，伴随着中原城市群的快速发展，鹤壁、安阳、三门峡等市积极调整城市功能定位和产业发展方向，发挥区域比较优势和特色领域，加快融入中原城市群的步伐，使各城市协同发展。另外，新型城镇化、农业现代化、工业现代化的积极推进，也使商丘、周口、信阳和驻马店等地区加快城镇化的进程。采用新型农业生产方式，加快工业生产方式的转型，促使经济迅速发展，缩小了与其他地区的差距。

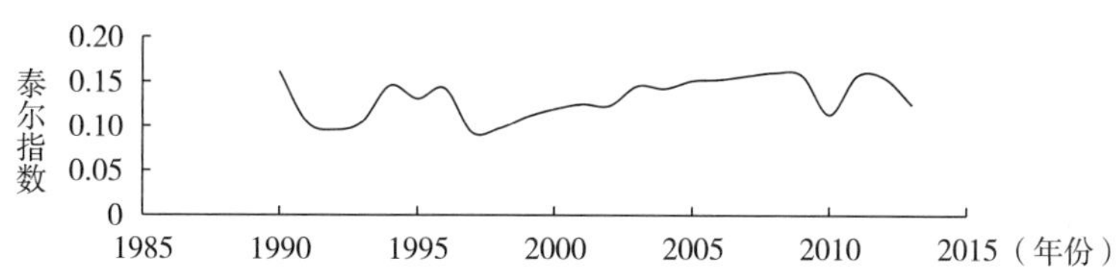

图6-1　河南省基于地区尺度的经济差异

从市级尺度来看，泰尔指数呈现明显的波动性变化。1992~1996年为上升阶段，1996~1997年为下降阶段，1997~2009年一直平缓上升，直到2010年出现下降，2010年以后呈现上升趋势（见图6-2）。总体来说，市级的泰尔指数变化是比较曲折的，该变动说明各地市之间的经济差异在各个年份变化是比较明显的。

从县级尺度上来看，各县的泰尔指数的变化相对较为平缓，但是有一定的起伏波动，最大指数为0.246，最小值为0.153。从整体上而言，前期波动较大，后期相对平缓。1992~1996年为上升阶段，1996~1999年为下降阶段，1999年之后呈现平缓的波动现象，没有较大幅度的增减，在2010年下

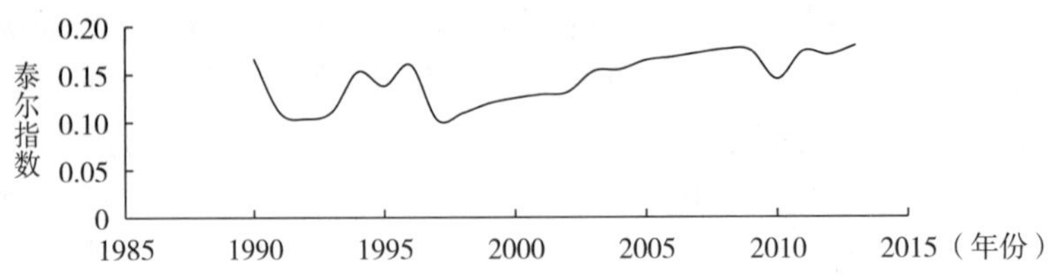

图 6-2 河南省基于市级尺度的经济差异

降之后又不断地上升（见图 6-3）。泰尔指数较大的年份大致位于 90 年代后期，这个时期，改革不断深入，很多企业建立了现代企业制度，其技术、管理、人才等优势得到充分的发挥，乡镇企业的增加值也不断提高，从业人员数也一直递增。河南省的一些县市抓住优势，提高经济发展质量，取得了巨大的成就。一些县市发展水平相对落后，资源、劳动力等向一些发达县市转移，发展受到一定程度阻碍，从而加大了该时期的区域经济差异。而从 21 世纪以来的年份来看，县市间的差距基本不变甚至在逐步缩小，说明人们已经开始意识到协调发展的重要性。河南省“十一五”规划提出要促进中心发达城市带动并大力支持其他城市的开发，加快改变城乡二元结构，尤其是大力发展县域经济，这些举措对于一些落后县域的开发起到了关键作用，从而逐步缩小了各县之间的差异。

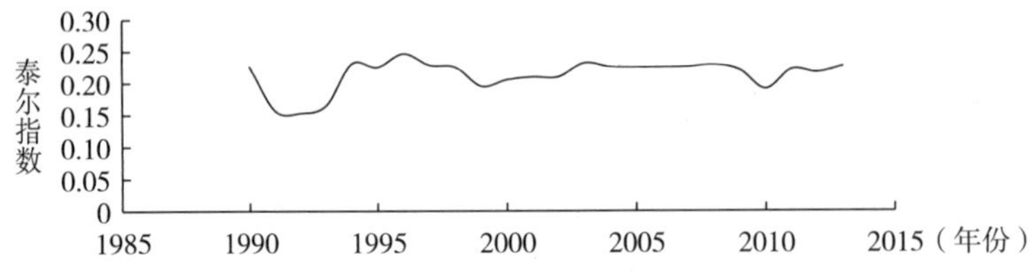

图 6-3 河南省基于县级尺度的经济差异

从三个尺度综合来看，不同的尺度下随着年份呈现不同的变化特征，其中不同尺度间也有一定的差异（见图 6-4）。具体特征如下：①区级、市级、县级的泰尔指数随着时间呈现不同的变化态势，均有一定的波动，大体上看都是先上升后下降，在平稳中升至 2009 年，均在 2010 年出现一个下降的波谷。②泰尔指数的大小是县级大于市级，市级大于区级，尺度越小，泰尔指数越大。三者的对比说明了区域经济差异和地理尺度有较大的关系，地理尺度越小，区域之间的经济差异就越大。③综上所述，区域经济差异随着时间的变化出现一定差别，并且与地理尺度相关联，地理尺度不同，区域之间经济差异程度也就相异。

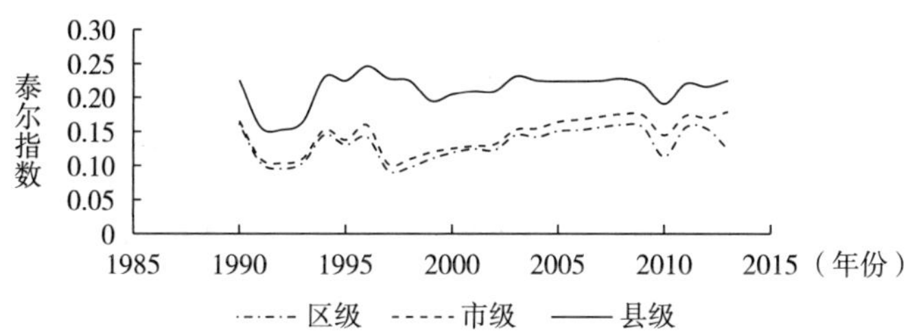

图 6-4 河南省基于不同尺度的经济差异

在县级尺度的基础上把人口比重加权的县市的泰尔指数分解为地区尺度上的区域间泰尔指数与区域内泰尔指数，即得到各地区内部的泰尔指数与地区间的泰尔指数（见图 6-5）。本章把河南省划分为中原城市群地区与其外围的豫北地区、豫西豫西南地区、黄淮地区。由分解结果可知，这四个区域之间的泰尔指数大小随着年份均呈现波动性变化，中原城市群内部的泰尔指数与其外围各地区内部的泰尔指数变化有相同的规律，整体上都是先波动性上升，然后再短期内下降，最后趋于平缓波动。中原城市群内部的泰尔指数在整个时间段内的最小值为 0.048，最大值为 0.106，外围地区内部的泰尔指数均在这些水平以下。中原城市群地区内部泰尔指数在 1996 年以前波动性较大，大致呈上升趋势，1996 年以后的时段平缓下降，从 2000 年后在 0.065~0.085 的范围内小幅度波动。豫北和黄淮地区内部泰尔指数大致可以分为两个阶段，即 1997 年之前稍有波折性的上升，1997 年急速下降之后，自 2000 年以后各地区均呈现平缓的变动，变动的幅度很小，黄淮地区维持在 0.04 的水平小幅变化，2009 年之后有稍大幅度的下降，豫北地区自 2000 年之后基本在 0.02 的水平平缓变动。豫西豫西南地区内部的泰尔指数是变化幅度最小的，整个过程没有快速的增长或降低，变化频率小，整个轨迹基本是沿着 0.02 的水平线延伸的。四个地区之间泰尔指数的变化经历了1991~1996 年的波动性上升，在 1996~1997 年急速下降，之后的年份指数呈现不断上升的趋势，上升期间在 2010 年有一次幅度较大的下降。从整体来看，地区间的泰尔指数大致呈现不断增长的态势，只是在近几年有出现在某个时间大幅度下降的现象。

综上所述，中原城市群地区内部的泰尔指数大于中原城市群外部区域的泰尔指数，所以中原城市群地区内部的差异要大于外围地区内部的差异。就

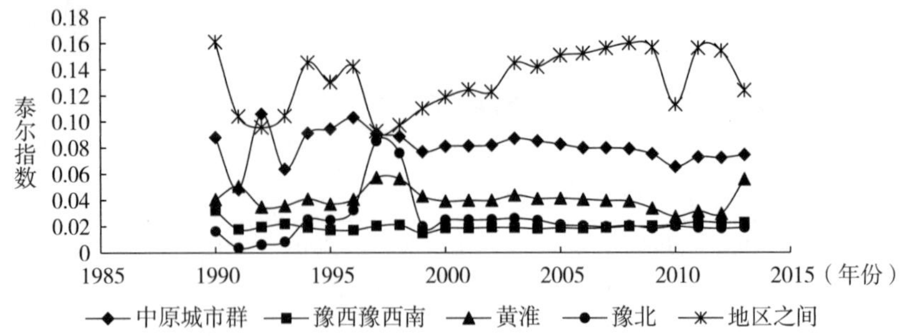

图 6-5　河南省地区间和地区内的经济差异

河南省划分出的四个地区而言，中原城市群的经济发展水平要高于其他三个地区的发展水平，因此，对于河南的这些地区而言，较发达地区的内部经济差异要大于相对落后地区内部的经济差异，致力于缩小发达地区的经济差异对于缩小整个省份的经济差异有很大帮助。由得出的数据可知，四个地区之间的经济差异要大于地区内部的差异，所以基于县级尺度上整个河南省的经济差异而言，四个地区之间的差异贡献率较大。这四个地区分别由位于不同区域的河南省的各个地市构成，各个区域均有自身发展的优势，四者基于 GDP 水平的各自的泰尔指数，就所研究的年份而言，变化的规律大致相同。但是就发展的趋势来看，区域之间的差异扩大的趋势十分明显。所以在针对缩小两大地区之间差异的问题上应该要特别重视起来，在极力促进中原城市群地区的发展时，应该使其发挥强大的辐射带动作用。外围的各个地区也应该寻求发展机遇，发挥特色优势，促进本地区既快速又协调的发展，逐步缩小与较为发达的中原城市群地区的经济差异。

6.4　河南省区域经济差异的时空动态分析

6.4.1　河南省区域经济差异分布形态的时空演化

采用马尔科夫矩阵来研究河南省区域经济差异分布形态的时空演化过程，主要以河南省 108 个县 1990~2014 年的人均 GDP 为主要指标。以 1990 年为基础年份，计算得出分类阈值为 0.699、0.843、1.157，然后采用不考虑年份的四分位法，把河南省各县各年份的人均 GDP 划分为 4 个不同的等级，依次为贫困、欠发达、发达、富裕，分别对应的是边缘、半边缘、半核心、核心四种类型。以 1990 年为基底，分别推算间隔一年的马尔科夫矩阵。然后，对其进行时段划分，以社会主义市场经济体制改革后为第一个时间段，时间是 1990~2000 年；第二个时间段为中国加入世界贸易组织以后，时间是 2000~2014 年；第三个时间段为中部崛起战略实施之后，时间是 2006~2014 年；第四个时间段则是 1990~2014 的汇总。由此分别得到这几个时间段的马尔科夫矩阵，绘制成表（见表 6-1）。

表 6-1　人均 GDP 类型的马尔科夫矩阵

时间段		1	2	3	4
		(≤0.699)	(0.699~0.843)	(0.843~1.157)	(≥1.157)
1990~2000 年	1	0.887	0.110	0.003	0.000
	2	0.150	0.676	0.174	0.000
	3	0.013	0.173	0.740	0.074
	4	0.004	0.000	0.047	0.949
2000~2014 年	1	0.950	0.050	0.000	0.000
	2	0.160	0.743	0.096	0.000
	3	0.000	0.111	0.795	0.094
	4	0.000	0.000	0.049	0.951
2006~2014 年	1	0.944	0.056	0.000	0.000
	2	0.130	0.756	0.114	0.000
	3	0.000	0.043	0.828	0.129
	4	0.000	0.000	0.059	0.941
1990~2014 年	1	0.929	0.070	0.001	0.000
	2	0.154	0.707	0.139	0.000
	3	0.007	0.146	0.771	0.076
	4	0.001	0.000	0.044	0.955

由分析得到的马尔科夫矩阵可知：

（1）在不同的时间段，得到的马尔科夫矩阵的各个元素的数值是有差别的，但差别不大。基本特征都是对角线上的数值明显高于其两侧的数值，对角线上的元素表示某县还维持原来等级的概率大小。对角线上的数值大说明某县仍保持原来等级的可能性比其转移到其他等级的可能性要大。从而也说明了河南省区域发展具有结构稳定性，而区域之间的差异是通过长期作用形成的。

（2）从表 6-1 中可以发现，处于欠发达和发达等级的县市变动较为明显，欠发达等级的县市会分别向贫困和发达等级转移，但是，更多趋于向贫困等级转移；而本身处于发达等级的县市，会向欠发达与富裕等级转移，在较靠前的时间段向欠发达等级转移的比例较大，而在近来的时间段，则趋于向富裕等级转移，三个时间段数值分别为 0.074、0.094、0.129，由此说明，随着时间的推移，发达地区越来越倾向于向富裕等级转变。从发达和欠发达县市的等级转移的情况来看，河南省各县市趋向于向贫困与富裕等级转移。因此，河南省两极分化的经济格局呈现不断增强的趋势。

（3）与欠发达和发达等级变化比较明显对应的是，贫困与富裕两个等级相对比较稳定，从总的年份来看，贫困等级维持其原等级的概率为 0.929，富裕等级维持其原等级的概率为 0.955，两个数据显示，贫困与富裕地区的稳定性很强。

（4）从表 6-1 中可以看出，远离对角线的元素数值基本为 0，说明了等级转移都是向邻近的等级转移，比如欠发达等级会向贫困和发达等级转移，而几乎不向富裕等级进行跨等级的转移。

6.4.2 河南省区域经济差异的时空关联性

本节通过专业制图软件绘制出带渲染的热点图，其中得分较高的区域主要为富裕地区集聚的地方，这些区域主要分布在西北部及中部地区，该部分就是河南省经济的热点区域，集聚的显著性很高。相对于热点区域，得分稍低的次热点区域主要围绕富裕区域分布。得分最低的区域主要集中在河南省的东部与南部，这些区域是贫困集聚区，即研究范围内的低值冷点集聚区。区域得分较低，但是相对于冷点稍高的区域为次冷点区域，主要位于河南省西南的大部、中部以及北部的局部区域。从这四年的热点和冷点区域转移状况来看，热点区域大致位置没有发生变化，但是热点区域有明显扩大的趋势，主要向河南省的西北地区以及中部地区扩散，热点区域历年来集聚现象都十分明显。冷点区域在 2000 年向河南省东北地区延伸，到 2010～2013 年冷点区域大幅度减少，基本位于河南省东部，在 2013 年河南省西南部分地区出现冷点区域。次热点与次冷点的分布区域基本维持不变，次热点围绕热点区域范围不断扩大，次冷点不断向河南省的南部延伸。

从人均 GDP 带渲染的经济热点变化与由马尔科夫链得出的河南省人均 GDP 类型的空间分布对比可知，两者得出的结论基本是一致的，河南省空间集聚特性基本以高高集聚和低低集聚类型为主。高高集聚的富裕区域主要分布在河南省中部与西北部地区，低低集聚的贫困区域主要分布在河南省的东部和南部地区，而且这些区域均有连片扩散的趋势，因此说明了核心—边缘结构在河南省的经济发展中确实是存在的。

采用全局 Moran's I 指数进一步研究河南省经济发展的时空关联性及集聚特征。河南省县级的人均 GDP 全局 Moran's I 指数轨迹变动的幅度不大，数值在 0.13 和 0.31 之间波动型增大或减小，从 1990 年的 0.19 到 2013 年的 0.26，整体上呈现略微增加的趋势。当 Moran's I 值大于 0 时，说明表面区域呈现空间正相关性，经济水平较高或者是比较低的区域在空间上呈现显著的集聚特征。就河南省而言，Moran's I 值均大于 0，所以省内区域呈现正的空间自相关关系，并且较富裕的县市和比较贫困的县市均呈现集聚特征。与县级的泰尔指数图比较而言，Moran's I 指数的波动频率很大，每次波动的幅度比较明显，尤其在 1998 年快速递减现象十分明显。县级泰尔指数整个轨迹在一定的范围内没有太大跳跃式的变化，每次的波动幅度较小，在 2000 年之后基本处于平稳状态。全局 Moran's I 指数针对特定的时间点，波动并不是特别敏感，但从历年来的变动轨迹上可知，河南省区域经济差异经过大大小小的波动起伏最终呈现略微增大的整体趋势（见图 6-6）。

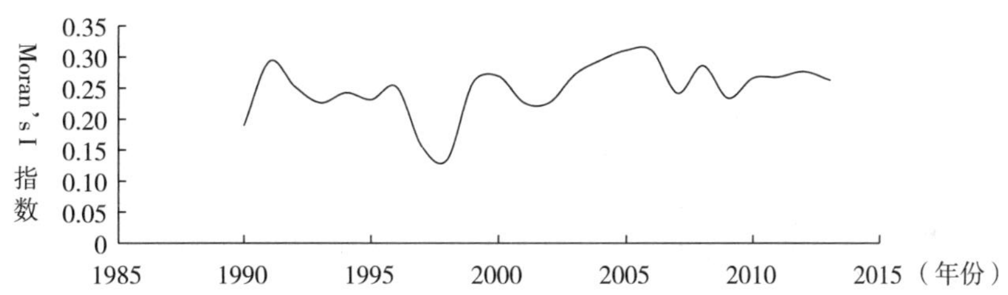

图 6-6 1990~2013 年河南省人均 GDP 全局 Moran's I 值

为了具体分析河南省各县市经济差异在空间上的集聚特征，采用河南省各县市 1990 年、2000 年、2010 年、2013 年的人均 GDP 数据，得到这四年人均 GDP 的 Moran 散点图（见图 6-7）。

Moran 散点图的第一象限表示的是某地区自身经济发展水平较高，其周围地区的经济发展水平也较高；第二象限为自身发展水平低，周围地区发展水平高，存在一定的空间差异；第三象限是自身与周围地区发展水平都比较落后，有一定的空间相关性；第四象限则是自身发展水平高，周围地区却比较低，呈现空间负相关。

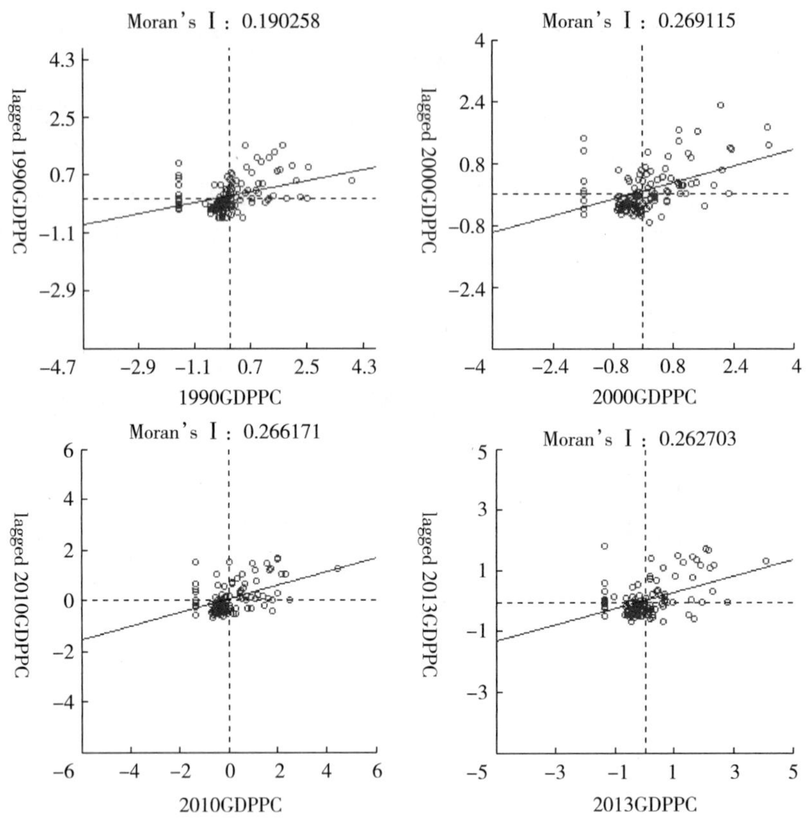

图 6-7　1990 年、2000 年、2010 年、2013 年河南省人均 GDP 的 Moran's I 散点图

1990 年，分布在第一象限即高高集聚类型的县市的个数占全部县市总数的比例为 28%，分布在第三象限即低低类型的县市占全部县市总数的比例为 38.4%；2000 年，高高集聚类型占 25.6%，低低集聚类型占 42.4%；2010 年，高高集聚类型占 26.4%，低低集聚类型占 46.4%；2013 年，高高集聚类型占 22.4%，低低集聚类型占 42.4%。从散点图的变化也可以看出，第二、第四象限的县市数目逐渐减少，第一、第三象限的县市数目一直居高不下，尤其是第三象限的县市一直密集分布，因此可以明显看出，河南省存在以高高集聚和低低集聚为主要类型的集聚特点，较发达的县市有较强的相关性，贫困区域的集聚特征则更为明显。以上结果说明了在 20 多年的经济发展当中，各县市均发生了不同程度的变化，受到地理位置、政策、产业结构、技术水平等条件的限制，有些贫困地区无法接受周围地区的带动并且缺少来自相对发达地区的涓滴效益，因此连带着周围地区仍旧处于落后的水平。

6.5 河南、广东、江苏、浙江发达县域与欠发达县域经济差异对比分析

以 2013 年河南、广东、江苏、浙江四省的行政区划为标准，其中，河南省有 108 个县（包括 20 个县级市、88 个县）、广东省有 67 个县（包括 23 个县级市、44 个县）、江苏省有 52 个县（包括 27 个县级市、25 个县）、浙江省有 58 个县（包括 22 个县级市、35 个县、1 个自治县）。本节以县域为基本单位，分别计算研究河南、广东、江苏、浙江四省的县域经济发展差异、发达地区与欠发达地区内部县域经济发展差异、发达地区与欠发达地区之间的县域经济发展差异，最后综合分析四省之间的县域经济发展差异。采用数据均来自河南省、广东省、江苏省、浙江省统计局 2006~2016 年的统计年鉴。

评价县域经济发展情况是否发达的指标有很多，各有不同。有些采用的是 GDP 或人均 GDP 的单一指标，有些则是采用综合的指标体系。而综合指标体系也有总量指标和均值指标的差异。由于本节涉及河南、广东、江苏、浙江四个省份，四个省份各方面的差异都比较大，故参考世界银行标准和划分方法，采用人均 GDP 作为评价县域经济发展情况的分类标准，按照各省的人均 GDP 划分成以下 4 类：①低水平：县域人均 GDP 低于所在省份人均 GDP 的 50%。②中低水平：县域人均 GDP 介于省人均 GDP 的 50%~100%。③中高水平：县域人均 GDP 介于省人均 GDP 的 100%~150%。④高水平：县域人均 GDP 高于省人均 GDP 的 150%。其中，将低水平、中低水平发展的县域列为欠发达地区，将中高水平、高水平发展的县域列为发达地区。

将各省发达县域、欠发达县域按照人均 GDP 进行上述分类，以 2015 年河南、广东、江苏、浙江发达与欠发达地区分布情况为例，可知河南省发达县域多位于豫北、豫中的中原城市群，欠发达县域大部分位于豫东、豫南地区。广东省的发达县域大部分位于珠江三角洲的核心区、边缘区，欠发达地区大部分位于粤东、粤西两翼及粤北山区。江苏省发达县域主要位于苏南、苏中地区，欠发达县域则主要位于苏北地区。浙江省的发达县域主要位于浙江东北部地区，欠发达县域则主要分布在浙江西南部地区。

6.5.1 研究方法

泰尔指数又称泰尔熵标准，是运用信息理论得到的可分解不平等指数。泰尔指数有很多种算法，采用的权数不同则可以加权计算不同的泰尔指数，通常用来表示区域间的收入差异。由于泰尔指数可以进行进一步的分解，将总的差异分为区域间的差异和区域内部的差异，即将其分为区域间的泰尔指数和区域内部的泰尔指数，故能更好地反映区域经济差异，其计算方法如下：

$$T = \sum_{i=1}^{n} p_i \log \frac{p_i}{y_i} \tag{6-7}$$

其中，T 为泰尔指数；n 为研究区域的个数；y_i表示 i 县的 GDP 占某省 GDP 总量的比重；p_i表示 i 县人口占某省总人口的比重。T 值越大，即泰尔指数越大，表明某省县域经济的差异越大；反之，则表示某省县域经济的差异越小。将上述公式中表示某省县域经济总差异的泰尔指数进行分解，可得某省发达与欠发达区域之间的差异、发达与欠发达地区内部各县域之间差异，具体计算公式如下：

$$T = T_b + T_w \tag{6-8}$$

$$T_b = \sum_{i=1}^{2} p_i \log \frac{p_i}{y_i} \tag{6-9}$$

$$T_w = \sum_{i=1}^{2} p_i \left(\sum_{j} p_{ij} \log \frac{p_{ij}}{y_{ij}} \right) \tag{6-10}$$

其中，T_b为某省内发达与欠发达地区之间的差异；T_w为发达地区与欠发达地区内部各县域之间的差异；此时，$i=1$，2 表示欠发达地区与发达地区两个区域，j 表示每个区域内的县或县级市；y_{ij}表示每个区域内各县的 GDP 占该区域 GDP 总量的比重；p_{ij}表示每个区域内各县的人口占该区域总人口的比重。T_b值越大，表明某省内部发达地区与欠发达地区之间的县域经济差异越大；反之，则越小。T_w值越大，表明某省内发达地区与欠发达地区内部的县域经济发展差异越大；反之，则越小。

泰尔指数贡献率计算公式如下：

$$1 = \frac{T_b}{T} + \frac{T_w}{T} = \frac{T_b}{T} + \frac{T_1}{T} + \frac{T_2}{T} \tag{6-11}$$

其中，$\frac{T_b}{T}$表示某省发达地区与欠发达地区之间的泰尔指数对总体泰尔指数的贡献率；$\frac{T_w}{T}$表示某省发达地区与欠发达地区内部泰尔指数对总体泰尔指数的贡献率；$\frac{T_1}{T}$表示某省欠发达地区的泰尔指数对总体泰尔指数的贡献率；$\frac{T_2}{T}$表示某省发达地区的泰尔指数对总体的泰尔指数的贡献率。若某省的$\frac{T_b}{T}$大于$\frac{T_w}{T}$，表明某省发达地区与欠发达地区之间的泰尔指数对某省的泰尔指数贡献更大，即某省发达地区与欠发达地区之间的县域经济发展差异对某省的县域经济发展差异贡献大；反之，则表明某省发达地区、欠发达地区内部的县域经济差异对县域经济发展差异贡献更大。

6.5.2 河南省发达县域与欠发达县域经济发展差异分析

计算河南省县域经济发展差异的各项泰尔指数得出图 6-8，其中 T 表示河南省总的泰尔指数；T_b 表示发达地区与欠发达地区之间的泰尔指数；T_w 表示发达地区、欠发达地区内部的泰尔指数；T_1 表示欠发达地区内部的泰尔指数；T_2 表示发达地区内部的泰尔指数。

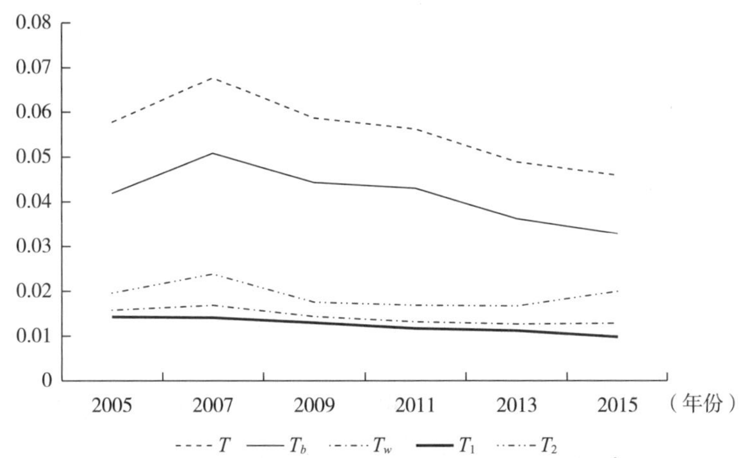

图 6-8 河南省县域经济发展差异的各项泰尔指数

2005~2007 年总泰尔指数 T 波动较大且有上升趋势，而在 2007 年之后，T 值波动较小且一直呈下降状态，表明河南县域经济差异先增大后逐渐减小。T_b 值在 2005~2015 年，整体发展趋势与 T 值发展趋势接近，在 2007 年之前呈增长趋势，之后虽有波动，但不断减小，表明河南省发达地区与欠发达地区之间的县域经济差异先增大，后逐渐减小。T_w 值在 2005~2015 年变化不大，数值较低，且有略微下降趋势，表明河南省发达地区、欠发达地区内部的县域经济发展差异变化不大，且有缓慢减小趋势。T_1 在 2005~2015 年持续下降，表明欠发达地区内部的县域经济差异逐年减小。T_2 在 2005~2007 年、2013 年以后均有上升的趋势，表明发达地区县域经济发展差异波动较大，且在这两时段都存在上升趋势。

由表 6-2 数据可以看出，T_b 的贡献率远大 T_w 的贡献率，表明河南省县域经济发展差异主要是由区域间差异带来的，区域间差异对总的差异贡献更大，在县域经济发展差异中起主导作用。2005~2015 年，河南省区域间的泰尔指数贡献率 T_b 波动较小，持续保持在 70%以上，表明区域间县域经济差异过大，需要降低发达地区、欠发地区之间的县域经济发展差异。欠发达地区内部差异的泰尔指数贡献率 T_1 大于发达地区内部差异的泰尔指数贡献率 T_2，表明欠发达地区内部县域经济发展差异要大于发达地区内部县域经济发展差异，即欠发达地区内部县域经济差异更大。

表 6-2　河南省泰尔指数贡献率分解

年份	T_b 贡献率	T_w 贡献率	T_1 贡献率	T_2 贡献率
2005	0.7258	0.2742	0.1782	0.0960
2007	0.7504	0.2496	0.1481	0.1016
2009	0.7551	0.2449	0.1558	0.0891
2011	0.7651	0.2349	0.1497	0.0851
2013	0.7403	0.2597	0.1662	0.0935
2015	0.7180	0.2820	0.1486	0.1333

河南省发达县域多分布于豫北、豫中的中原城市群，欠发达县域大部分位于豫东、豫南地区，以下分别从自然地理、产业结构、政府支持力度、人力资源等方面对其县域经济差异进行分析。中原城市群中大部分县域地处中原地带，土地平坦，交通便利，运输业发达，各城市之间联系密切，而豫东、豫南地区山地较多，较为偏僻，公路等基础设施水平有限。中原城市群相比豫东、豫南地区，第二、第三产业明显较多，产业结构优化，地区发展水平较快。由于豫中、豫北地区经济发展水平较高，故其内部县域经济发展相对豫东、豫南地区更易获得各项资源。此外，政府发展政策对豫北、豫中

的支持力度也比较大。豫中、豫北地区发展较快，就业机会更多，吸引了大量优秀人力资源，而豫东、豫南地区的优秀人力资源较少，人才外流情况比较严重。

6.5.3 广东省发达县域与欠发达县域经济发展差异分析

计算广东省县域经济发展差异的各项泰尔指数，如图 6-9 所示，广东县域经济发展的总体差异泰尔指数 T 在 2005~2009 年有较小的上升趋势，2009 年以后，T 值虽然偶有波动，但整体还是呈下降的趋势，表明广东省的县域经济差异在 2005~2015 年先增大后逐渐减小，县域经济差异总体呈减小趋势。T_b 值在 2005~2015 年一直呈下降趋势，表明广东省内部发达地区与欠发达地区之间的县域经济差异在此期间持续减小。而 T_w 在 2005~2009 年波动不大，有略微的增长，表明发达地区、欠发达地区的内部县域经济发展差异在此期间变化不大，略有增长。T_1 值在此期间内呈缓慢增长状态，略有波动，表明欠发达地区内部的县域经济差异呈现持续缓慢的增长状态。T_2 值在 2005~2015 年波动较大，2009 年前呈持续增长状态，后波动减小，表明发达地区内部各县域经济的发展差异在 2009 年之前持续增大，后差异逐渐变小。

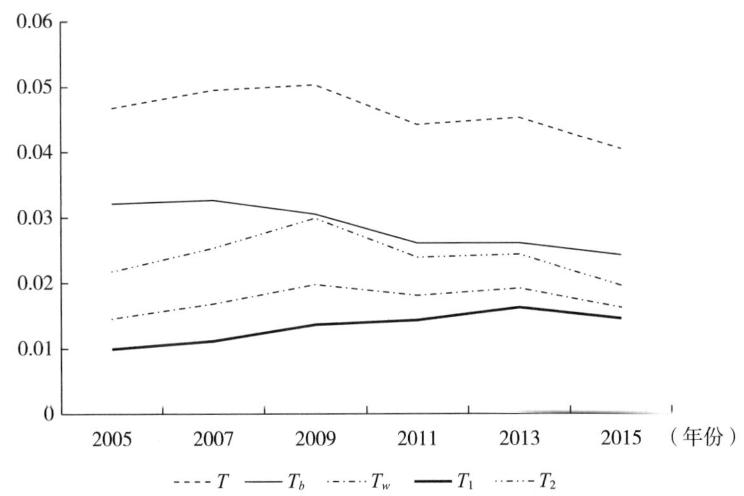

图 6-9 广东省县域经济发展差异的各项泰尔指数

由表 6-3 数据可以看出，T_b 的贡献率远远大于 T_w 的贡献率，表明广东省县域经济发展的差异主要是由区域间差异带来的，区域间的县域经济差异对广东省的县域经济差异贡献更大，在其中起主导作用。2005~2015 年，广东省区域间的泰尔指数贡献率波动较大，总体呈下降状态，表明广东省发达地区与欠发达地区之间的县域经济差异持续减小。欠发达地区内部差异的泰尔指数贡献率 T_1 在此期间逐渐变大，表明欠发达地区内部的县域经济差异在逐步变大。发达地区内部的泰尔指数贡献率 T_2 先增大后减小，表明其内部县域经济发展差异先增大后逐渐减小。在 2011 年之前，T_2 大于 T_1，表明发达地区内部县域经济发展差异要大于欠发达地区内部县域经济发展的差异，即发达地区内部县域经济差异更大。之后，则为欠发地区内部县域经济发展的差异更大。

表 6-3　广东省泰尔指数贡献率分解

年份	T_b 贡献率	T_w 贡献率	T_1 贡献率	T_2 贡献率
2005	0.6882	0.3118	0.1291	0.1828
2007	0.6606	0.3394	0.1355	0.2040
2009	0.6071	0.3929	0.1688	0.2241
2011	0.5907	0.4093	0.1971	0.2122
2013	0.5769	0.4231	0.2302	0.1929
2015	0.6001	0.3999	0.2389	0.1610

广东省的发达县域大部分位于珠江三角洲的核心区、边缘区，欠发达地区大部分位于粤东、粤西两翼及粤北山区，以下分别从自然地理、产业结构、人力资源水平、政府支持力度等方面对其县域经济差异进行分析。珠三角地区县域交通便捷，与中心城市联系密切，县域经济发展较快，而粤北地区集中了广东近半数的县域，地形复杂，山地较多，基础设施有限，虽然自然资源丰富但县域经济发展缓慢。珠三角区域县域经济的发展相对粤东、粤西两翼及粤北山区更容易得到财力支持，获取发展的资本。除了珠三角的发达县域外，大部分欠发达县域经济基础差，产业结构不够优化，第二、第三产业较少，工业化进程缓慢。政府政策对珠三角等地的支持力度要大于对粤东、粤西两翼及粤北山区的支持力度，且大部分欠发达县域缺乏合理的战略规划，县级市层面的区域合作相对滞后。粤北山区等地相对珠三角等发达地区，经济条件较为落后，人才流失情况严重，缺乏优质的人力资源。

6.5.4 江苏省发达县域与欠发达县域经济发展差异分析

对江苏省县域经济发展差异的各项泰尔指数的计算结果如图 6-10 所示，江苏省的总体泰尔指数 T 在 2011 年之前大幅度下降，此后一直呈较为平缓的下降趋势，表明江苏省在 2005~2015 年，其内部的县域经济差异先大幅度减小，后期保持较为平稳减小趋势。T_b 值与 T 值在此期间内的变化趋势相同，均先大幅度减小后平缓减小，表明江苏省发达地区与欠发达地区之间的县域经济发展差异持续减小，且减小的速度由快到慢。T_w 值在 2005~2015 年逐渐减小，减小的速度由快到慢，表明发达地区、欠发达地区内部的县域经济发展差异不断减小，但其速度越来越慢。欠发达地区内部县域经济发展差异泰尔指数 T_1、发达地区内部县域经济发展差异泰尔指数 T_2 在此期间的变化趋势是先快速减小，后平缓减小，且 T_2 一直大于 T_1，表明发达地区内部县域经济发展差异大于欠发达地区，两者都呈下降趋势。

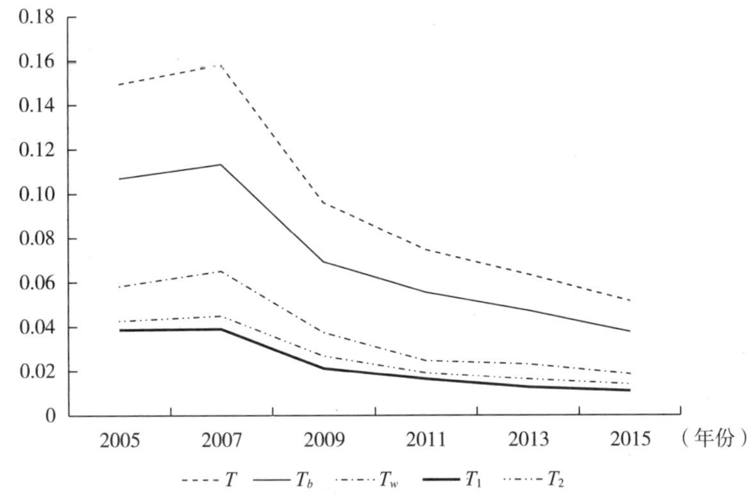

图 6-10 江苏省县域经济发展差异的各项泰尔指数

由表 6-4 数据可以看出，T_b 的贡献率远大于 T_w 的贡献率，一直保持在 70%以上，表明江苏省县域经济发展的差异主要是由区域间差异带来的，区域间差异对总的差异贡献更大，在县域经济发展差异中起主导作用。T_w 值略有减小，表明发达地区与欠发达地区内部县域经济发展差异略微减小。欠发达地区的县域经济差异的泰尔指数 T_1 的贡献率在 2005~2015 年持续减小，发达地区的县域经济差异的泰尔指数 T_2 的贡献率在此期间持续增大，两者趋于平衡。这表明，2005~2015 年，欠发达地区县域经济发展差异持续减小而发达地区县域经济发展差异持续增加。

表 6-4 江苏省泰尔指数贡献率分解

年份	T_b 贡献率	T_w 贡献率	T_1 贡献率	T_2 贡献率
2005	0.7150	0.2850	0.2059	0.0792
2007	0.7162	0.2838	0.1912	0.0926
2009	0.7212	0.2788	0.1452	0.1336
2011	0.7434	0.2566	0.1457	0.1109
2013	0.7430	0.2570	0.1275	0.1295
2015	0.7298	0.2702	0.1301	0.1401

江苏省发达县域主要位于苏南、苏中地区，欠发达县域则主要位于苏北地区。苏中、苏南地区地理条件优越，地处长江三角洲中心地带，沿江沿海交汇处，紧邻上海，交通便利；而苏北地区主要分布在淮河以北，虽然毗邻港口，但交通闭塞，公路、空运、海运等基础设施不完善，综合运输能力差。苏南作为中国近代工业的发源地，产业结构优化合理，县域经济发展情况较好；苏北地区的县域经济发展长期处于较弱状态，第二、第三产业层次都比较低。2009 年之前政府政策侧重于苏南地区的经济发展，2009 年以后，政府促进江苏沿海开发和港口建设，加速苏北地区县域经济发展。苏北地区相较于苏南、苏中等发达地区，第一产业占主导地位，人力资源水平普遍较低，缺乏高水平的专业人才。

6.5.5 浙江省发达县域与欠发达县域经济发展差异分析

对浙江省县域经济发展差异的各项泰尔指数的计算结果如图 6-11 所示，浙江省的总泰尔指数 T 在 2005~2015 年波动较小，后期略微有所下降，表明在此期间浙江的县域经济发展差异略有减小，但总体趋于平衡。T_b、T_w 值在此期间均变化不大，略微减小，表明发达地区与欠发达地区之间的县域经济发展差异、发达地区与欠发达地区内部县域经济发展差异变化都较小。T_1 值有较小的波动，但整体变化不大，表明欠发达地区县域经济发展差异有较小波动但基本变化不大。T_2 值在 2005~2015 年持续缓慢下降，表明发达地区内部县域经济发展差异在不断减小，但减小速度较缓慢。

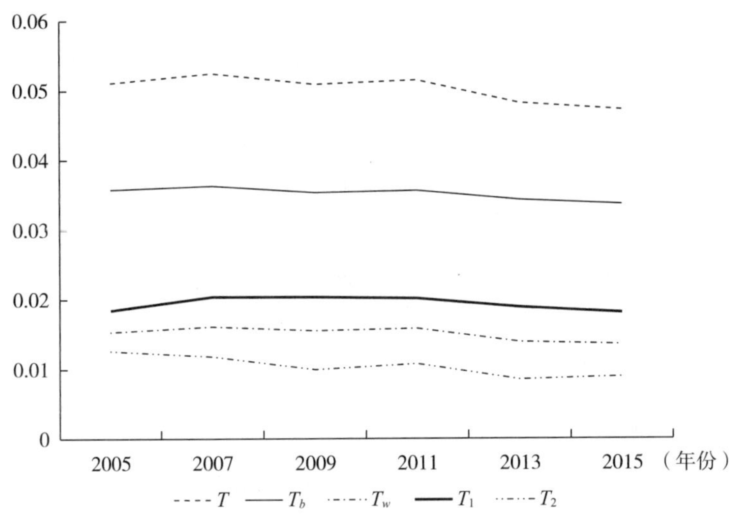

图 6-11　浙江省县域经济发展差异的各项泰尔指数

从表 6-5 中的数据可以看出，T_b 贡献率远大于 T_w 贡献率，且有越来越大的趋势，表明浙江省县域经济发展的差异主要是由区域间差异带来的，区域间的县域经济发展差异对浙江省的县域经济发展差异贡献更大，在其中起主导作用。2005~2015 年，浙江省区域间的泰尔指数贡献率都在 70%左右，地区间县域经济差异过大，需要引起重视。T_1 贡献率变化不大，表明欠发达地区内部的县域经济差异变化不大。发达地区内部的泰尔指数贡献率 T_2 有略微减小，表明其内部县域经济发展差异减小。T_2 贡献率小于 T_1 贡献率，说明欠发达地区内部县域经济发展差异要高于发达地区内部县域经济发展的差异。

表 6-5　浙江泰尔指数贡献率分解

年份	T_b 贡献率	T_w 贡献率	T_1 贡献率	T_2 贡献率
2005	0. 6999	0. 3001	0. 1678	0. 1323
2007	0. 6926	0. 3074	0. 1949	0. 1125
2009	0. 6943	0. 3057	0. 2156	0. 0900
2011	0. 6922	0. 3078	0. 2118	0. 0960
2013	0. 7113	0. 2887	0. 2034	0. 0853
2015	0. 7129	0. 2871	0. 1937	0. 0934

浙江省的发达县域主要位于浙江东北部地区，欠发达县域则主要分布在浙江西南部地区。浙东北地区属于水网密集的平原，地势相对平坦，水陆交通便利，而浙西南地区山脉较多，交通运输条件相对较差，限制了其县域经济的发展。浙东北各县拥有较好的经济发展基础，在基础设施、产业发展、劳动力资源等方面均优于浙西南地区，且大部分县域邻近上海，受其影响，经济联系密切。2011 年之前，浙江省“十一五”规划加强了对区域城市群和中心城市群建设，侧重于推动环杭州湾地区城市群的经济发展，因此，浙东北地区县域经济有了较快的发展，与浙西南各县的经济发展差异逐渐拉大。由于浙西南地区的交通、经济均弱于浙东北等发达地区，故优秀的人力资源更多向浙东北等发达县域集中。

6.5.6 四省对比分析

河南、广东、江苏、浙江四个省发达与欠发达县域之间的泰尔指数如表 6-6 所示，2005~2015 年，江苏省、河南省、广东省发达与欠发达地区之间的泰尔指数整体呈下降趋势，其中江苏省发达与欠发达县域之间的泰尔指数最高，降幅最大，后期只略高于其他三省。而浙江省发达与欠发达县域之间的泰尔指数整体变化不大，趋于稳定。这表明，江苏省、河南省、广东省发达与欠发达地区之间的县域经济发展差异呈下降趋势，而浙江省趋于平稳。河南省发达与欠发达地区之间的县域经济发展差异要大于广东省、浙江省。从整体上看，发达省份内部发达与欠发达地区之间县域经济发展差异要低于欠发达省份内部发达与欠发达地区之间的县域经济发展差异。

表 6-6　河南、广东、江苏、浙江发达与欠发达地区之间的泰尔指数

年份	河南	广东	江苏	浙江
2005	0.0419	0.0322	0.1069	0.0358
2007	0.0508	0.0327	0.1133	0.0363
2009	0.0443	0.0305	0.0693	0.0354
2011	0.0430	0.0261	0.0554	0.0357
2013	0.0362	0.0261	0.0471	0.0343
2015	0.0359	0.0243	0.0375	0.0337

表 6-7 给出了四个省发达地区与欠发达地区之间泰尔指数的贡献率，可

以发现，河南、广东、江苏、浙江四个省份发达与欠发达地区之间的泰尔指数对总的泰尔指数贡献率比较大，均在60%以上，河南省发达与欠发达地区之间的泰尔指数贡献率大于其他三省。这表明河南、广东、江苏、浙江四个省发达与欠发达地区之间的县域经济发展差异对总县域经济发展差异贡献更大，即县域经济发展差异的影响因素主要是发达地区与欠发达地区之间的县域经济发展差异，而发达地区、欠发达地区内部的县域经济发展差异对总的县域经济发展差异影响相对较小。整体上来看，各省发达地区与欠发达地区之间的县域经济发展差异在县域经济发展差异中占主导地位，且发达省份发达与欠发达地区之间的县域经济差异要低于欠发达的省份。

表 6-7 河南、广东、江苏、浙江发达与欠发达地区之间的泰尔指数贡献率

年份	河南	广东	江苏	浙江
2005	0. 7258	0. 6882	0. 7150	0. 6999
2007	0. 7504	0. 6606	0. 7162	0. 6926
2009	0. 7551	0. 6071	0. 7212	0. 6943
2011	0. 7651	0. 5907	0. 7434	0. 6922
2013	0. 7403	0. 5769	0. 7430	0. 7113
2015	0. 7180	0. 6001	0. 7298	0. 7129

6.6 河南省区域经济差异的动力机制

基于以上对河南省经济差异的多尺度研究、经济差异时空动态的演变过程分析以及空间相关性的研究，可以得出河南省的经济发展存在明显的核心—边缘结构，经济差异与地理尺度和时间都有关系。形成这些经济差异的原因有很多，不同原因对经济差异的各种结果的作用程度也不相同。以往的研究表明，对于河南而言，由地形因素与资源禀赋造成的自然地理环境差异，投资水平以及分权差异带来的区域发展战略的影响，产业结构与所有制结构带来的经济结构的差异，受教育程度、地区差别导致的文化观念和劳动力资源的差异等都是造成河南经济发展水平差异的因素。吴乐英、苗长虹（2012）研究表明，不同地区自然环境的差异是导致各区域经济差异的客观因素；投资政策的差别对市域的发展具有重要的意义，产业结构的差别是造成地区经济发展差异的重要因素，人口素质和人口数量的差别对区域经济差异的演变有一定的贡献。赵淑玲（2008）通过研究也得出河南省经济差距逐渐扩大的影响因素主要有资源禀赋、区位条件、社会经济基础、区域经济发展政策等。基于以往的研究结果，本章较全面地选取了可能对河南省区域经济差异造成影响的各种因素，采用多层次回归模型的方法，分三个层次来分析投资水平、市场活跃度、分权化、产业结构、劳动力资源、资源禀赋、受教育程度、城乡分异、地形因素这些动力机制对河南省经济差异的影响。

首先对建立好的模型进行回归分析，由得到的结果可以看出（见表6-8），用于解释人均GDP的总方差为93.59%，该模型的拟合效果非常好，并且F值十分显著，表明该模型所选取的投资水平、市场活跃度、分权化、产业结构、劳动力资源、资源禀赋、受教育程度、城乡分异、地形因素这些解释变量能够有效地解释人均GDP的变化，其方差膨胀因子均不超过10，说明这些解释变量不存在多重共线性情况。

表6-8　多层次回归模型参数

回归统计	方差膨胀因子（VIF）	
$R^2=0.936$ F值=1200.805 F显著性水平<0.0001	投资水平	8.412
	资源禀赋	1.532
	市场活跃度	4.428
	受教育程度	2.136
	分权化	1.432
	城乡分异	1.417
	产业结构	9.094
	地形因素	1.110
	劳动力资源	2.267

从多层次回归模型的结果中（见表6-9）可以看出，三层模型的结果是不一样的，从似然比的检验可以得知，一层模型可以解释93.6%的总体因变量，从一层模型到二层模型逐步减小，P值小于0.0001，二层模型到三层模型也是逐步减小的，P值小于0.0001。因此，二层模型添加的贫困、欠发达、发达、富裕不同等级的核心—外围结构，与河南省的经济差异有一定关联，三层模型添加的1990年、1995年、2000年、2005年、2010年、2013年时间截面对河南省的经济差异也有一定影响。

表 6-9 多层次模型分层回归结果

指标	一层模型（县级）		二层模型（县级、核心边缘）		三层模型（县级、核心边缘、时间）	
	系数	P 值	系数	P 值	系数	P 值
投资水平	0.175	<0.0001	0.195	<0.0001	0.083	0.0001
市场活跃度	-0.121	0.0002	-0.161	<0.0001	-0.332	<0.0001
分权化	0.089	<0.0001	0.076	0.0004	0.063	0.0013
产业结构	0.952	<0.0001	0.946	<0.0001	0.937	<0.0001
劳动力资源	-5.931	0.0689	-3.792	0.1172	-2.454	0.1539
资源禀赋	20.893	<0.0001	20.336	<0.0001	9.386	<0.0001
受教育程度	63.299	0.0389	42.849	0.0822	-44.836	0.0823
城乡分异	-2815.099	<0.0001	-2820.338	<0.0001	-1501.917	<0.0001
地形因素	-309.528	0.0235	-266.591	0.0386	-249.809	0.0362
-2loglikelihood	14339.114		14326.412		14231.148	
Adjust-r^2	0.936		似然比检验<0.0001		似然比检验<0.0001	

投资水平在三个模型中的 P 值均小于 0.0001，因此固定资产投资对于河南省的经济发展有着重大的影响。对于任何地方来说，投资水平提高，对于经济发展只会起到更好的促进作用，而各个区域投资力度的大小也会进一步影响各区域的发展水平。所以河南省的经济差异有很大一部分是由于投资水平的差异造成的。就河南省的投资方式来看，对一些基础设施较好、自身发展势头正旺的行业方面投入较大，工业投资一直是投资的主要方面，尤其对一些高成长性制造业、高载能行业的投资在逐步加大。对于一些工业集聚区、产业园区集中的区域来说，经济增长会持续加快，而对于工业化落后、生产还集中在第一产业上的区域，经济增长速度相对落后，这进一步加大了区域之间的差距。但是三层次的 P 值有所扩大，说明加入时间层次后，显著性逐渐减小，投资水平对经济差异的作用稍稍减弱。原因在于近年来，为了扶持贫困地区的发展，防止贫富差距的进一步扩大，政府对于贫困地区的支持力度加大，在这些区域生产方式的转变、技术水平的提高、基础设施的改善等方面的投资在不断提高，一定程度上缩小了区域之间的经济差异。

市场活跃度在三个层次当中有持续的显著性增长，P 值在第一层次为 0.0002，第二、第三层次均小于 0.0001。由市场活跃度的系数均为负值可以得出，它对河南省经济差异表现为负相关。河南省各地区不论经济水平的高低，市场活跃度都在不断地提高。河南省的一些经济水平相对比较落后的地区，比如驻马店等，利用自己粮油生产基地的优势，抓住产业转移的机遇，举办各种乡镇企业经贸洽谈会。一些重工业资源开采型的区域，逐渐减小对传统产业的依赖程度，开始研发新的经济增长点，大力推动高新技术产业的发展。所以说，各个区域市场活跃度同步扩大的状态，并没有使市场因素成为拉大区域经济差异的动力机制。另外，河南省对乡镇企业、民营企业的支持，以及对农村和个人金融贷款等方面的优惠，促进了各个区域民营企业的发展，而且在各个区域内发展较为平衡。因此，市场影响对区域经济差异有一定削弱作用。

分权化在三个层次的影响的显著性水平分别为小于 0.0001、0.0004、0.0013，显著性均较为明显，在加入第二、第三层次后，显著性水平有逐渐减弱的趋势，说明分权化对河南省经济差异在核心—外围结构与时间层面上有一定影响。分权化对河南省经济差异表现为正相关，对河南省区域经济差异有一定的加强作用。分权化是指上级政府把权力转移到地方政府的程度，政府权力的下放可以使地方政府自主利用权力，对该区域的经济发展进行规划设计。这样可以使地方政府充分利用手中的权力，根据本区域的发展特点，把资金、技术、人力资源用到急需的地方，有助于发挥地方的优势，有针对性地促进地方的快速发展。但是，权力下放地方政府以后，会出现地方保护主义，各个区域的发展只会考虑到自身的经济利益。于是其他一些在地理位置、交通条件、资源和劳动力等方面处于不利地位的区域，经济发展就会受到限制，这样一来区域之间的发展就会很不平衡，出现快慢不同程度的发展，分权化的作用就使经济差异进一步扩大。

产业结构对河南省经济发展具有很重要的作用，在三个层次中都比较显著。就河南省经济发展等级的空间分布而言，呈现明显的核心—外围结构。富裕区域大部分处于中部、北部地区，这些地区的产业主要以第二、第三产业为主，位于河南省东南部的地区较为贫穷，第一产业在这些地区占有很大比重。第二、第三产业较为发达的区域在已有的基础上，发展的速度持续加快，中部地区在中原城市群战略的支持下，生产力布局构架以京广、陇海大“十字”为骨架、以黄河经济带为内聚外联轴线，极大提高了生产力。在工业化、城镇化进程的推动下，一些第一产业占重要地位的地区经济水平也得到较大的提高，但是与非农产业较为发达的区域相比，差距还是较大。所以产业结构是造成经济差异的很重要的因素。

劳动力资源与受教育程度在该模型中相比其他因素显著性比较低，这两个因素在第一层次有较低的显著性，在加入两个层次后不具有显著性，说明劳动力资源与受教育程度对经济差异的影响受到核心—外围结构与时间层次的影响。劳动力的系数为负值，表现为负作用。河南省是人口大省，劳动力十分富足，劳动力向劳动力贫乏的区域流动，在一定程度上为生产力较低的地区注入了力量，有助于弱化经济差异。受教育程度在加入时间层次后，虽然显著性较低，但是系数变为负值，在一定程度上也说明了随着时间的推移，知识的重要性对河南省经济发展的影响慢慢浮现，受教育程度的提高对于河南省的协调发展会逐渐起到推动的作用。

资源禀赋与城乡分异在多层次模型的三个层次中P值都小于0.0001，显著性十分明显。地形因素在三个层次中P值分别为0.0235、0.0386、0.0362，具有一定的显著性。相对于其余的经济指标而言，这三个因素在指标当中偏向于地理环境与人文方面，由模型得出的结果可知，这些指标对于河南省经济差异同样有重要的影响。每个地区所处的地理位置是否具有较好的资源禀赋、隶属的城乡类别，以及是否具有适合经济向外扩张的有利地形地貌，都与区域的经济发展有关联。资源禀赋与经济发展差异呈现正相关，因此各区域资源禀赋带来的差异会扩大经济差异。城乡分异和地形因素的系数均为负，因此城乡与地形的影响对于河南省区域经济差异的进一步扩大有阻碍的作用。

6.7　本章主要结论与政策建议

6.7.1　主要结论

本章基于多尺度与多机制的研究框架，采用了泰尔指数、马尔科夫链、空间自相关、多层次回归模型等方法，并运用MlWin等专业分析软件对河南省的区域经济差异做了详尽的分析；研究了基于不同尺度的河南省经济差异状况、1990~2014年经济差异的时空动态演变过程，并通过对河南、广东、江苏、浙江四个省份各项泰尔指数、泰尔指数贡献率进行分析，研究了各省内部发达地区与欠发达地区之间县域经济发展差异；接着，测度了河南省各个地区在时空上的相关性以及投资水平、市场活跃度、分权化、产业结构、劳动力资源、资源禀赋、受教育程度、城乡分异、地形因素等动力机制对河南省经济差异的作用情况。得到的主要结论有：

（1）地理尺度和时间尺度对河南省的区域经济差异有着重要的影响。从地理尺度来看，河南省县级尺度泰尔指数大于市级，市级大于区级，因此，地理尺度越小，区域经济差异越大。从时间尺度来看，河南省在不同的时间泰尔指数不同，区级与市级的经济差异整体上呈现扩大的趋势，县级经济差异趋于平缓变动。因此，不同时间尺度下，区域经济差异程度相异。广东省、浙江省基于不同尺度的研究结果和河南省对比而言，结论基本是一致的，但各个不同尺度的经济差异演变情况以及形成差异变化趋势的原因却有所不同：①对于广东省来说，各个尺度的差异都呈现扩张的趋势，县域尺度差异的扩大与外商投资的流入、优先发展政策和固定资产基础有关；市级尺度的变化与县域保持一致；区级尺度经济差异由于对珠江三角洲外围地区投资力度的加大和有利政策的倾斜而逐渐变小。②对于浙江省而言，国有企业的改革和“九五”计划的实施导致县级差异逐步扩大，后来的一些财政转移以及帮扶致富工程使县级差异有所减小；市级差异变化较小，主要与浙江省的城乡分割有关；区级差异只有一次由于浙江西南温台地区高速发展而快速减小。③河南省县级尺度经济差异最初的扩大是由县市本身经济发展水平的差异造成的，高水平朝着更高水平发展，而低水平处于停滞状态，后来由于缩小城乡二元结构等政策的实施，县级差异有所减小；市级经济差异急剧性的变化仅仅出现在少数年份，各地市的发展水平都在不断提高，在一定时期内的差距没有显著扩大；由于中原城市群等发达地区借助较好的发展基础快速发展，地区间的差距逐渐扩大，后来由于豫西豫西南、黄淮等地区积极调整发展方向及发挥区域比较优势和特色领域，积极转型，促使经济迅速发展，缩小了地区间的差距。

（2）从空间分布来看，河南省的区域经济分布大致呈现核心—外围的格局，富裕区域主要分布在河南省中部与西北部地区，特别集中在中部地区，贫困区域主要分布在东部与南部，特别集中在东部区域。广东省与河南省的空间格局有相同的规律，广东省也存在着空间依赖性和空间集聚的过程，并且集聚的趋势处于不断强化状态，其经济差异主要是珠三角核心地区与边缘地区之间的差距，并且不断扩大。浙江省也存在着空间依赖性和空间集聚的过程，富裕、发达、欠发达、贫困的格局从东北至西南地区依次呈现，富裕区域和贫困区域集聚现象明显并连片扩张。

（3）2005~2015 年，河南、广东、江苏、浙江四个省的总泰尔指数虽然有不同程度的波动，但近几年整体都呈现下降的趋势，河南省的总泰尔指数大于广东省、浙江省而小于江苏省，说明河南、广东、江苏、浙江四个省最近几年县域经济发展差异都在逐步减小，省内县域经济发展开始走向均衡，河南省的县域经济发展差异要大于广东省、浙江省，而小于江苏省。从整体上来看，可以认为发达省份县域经济发展差异要低于欠发达的省份。

（4）江苏省、河南省、广东省发达与欠发达地区之间的泰尔指数呈下降趋势，而浙江省趋于平稳。江苏省发达与欠发达地区之间的泰尔指数要大于其他三省，广东省区域间的泰尔指数最小。表明江苏省发达与欠发达地区之间的县域经济发展差异大于河南省、浙江省，而河南省发达与欠发达地区之间的县域经济发展差异大于浙江省、广东省。从整体上分析，可以认为发达省份发达与欠发达地区之间县域经济发展差异要低于欠发达省份发达与欠发达地区之间的县域经济发展差异。

（5）对河南、广东、江苏、浙江四省发达地区与欠发达地区间的泰尔指数贡献率计算分析发现，各省的区域间泰尔指数贡献率均在 60%以上，表明各省发达地区与欠发达地区之间泰尔指数对总的泰尔指数的贡献要比区域内泰尔指数的贡献更大，即区域间县域经济发展差异对总的县域经济发展差异影响更大，而发达地区、欠发达地区内部的县域经济发展差异对总的县域经济发展差异影响较小。此外，从整体来看，河南省发达地区与欠发达地区间的泰尔指数贡献率要大于广东、江苏、浙江三省。可以说明，不管是发达省份还是欠发达省份，影响其县域经济发展差异的主要是其内部发达与欠发达地区之间的县域经济发展差异，且发达省份内部发达地区与欠发达地区之间的县域经济发展差异要低于欠发达省份。

（6）采用多层次回归模型对投资水平、市场活跃度、分权化、产业结构、劳动力资源、资源禀赋、受教育程度、城乡分异、地形因素等动力机制进行分析，确定影响河南省经济差异的因素。结果表明，这几个因素都是影响河南省区域经济差异的因素，多数机制表现显著。投资水平、分权化、产业结构、资源禀赋是促进河南省区域经济差异增大的主要因素，市场活跃度、城乡分异、地形因素是弱化经济差异的因素，受教育程度与劳动力资源虽然对区域经济差异有一定影响，但影响不大。河南省与浙江省和广东省一样，对经济差异多机制的分析结果都表明核心—外围等级结构与时间层级和区域经济差异有一定的关联性。河南省与浙江省、广东省相比，经济发展水平不同，河南省是相对比较落后的省份。自改革开放以来，受到国家发展政策的影响，浙江、广东经济发展起步快，发展水平迅速提高。河南省在近年来经济发展也取得了一定的成绩，但与浙江省、广东省还有一定差距。因为所处的地理位置、时期、投资环境、政策环境等有一定区别，所以各省的各种机制对经济发展以及经济差异的影响力度是不同的。对于广东省来说，全球化、简政放权、市场化、投资水平、城乡分异和地形因素等是影响广东省区域经济差异的有效因素，促使区域经济差异增大的因素主要是全球化、简政放权和投资水平，而市场化是弱化经济差异的因素，城乡分异和地形因素对区域经济差异的影响较小。对于浙江省来说，全球化与投资水平推动了区域经济差异的扩大，分权化弱化了浙江省的核心—外围二元结构差异，市场化弱化了投资水平带来的经济差异。对于三个省份而言，投资水平都是造成经济差异扩大的主要因素，市场因素都是削弱经济差异的因素。但是对于浙江省和广东省来说，外商投资对于这两个省经济差异的扩大十分重要，这两个沿海省份受到改革开放后一系列优惠政策的影响，全球化程度逐渐提高，成为经济差异的主导因素。而河南省全球化水平却不及浙江省与广东省，作为农业大省的河南，产业结构的改变与升级以及资源的有效利用在经济水平提高方面的影响力高于广东省以及浙江省，也是造成经济差异不断扩大的主要因素。

6.7.2 政策建议

基于对河南省经济差异的多尺度研究、时空演变和关联性分析以及多机制的探究结果，对于缩小河南省经济差异提出以下建议：

（1）致力于缩小县市差距与地区间的差距。由三尺度经济差异研究的结果得出，县级尺度的差异较大，因此，应重视缩小县级尺度的经济差异，即各县市之间的差距。要推进各县市特色产业的发展，充分利用各县市的优势资源，发达县市要发挥涓滴效应，积极带动邻近落后县市的发展，推动其发展的积极性。各项政策的落实也应该层层推进，要在基层区域发挥有效作用。另外，河南省各地区之间的差异的贡献率也在不断扩大，因此，要想缩小整个河南省的经济差异，也要重视区域之间差距的缩小，中原城市群地区自身发展的同时，要积极发挥核心作用，与豫北、豫西豫西南、黄淮地区充分展开协作。中原城市群外围地区也要根据自身的特点，寻求新的经济增长点，促进经济水平高速度、高质量的提升。

（2）加大对贫困区域的扶持力度。根据河南省区域经济的时空演变及关联特征可知，河南省存在不同贫富等级的空间格局，空间依赖性与集聚特征很明显。因此，在缩小河南省区域经济差异时，要充分考虑高高集聚富裕区与低低集聚贫困区域的进一步连片扩散，削弱两极化趋势的持续演变。加大对贫困区域各方面的支持力度，优惠政策应该对贫困区域有所倾斜，最大程度地减小陷入“贫困陷阱”的可能性。

（3）调整各个机制的作用力度。根据不同机制对经济差异的影响程度，要抑制差异的持续扩大，应该对各机制的作用有所调整。在投资方面，应该向需要资金的有待发展的欠发达区域加大投资力度，作为比较重要的资金支持，能够充分调动贫困区域发展的积极性；政府也应该继续加大对贫困区域的扶持力度，适当地简政放权，让各区域充分发挥优势，有针对性地发展，提高经济水平。产业结构是促进河南省区域经济差异扩大的主要因素，应该重视新型工业化进程，积极推进高新技术产业和新型第三产业的发展，要逐步加大欠发达区域第二、第三产业在其国民经济发展中的作用，在第一产业发展的基础上，改造传统的农业生产方式，积极引进新的农业技术，促进农业现代化水平的提高。市场活跃度越大，就越有助于经济差异的缩小，所以要充分发挥市场的作用，尤其是在河南省以农业生产为主的贫困区域，可以推进农产品产业化，与市场结合起来，调动该区域市场的活跃性。根据河南省的资源禀赋、城乡分异、地形因素等客观因素对经济差异的影响，需要进行适应性调整，对于地势条件好、矿藏资源充足的区域，粗放型重工业的发展要有所放缓，不能一味追求经济效益，要加快生产经营方式转型；对于落后的地区，要找寻优势，促进信息的流畅，创造良好的生产条件以及投资环境，争取可以促进发展的好机会。

7 河南省区域经济协调发展及其空间演变

7.1 区域经济协调发展研究现状

从20世纪90年代中期至今，区域经济协调发展一直是区域经济学研究的热点话题之一，也是世界各国包括我国经济发展中一直非常关心的问题。我国在“九五”计划时就提出关于区域经济协调发展的概念并进行了详细的阐述，随后“十五”计划、“十一五”规划又在此基础上进行了进一步的完善。“十二五”规划对区域经济协调发展的含义的阐述已经比较完善，提出区域经济协调发展就是要充分发挥地区比较优势，深化地区之间的合作，从而促进生产要素在区域之间合理流动，推进区域之间的良性互动发展，逐步缩小区域发展的差距。

随着国家对区域经济协调发展的关注，大批的学者投入到对区域经济协调发展的研究中。我国学者对区域经济协调发展的研究最早可以追溯到1989年，到目前为止关于区域经济协调发展的文献已经有数万篇，但是对区域经济协调发展的研究仍然存在许多不足。第一，大多数研究还处于对区域经济协调发展的定性分析，对区域经济协调发展的定量分析较少。第二，对区域经济协调发展的研究已经涉及区域经济协调发展的概念、评价、对策、功能及机制等各个方面，但是对区域经济协调发展的概念没有标准化的定义，目前大多数学者认为区域经济协调发展是一种“过程”，强调区域之间联系的密切、分工的合理，各个区域经济整体增长，区域间差异逐渐减小的状态和过程，强调区域经济的协调发展是指区域之间的协调而不是区域内部的协调。另外，因为没有统一的定义，所以导致对区域经济发展是否协调的判断标准不一，对区域经济协调发展度测算的研究较少。关于区域经济协调度的测算方法，我国学者对此研究比较成熟的有覃成林和张伟丽等。覃成林等（2013，2011）以区际经济联系、区域经济增长、区域经济差异为指标，采用平均赋权法将三个指标综合成一个指标来反映区域经济协调度。张伟丽等（2013）的研究将区域协调度的测算扩展到地级市。第三，部分较少对区域经济协调发展进行定量分析的学者缺乏对区域协调发展度分布格局及演进的研究。

本章将首先回顾世界和中国区域经济协调发展的历程；其次按照以下概念，即区域经济协调发展是区域之间联系逐渐密切、分工更加合理，各个区域经济整体增长，区域间差异逐渐减小的状态和过程，将经济水平差异、经济增长速度差异、空间联系程度三个指标作为判断区域经济协调发展的标准，用主成分分析的方法确定三个指标的权重，从而测算河南省区域经济协调发展度，定量地分析河南省区域经济协调发展的空间分布格局及演化趋势，并用河南省地级市人均 GDP 的冷热点图与地级市区域经济发展协调度的分布做对比，分析了河南省区域经济协调度的分布变化规律；最后根据实证分析，提出有利于河南区域经济协调发展的建议。

7.2　世界区域经济协调发展趋势

地理大发现之后，全世界开始连接为一个整体。在国际化的发展过程中，国际经济的发展也呈现着由均衡到不均衡发展的过程。大航海开展之后，一系列大国的崛起，无一不在印证着财富从积累到扩散的变化。贸易使这个世界繁荣，在繁荣的背后，本章认为是财富在见证着不均衡到均衡的发展，这其中最根本的因素来源于生产力的发展。

例如，世界人均 GDP 从公元元年的 400 美元，到 1800 年的 500 美元，在这漫长的经济历史发展过程中，生产力的制约，使世界的经济处于相对均衡的发展状态，GDP 的来源更多地依赖于土地的收入。

但是大航海之后的世界范围内的经济发展从来都没有均衡过，因为决定经济发展的基本要素开始流动，促进经济发展的要素开始增多，经济的发展不再均衡。葡萄牙、西班牙、荷兰、英国、美国、中国，这一系列大国崛起的背后财富在怎样流动呢？可以确定的是，财富的总量在增加，也一直在流动，从小区域的角度来看，经济的发展是不均衡的，因为有贫穷的城市，也有高度发达的大都会城市。但是，如果我们细查财富的流动过程，可以看到的是，财富一开始是富集在一个中心的，后期开始扩散。如工业革命时期号称“日不落帝国”的英国，刚开始为一个远离陆地、由岛屿组成的国家，后期演变为世界的政治、经济、金融中心。这体现了经济发展的不均衡状态，全球的经济贸易都在向英国聚集。但是随着工业革命的发展，生产力获得了极大的提高，英国开始输出资本到殖民地，与此同时美洲的殖民地和东南亚的殖民地的经济水平也都获得了极大的提升。

1900 年之后，制造业的重心刚开始在欧洲，这一时期是欧洲经济发展的黄金年代。欧洲包含一系列的强国，有着发达的生产力，世界经济的中心在欧洲，这就代表着某一区域经济的“极化”发展。但是随着第一次世界大战、第二次世界大战的发生，欧洲经历了严重的战乱，而此时由于美国廉价的地租、劳动力以及发达的资本市场和相对稳定的国内环境，世界经济的中心开始由欧洲转向美国，美国在这之后一跃成为世界强国。但此后随着美国的劳动力成本、地租等开始提高，制造业的重心开始向日本和韩国等东亚地区转移。这期间出现了发展速度较为迅猛的“亚洲四小龙”——中国香港、中国台湾、新加坡、韩国。凭借着历史的发展机遇，即资本和生产力重心转移带来的机会，“亚洲四小龙”由落后的地区，经济逐渐发展起来，这就是经济的辐射扩散带动作用，即由生产力水平高度发达的地区向着生产力水平较低的地区转移，在这一转移的过程中，经济的发展模式就由不均衡的增长向着均衡的增长模式发展、演变。

从产业角度来看，劳动密集型产业优先从劳动力成本高的地区向劳动力成本低的地区转移。但随着发展中国家（如中国）人口红利渐渐消失，人力成本不断上升，机器人替代是未来全球制造业的发展方向。当使用机器人的成本降低，以机器人替代人力更为划算时，这条轨迹也许会逆转，制造业将部分回归美国本土。

1978 年之后，伴随着中国大陆的改革开放和一系列的优惠政策，制造业开始向沿海转移。这期间，中国的经济发展取得了长足的进步，中国整体的经济水平开始提高，沿海沿江的经济建设取得了很大的进步。2008 年金融危机给世界经济的发展带来了重创，而此时伴随着中国沿海的劳动力、地租等生产要素成本的提升，制造业开始向中国内地以及东南亚地区转移。在制造业重心转移的过程中，经济发展内部所伴随的经济规律就是经济发展过程中的“极化”和“扩散”，也就是生产力发展过程中所伴随的均衡发展和不均衡发展。在这个发展的过程中，一开始肯定是规模经济及其带来的经济发展的“极化效应”，后期随着“极化”作用的增强到达一定的临界点，经济发展的模式开始转变为“扩散”。

如深圳和苏州一带都有比较成型的加工制造业企业，对当地经济的发展起到了巨大的推动作用。但是随着其各项生产力要素成本的提升，特别是劳动力工资的上升，现在以富士康为代表的制造业工厂已经开始向郑州、太原、晋城、南阳等内陆中小城市迁移，主要还是因为经济发展过程中的扩散作用可以带来更低价格的生产要素。

富士康只是制造业转移过程中的一个代表，在整个中国经济发展的过程中，这是一个很普遍的现象，造成的结果就是内陆的经济也开始获得发展、获得提升，这其中既有内陆劳动力成本低的优势，也有内陆发展起来的交通为这种转移提供了可能。政策的因素对这些企业也有着很大的吸引力，但是最深层次的原因还是生产力要素成本低。在这个过程中，区位天然优势所带来的成本差异，会使经济的发展自发性地由点发展的“极化”再到由点到面的“扩散”，即经济的发展会自发性地由不均衡发展演变为向均衡发展方向的扩散。

7.3 我国区域经济发展战略回顾及成效分析

我国的区域经济协调发展战略大致是从均衡发展到非均衡发展再到现在的协调发展，协调发展战略可分为三个阶段，如表 7-1 所示。

表 7-1 不同阶段区域协调发展战略

阶段划分	时间节点	发展战略
第一阶段	1949 年至改革开放	均衡发展
第二阶段	改革开放到科学发展观提出之前	非均衡发展
第三阶段	科学发展观提出至今	协调发展

第一阶段为均衡发展时期，由于现在对改革开放进行的具体时间点的分歧，均衡发展时期只能确定为从中华人民共和国成立到改革开放之前，而无法给出具体的时间范围。1949~1956 年，这个期间社会主义工业化与社会主义三大改造同步进行并且全面确立了社会主义基本制度。1957~1965 年，这期间我国主要进行均衡发展。第二阶段是非均衡发展时期，从改革开放到科学发展观提出之前，第六个五年计划除了国民经济发展计划外还增加了社会发展的内容，国家逐渐重视人民的生活状态。1979~1992 年从出口特区到经济特区再到“南方谈话”以及允许一部分人先富起来，这些可以充分表明我国的区域经济协调发展战略正在从均衡发展模式向非均衡发展模式转变。在非均衡发展模式下，我国的经济得到了飞速增长，并且与世界接轨，人民生

活水平得到了极大提高，虽然其中产生的发展差距至今依然十分严重，但改革开放的巨大成就和伟大成果是不容忽视的，它让中国走向了世界。第三阶段是协调发展时期，从科学发展观的提出到现在并将持续下去。虽然在“九五”中已经提出区域经济协调发展，但本书认为直到 2003 年科学发展观的提出才真正开始重视区域间的协调发展。

威廉姆逊把库兹涅茨的收入分配倒“U”型假说应用到分析区域经济协调发展方面，提出了区域经济差异的倒“U”型理论。他通过实证分析指出，无论是截面分析还是时间序列分析，结果都表明，发展阶段与区域差异之间存在着倒“U”型关系。这一理论将时序问题引入了区域空间结构变动分析。由此可见，倒“U”型理论的特征在于均衡与增长之间的替代关系依时间的推移而呈非线性变化。从我国的发展情况来看，必须从非均衡发展阶段开始分析，而在均衡发展时期，除了个别地区由于政治等原因较发达外，各地都比较均衡。从非均衡阶段开始，改革开放前期，各个地区都大致处于同一水平线，随着改革开放的深入推进，机遇与风险共存，敢于突破抓住机遇的人富了起来，经济特区发展了起来，一部分人、一部分地区先富了起来，这些都是显而易见的，差距开始扩大，至今差距一直在拉大并且未出现缓和趋势，按照该理论，在未来会达到顶点并逐渐下降。但根据该理论提出的时间来看，在 1965 年美国已经有过国家宏观调控的先例，所以从该理论中，不能排除宏观调控的结果，即如果只由市场来调控，区域差距还是有不断扩大的可能。

那么，我国采取的促进区域经济协调发展战略成效如何呢？本节将利用泰尔指数对这一问题进行分析。本节的研究对象是 30 个省（直辖市、自治区）和其下属的地级市。由于西藏的数据不容易获得，故将其排除。本节的研究数据均来源于各省 1991~2014 年的相关年份统计年鉴，同时结合《中国城市统计年鉴》《中国统计年鉴》及中国统计局官网。我们收集各个区域下辖的省的国内生产总值和年末总人口等数据，通过对 1990~2013 年这一时间段内的统计数据进行分析，得出各个区域（除台湾、香港、澳门、西藏和直辖市）和全国的泰尔指数 T，如图 7-1 所示。

通过对泰尔指数的分析，我们可以看到中国区域经济发展水平的差距处于波动变化的状态。从东部、中部、东北和西部区域的发展程度来看，西部区域的经济发展水平一直趋于均衡，泰尔指数从一开始的 0.35 下降到 0.2 左右，与此同时，东北的区域经济差异也经历了先上升后下降的情况，然而东部和中部地区的泰尔指数一直存在缓慢的上升。

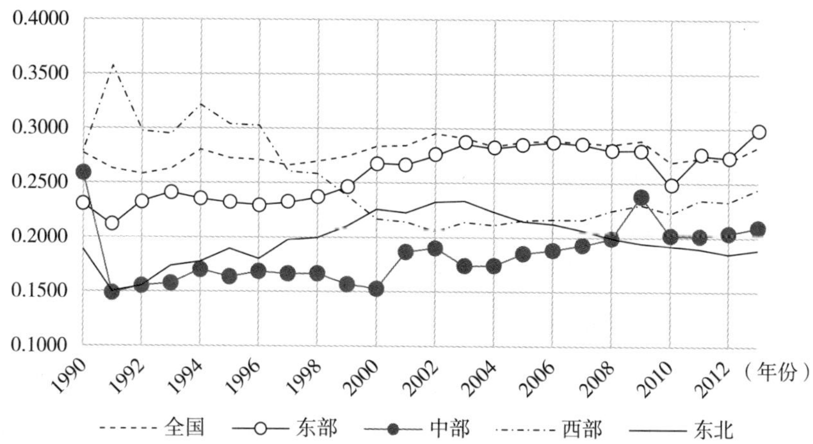

图 7-1 1990~2013 年全国和四大区域的泰尔指数

与区域的泰尔指数相关联的是，2000 年 3 月，中国提出了西部大开发战略，2003 年 10 月提出了东北老工业基地复兴战略。随着这些有利于区域经济协调发展的政策措施相继出台，区域经济差距从相对的角度看趋于减小。西部和东北的泰尔指数都经历了下降和之后相对稳定的状态，尽管目前东部地区的增长速度仍高于东北地区和中西部，但区域经济发展格局总体上已呈现出“北上西进”的态势。区域经济发展格局由此进入一个重要的“转折”期，由此可见这两大战略对于我国区域之间的协调发展具有重大的意义。而中部地区和东部地区区域之间的差距仍然在扩大，说明了全国范围内经济的发展还是不协调的，需要我们采取更加有效的措施，去促进全国区域范围内经济的协调发展。

7.4 研究方法

本章借鉴覃成林等（2011）、张伟丽等（2013）的相关研究，认为区域经济协调发展是指在区域之间经济联系日益密切、经济相互依赖日益加深，经济发展上关联互动和正向促进，各区域的经济均持续发展且经济差异趋于缩小的过程（见表 7-2）。

表 7-2　区域经济协调发展的三个维度

判断标准	区域经济协调发展内涵
区域经济联系	区域间经济联系日益紧密，经济相互依赖日益加深
区域经济增长	经济发展上关联互动和正向促进
	各区域的经济均持续发展
区域经济差异	区域间经济差异趋于缩小

因此，可以用经济水平差异、经济增长速度差异、空间联系程度作为判断区域经济协调发展的标准，用经济增长水平变异系数测算经济水平差异，用区域经济增长率变异系数测算经济增长速度差异，用 Moran's I 指数测算空间联系程度。

另外，本章认为经济水平差异、经济增长速度差异、空间联系程度这三个指标对于区域经济协调发展影响可能不同，为了使计算的结果更加精确，本章将三个指标标准化并运用 SPSS 软件对三个指标做主成分分析，求出经济水平差异、经济增长速度差异、空间联系程度 2000~2013 年方差贡献率的平均值，将其作为相应指标的权重，从而将三个指标综合成一个变量 z 来测算区域协调发展程度。最后运用区域经济协调发展度函数，根据区域协调发展程度的实际值 z 和期望值 z' 计算出整个区域经济协调发展度 U。

7.4.1　河南省区域经济增长水平变异系数计算

经济增长水平变异系数计算公式如式（7-1）所示。

$$V_{uw}=\frac{\sqrt{\frac{\sum_{j}(x_j-\bar{x})^2}{n}}}{\bar{x}} \tag{7-1}$$

其中，x_j 为河南省地级市或者县级市 j 的人均 GDP，$j=1, 2, \cdots, n$；$\bar{x}$ 为地级市各县域及县级市的人均 GDP 的平均值；n 为各个地级市所包含的县及县级市的总个数。

7.4.2　河南省区域经济增长率变异系数计算

河南省区域经济增长率变异系数计算公式如式（7-2）所示。

$$\beta_t=\frac{\sqrt{\frac{\sum_{j}(y_j-\bar{y})^2}{n}}}{\bar{y}} \tag{7-2}$$

其中，β_t 表示 t 年各地级市 GDP 增长率的变异系数；y_j 为地级市某县或县级市 j 的 GDP 增长率，$j=1, 2, \cdots, n$；$\bar{y}$ 为地级市包含的 n 个县及县级市的 GDP 的平均增长率。变异系数越大，表明地级市内县或县级市区域经济增长的相对差异越大；反之，则表明地级市内县或县级市区域经济增长的相对差异越小。

7.4.3 Moran's I 指数计算公式

Moran's I 指数计算公式如式（7-3）所示。

$$I = \frac{n}{\sum_{i=1}^{n}\sum_{j=1}^{n} W_{ij}} \times \frac{\sum_{i=1}^{n}\sum_{j=1}^{n} W_{ij}(x_i - \bar{x})(x_j - \bar{x})}{\sum_{i=1}^{n}(x_i - \bar{x})^2} \tag{7-3}$$

其中，n 为地级市所包含的县域及县级市的数量，变量 x_i、x_j 分别代表某固定年份 i 县域与 j 县域的人均 GDP，$\bar{x}$ 为对应年份的人均 GDP 的平均值，W_{ij} 是 i 县域或者县级市与 j 县域或者县级市的空间相邻权重矩阵。若 Moran's I>0，则表示 i 县域与 j 县域的经济增长为正相关，表明县之间的区际经济联系密切；反之，如果 Moran's I<0，则表示 i 县域与 j 县域的经济增长为负相关，表明县之间的区际经济联系弱。

7.4.4 区域协调发展度的计算

区域协调发展度计算公式如式（7-4）所示。

$$U = \exp\left\{-\frac{(z-z')^2}{s}\right\} \tag{7-4}$$

其中，z 为某年份某地级市区域经济协调发展的实测值，z' 为地级市区域经济协调发展的期望值，我们用同一时间段各个地级市区域协调发展度标准化以后的最大值作为期望值，s 为区域经济协调度的标准差。计算后最终得到的区域经济协调发展度 U 的数值在 0~1，数值越大表明区域经济协调发展度越高，反之则表明地级市区域经济协调发展度越低。

7.5 河南区域经济协调发展度计算结果

7.5.1 河南省区域经济水平差异测算

本章通过计算得到河南省各个地级市的经济增长水平变异系数，见表

7-3，可知河南省地级市的经济水平差异状态。

表 7-3 河南省区域经济增长水平变异系数

年份	2000	2001	2002	2003	2004	2005	2006	2007	2008	2009	2010	2011	2012	2013
郑州市	0.247	0.246	0.244	0.257	0.262	0.242	0.196	0.279	0.185	0.156	0.136	0.117	0.093	0.107
开封市	0.084	0.073	0.083	0.084	0.092	0.142	0.148	0.331	0.203	0.194	0.125	0.111	0.105	0.097
洛阳市	0.556	0.568	0.543	0.559	0.568	0.488	0.474	0.424	0.413	0.384	0.396	0.399	0.414	0.351
平顶山市	0.342	0.326	0.341	0.361	0.402	0.402	0.415	0.454	0.475	0.405	0.398	0.387	0.369	0.349
安阳市	0.184	0.316	0.187	0.203	0.23	0.266	0.47	0.449	0.347	0.49	0.474	0.477	0.453	0.32
鹤壁市	0.397	0.407	0.418	0.413	0.443	0.466	0.49	0.486	0.536	0.507	0.485	0.46	0.494	0.491
新乡市	0.253	0.377	0.383	0.393	0.384	0.432	0.481	0.541	0.566	0.588	0.584	0.59	0.505	0.509
焦作市	0.21	0.218	0.239	0.229	0.191	0.159	0.157	0.161	0.178	0.181	0.213	0.246	0.283	0.258
濮阳市	0.107	0.064	0.068	0.075	0.064	0.062	0.07	0.075	0.065	0.044	0.052	0.056	0.045	0.074
许昌市	0.332	0.337	0.333	0.33	0.273	0.197	0.23	0.223	0.175	0.16	0.172	0.199	0.225	0.226
漯河市	0.279	0.262	0.24	0.254	0.257	0.277	0.26	0.231	0.227	0.288	0.262	0.181	0.2	0.203
三门峡市	0.303	0.25	0.348	0.375	0.409	0.496	0.503	0.517	0.537	0.558	0.566	0.587	0.556	0.77
南阳市	0.237	0.242	0.246	0.246	0.229	0.256	0.269	0.29	0.285	0.314	0.327	0.35	0.324	0.328
商丘市	0.123	0.109	0.14	0.24	0.277	0.282	0.295	0.278	0.317	0.281	0.255	0.279	0.254	0.246
周口市	0.283	0.294	0.284	0.277	0.243	0.241	0.238	0.24	0.212	0.197	0.183	0.145	0.122	0.125
驻马店市	0.252	0.266	0.239	0.261	0.237	0.222	0.23	0.223	0.254	0.261	0.389	0.214	0.219	0.23
信阳市	0.213	0.237	0.222	0.236	0.216	0.224	0.203	0.202	0.173	0.158	0.149	0.154	0.155	0.154

结果发现，各个地级市的经济水平差异表现不同，为了更直观地表现区域经济水平差异的大小，得到各地级市经济水平差异系数2000~2013年的平均值，见图7-2。可以看出，经济水平差异较大的区域有三门峡市、新乡市、鹤壁市、洛阳市、平顶山市、安阳市，而濮阳市、开封市、郑州市、信阳市、周口市的区域经济差异较小。

7.5.2 河南省区域经济增长速度差异测算

本章通过计算各个地级市区域经济增长率变异系数，得到各地级市经济增长速度差异，结果见表7-4，发现各个地级市的区域经济增长速度总体差异不大，2004~2013年经济增长变异系数的平均值大多集中在0.2~0.3。相对来说，漯河市、郑州市、鹤壁市、开封市、信阳市的区域经济增长速度差

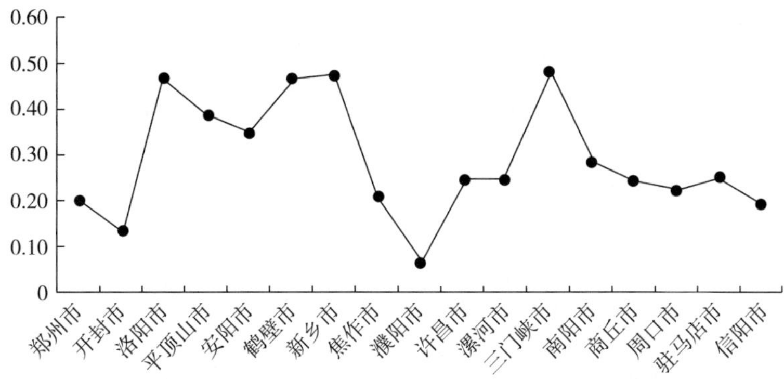

图 7-2　河南省区域经济水平差异

异较小，南阳市、周口市、商丘市、安阳市区域经济增长速度差异较其他区域大一些。

表 7-4　河南省区域经济增长率变异系数

年份	2000	2001	2002	2003	2004	2005	2006	2007	2008	2009	2010	2011	2012	2013
郑州市	0.167	0.158	0.173	0.16	0.165	0.149	0.191	0.106	0.103	0.172	0.147	0.176	0.127	0.116
开封市	0.18	0.197	0.271	0.194	0.168	0.327	0.186	0.327	0.186	0.133	0.169	0.158	0.1	0.118
洛阳市	0.362	0.272	0.315	0.359	0.233	0.26	0.159	0.253	0.244	0.271	0.242	0.2	0.255	0.248
平顶山市	0.188	0.212	0.239	0.469	0.264	0.153	0.172	0.23	0.127	0.258	0.243	0.517	0.251	0.271
安阳市	0.266	0.064	0.124	0.396	0.251	0.229	0.176	0.356	0.289	0.744	0.192	0.21	0.297	0.654
鹤壁市	0.194	0.009	0.116	0.044	0.15	0.175	0.179	0.03	0.336	0.141	0.211	0.126	0.104	0.004
新乡市	0.698	0.301	0.433	0.493	0.241	0.389	0.256	0.292	0.125	0.271	0.185	0.143	0.252	0.259
焦作市	0.13	0.197	0.257	0.352	0.169	0.141	0.208	0.233	0.287	0.254	0.314	0.154	0.289	0.269
濮阳市	0.258	0.225	0.087	0.493	0.122	0.308	0.113	0.151	0.205	0.239	0.206	0.206	0.204	0.373
许昌市	0.203	0.045	0.067	0.085	0.232	0.254	0.197	0.168	0.227	0.241	0.215	0.2	0.141	0.1
漯河市	0.181	0.133	0.176	0.23	0.009	0.147	0.106	0.139	0.04	0.197	0.143	0.173	0.132	0.033
三门峡市	0.243	0.272	0.279	0.253	0.281	0.25	0.15	0.182	0.262	0.259	0.139	0.217	0.139	0.269
南阳市	0.362	0.177	0.325	0.197	0.313	0.252	0.556	0.407	0.44	0.497	0.242	0.301	0.435	0.483
商丘市	0.638	0.249	0.617	0.304	0.203	0.234	0.431	0.208	0.234	0.397	0.124	0.278	0.253	0.154
周口市	0.457	0.373	0.197	0.319	0.315	0.538	0.319	0.512	0.216	0.42	0.536	0.532	0.363	0.256
驻马店市	0.397	0.314	0.319	0.301	0.257	0.307	0.186	0.237	0.152	0.419	0.209	0.139	0.218	0.14
信阳市	0.359	0.327	0.241	0.304	0.142	0.187	0.237	0.134	0.115	0.319	0.109	0.116	0.211	0.106

7.5.3 河南省区域经济空间联系程度

本章通过计算 Moran's I 指数，得到河南省各个地级市内空间联系程度的结果。为了更加清晰地看出各区域经济空间联系程度的差异，Moran's I 标准化以后的结果见表 7-5。

表 7-5 河南省区域经济标准化的 Moran's I 值

年份	2000	2001	2002	2003	2004	2005	2006	2007	2008	2009	2010	2011	2012	2013
郑州市	1	1	0.978	1	1	1	1	0.654	1	1	0.929	1	0.997	0.741
开封市	0.185	0.199	0.191	0.182	0.072	0.068	0.076	0.053	0.028	0.08	0.087	0.032	0.058	0.098
洛阳市	0.509	0.461	0.552	0.587	0.48	0.54	0.501	0.534	0.479	0.45	0.458	0.553	0.524	0.487
平顶山市	0.442	0.384	0.403	0.34	0.26	0.265	0.251	0.27	0.242	0.222	0.246	0.27	0.218	0.262
安阳市	0.487	0.501	0.458	0.409	0.404	0.448	0.418	0.445	0.398	0.371	0.385	0.452	0.348	0.396
鹤壁市	0.433	0.485	0.351	0.315	0.274	0.276	0.261	0.277	0.244	0.228	0.251	0.277	0.224	0.334
新乡市	0.371	0.271	0.262	0.272	0.144	0.228	0.222	0.23	0.161	0.159	0.184	0.182	0.162	0.334
焦作市	0.926	0.886	0.985	0.891	0.729	0.877	0.745	1	0.602	0.51	0.422	0.552	0.289	0.527
濮阳市	0.208	0.16	0.132	0.077	0.06	0.023	0.042	0.029	0.028	0.062	0.094	0.038	0.088	0.084
许昌市	0.467	0.362	0.351	0.351	0.318	0.386	0.37	0.308	0.242	0.221	0.255	0.341	0.256	0.354
漯河市	0.352	0.436	0.521	0.823	0.225	0.177	0.187	0.181	0.177	0.15	0.178	0.217	0.18	0.203
三门峡市	0.683	0.611	1	0.816	0.938	0.936	0.732	0.603	0.935	0.967	1	0.333	1	1
南阳市	0.31	0.275	0.296	0.262	0.208	0.157	0.093	0.091	0.108	0.109	0.14	0.113	0.133	0.172
商丘市	0.189	0.136	0.123	0	0.067	0.026	0.033	0.096	0.034	0.03	0.065	0.044	0.059	0.085
周口市	0	0	0	0.027	0.034	0.011	0	0	0	0	0.039	0	0.032	0
驻马店市	0.218	0.183	0.165	0.119	0.053	0.03	0.037	0.039	0.035	0.03	0.065	0.042	0.052	0.119
信阳市	0.184	0.152	0.14	0.059	0	0	0.006	0.003	0.012	0.01	0	0.01	0	0.057

7.5.4 河南省区域经济协调度

按照本章的计算方法，通过 SPSS 软件对经济水平差异、经济增长速度差异、空间联系程度三个指标进行主成分分析得到的方差贡献率平均值如表 7-6 所示。从大到小依次为空间联系程度方差贡献率 49.36%，经济水平差异方差贡献率 31.56%，经济增长速度差异方差贡献率 19.08%。

表 7-6 经济水平差异、经济增长速度差异、空间联系程度的方差贡献率

指标 地区	经济水平差异 方差贡献率（%）	经济增长速度差异 方差贡献率（%）	空间联系程度 方差贡献率（%）
河南省	31.56	19.08	49.36

将得到的方差贡献率作为权重计算区域经济协调发展度的实测值，通过区域经济协调发展度的计算公式最终得到的河南省区域经济协调发展度的结果见表 7-7。

表 7-7 河南区域经济协调发展度

年份	2000	2001	2002	2003	2004	2005	2006	2007	2008	2009	2010	2011	2012	2013
郑州市	1	1	1	1	1	0.999	1	0.79	1	1	1	1	1	1
开封市	0.567	0.537	0.524	0.56	0.252	0.279	0.353	0.093	0.173	0.281	0.313	0.26	0.295	0.41
洛阳市	0.212	0.187	0.29	0.262	0.299	0.326	0.351	0.356	0.267	0.338	0.311	0.391	0.235	0.519
平顶山市	0.489	0.405	0.434	0.196	0.183	0.288	0.215	0.154	0.146	0.169	0.16	0.061	0.105	0.259
安阳市	0.686	0.704	0.774	0.461	0.491	0.548	0.275	0.198	0.233	0.066	0.223	0.231	0.097	0.196
鹤壁市	0.407	0.639	0.377	0.421	0.261	0.219	0.158	0.234	0.05	0.153	0.128	0.183	0.119	0.373
新乡市	0.218	0.191	0.173	0.129	0.147	0.111	0.114	0.072	0.073	0.063	0.07	0.073	0.045	0.209
焦作市	1	0.977	0.997	0.917	0.943	1	0.935	1	0.609	0.625	0.403	0.611	0.162	0.654
濮阳市	0.504	0.477	0.622	0.242	0.514	0.345	0.482	0.381	0.271	0.345	0.362	0.277	0.277	0.256
许昌市	0.516	0.556	0.517	0.521	0.379	0.557	0.514	0.455	0.319	0.371	0.377	0.404	0.301	0.602
漯河市	0.473	0.621	0.73	0.923	0.603	0.36	0.377	0.347	0.371	0.228	0.281	0.334	0.273	0.489
三门峡市	0.747	0.664	0.949	0.784	0.787	0.698	0.539	0.363	0.534	0.662	0.767	0.1	0.642	0.695
南阳市	0.372	0.433	0.386	0.438	0.242	0.284	0.079	0.102	0.064	0.095	0.146	0.088	0.039	0.117
商丘市	0.235	0.376	0.192	0.171	0.205	0.187	0.084	0.194	0.093	0.103	0.216	0.099	0.095	0.244
周口市	0.097	0.078	0.193	0.154	0.128	0.077	0.14	0.066	0.138	0.122	0.064	0.058	0.094	0.21
驻马店市	0.26	0.209	0.286	0.229	0.182	0.194	0.235	0.188	0.163	0.106	0.096	0.201	0.125	0.296
信阳市	0.293	0.202	0.329	0.208	0.266	0.25	0.21	0.238	0.231	0.181	0.266	0.238	0.139	0.321

根据计算得到的结果来看，经济发展水平较高的郑州市、焦作市、三门峡市的区域经济发展协调度较高；而经济发展水平较低的信阳市、驻马店市、商丘市、周口市、南阳市、新乡市、鹤壁市经济协调度较低。

7.6 河南省区域经济协调发展的空间格局及演化趋势

7.6.1 河南省区域经济协调发展的空间分布格局

本章选取2000年、2004年、2006年、2010年、2013年这5个年份在专业制图分析软件平台支持下，运用自然间断点分级法将区域经济协调发展度分为低、中低、中等、中高、高5类，绘制了区域经济协调发展度的空间分布格局。得到如下结论：

(1) 2000年区域经济协调发展度处于高水平的区域只有郑州市、焦作市，主要是因为这些地区的Moran's I数值较高，这些地级市的区际经济空间联系较强。协调发展度处于低水平的地级市有周口市，协调度处于中低水平的地级市有新乡市、洛阳市、商丘市、驻马店市、信阳市。这些地级市的经济发展协调度较低，主要是因为新乡市、洛阳市的经济增长水平变异系数较高，表明它们的经济水平差异较大；而商丘市、驻马店市、信阳市的Moran's I指数较低甚至是负值，表明这些地级市的内部空间联系程度较弱。另外，三门峡市、安阳市的协调发展度处于中高。其余地级市的发展协调度都处于中等。

(2) 2004年情况发生了变化，处于高水平区域经济发展协调度的地级市增加为3个，三门峡市的经济协调发展度由原来的中高转为高，主要是因为三门峡市的Moran's I指数有了很大的提高，表明三门峡市的空间联系程度加强。随着新乡市的经济水平差异变大，新乡市的协调发展度由原来的中低降为低，使协调发展度处于低水平的地级市增加到两个，原来的周口市依然保持低水平的协调度。濮阳市由原来的中等协调度上升到中高协调度，其余地级市的协调度仍保持不变。

(3) 2006年，三门峡市随着经济增长水平变异系数的提高和Moran's I指数的降低又由原来的高水平协调度降为中高水平，郑州市、焦作市仍然保持高水平的协调度不变。处于低水平经济协调发展度的区域由原来的2个增加到5个，新乡市、周口市仍然保持低水平不变，除此之外又增加了鹤壁市、商丘市、南阳市，主要是因为这三个地级市的经济增长水平变异系数、区域经济增长率变异系数均有所提高，而Moran's I指数都有所降低，空间联系程度变弱。

（4）2010年，情况又发生了变化，郑州市仍然保持高水平的协调发展度，而焦作市因为Moran's I指数的大幅度降低以及经济增长水平变异系数和区域经济增长率变异系数的增加导致其协调发展度由高水平降为中高水平，三门峡市的空间联系程度的增强使其由中高水平跨越到高水平的协调度。鹤壁市、南阳市的协调发展度由原来的低水平上升到中低水平，商丘市则由低水平的协调度上升到中等水平。驻马店的协调发展度则由中低降为低水平。处于中高水平协调度的区域由3个增加到5个，洛阳市、开封市的经济协调发展度随着经济水平差异的减小由中等跨越到中高水平。其余的地级市仍处于中等水平协调发展度。

（5）2013年，协调发展度处于高水平的只有郑州市，三门峡市随着经济水平差异和经济增长速度差异的扩大由高协调度降为中高协调度。协调发展度处于低水平的区域只有南阳市，南阳市因为区域经济增长率变异系数的增高由原来的中低降为低水平协调度，原来处于低水平协调度的新乡市、周口市跨越到中低水平，主要是因为新乡市的经济水平差异的减小、空间联系程度的增强，以及周口市经济水平差异和经济增长速度差异的减小。处于低水平协调度的驻马店市随着空间联系程度的增强跨越到中等水平协调度。协调度处于中高水平的地级市仍然保持5个。

总体来看，河南省所有地级市中协调度处于高水平的区域大约占10%，处于中高、中等、中低水平协调度的区域占大多数，所占比例大约分别为20%、30%、25%，协调度处于低水平的地级市约占全省的15%。河南省地级市中处于高协调度和低协调度的地级市还是占少数，很大一部分地级市协调度处于高协调度和低协调度中间水平。2000~2013年，只有郑州市区域经济发展协调度一直保持在高水平，而新乡市、周口市的协调度一直处于中低和低水平，其他地级市的协调度水平均有不同程度的变化。

2003年，根据河南的地理区位条件以及经济等整体情况，河南省政府通过了《河南省全面建设小康社会规划纲要》，将全省18个地级市划分为包括郑州、洛阳、开封、新乡、焦作、许昌、平顶山、漯河、济源在内的中原城市群，包括安阳、鹤壁、濮阳在内的豫北经济区，包括三门峡、南阳在内的豫西豫西南经济区和包括驻马店、商丘、周口和信阳在内的黄淮经济区四个经济区。

按照本章的计算结果，把四个经济区包括在内的地级市每年的协调度取平均值，得到2000~2013年四个经济区协调度的演化趋势，详细情况如图

7-3所示。从平均值来看，区域经济发展协调度较高的地区是中原城市群和豫西豫西南经济区，而豫北经济区和黄淮经济区的协调度较低。中原城市群的协调度平均在0.46左右，豫西豫西南经济区的协调度平均值在0.42左右，而豫北经济区的协调度平均值大约为0.33，黄淮经济区协调度约为0.18。

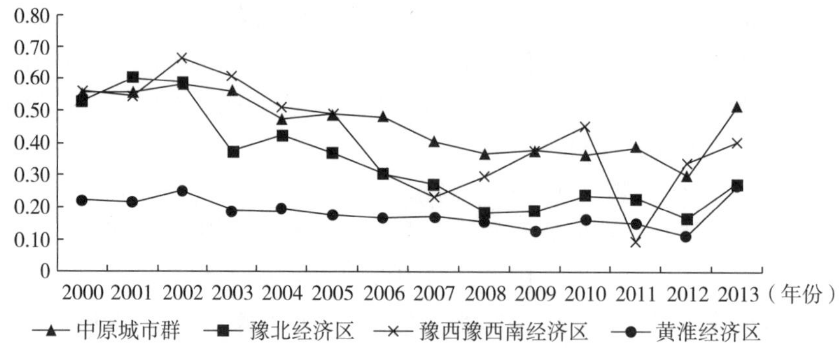

图 7-3 河南四个经济区平均协调度

7.6.2 河南省区域经济协调发展的演化趋势

分析河南省2000~2013年不同年份间隔之间的区域经济协调发展度的演化我们发现，2000~2004年，大部分地级市的协调发展度保持不变，只有少部分地级市协调度发生转移，向上转移的地级市有三门峡市、洛阳市、濮阳市、漯河市、信阳市，向下转移的地级市有新乡市、平顶山市。2004~2006年，向上转移的地级市只有许昌市，向下转移的地级市有漯河市、安阳市、鹤壁市、三门峡市、南阳市、商丘市、周口市、信阳市，其他区域经济保持不变。2006~2010年，向上转移的地级市数量变多，有三门峡市、洛阳市、安阳市、鹤壁市、开封市、商丘市、信阳市，向下转移的地级市数量变少，有焦作市、南阳市、驻马店市。2010~2013年，向上转移的地级市有新乡市、鹤壁市、周口市、驻马店市、漯河市，向下转移的地级市有安阳市、鹤壁市、开封市、商丘市、三门峡市、南阳市。

7.6.3 河南省地级市人均GDP冷热点与协调度对比分析

本章在专业制图分析软件平台上运用自然间断点分级法得到关于河南省地级市人均GDP的冷热点分类，将冷热点程度分为热、较热、较冷、冷4类，并与区域经济发展协调度的分布及演化趋势进行对比。

可以看出，地级市区域经济协调发展度处于高水平的郑州市、焦作市、三门峡市处于冷热点分布图的热点或者较热点；而协调发展度处于低水平或者中低水平的商丘市、周口市、驻马店市、信阳市、南阳市处于较冷点或冷点。这说明经济发展水平较高的热点一般区域经济发展协调度也高，经济发展水平较低的冷点一般区域经济发展协调度也低。

但是也有例外，洛阳市、平顶山市、新乡市的人均 GDP 一直处于热点和较热点，详见表 7-8。但是，它们的协调度却大多处于中等水平以下。这主要是因为洛阳市、平顶山市、新乡市的经济增长水平变异系数较大，经济水平差异较大。

表 7-8　河南省地级市 2000~2013 年冷热点分布

年份	2000	2001	2002	2003	2004	2005	2006	2007	2008	2009	2010	2011	2012	2013
郑州市	热	热	热	热	热	热	热	热	热	热	热	热	热	热
开封市	较热	较热	较热	较热	较热	较热	较热	较热	较热	较热	较热	较热	较热	较热
洛阳市	较热	较热	较热	热	热	热	热	热	热	较热	热	热	热	热
平顶山市	热	热	热	热	热	热	热	较热	热	热	热	热	热	热
安阳市	较冷	较冷	较冷	较冷	较冷	较冷	较冷	较冷	较冷	较冷	较冷	较冷	较冷	较冷
鹤壁市	较冷	较冷	较冷	较冷	较冷	较冷	较冷	较热	较冷	较冷	较冷	较冷	较冷	较冷
新乡市	较热	较热	较热	较热	较热	热	热	热	热	较热	热	热	热	热
焦作市	热	热	热	热	热	热	热	热	热	热	热	热	热	热
濮阳市	较冷	较冷	较冷	较冷	较冷	较冷	较冷	较冷	较冷	较冷	较冷	较冷	较冷	较冷
许昌市	较热	较热	较热	较热	较热	较热	较热	较热	较热	较冷	较热	较热	较热	较热
漯河市	较热	较热	较热	较热	较热	较热	较热	较热	较热	较冷	较热	较热	较热	较热
三门峡市	较热	较热	较热	较热	较热	热	热	热	热	较热	热	热	热	热
南阳市	较冷	较冷	较冷	较冷	较冷	较热	较热	较冷	较热	较热	较冷	较冷	较冷	较冷
商丘市	冷	冷	冷	冷	冷	冷	冷	较冷	冷	冷	冷	冷	冷	冷
周口市	冷	冷	冷	冷	冷	冷	冷	较冷	冷	冷	冷	冷	冷	冷
驻马店市	冷	冷	冷	冷	冷	冷	冷	冷	冷	冷	冷	冷	冷	冷
信阳市	冷	冷	冷	冷	冷	冷	冷	冷	冷	冷	冷	冷	冷	冷

7.7　本章主要结论与政策建议

7.7.1　主要结论

本章认为，区域经济协调发展是区域之间联系逐渐密切、分工更加合理、各个区域经济整体增长、区域间差异逐渐减小的状态和过程，在此基础上用经济水平差异、经济增长速度差异、空间联系程度三个指标作为判断区域经济协调发展的标准，定量地分析了河南省区域经济协调发展的空间分布格局及演化趋势。得到如下结论：

（1）河南省地级市中协调度处于高水平的地级市大约占10%，处于中高水平的大约占20%，处于中等水平的约占30%，处于中低水平的约占25%，协调度处于低水平的地级市约占全省的15%。河南省地级市中处于高协调度和低协调度的地级市还是占少数，协调发展度处于中间水平的地级市占一大半。

（2）按照《河南省全面建设小康社会规划纲要》划分的中原城市群、豫西豫西南经济区、豫北经济区、黄淮经济区，区域经济协调度从高到低依次为中原城市群、豫北经济区、豫西豫西南经济区、黄淮经济区。中原城市群协调度平均值约为0.46，豫西豫西南经济区协调度平均值约为0.42，豫北经济区协调度平均值约为0.33，黄淮经济区协调度平均值约为0.18。

（3）根据空间格局的演化趋势，协调度保持不变的占全省的45%左右。向下转移的区域多为豫西豫西南经济区和黄淮经济区等经济不太发达的地区，向上转移的区域中多为中原城市群、豫北经济区等区域经济发展水平较好的地区。

（4）通过对河南省地级市人均GDP的冷热点的分析，发现人均GDP处于热点和较热点的经济发展水平较高的地级市一般协调发展度也高；反之，人均GDP处于冷点和较冷点的经济发展水平较低的地级市其协调发展度也低。新乡市、洛阳市、平顶山市因为经济水平差异过大而有所例外。总体来看，经济的发展水平确实可以提高区域经济发展的协调度。

7.7.2　政策建议

根据本章得到的结论，提出以下有利于河南省区域经济协调发展的可行性建议：

（1）经济的发展确实能提高区域发展的协调度，有利于区域经济协调发展。因此，为了促进河南经济的协调发展，首先要提高地级市的经济发展水平。只有当地级市的经济水平达到一定程度之后，政府才有财力和物力支持地级市落后的地区，才能提高区域的协调度。

（2）政府重视中原城市群发展的同时，也要重视其他三个经济区的发展，尤其要重视黄淮经济区的发展，加大对黄淮经济区的投资。正如著名的木桶原理曾生动形象地比喻，一个木桶能盛多少水，不是取决于这个木桶最长的那根木板，而是取决于组成这个木桶的最短的那根木板。河南省的协调发展也是如此，想要发展得更好，就要使各个区域经济协调发展。不仅需要加长中原城市群、豫北经济区这些已经较长的木板，加长黄淮经济区这块短木板同样重要。对于以农业为主的黄淮经济区，应该因地制宜实施农业综合开发，加快农业科技进步，发展现代农业，提高粮食综合生产能力。

（3）提高河南省区域经济的协调发展度应该从缩小区域经济差异、缩小区域经济增长速度差异、增加区域之间的空间联系程度三个方面入手。尤其是洛阳市、平顶山市、新乡市、三门峡市等区域经济差异较大的区域，在发展的同时要注意均衡发展各个区域，尤其要大力发展县域经济，逐步改变城乡二元结构，构建城乡区域协调发展的新格局，使各个区域协调发展。

8　河南省县域经济新增长点研究

8.1　引言

县域经济是全面建设小康社会最薄弱的环节，也是我国经济发展的基础单元，与东部发达地区相比，河南的县域经济发展落后，严重影响河南省全面建设小康社会的进程，要实现县域经济的发展，需要立足县情，选择有效的发展路径。党和政府一直在强调培育新经济增长点应该作为经济发展过程中的重点方向。在中共十六大报告中，中央又强调了应该提高对新经济增长点的重视，提出应该结合各区域的经济发展和区域对新经济增长点的选择和培育，从而带动各区域的经济增长，缩小各区域间的差异。

自 20 世纪 90 年代以来，对于区域经济差异的研究已经成为众多学科的热点问题，一部分学者认为区域经济的差异造成了许多新形式的不平衡。正如中国自改革开放后的巨大转变，人均国内生产总值以及工业产值都以两位数的速度快速增长起来，而这些转变是多尺度、多层次的，并且具有特别明显的区域化特征，在经济全球化浪潮的不断深入下，地区差异逐渐呈现出扩大的趋势，新的地区差距也浮现出来。

县域经济是河南经济发展的基石，在加快中原经济区建设的背景下，加快县域经济发展是推动“三化”协调、全面建成小康社会、实现“中国梦”的必然选择。现有的研究河南省县域经济的文献大部分是针对县域经济的经济增长质量、不平衡问题、经济空间格局演化等的分析。经济增长质量方面，张伟丽等（2015）利用了传统马尔科夫链、人口加权马尔科夫链以及空间马尔科夫链等方法，基于县域尺度对中原经济区的增长俱乐部趋同及其演变进行分析，得出了中原经济区存在四个不同水平的趋同俱乐部的结论。史燕茹、冯德显（2013）运用聚类分析原理以及 SPSS 统计软件对河南省 108 个县市的经济发展水平进行科学分类、比较和研究，更准确地为各县市的经济发展程度定位，得出了河南省经济发展的类型有农业主导型、工业基础薄弱型、资源主导型和综合发展型。对于经济发展不平衡，赵强（2012）从河南省县域经济发展不平衡的角度出发，研究了影响河南省县域经济发展不平衡的因素与深层次的原因，并提出相应政策。除此之外，还有一些学者研究中原经济区的经济空间格局演变、经济发展水平、空间结构特征以及县域经济差异的时空分析，如李胭胭等（2016）利用主成分分析与空间分析等方法分析河南省各县市在 2003~2013 年的时空格局演变及其县域的发展轨迹，为提升县域经济增长质量提供了理论借鉴。许淑娜（2013）采用空间统计分析方法对 1990 年、1995 年、2000 年、2005 年、2010 年 5 个年份河南省县域经济空间结构的全局和局部演变特征进行了研究，得到了河南省经济聚集特征显著的结论以及经济中心的转移轨迹。薛宝琪（2013）以县域为基本单元，运用 ESDA 空间分析技术，对河南省经济空间格局演化规律进行定量分析，得到结论为：经济热点分布表现为以郑州、洛阳、焦作为核心的圈状空间结构；京广线以西、陇海线以北形成全省经济发展的热点极，京广线以东、陇海线以南形成全省经济发展的冷点极；区域经济发展的空间惯性难以突破；核心区经济辐射带动仍然较弱。

一个国家、一个地区要想实现经济发展，就要重视起经济的新增长点选择和培育。本章研究河南县域经济新增长点，对于选择和培育经济增长点，带动河南省县域经济发展，解决落后地区的经济开发、自然资源开发等一些城市化问题有着极其重要的作用。本章以河南省 108 个县市 2000~2015 年的 GDP 及人均 GDP 数据为依据，利用探索性空间分析方法，研究河南省县域经济的新增长点。

8.2　研究方法

本章采用的研究方法如下：

（1）空间自相关：主要是用来研究河南各省市县域间的相关程度大小，通过计算得出河南省每年的全局 Moran's I 值，进一步分析县域经济发展的集聚特性及其关联性。计算公式如下：

$$I=\frac{n}{\sum_{i=1}^{n}\sum_{j=1}^{n}W_{ij}}\frac{\sum_{i=1}^{n}\sum_{j=1}^{n}(x_i-\bar{x})(x_j-\bar{x})}{\sum_{i=1}^{n}(x_i-\bar{x})^2} \tag{8-1}$$

$$\begin{cases} I=1，\text{所研究区域间是完全正相关} \\ 0<I<1，\text{所研究区域呈正相关} \\ I=0，\text{所研究区域不相关} \\ -1<I<0，\text{所研究区域呈负相关} \\ I=-1，\text{所研究区域是完全负相关} \end{cases}$$

其中，n 表示县域的总数，W_{ij}表示权重矩阵，x_i 和 x_j 分别表示区域 i 和区域 j 的属性，单元上的观测值 $\bar{x}$ 为观测变量在 n 个单元中的平均值。

W 为空间权重矩阵，通常用一个二元对称空间权重矩阵 W 来表达 n 个位置的区域的邻近关系，其中 W_{ij}为区域 i 与 j 的邻近关系。

$$W=\begin{bmatrix} W_{11} & W_{12} & W_{13} & W_{14} \\ W_{21} & W_{22} & W_{23} & W_{24} \\ W_{31} & W_{32} & W_{33} & W_{34} \\ W_{41} & W_{42} & W_{43} & W_{44} \end{bmatrix} \tag{8-2}$$

$$W_{ij}=\begin{cases} 1，\text{区域 } i \text{ 和 } j \text{ 相邻接} \\ 0，\text{其他} \end{cases}，W_{ij}=\begin{cases} 1，\text{区域 } i \text{ 和 } j \text{ 距离小于 } d \\ 0，\text{其他} \end{cases}$$

（2）Arcgis10.0 冷热点分析：对数据集中的每一个要素进行计算，利用式（8-2）计算出 G_i^* 的值即为 z 得分。通过 Arcgis10.2 软件的空间统计工具中的带渲染的热点对河南省 108 个县市各个年份的相对 GDP、GDP 增长速度、相对人均 GDP 以及人均 GDP 增长速度进行计算，得到各县市每年 z 得分。计算公式如下：

$$G_i^* = \frac{\sum_{j=1}^{n} W_{ij}x_j - \bar{x}\sum_{j=1}^{n} W_{ij}}{s\sqrt{\frac{\left[n\sum_{j=1}^{n} W_{ij}^2 - \left(\sum_{j=1}^{n} W_{ij}\right)^2\right]}{n-1}}} \tag{8-3}$$

$$\begin{cases} G_i^*>0，\text{得分越大，热点聚集度越紧密} \\ G_i^*<0，\text{得分越小，冷点聚集度越紧密} \end{cases}$$

其中，x_j 是要素 j 的属性值，W_{ij}是要素 i 和 j 之间的空间权重，n 为要素总数，且：

$$\overline{X} = \frac{\sum_{j=1}^{n} x_j}{n} \tag{8-4}$$

$$s = \sqrt{\frac{\sum_{j=1}^{n} x_j^2}{n} - (\bar{x})^2} \tag{8-5}$$

8.3 实证分析

8.3.1 经济发展的时空关联性及集聚特征

通过 Arcgis 的空间自相关计算出河南省每年的全局 Moran's I 指数，首先分析河南省经济发展的集聚特性与其关联性。图 8-1 主要是以河南省 108 个县市 2000~2015 年以两年为一间断的相对人均 GDP 计算的 Moran's I 值，可看出：①从整体上来看，2000~2015 年所有的 Moran's I 值均大于 0，且都在 0.6~0.8 浮动，同时计算出的 z 值也较为显著，表明河南省在县级尺度上来说，各县市的经济发展呈现的是正相关关系；②2000~2015 年呈现略微增长的趋势，尤其在 2002~2004 年增长较为显著，2000~2002 年以及 2004~2010 年有略微的下降，但是下降幅度不大，在 2010 年又变为增长，表明河南省县域经济在不断增长，同时平均增长量较为接近的单元在空间上的集聚趋势明显，即在河南省内较为富裕的县市和较为贫困的县市分别呈现出了明显的集聚特征。

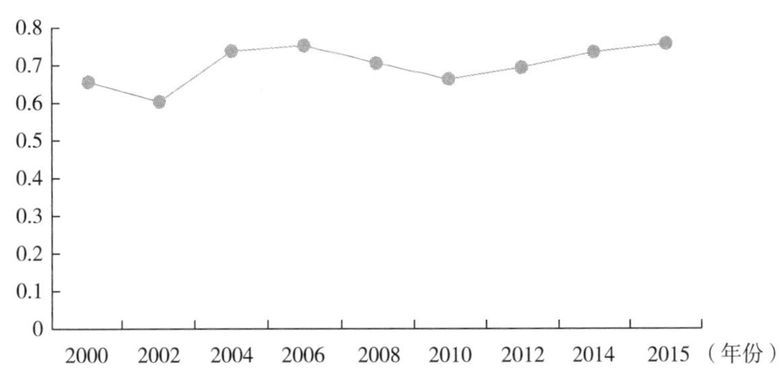

图 8-1 2000~2015 年河南省人均 GDP 全局 Moran's I 值

图 8-2 给出的是河南省 108 个县市 2000~2015 年的相对 GDP 的 Moran's I值，可看出：①从整体上来看，2000~2015 年所有的 Moran's I 值

均大于0，在0.5~0.7浮动，同时计算出的z得分结果也较为显著，在相对GDP上各县市的经济发展也是正相关关系；②该值基本呈现出逐年增长的趋势，但在2008~2010年有略微的下降，但总趋势是在增长的。

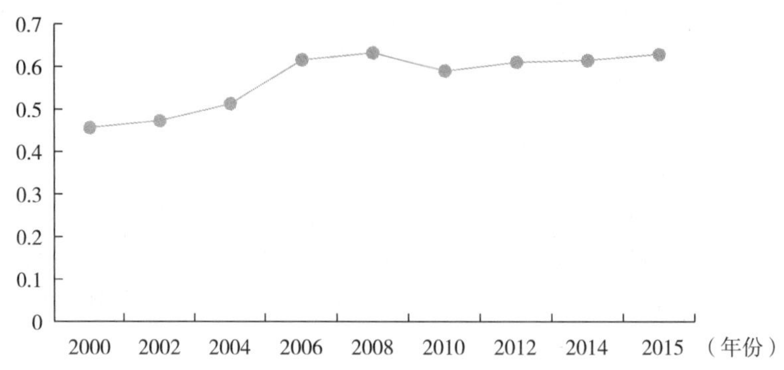

图8-2　2000~2015年河南省GDP全局Moran's I值

8.3.2　经济发展水平的冷热点分析

8.3.2.1　河南省县域相对人均GDP的冷热点分析

用Arcgis10.2的热点分析对数据进行处理，计算出108个县市的z得分，将计算所得的结果利用自然间断点分级法分成四类后进行地图的可视化，得到图8-3。

将图8-3中的四类冷热点的个数进行整理得出图8-4所示柱状图。

从图8-3a可看出，在2000年，河南省的热点地区集中在河南省的中西部及西北部，并且这15个处于热点地区的县市的集聚特征显著；23个处于次热点地区的县市主要分布在15个热点地区的周围及河南省的北部和西部，说明次热点的集聚特征不明显；32个处于次冷点地区的县市为南阳、漯河、新乡、洛阳以及安阳的部分县市；38个处于冷点地区的县市为信阳、驻马店、商丘以及周口的县市，分布在河南省的东部与南部，且集聚特征较为显著。

从图8-3b可看出，在2005年，河南省的热点地区依旧集中在中西部及西北部，且这19个热点地区的县市集聚特征显著，21个次热点及34个次冷点地区的分布集聚特征不太明显，较2000年来说，一部分的次热点转变为次冷点地区，部分冷点地区也转变为次冷点地区，且冷点地区的集聚特征依旧显著。

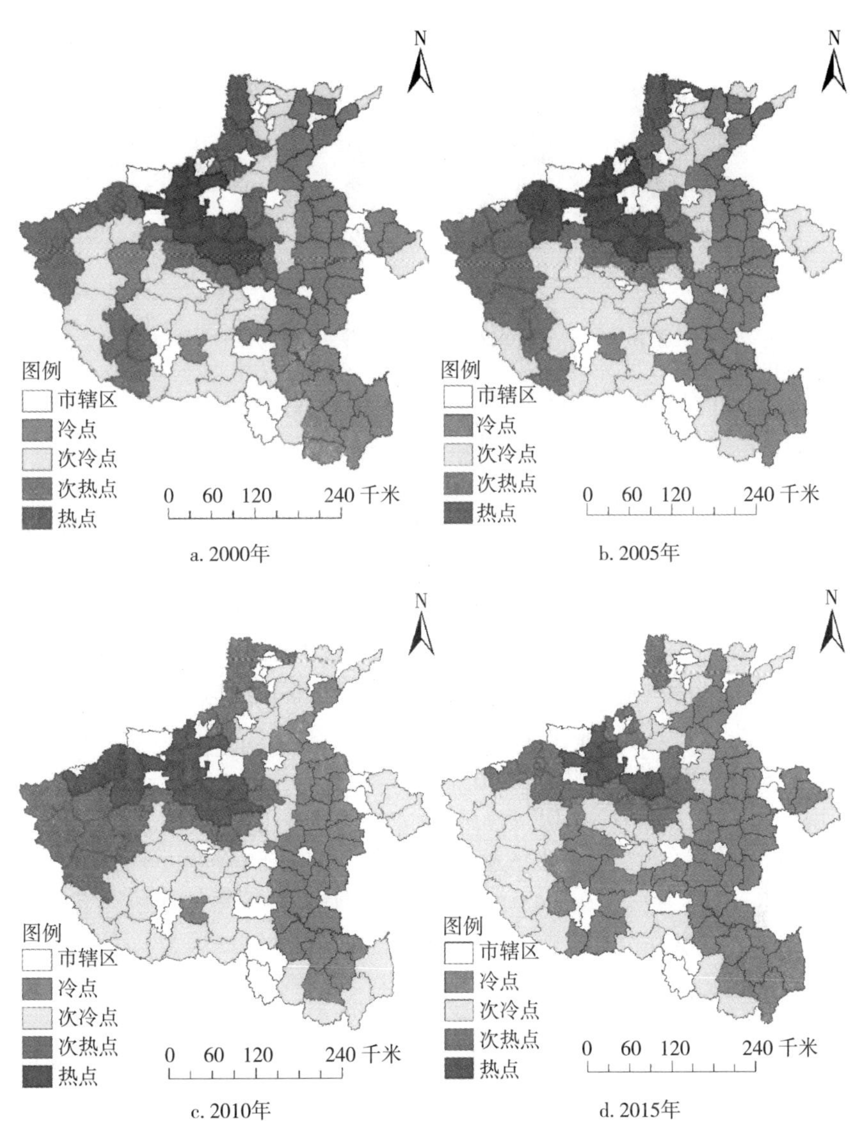

图 8-3 河南县域各年份相对人均 GDP 冷热点分布

从图 8-3c 可看出，在 2010 年热点地区集聚特征显著，次热点地区较 2005 年的次热点地区分布无较大变动，个别的次热点地区转变为次冷点地区，并且当年的次冷点地区明显增多，集中分布在河南省的西南部、中部和东北部，冷点地区减少，集中分布在中部及东南部。

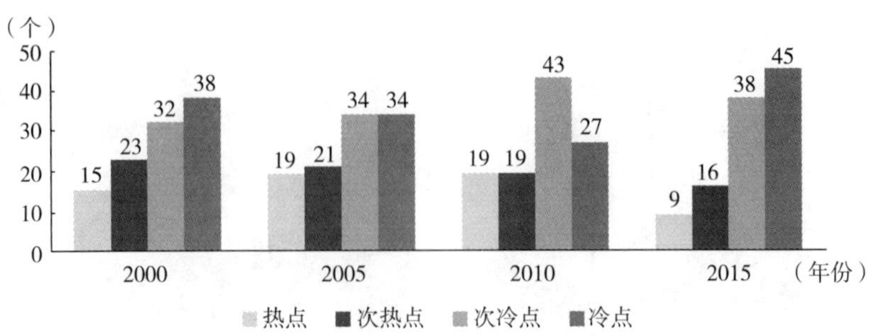

图 8-4　各年份相对人均 GDP 冷热点数量统计

从图 8-3d 可看出，2015 年的热点及次热点地区明显减少，集中分布在中部和北部的地区，与 2010 年相比，次冷点地区无太大变化，冷点地区明显增多。

总体来看，河南县域的相对人均 GDP 热点地区分布有略微的变化，集中分布在中部、西部与北部地区，所包含的县市有登封市、新密市、中牟县、长葛市、禹州市、许昌市、荥阳市、巩义市、偃师市、孟津县、孟州市、温县、沁阳市、博爱县、武陟县等；次热点地区的数量逐年有略微的减少；而河南省的冷点地区始终分布在南部、中部和东部地区。需高度关注这些冷点地区，改善这些地区的经济发展。

8.3.2.2　河南省县域相对 GDP 冷热点分析

用相同的方法对相对 GDP 进行分析，得到图 8-5。

将图 8-5 中的四类冷热点的个数进行整理得出图 8-6 所示柱状图。

从图 8-5a 可看出，在 2000 年，河南省的热点地区集中在河南省的中部及北部地区，共有 9 个处于热点地区的县市且其集聚特征较为显著；21 个处于次热点地区的县市主要围绕 9 个热点地区分布，有少数的次热点地区处于河南省的东南部和西南部地区，无集聚特征；36 个次冷点地区分布较为分散，都处于河南省的西北部、东北部以及南部地区；但处于冷点地区的县市有集聚特征。

从图 8-5b 可看出，在 2005 年，河南省的热点地区增长了两个县市，依旧分布在中部及北部地区，无太大变动；较 2000 年来说次热点有略微的减少；2000 年的少数次冷点转变为次热点；部分次冷点地区转变为冷点地区。

从图 8-5c 可看出，在 2010 年有 12 个县市处于热点地区，18 个县市处于次热点地区，33 个县市处于次冷点地区，45 个县市处于冷点地区，整体来看较 2005 年并没有太大的变化。

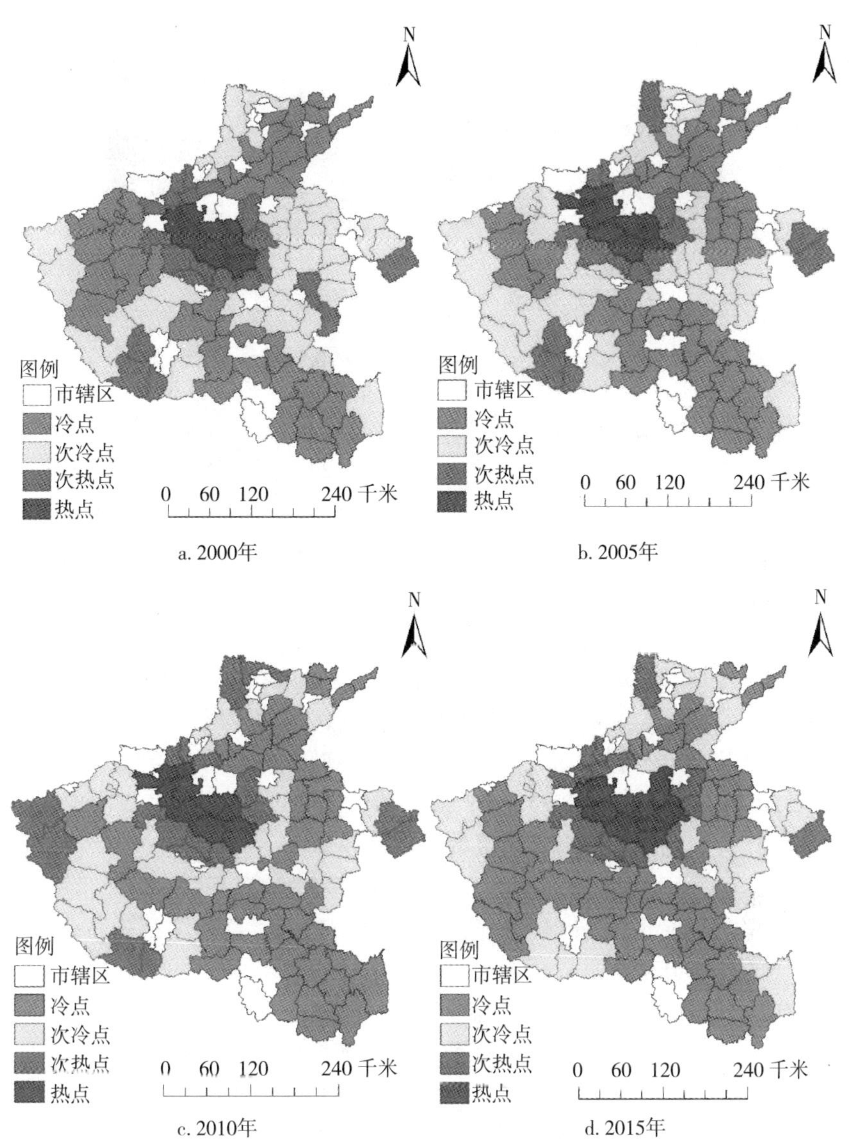

图 8-5　河南县域各年份相对 GDP 冷热点分布

从图 8-5d 可看出，较 2010 年来说，11 个处于热点地区的县市无太大变化，处于河南省西部的部分次热点地区转变为次冷点，同时又有少数的次冷点地区转化为冷点，处于冷点地区的县市增多。

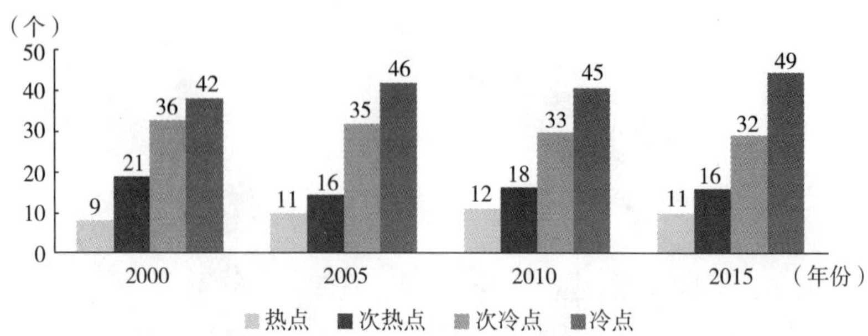

图 8-6　各年份相对 GDP 冷热点数量统计

总体来看，河南省的 GDP 热点地区分布位置无太大变化，集中分布在中部及北部地区，有较强的集聚特征，所包含的县市有偃师市、巩义市、荥阳市、登封市、新密市、禹州市、新郑市、中牟县、尉氏县、长葛市、许昌市等。处于次冷点地区的县市逐年减少，而处于冷点地区的县市增多。

8.3.3　经济增长速度冷热点分析

上述两种是以静态的经济数据为研究指标，分析了河南省近 15 年的经济发展的数值变化，忽略了经济增长的动态变化。为了进一步研究河南省县域经济的发展，现将对河南省各县市在 2000~2005 年、2005~2010 年、2010~2015 年以及 2000~2015 年的 GDP 增长速度以及人均 GDP 增长速度进行整理与分析，观察经济增长速度的变化趋势。

8.3.3.1　河南省县域人均 GDP 增长速度的冷热点分析

将整理的四个时间段内河南省县域人均 GDP 增长速度利用 Arcgis10.2 的带渲染的热点分析进行计算，得出 z 得分，将计算所得的结果利用自然间断点分级法分成四类后进行地图的可视化，得到图 8-7。

将图 8-7 中的四类冷热点的个数进行整理得出图 8-8 所示柱状图。

从图 8-7a 可看出，2000~2005 年，河南省人均 GDP 增长速度处于热点地区的 25 个县市分布在西部地区，其集聚特征显著；25 个处于次热点地区的县市分布在中部、西部以及北部地区；31 个县市处于次冷点，分布较为分散；27 个冷点地区集中分布在中东部地区与南部地区。

从图 8-7b 可看出，2005~2010 年，较上一个时间段的结果来说，热点地区的数量无太大变化；但部分次热点地区在向东南部地区发生转移，其中以洛阳、安阳、信阳及濮阳等的市管辖范围内的集聚特征较为显著；次冷点

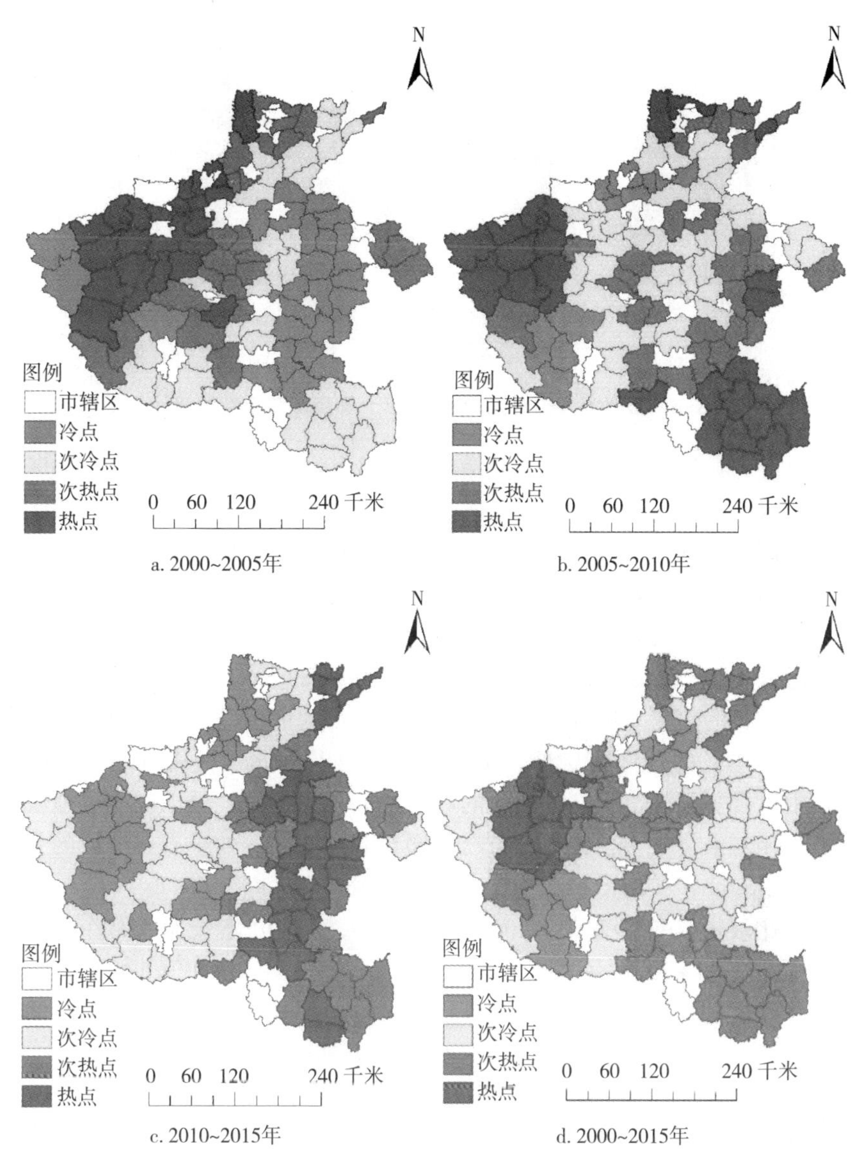

图 8-7 河南县域各时间段人均 GDP 增长速度冷热点分布

地区数量明显增加；冷点地区数量变动更大，减少了 15 个县市，并且都分散地分布。

从图 8-7c 可看出，2010~2015 年，较上一个时间段的结果来说，热点

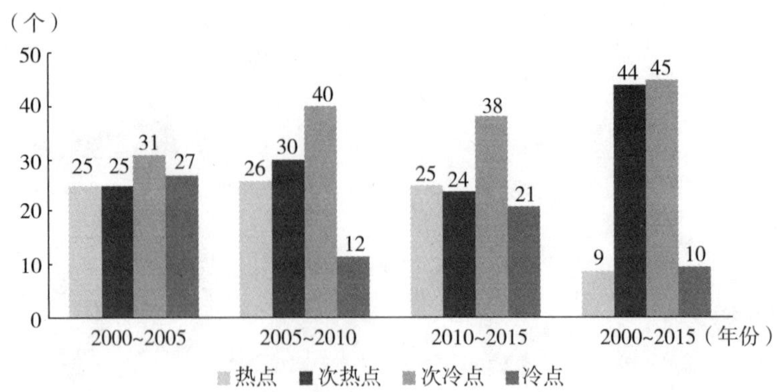

图 8-8 各时间段相对人均 GDP 增长速度冷热点数量统计

以及次冷点的数量无太大变化，但是热点地区从西北部转移到中东部地区以及东部地区，许多次冷点地区转变成热点以及次热点地区，其中热点地区处于濮阳、周口、开封以及驻马店等市管辖范围内，其集聚特征较为显著；且较上一时间段来说，西部的热点地区转变为次冷点甚至是冷点地区，处于冷点地区的县市明显增多。

从图 8-7d 可看出，2000~2015 年，从 15 年的人均 GDP 的增长速度来说，经济增长的热点地区都分布在河南省的西部地区，处于洛阳市管辖范围内；处于次热点的地区在中部、南部、东部以及东北角都有分布，且属濮阳、信阳以及安阳等市管辖范围内的集聚特征较为显著；处于次冷点地区的县市数量相对来说较多，集中分布在东部与北部地区；处于冷点地区的县市的数量相对较少，在南阳和新乡等市管辖范围内。

整体比较图 8-7 会发现，2000~2015 年人均 GDP 增长速度的冷点与热点分布图与 2000~2005 年的冷点与热点分布图较为相似，仅有微小的变动，而对比 2005~2015 年这 10 年内热点与冷点的分布以及处于冷热点地区的县市的数量，能看出河南省县域的人均 GDP 增长速度在逐渐减慢。

将图 8-7 与图 8-3 相比较，相对人均 GDP 的冷热点地区的变化较小，且热点地区聚集在河南省的中部与西部地区，而人均 GDP 增长速度的热点发生了西北地区→东南地区→中东部地区→西北地区的演变，人均 GDP 与人均 GDP 增长速度的变化趋势在整体上来看是不一致的，说明相对人均 GDP 与人均 GDP 的增长速度之间无相关关系，即相对人均 GDP 大的县域其人均 GDP 的增长速度不一定就快，而人均 GDP 增长速度较快的县域其人均 GDP 也不一定就大。

8.3.3.2 河南省县域GDP增长速度的冷热点分析

将整理的四个时间段内河南省县域的GDP增长速度利用Arcgis10.2的带渲染的热点分析进行计算，得出z得分，将计算所得的结果利用自然间断点分级法分成四类后进行地图的可视化，得到图8-9。

将图8-9中的四类冷热点的个数进行整理得出图8-10所示柱状图。

从图8-9a可看出，2000~2005年，河南省GDP增长速度处于热点地区的县市有18个，集中分布在西部地区，具集聚特征显著；15个处于次冷点地区的县市分散分布，处北部的安阳市管辖范围内，集聚特征显著；38个处于次冷点地区的县市在南阳以及信阳市管辖范围内，聚集程度较高；37个处于冷点地区的县市分布在开封、漯河、周口以及驻马店等地区。

从图8-9b可看出，2005~2010年，较上一个时间段的结果来说，热点地区由原本的西北部向东北部方向转移，处于热点地区的县市的数量有少许的减少；35个次热点较上一时间段来说增加了，但依旧分散地分布；次冷点有显著的变化，大部分处于次冷点的地区是由上一时间段的冷点地区转变的；冷点地区的县市数量急剧下降，4个处于冷点地区的县市主要分布在南阳市管辖范围内，说明2005~2010年河南省县域GDP的增长速度在加快。

从图8-9c可看出，2010~2015年，较上一个时间段的结果来说，热点地区由西部及东北部向南部转移；处于次热点地区的县市数量大幅度减少，其中开封和濮阳市管辖范围内的集聚特征较为明显；处于冷点地区的县市增加到27个，其分布的地区由原本的西南部向西北以及中部地区移动；而次冷点分布的地区无太大变动。

从图8-9d可看出，2000~2015年，从这15年GDP的增长速度来说，热点及次热点地区主要分布在西北与南部地区，热点地区与2010~2015年的热点地区基本无变动，而6个处于次热点地区的县市主要在洛阳市管辖范围内聚集；冷点地区较2000~2005年的冷点地区来说无太大变动，主要分布在漯河、新乡、南阳与驻马店市管辖范围内。

整体比较图8-9会发现，2000~2015年GDP增长速度的热点地区与2010~2015年基本无变动，而冷点地区与2000~2005年的冷点地区基本无变动，可以看出来河南省县域GDP的增长速度在不断增加，但冷点地区在这15年内无太大变动。

将图8-9与图8-5相比较，相对GDP的冷热点地区的变化较小，且热点地区聚集在河南省的中部地区，而GDP增长速度的热点发生了西北地区→东北地区→中部及南部地区的演变，GDP与GDP增长速度的变化趋势

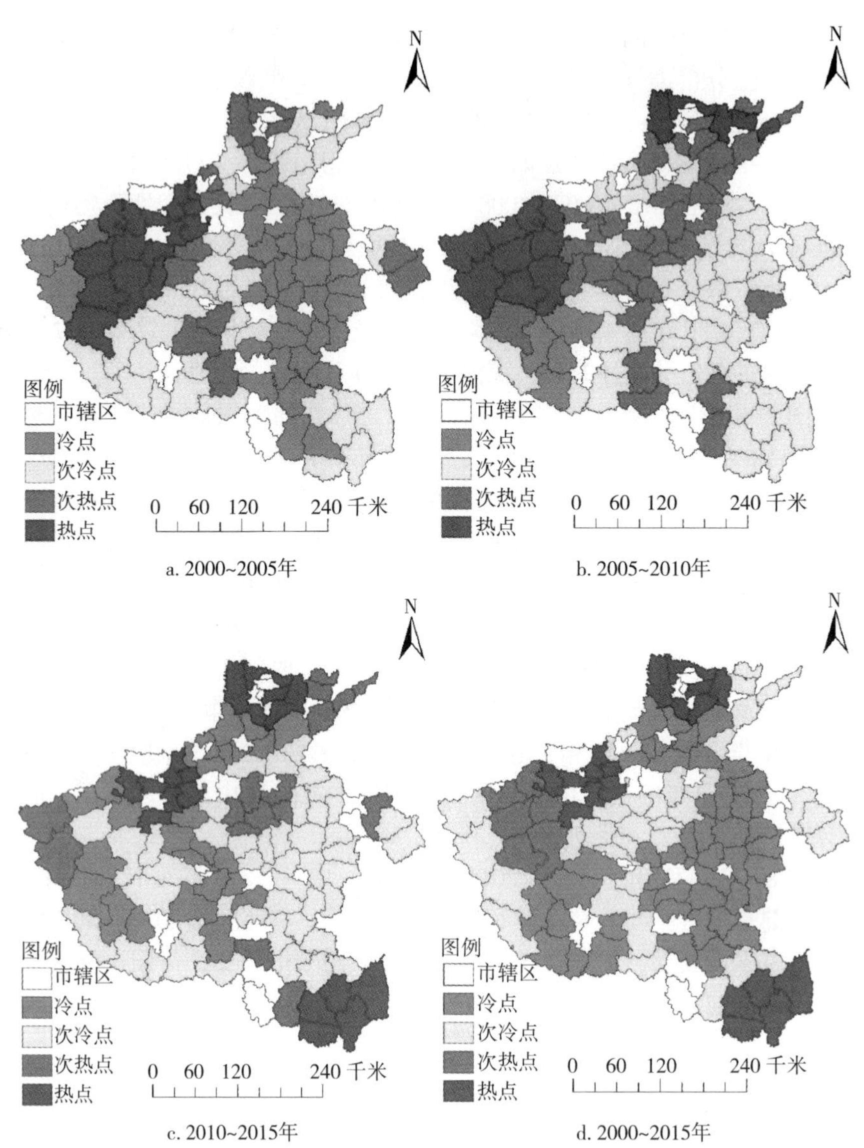

图 8-9 河南县域各时间段 GDP 增长速度冷热点分析

在整体上来看是不一致的，说明 GDP 与 GDP 的增长速度之间没有相关关系，即 GDP 大的地区其 GDP 的增长速度不一定就会快，而 GDP 增长速度较快的地区其 GDP 不一定就会大。

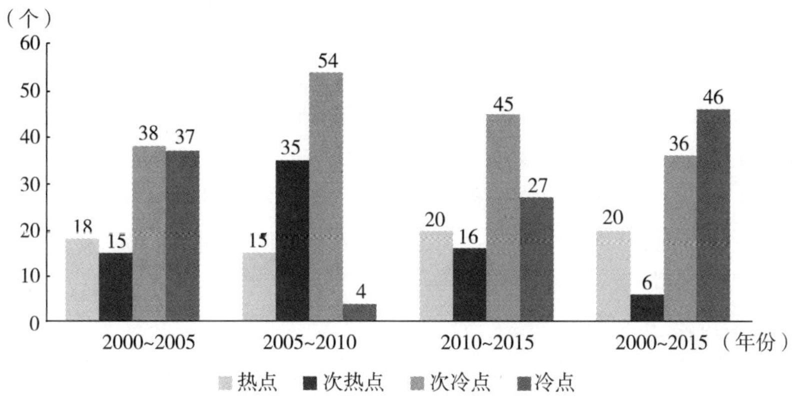

图 8-10　各时间段相对 GDP 增长速度冷热点数量统计

8.3.4　河南省县域经济新增长点研究

上一节中对相对人均 GDP 和人均 GDP 的增长速度、相对 GDP 和 GDP 的增长速度两组数据分析过后得出的总数据进行了分析，发现各个县市的相对 GDP 以及人均 GDP 与其增长速度无相关关系，并不是增长速度快 GDP 就会高，也不是 GDP 高增长速度就会快。现从研究的年份中选取 2000 年以及 2015 年的 GDP 与人均 GDP，选取 2000~2015 年这一段时间内 GDP 与人均 GDP 的增长速度，将两者与之前的冷热点分析结果相对比，进一步研究经济的新增长点。

8.3.4.1　2000~2015 年经济增长点冷热点静态变化

分别以 2000 年以及 2015 年的相对 GDP 以及相对人均 GDP 为数据，对比 2000 年的冷热点与 2015 年的冷热点类型变化，来展现经济总水平的演化趋势，进而找到哪些县市的经济总量水平发生较大变化。

相对人均 GDP 的冷热点变化中，分散分布的 6 个县市向上转移，分别为宜阳县、嵩县、清丰县、襄城县、鄢陵县和新县，28 个县市是向下转移，集中于中部以及西南部地区，而 73 个处于不变位置的县市大部分集中分布在东部地区。

相对 GDP 的冷热点向上转移的 16 个县市分布在西北部、北部以及中部地区，大部分聚集在开封市周围，67 个经济稳定发展的地区处于不变位置，剩下的是 26 个经济发展缓慢的地区，分散分布无集聚特征。

对比相对人均 GDP 和相对 GDP 的冷热点分布变化，发现相对人均 GDP 与相对 GDP 静态的冷热点变化除了部分经济情况稳定为不变的地区，在经济上升与经济下降两部分并无相似点。因此，人均 GDP 较高的地区，该县域的 GDP 不一定就呈上升状态，县域的 GDP 发展快速的地区，其人均 GDP 未必能同时快速发展。

8.3.4.2 2000~2015 年经济增长点冷热点动态变化

计算 2000~2005 年和 2010~2015 年的人均 GDP 增长速度以及 GDP 的增长速度的冷热点类型，然后对比分析经济增长速度的冷热点变化，以研究河南省县域经济增长水平的演变趋势。

2000~2005 年以及 2010~2015 年这两个时间段里，处于人均 GDP 增长速度的冷热点地区的县市发生了很大的变动。在 48 个经济增长速度冷点地区里，有 16 个县市的经济增长水平上升了三个层次，如确山县、西华县、兰考县、杞县等县市的人均 GDP 增长速度从冷点转变为热点；15 个上升了两个层次，如封丘县、中牟县、民权县、宁陵县等从冷点转变为次热点。而清丰县、光山县、范县、濮阳县、南乐县等是从次冷点转变为热点。向上转移的县市近几年的增长速度在不断加快。47 个经济增长速度热点地区里，下降三个层次、两个层次、一个层次的县市数量分别是 11 个、20 个、16 个，下降的层次多说明了经济增长速度在不断的减小。

再来看 GDP 增长速度，经济的动态冷热点处于上升状态的地区骤减，GDP 增长速度向上转移的县市只有 20 个，以洛阳及信阳地区较为集中，大部分人均 GDP 增长速度发展较快的地区其 GDP 增长速度处于不变的状态，但 GDP 增长速度下降的地区也同样是人均 GDP 增长速度下降的地区。

对比人均 GDP 增长速度和 GDP 增长速度发现，鄢陵县、范县、清丰县以及汤阴县等县市虽然经济发展水平都在不断向上转移，但其依旧处于冷点和次冷点地区，然而巩义市、新郑市、中牟县、沁阳市、孟津县、偃师县、孟州市、温县等县市在这 15 年间经济水平长时间处于热点地区，这些地区所在的县市是河南省县域的现有经济增长点。同时，处于河南省东部的商丘市，中部的开封市，中南部的周口、信阳、驻马店以及东北部的濮阳等市辖区，其经济的静态水平虽然较为稳定，没有发生变化，但是其经济增长水平在不断向上转移，其中经济的静态水平处于冷点但经济增长速度的动态水平处于热点的地区就是经济的增长点，有确山县、桐柏县、固始县、潢川县、光山县、商城县、罗山县、台前县、通许县、濮阳县、南乐县、虞城县、新县等。而当经济下降时也就是人均 GDP 处于冷点地区时，该地区的经济增长速度在不断加快的县市有处于西部地区的灵宝市与卢氏县，还有中西部的舞钢市、南召县以及邓州市，在低经济水平下其经济增长的速度不断上升，但舞钢市、灵宝市以及邓州市虽然在经济水平上涨的同时，其经济增长水平也在提高，但依旧处于冷点地区，南召县与卢氏县的经济水平处于冷点地区时，人均 GDP 增长速度与 GDP 增长速度有一项会处于热点地区，所以这两个县也是新增长点县域。

8.4 本章小结

8.4.1 主要结论

（1）相对人均 GDP 与相对 GDP 的冷热点地区演变趋势大致相同，处于北部与中部地区的郑州、三门峡、焦作等地区的县市一直是经济发展的热点聚集度较高，但处于南部以及东南部地区的信阳、驻马店、周口以及商丘等地区一直都是经济发展的冷点聚集度较高，而处于西南部的南阳与中部的漯河也一直是经济发展的冷点或次冷点。濮阳、开封以及洛阳的部分地区，经济发展呈现增长的趋势。

（2）2000~2015 年，人均 GDP 增长速度的冷热点一直在不停地发生演变，其热点发生了西北地区→东南地区→中东部地区→西北地区的演变，而冷点发生了东部与南部地区→中部地区→西部与北部地区→中东部地区的演变；GDP 增长速度的热点发生了西北部地区→西部与东北部地区→南部地区的演变，而冷点与次冷点一直都聚集在西南部与中部以及东部地区，无太大变动。其中，经济发展水平与其经济增长速度水平同时处于热点地区的县域有巩义市、新郑市、中牟县、沁阳市、孟州市、偃师县、孟津县、温县等，这些县市都处于河南省的北部地区，且都围绕郑州市分布，这些县市为河南省县域的现有经济增长点。

（3）结合县域的经济发展水平及其经济增长水平可得出，处于北部与西北部地区的巩义市、新郑市、中牟县、沁阳市、孟津县、偃师县、孟州市、温县等县市在 2000~2015 年经济水平长时间处于热点地区，经济增长水平也处于热点地区，这些县市是河南省县域的现有经济增长点；处于东北部地区的鄢陵县、范县、清丰县以及汤阴县等县市虽然经济发展水平都在不断向上转移，但其依旧处于冷点和次冷点地区；而西南部的南阳与中部的漯河无论是经济的静态还是动态水平都处于冷点地区，这些地区发展较为落后。

（4）处于河南省东部的商丘，中部的开封，中南部的周口、信阳、驻马店以及东北部的濮阳等市辖区，其经济的静态水平较为稳定，无太大变动，但其经济增长水平在15年内不定地发生着向上的转移，其中确山县、潢川县、固始县、光山县、商城县、罗山县、桐柏县、台前县、通许县、濮阳县、南乐县、虞城县以及新县等县市经济的静态水平虽处于冷点地区，但其经济增长的动态水平处于热点地区，这些地区即为河南省县域的经济新增长点；南召县与卢氏县经济的静态水平一直处于冷点地区，但其经济增长的动态水平处于热点地区，这两个县同为河南县域经济的新增长点。且新增长点的县市都处于河南省的边缘地区，南部、东北部与西南部地区均有分布。

8.4.2 政策建议

（1）政府加强对新增长点的县市的扶持与引导工作，积极创新，积极营造新增长点的快速发展的氛围与环境。从一些发达国家的发展历史来看，经济新增长点的发展离不开政府的扶持。政府应充分结合河南省各县域的经济发展特征以及现状制定相关政策以及发展指导意见。河南省的主要产业是传统农业以及传统工业，在拥有大量劳动力的同时，科技创新水平较落后，如果仅仅依靠这些传统的产业来发展县域经济，势必会在经济新常态、全球化的当代经济中被淘汰。并且所有的新增长点县域均处于河南省的边缘地区，可以加大这些县市与周边省份地区的交流，在当地的原有产业上，可考虑适当引进新兴产业，多进行经济合作，要积极、主动地进行产业的创新。

（2）合理地分配资源，适当引进新兴产业。很多现有的经济增长点以及一些经济发展水平较高的地区其资源禀赋丰富，如郑州作为河南省的省会城市，地理位置优越，同时不缺乏资源的优势决定了郑州的经济发展水平高于其他的市，作为郑州的周边城市，如开封、焦作等在郑州的影响下也进一步发展，也就形成了现有的县域经济增长点都围绕在郑州市附近的局面。如商丘、信阳等地区矿产资源较为丰富，可通过工业来提高这些地区的经济实力，但周口、驻马店等地区没有区位及资源优势，便需要政府的支持，合理地分配资源，适当地引进新兴产业。

（3）扶持河南省贫困地区的经济发展，以免造成贫困地区的经济无法发展的情况。河南省的经济还处于空间聚集的过程中，经济空间结构已经形成明显的中心—外围模式，在空间上的聚集逐渐演变成经济中心圈，尤其是一些经济发展水平较高的地区，如郑州、洛阳等城市，其他的地区就变成了外围地区，如信阳、驻马店、南阳、漯河等经济发展水平较为落后的贫困地区，特别是南阳与漯河等市，其经济水平与经济增长速度水平均处于向下转移的状态，这就形成了经济的差异。对于这些贫困地区政府要多加关注，不能只靠经济的增长点地区来带动河南省的经济发展，在发展的同时也要改变贫困地区经济落后的现状，利用周围发展较好的县市，在一些大中县市的辐射带动作用下，用个别经济发展水平较高的县市地区来带动外围地区及贫困地区经济的发展，为外围地区提供经济发展的动力以及资源，以此来防止河南县域经济差异进一步加大。

9 河南省区域经济增长俱乐部趋同分析及预测

9.1 区域经济增长俱乐部趋同研究现状

区域经济增长俱乐部趋同是指在经济增长的初始条件和结构特征等方面都相似的区域之间发生的相互趋同，它主要用来描述区域经济增长总体上趋异而局部趋同的现象。国内外在对区域经济增长俱乐部趋同假说进行检验时采用的方法大致可划分为参数分析方法和非参数分析方法两类。参数分析方法主要有两类：第一类包括横截面回归、面板数据分析、单位根检验等传统的计量方法；第二类是空间计量等方法。增长分布方法主要包括马尔科夫链、空间马尔科夫链等，这是第二类的非参数分析方法。参数分析方法存在变量的内生性和个体效应无法避免等问题。另外，对于趋同而言，最重要的是研究不同区域之间的趋同，而不是某一区域向自己的稳定状态趋同。所以，β 系数为负，是趋同的必要但非充分条件，因此，此类研究常常会陷入高尔顿谬论。而非参数分析方法能够较好地刻画整体和局部的增长分布动态，该方法最早由 Quah 提出，Quah 认为 β 系数和 σ 系数提供的是整体的分布，马尔科夫链等增长分布方法能够刻画不同截面的分布及其演变。

近年来，郑州被批准成立综合保税区，郑州乃至河南省的对外开放将迈上一个新的台阶，取得更快速的发展；但是，河南存在这样一种现象，即贫困的地区越来越贫困，富裕的地区越来越富裕，它们各自形成不同的俱乐部，内部差异缩小，之间的差距扩大。因此，实现区域之间的协调发展越来越被关注。区域经济增长俱乐部趋同的研究能够准确地判断不同趋同俱乐部间经济增长的异质性，进而针对性地分析不同趋同俱乐部经济增长的影响因素，从而有利于缩小区域经济差异，促进区域的协调发展。

经历 20 多年的发展，非参数分析方法由最初的马尔科夫链发展到空间马尔科夫链，以及随后经过改进的核密度估计方法，并由不加权重的分析发展到利用人口或 GDP 比重作为权重的分析。Herrerías（2012）利用动态分布方法分析了中国 28 个省市 1952~2008 年劳动生产率、资本密度及 TFP 等的趋同行为，研究发现中国的 TFP 存在两个趋同俱乐部。陈培阳、朱喜钢（2013）采用马尔科夫链和空间马尔科夫链统计方法，发现中国区域经济增长存在明显的俱乐部趋同，并出现空间极化现象，而且俱乐部趋同稳定性强弱具有地带分异特征。陶晓红、齐亚伟（2013）依据加权空间马尔科夫链的分析，探索中国区域经济增长过程中的时空动态演变。李建等（2014）基于空间马尔科夫链对新疆产业结构的时空动态演变特征进行研究。

综观现有研究，现有研究方法忽视了时间维度和空间维度的耦合。事实上，一方面，区域经济的增长不仅与当期的指标有关，还与前几期的指标有关，因此，存在时间自相关性。另一方面，区域的经济增长不仅仅与其本身有关，还与其周围的邻居有关，因此，存在空间自相关性。马尔科夫链侧重时间方面的自相关，而空间马尔科夫链侧重空间方面的自相关，因此，亟须将时间维度和空间维度结合起来，即进行时空加权分析。

本章根据河南省区域经济增长中存在的空间依赖性和时间自相关性，将河南省区域经济增长的空间特征和时间特征结合起来，在传统马尔科夫链中引入空间效应，并利用区域经济增长的自相关系数和局部 Moran's I 指数作为时空权重加以校正，构建了加权空间马尔科夫链，进而研究河南省区域经济增长过程中的时空动态演变特征。其突出特点主要表现在以下几个方面：一是对比分析间隔一年、三年及五年河南县域经济增长过程中俱乐部趋同的时间和空间动态演变特征，而我国大部分学者基本上都是以一年为时间间隔进行研究；二是结合区域经济增长的空间特征和时间特征，基于时空特征研究我国区域经济增长的俱乐部趋同演变趋势；三是结合区域经济发展过程中伴随的时间自相关性和空间自相关性，对未来几年河南县域的趋同俱乐部类型进行合理的预测。

9.2 地理邻居与经济邻居

地理邻居即为地理位置毗邻区域，某一县域的地理邻居多为其周边县域。而经济邻居为经济上来往密切、互动频繁的区域，且某县域 A 的经济增长的源泉之一是县域 B 的经济发展。

地理邻居的识别即在地理位置上产生交界，某一县域 A 的各个方向都有其他县域，并且县域 A 与这几个县域产生地理边界（县域边界），那么这几个县域称为县域 A 的地理邻居。

经济邻居的识别基于 Granger 因果分析法，以河南为例，对河南 108 个县域在经济空间上的邻居进行识别。格兰杰因果关系分析是分析经济变量之间的因果关系，在时间序列下，两个经济变量 X、Y 之间的格兰杰因果关系定义为：若在包含了变量 X、Y 的过去信息的条件下，对变量 Y 的预测效果要优于只单独由 Y 的过去信息对 Y 进行的预测效果，即变量 X 有助于解释变量 Y 的将来变化，则认为变量 X 是引致变量 Y 的格兰杰原因。

$$Y_t = \sum_{i=1}^{m} \alpha_i X_{t-i} + \sum_{i=1}^{m} \beta_i Y_{t-i} + \mu_{1t}$$

$$X_t = \sum_{i=1}^{m} \lambda_i Y_{t-i} + \sum_{i=1}^{m} \delta_i X_{t-i} + \mu_{2t}$$

其中，X 对 Y 有单向影响：α 整体不为零，而 λ 整体为零。Y 对 X 有单向影响：λ 整体不为零，而 α 整体为零。Y 与 X 间存在双向影响：α 和 λ 整体不为零。Y 与 X 间不存在影响：α 和 λ 整体为零。对识别结果进行整理，梳理出河南 108 个县域的经济邻居，由于篇幅限制，随机选取部分县域进行展示，有兴趣可向笔者索要，见表 9-1。

表 9-1　河南县域经济邻居

县域	经济邻居
安阳县	清丰县、长垣县、栾川县、卢氏县、淮阳县、镇平县、桐柏县、汝南县、正阳县、淮滨县、息县、潢川县、太康县、舞钢市
汤阴县	博爱县、武陟县、栾川县、夏邑县、柘城县、巩义市、襄城县、桐柏县、西平县
内黄县	安阳县、封丘县、伊川县、嵩县、义马市、汝州市、鄢陵县、镇平县、正阳县、尉氏县、登封市、黄山县
滑县	伊川县、灵宝市
淇县	台前县、孟州县、潢川县

9.3　相关研究方法

9.3.1　马尔科夫链

马尔科夫链是随机过程的一个特例，是一种时间和状态均为离散的马尔科夫过程，专门研究在无后效条件下时间和状态均为离散的随机转移问题。许多地理和区域经济现象演变过程的状态转移都具有无后效性特征。因此，马尔科夫链是分析区域经济增长俱乐部趋同问题的有效方法。人们所考虑的随时间推移而随机变化的实际系统，常常是知道了现在的状态，但系统将来的演变和过去的状态是独立无关的。按照系统的发展，一般时间可离散化为 $t=1, 2, 3, \cdots, n$；对于每个 t，描述系统的状态也可以离散化为 1，2，3，…，n；从 t 时刻状态 i 转到 $t+1$ 时刻状态 j 的概率为 p_{ij}；在 t 时刻，状态处于 s_j 的概率是 $a_i(t)$，那么有：

$$a_i(t+1)=\sum_{j=1}^{n}a_i(t)p_{ij}(i=1, 2, 3, \cdots, n) \tag{9-1}$$

即 $t+1$ 时刻系统各要素所处状态的概率只与 t 时刻所处的概率和转移的概率有关，而与 t 时刻以前的状态无关。

在应用马尔科夫链过程中，首先将地区人均 GDP 离散化为 K 种类型，然后计算相应类型的概率分布及其年际变化，近似逼近区域演变的整个过程。通常将 t 年份地区人均 GDP 类型的概率分布表示为一个 $1\times K$ 的状态概率向量 $M(t)$，记为 $M(t)=[M_1(t), M_2(t), M_3(t), \cdots, M_n(t)]$，而不同年份区域人均 GDP 类型之间的转移可以用一个 $K\times K$ 的马尔科夫转移概率矩阵来表示，如表 9-2 所示。

表 9-2 马尔科夫转移概率矩阵（$k=4$）

t_i/t_{i+1}	低收入	中低收入	中高收入	高收入
低收入	m_{11}	m_{12}	m_{13}	m_{14}
中低收入	m_{21}	m_{22}	m_{23}	m_{24}
中高收入	m_{31}	m_{32}	m_{33}	m_{34}
高收入	m_{41}	m_{42}	m_{43}	m_{44}

元素 m_{ij} 表示 t 年份属于类型 i 的区域在下一年份转移到 j 类型的一步转移概率，并采用如下公式估计：

$$m_{ij}=\frac{n_{ij}}{n_i} \tag{9-2}$$

其中，n_{ij} 表示在整个研究期间，t 年份属于 i 类型区域在 $t+1$ 年份属于 j 类型的区域数量之和；n_i 是所有年份中属于类型 i 的区域出现次数之和。如果某个区域的人均 GDP 在初始年份为 i 类型，在下一年份仍保持不变，则区域的类型转移为“平稳”；如果某个区域的人均 GDP 类型提高，则定义为该区域的类型转移为“向上转移”；反之，为“向下转移”。

9.3.2 空间自相关分析

空间自相关是空间地理数据的重要性质，当某个变量的相似性在空间上集聚在一起的时候，就表现为正的空间自相关性；而当某个变量的差异性在空间上集聚在一起的时候，就表现为负的空间自相关性。计算空间自相关的方法和统计量有很多，如 Gerry C、Moran's I 系数等。本章采用普遍的 Moran's I 系数来度量区域空间自相关性，其计算公式为：

$$I = \frac{n}{\sum_{i=1}^{n}(y_i - \bar{y})^2} \frac{\sum_{i=1}^{n}\sum_{j=1}^{n} w_{ij}(y_i - \bar{y})(y_i - \bar{y})}{\sum_{i=1}^{n}\sum_{j=1}^{n} w_{ij}} \tag{9-3}$$

其中，w 为权重矩阵，y_i为第 i 单元上的观测值，$\bar{y}$ 为观测变量在 n 个单元中的均值。将上式简化，则写成矩阵的形式：

$$I = \frac{n}{\sum_{i}\sum_{j=1}^{n} W_{ij}} \frac{Y^T WY}{Y^T Y} \tag{9-4}$$

将式（9-4）写成：

$$I = \left(\frac{n}{s_0}\right) \frac{\sum_{i=1}^{n}\sum_{j=1}^{n} w_{ij} x_i y_j}{\sum_{i=1}^{n} x_i^2} \tag{9-5}$$

其中，w 为权重矩阵。

$$s_0 = \sum_{i=1}^{n}\sum_{j=1}^{n} w_{ij} \tag{9-6}$$

另外，定义空间权重矩阵的方法有多种，包括依据空间的相邻性、依据空间距离等。本章依据一阶 Rook 原则建立空间权重矩阵，把共享边界的单元定义为近邻，两个单元共享边界，则权重矩阵的元素 $w_{ij}=l$，否则 $w_{ij}=0$，即：

$$w_{ij} = \begin{cases} 1，区域 i 和 j 相邻接 \\ 0，其他 \end{cases} \tag{9-7}$$

本章将观测值与求得的 Moran's I 值做散点图，将整个区域划分为 4 个象限：H-H 象限，即高收入的区域与高收入的邻居区域（共同富裕）；L-L 象限，即低收入的区域与低收入的邻居区域（贫困陷阱）；H-L 象限，即高收入的区域与低收入的邻居区域（极化型区域分异）；L-H 象限，即低收入的区域与高收入的邻居区域（逆极化型区域分异）。

其中，H-H 和 L-L 表示正的空间自相关性，即相似性特征集聚在一起；相反，L-H 和 H-L 表示负的空间自相关性，即差异性特征集聚在一起。

9.3.3　空间马尔科夫链

空间马尔科夫链是传统马尔科夫链方法与“空间滞后”这一概念相结合的产物。空间马尔科夫链概率矩阵以区域 i 在初始年份的空间滞后类型为条件，将传统的 $K\times K$ 阶马尔科夫矩阵分解为 N 个 $k\times k$ 的条件转移概率矩阵。对于第 n 个条件矩阵而言，元素 m_{ij}/n 表示区域在 t 年份空间滞后类型为 n 的条件下，该年份属于类型 i 而在下一年份转变为类型 j 的转移概率。即以一个空间滞后量作为条件，探讨区域类型转移的条件概率。本章把空间滞后同样分为四种类型，划分标准与前述区域人均 GDP 类型的划分标准一致。

表 9-3 可用于分析在不同区域背景条件下，一个区域经济发生类型转移的可能性。例如，要考察欠发达邻居区域环境对区域类型转移的影响，可以分析表 9-3 中空间滞后类型为 I 的条件矩阵。类似的还可以分析其他邻居区域环境对区域经济类型转移的影响。

表 9-3　空间马尔科夫转移概率矩阵（$k=4$）

空间滞后	t_i/t_{i+1}	低收入	中低收入	中高收入	高收入
I	低收入	$m_{11/1}$	$m_{12/1}$	$m_{13/1}$	$m_{14/1}$
	中低收入	$m_{21/1}$	$m_{22/1}$	$m_{23/1}$	$m_{24/1}$
	中高收入	$m_{31/1}$	$m_{32/1}$	$m_{33/1}$	$m_{34/1}$
	高收入	$m_{41/1}$	$m_{42/1}$	$m_{43/1}$	$m_{44/1}$
Ⅱ	低收入	$m_{11/2}$	$m_{12/2}$	$m_{13/2}$	$m_{14/2}$
	中低收入	$m_{21/2}$	$m_{22/2}$	$m_{23/2}$	$m_{24/2}$
	中高收入	$m_{31/2}$	$m_{32/2}$	$m_{33/2}$	$m_{34/2}$
	高收入	$m_{41/2}$	$m_{42/2}$	$m_{43/2}$	$m_{44/2}$
Ⅲ	低收入	$m_{11/3}$	$m_{12/3}$	$m_{13/3}$	$m_{14/3}$
	中低收入	$m_{21/3}$	$m_{22/3}$	$m_{23/3}$	$m_{24/3}$

续表

空间滞后	t_i/t_{i+1}	低收入	中低收入	中高收入	高收入
Ⅲ	中高收入	$m_{31/3}$	$m_{32/3}$	$m_{33/3}$	$m_{34/3}$
	高收入	$m_{41/3}$	$m_{42/3}$	$m_{43/3}$	$m_{44/3}$
Ⅳ	低收入	$m_{11/4}$	$m_{12/4}$	$m_{13/4}$	$m_{14/4}$
	中低收入	$m_{21/4}$	$m_{22/4}$	$m_{23/4}$	$m_{24/4}$
	中高收入	$m_{31/4}$	$m_{32/4}$	$m_{33/4}$	$m_{34/4}$
	高收入	$m_{41/4}$	$m_{42/4}$	$m_{43/4}$	$m_{44/4}$

此外，通过比较马尔科夫转移概率矩阵中的元素（见表 9-2）和空间马尔科夫转移概率矩阵中的对应元素（见表 9-3），可以了解一个区域经济类型变动与邻居区域环境之间的关系，探讨区域背景对区域经济类型转移的影响。例如，若 $m_{12}>m_{12/1}$，则表示一个区域（不考虑邻居的情况）由低水平状态转移到中低水平状态的概率，大于它以低水平为邻居区域时的转移概率；若 $m_{12}<m_{12/2}$，则表示一个区域（不考虑邻居的情况）由低水平转移到中低水平的概率，小于以高水平区域为邻居时的概率。

9.3.4 时空加权分析

利用时间相关系数和空间自相关系数构建一个时空权重，然后，在这个时空权重的基础上分析马尔科夫转移概率。本章采用局部 Moran's I 指数来检验局部河南各县域的空间自相关性，该指数的计算公式如下：

$$I_{it} = \frac{(x_{it} - \bar{x})}{S^2} \sum_{j=1}^{J} \omega_{ij}(x_{jt} - \bar{x}) \tag{9-8}$$

其中，I_{it}表示第 i 个县域第 t 年的局部 Moran's I 指数，j 为所有与 i 县域相邻的县域（J 为其总数），ω_{ij}表示空间权重矩阵的第 i 行第 j 个元素。本章采用的空间权重矩阵是简单的邻近矩阵：

$$S^2 = \frac{1}{n} \sum_{i=1}^{n} (x_i - \bar{x})^2 \tag{9-9}$$

$I_{it} = [I_{i1}, I_{i2}, \cdots, I_{iT}]$ 表示河南省各县域的空间自相关系数，那么，i 县域的马尔科夫链的时空权重 η_i 的计算如下：

$$\eta_i = I_{it} \times \rho_{ik} = [I_{i1}, I_{i2}, \cdots, I_{iT}] \times [\rho_{1k}, \rho_{2k}, \cdots, \rho_{nk}]^T \tag{9-10}$$

在实际计算时需要将η_i进行归一化处理，即$\gamma_i = \frac{|\eta_i|}{\sum_{k=1}^{K}|\eta_i|}$，$K$为计算时间自相关时的最大滞后阶数。此外，利用时空加权马尔科夫转移概率矩阵还可进行预测分析，即预测某县域下一期趋同俱乐部的演变趋势。假设预测i县域初始状态为m，其所属的空间滞后类型为q，那么下一期的转移概率向量为：

$$p_{m|q} = [p_{m1|q}(k), p_{m2|q}(k), \cdots, p_{mQ|q}(k)] \tag{9-11}$$

其中，Q为空间滞后类型的总数，其中的第g个元素$p_{mg|q}(k)$的计算公式为：

$$p_{mg|q}(k) = \sum_{g=1}^{Q}\gamma_i p_{mg|q}(k) \tag{9-12}$$

转移概率最大的值，即$\max p_{mg|q}(k)$为该地级市最可能的变化趋势。

9.4　河南省区域经济增长趋同分析

9.4.1　地理邻居下俱乐部趋同演变的基本特征

采用均等划分法，逐年将河南108个县域相对人均收入划分为五类，并对逐年的临界值进行均值处理，得到最终的划分标准，并将1995~2015年河南108个县域相对人均收入趋同分为五个俱乐部：低水平（0~0.582）、中低水平（0.582~0.723）、中等水平（0.723~0.923）、中高水平（0.923~1.422）、高水平[①]（>1.422）。由于篇幅限制，选择1995年、2000年、2005年、2010年、2015年五年为时间节点（间隔五年），对河南县域经济趋同现象进行分析，发现：

（1）河南县域经济发展水平类型变动较明显。其中低水平县域1995~2000年减少7个，但在2005年低水平县域增加至27个，2005年后有所减少，但保持低水平不动的有宜阳县、嵩县、郸城县、商水县、沈丘县、上蔡县、平舆县、息县、新蔡县、鲁山县10个县域，而在2000~2005年维持低水平类型的县域有滑县、封丘县、郸城县、商水县、沈丘县、上蔡县、平舆县、淮滨县、息县、新蔡县、鲁山县11个县域；中低水平、中等水平县域

① 本书研究县域层面数据，不包括省内地市辖区经济指标；济源市由于行政区划变更原因，此县域数据不完整，因此不包含济源市经济指标。

有所变动，数量不大，但维持原经济水平的县域较少，多在低水平—中低水平—中等水平间来回变动。

（2）1995~2000 年，维持中低水平类型的县域只有台前县、范县、濮阳县，而在中等水平县域类型中，维持不动的县域有 8 个，其余 17 个都为其他类型转变而来，2000~2015 年，中低水平与中等水平县域维持不动的情况基本如此；中高水平—高水平县域较为稳定，大部分维持原经济发展水平，其中，1995~2000 年中高水平县域类型个数有所增长，但在 2000 年后趋于平稳且变动的县域数量不多，但高水平经济类型的县域维持原基本经济类型的占比达到 50%以上，此类型中相对最稳定的县域有新郑市、巩义市、新密市、中牟县等县域。

（3）从空间上看，1995~2015 年河南低水平经济类型县域主要分布在豫东南以及豫西地区，2005 年豫东南地区低水平经济类型县域明显增多，但至 2015 年河南低水平经济类型县域相对减少，且分布较为零散；中低水平类型县域多分布于豫南地区、豫北边缘以及豫东边缘，且类型变动较为明显；中等水平县域分布较为零散，并且此类型县域多在中低—中等—中高水平变动，较为明显的地区如邓州市、淅川县等豫西南地区；中高水平以及高水平地区以郑州市等省直辖市为核心向边缘分布，如巩义市、新密市、新郑市等，而中高水平围绕高水平地区分布，呈明显的边缘递减现象。

通过将河南 108 个县域经济划分为五个俱乐部类型进行研究，选取 1995 年、2000 年、2005 年、2010 年、2015 年为时间节点，对河南县域相对人均 GDP 的马尔科夫转移概率矩阵进行计算，结果如表 9-4 所示。

表 9-4 马尔科夫概率转移矩阵

	低水平	中低水平	中等水平	中高水平	高水平
低水平	0. 581	0. 326	0. 047	0. 023	0. 023
中低水平	0. 198	0. 440	0. 264	0. 099	0. 000
中等水平	0. 107	0. 238	0. 429	0. 179	0. 048
中高水平	0. 034	0. 045	0. 124	0. 652	0. 146
高水平	0. 025	0. 025	0. 013	0. 165	0. 772

表 9-4 中转移概率矩阵对角线上的元素表示某县域 1995~2015 年的相对人均收入水平保持不变的概率，非对角线上的元素为某一县域由某一类型俱乐部转移为另一种类型俱乐部的概率。由表 9-4 可以看出：

（1）河南 108 个县域维持低水平俱乐部类型的概率为 0.581，保持中低水平类型的概率为 0.44，保持中等类型的概率为 0.429，保持中高水平的概率为 0.652，保持高水平的概率为 0.772。对比发现，维持高水平类型的概率最大，说明高水平类型县域中，维持原状态发展的概率较大；其次是中高水平；而维持中等水平的概率最小，说明中等类型县域经济在发展过程中较容易发生转移，转移为中低水平的概率较大，为 0.238，转移为高水平的概率较小，为 0.048。中高水平类型中向高水平类型转移的概率较大，为 0.146，其次是向中等类型转移。中低类型县域中向中等水平转移的可能性较大，也有可能向低水平类型转移，但不会向高水平类型转移。

（2）省内县域经济发展两极分化。从低水平以及中低水平来看，省内县域稳定在中等水平以下的概率为 0.907，说明省内县域经济处于低水平以及中低水平的个数较为稳定，反映出低水平以及中低水平县域经济发展较为缓慢；而稳定在高水平以及中高水平的概率为 0.937，反映出省内县域经济水平较好的地区较为稳定。省内县域经济发展两极分化较为严重。

（3）中等水平县域经济发展不稳定。从中等水平元素看，河南经济水平稳定处于中等类型的较少，并且有向中低水平转移的趋势，甚至有可能转移为低水平类型，而向高水平转移的概率较小。

9.4.2　经济邻居与地理邻居的对比

由表 9-1 得出，河南 108 个县域在经济空间上的邻居，与传统的地理邻居不一样。安阳县在地理意义上的邻居为林州市、汤阴县、内黄县，但经过格兰杰因果分析后，发现在经济空间上，安阳县的邻居为清丰县、长垣县、栾川县、卢氏县、淮阳县、镇平县、桐柏县、汝南县、正阳县、淮滨县、息县、潢川县、太康县、舞钢市。这说明在经济空间中，安阳县与这些县域存在经济因果关系，根据因果系数计算结果，安阳县与汝南县、正阳县的经济因果关系相对较大，与桐柏县因果关系较小，其他县域也存在同样的情况。不难得出，经济空间上的邻居与传统地理意义上的邻居不同，并且部分县域在经济空间上的邻居远远多于地理意义上的邻居个数，但也存在经济邻居数量少于地理邻居数量的情况。以交通经济为例，本节收集河南 108 个县域间大巴班次对经济邻居进行说明（见表 9-5，由于篇幅限制，随机选取一部分县域进行说明，有兴趣的读者可向笔者索要）。

表 9-5　河南县域大巴通勤班次

出发地	到达地
安阳县	清丰县、长垣县、淮阳县、镇平县、桐柏县、汝南县、正阳县、潢川县、太康县、舞钢市、淇县、浚县、台前县、濮阳县、卫辉市、获嘉县、修武县、博爱县
浚县	安阳县、汤阴县、内黄县、淇县、南乐县、濮阳县、卫辉市、长垣县、修武县、博爱县、沁阳市、开封县、新乡县
内黄县	安阳县、嵩县、汝州市、鄢陵县、镇平县、正阳县、尉氏县、登封市
长垣县	安阳县、汤阴县、浚县、南乐县、卫辉市、封丘县、延津县、获嘉县、原阳县、修武县、博爱县、武陟县、温县、沁阳市、孟州县、新安县
修武县	安阳县、汤阴县、淇县、南乐县、获嘉县、原阳县、博爱县、武陟县、沁阳市、孟州县、民权县、宁陵县、开封县、兰考县、新乡县

交通大巴层面，安阳县、浚县、内黄县、长垣县、修武县均反映出跨地理周边地区通勤。根据格兰杰计算结果，对河南 108 个县域经济邻居进行分析后发现：第一，河南县域经济邻居的经济水平类型分布较为零散，并且各个经济类型的县域邻居个数相差不大，但县域邻居经济为低水平的个数仍然最多，说明河南整体县域经济类型中低水平县域个数较多，其次是中低水平，高水平县域邻居个数相对县域高水平类型增多。第二，县域经济邻居为中低水平—中等水平—中高水平的占大多数，并且变动较为明显。第三，整体上看，县域经济邻居经济水平分布呈“相间”状，低水平县域邻居以围绕中低水平—中等水平县域邻居居多，中低水平—中等水平县域邻居则围绕中高水平—高水平类型县域邻居。

将河南传统县域经济类型与经济邻居经济类型进行对比，以起始与结束的状态为例，不难发现：

（1）河南县域经济水平与县域经济邻居水平相关性较大，且县域经济水平与经济邻居县域经济水平不协调。1995 年河南省 108 个县域中，有 20 个县域经济类型为低水平，24 个中低水平，25 个中等水平，20 个中高水平，19 个高水平；1995 年河南县域经济邻居中，23 个县域邻居为低水平，25 个中低水平，25 个中等水平，20 个中高水平，15 个高水平。从数量上看，1995 年河南县域经济水平类型与县域经济邻居经济水平有差别，低水平类型县域中邻居个数比低水平经济类型个数少，但高水平类型县域中县域经济类型个数多于高水平县域经济邻居个数，反映出省内县域低水平较多，且低水平县域邻居很有可能同样为低水平，而高水平县域经济类型不多，并且高水平经济类型县域经济邻居为高水平的概率较低，说明省内县域经济发展较好地区，未充分辐射经济邻居，带动力度不强。

（2）部分县域以及县域经济邻居维持同等水平。县域经济水平类型中，嵩县为低水平，而在县域经济邻居类型中，嵩县经济邻居同样为低水平，沈丘县、商水县也出现同样的状况，反映出嵩县、沈丘县、商水县在经济发展过程中，与比其经济发展水平高的县域经济连续性不够，同时自身经济发展较落后。

（3）部分县域经济水平类型低于其经济邻居县域经济水平。宜阳县、洛宁县、汝阳县、泌阳县、西华县、夏邑县、郸城县、正阳县、汝南县、柘城县 10 个县域经济类型为低水平，但其经济邻居县域经济水平类型都比该县域经济水平类型高，说明宜阳县等 10 个县域与其经济邻居具有较弱的经济联系强度，尤其是泌阳县，经济类型为低水平，但经济邻居县域经济类型为中高水平，在未来发展中，泌阳县应注重增强与经济邻居县域的经济联系。这种情况不仅在低水平经济类型县域中存在，在中低水平、中等水平甚至中高水平县域中同样存在。中低水平类型县域中，卢氏县、舞钢市、罗山县、新县、虞城、濮阳县、杞县、太康县等县域的经济邻居水平均比该县域经济水平类型高，中等水平类型县域中内乡县、淅川县、舞阳县、扶沟县等县域也存在相似的情况。

（4）在中高水平、高水平类型县域中，出现与中等水平类型县域相反的现象。汝州市、禹州市、巩义市、林州市、新郑市、项城市等县域本身经济水平类型高于该县域经济邻居经济类型，说明汝州市等县域在经济发展中，对经济邻居县域经济具有虹吸效应，但经济辐射力度不够，对经济邻居县域经济带动力较小。以上现象在 2015 年中同样出现，低水平经济类型县域中桐柏县、潢川县等，中低水平经济类型县域中镇平县、西峡县、卢氏县等，中等水平经济类型县域中内乡县等，中高水平经济类型县域中泌阳县等均比其经济邻居县域经济类型低，但在 2015 年，河南省县域出现经济水平类型与经济邻居县域经济水平类型相同的较多，如林州市、沁阳市、新密市、巩义市、陕县、原阳县、封丘县等，低水平—邻居低水平减少，高水平—邻居高水平以及中高水平—邻居中高水平县域增加，反映出省内经济发展趋势向好。

9.4.3 空间关系分析

首先，计算地理邻居下的河南 108 个县域经济增长的空间马尔科夫转移概率矩阵（见表9-6）。

表9-6 地理邻居下河南县域经济增长空间马尔科夫转移概率矩阵

空间滞后	t_i/t_{i+5}	低水平	中低水平	中等水平	中高水平	高水平
低水平	低水平	0.662	0.296	0.042	0	0
	中低水平	0.214	0.375	0.286	0.125	0
	中等水平	0.143	0.238	0.429	0.119	0.071
	中高水平	0	0.077	0.128	0.641	0.154
	高水平	0	0	0	0.214	0.786
中低水平	低水平	0.586	0.293	0.052	0.069	0
	中低水平	0.319	0.435	0.217	0.029	0
	中等水平	0.177	0.258	0.339	0.145	0.081
	中高水平	0.029	0.029	0.294	0.5	0.147
	高水平	0	0	0.44	0.16	0.4
中等水平	低水平	0.48	0.48	0.04	0	0
	中低水平	0.276	0.345	0.276	0.103	0
	中等水平	0.111	0.244	0.4	0.222	0.022
	中高水平	0	0.075	0.094	0.717	0.113
	高水平	0	0	0	0.192	0.808
中高水平	低水平	0.7	0.2	0.1	0	0
	中低水平	0.233	0.4	0.233	0.133	0
	中等水平	0.087	0.283	0.391	0.217	0.022
	中高水平	0.019	0.019	0.13	0.685	0.148
	高水平	0	0	0	0.167	0.833
高水平	低水平	0.3	0.6	0.1	0	0
	中低水平	0.231	0.231	0.385	0.154	0
	中等水平	0.071	0.214	0.357	0.357	0
	中高水平	0	0	0.026	0.763	0.211
	高水平	0	0	0.015	0.179	0.806

由表9-6可知，在传统地理邻居作用下，低水平县域随着邻居县域经济水平的变化，维持在低水平的概率逐渐减小；而中低水平、中等水平、中高

水平县域无论以何种经济类型县域为邻居，维持在原状态的概率均不超过0.5，反映出中低水平、中等水平、中高水平不稳定；高水平经济类型县域相对较稳定，稳定概率为0.8左右，但在以中低水平县域为邻居时，高水平县域向中等水平转移的概率较大。主要结论有：

（1）地理邻居对低水平县域经济发展具有一定的影响。在以低水平县域为地理邻居时，低水平县域经济发展水平稳定在低水平的概率为0.662，在以中低水平县域为地理邻居时，低水平县域经济发展水平维持在低水平的概率为0.586，在以中等水平县域为地理邻居时，低水平县域经济发展水平稳定的概率为0.48，但在以中高水平县域为地理邻居时，低水平县域经济发展水平维持不变的概率为0.7。反映出，低水平县域经济稳定概率随着周围经济邻居的经济水平提高有所减小，但以中高水平为邻居时，继续维持在低水平的概率较大，反映出地理邻居对低水平县域经济发展影响不平衡。

（2）中低水平以及中等水平县域经济不稳定，发生转移概率较大。中低水平县域在以低水平县域为地理邻居时，维持在中低水平的概率为0.375，在以中低水平县域为地理邻居时，稳定概率为0.435，在以中等水平县域为地理邻居时，稳定概率为0.345，同样，在以中高水平、高水平县域为地理邻居时，稳定概率均小于0.5；这种情况在中等水平县域中同样出现，中等水平继续维持原状态的概率依次为0.429、0.339、0.4、0.391、0.357。中低水平县域向低水平、中等水平经济类型转移的概率相对平衡，但在以中低水平县域为地理邻居时，中低水平县域向低水平转移的概率较大，为0.319，在以高水平县域为地理邻居时，中低水平县域向中等水平转移的概率较大，为0.385；而中等水平县域只有在以高水平县域为地理邻居时，向中高水平转移的概率大于向中低水平转移的概率。以上反映出，地理邻居对县域经济发展的影响不强，只有在等级差距较大时，原有县域经济才有可能向上转移。

（3）中高水平、高水平县域经济发展相对较稳定，但受地理邻居影响，发生转移的趋势不同。中高水平县域在以比自身经济水平低的县域为邻居时，向中等水平转移的概率大于向高水平转移的概率，但在以高水平县域为地理邻居时，向高水平转移的概率较大。而高水平县域在以低水平县域为地理邻居时，向中高水平县域转移的概率最大，在以其他类型经济水平县域为地理邻居时，向中高水平转移的概率较稳定。

根据表9-1计算得到的河南108个县域间空间经济因果系数，对引入经济邻居的河南省县域重新进行计算，并划分经济类型，得到经济邻居下县域经济增长的空间马尔科夫转移概率矩阵（见表 9-7）。

表 9-7 经济邻居下河南县域经济增长空间马尔科夫转移概率矩阵

空间滞后	t_i/t_{i+5}	低水平	中低水平	中等水平	中高水平	高水平
低水平	低水平	0.789	0.156	0.033	0.022	0
	中低水平	0.275	0.706	0.015	0.004	0
	中等水平	0.011	0.278	0.578	0.1	0.033
	中高水平	0.042	0.085	0.269	0.521	0.083
	高水平	0	0	0.053	0.191	0.756
中低水平	低水平	0.722	0.19	0.067	0.022	0
	中低水平	0.194	0.653	0.128	0.025	0
	中等水平	0.007	0.238	0.639	0.032	0.084
	中高水平	0	0.073	0.285	0.628	0.014
	高水平	0	0	0.067	0.265	0.668
中等水平	低水平	0.653	0.186	0.12	0.041	0
	中低水平	0.13	0.581	0.265	0.024	0
	中等水平	0.073	0.224	0.538	0.064	0.101
	中高水平	0	0.065	0.216	0.687	0.032
	高水平	0	0	0.063	0.289	0.648
中高水平	低水平	0.617	0.219	0.092	0.072	0
	中低水平	0.125	0.536	0.287	0.052	0
	中等水平	0.023	0.197	0.558	0.149	0.073
	中高水平	0	0.023	0.137	0.732	0.108
	高水平	0	0	0.126	0.212	0.662
高水平	低水平	0.514	0.247	0.136	0.103	0
	中低水平	0.057	0.527	0.289	0.127	0
	中等水平	0.01	0.067	0.575	0.245	0.103
	中高水平	0	0	0.118	0.721	0.161
	高水平	0	0	0.05	0.222	0.728

由表 9-7 可得，在引入经济邻居概念后，河南 108 个县域以不同经济水平类型为邻居下经济类型转移的概率随着邻居经济类型的不同而不同。以低水平经济县域为邻居，低水平经济类型县域稳定的概率仍然较大，但随着邻

居经济水平的提高，低水平经济类型县域向中低水平类型转移的概率较大，整体趋势向好；但中低水平、中等水平、中高水平在以低一等级经济类型县域为邻居时，向低水平、中低水平、中等水平类型转移的概率较大，在以高一等级经济类型县域为邻居时，向中等、中高水平转移的概率较大，反映出邻居县域经济发展对县域经济发展有一定的影响，具体表现在：

（1）经济邻居对县域经济发展具有一定的影响。在以不同经济类型县域为邻居时，县域经济发展水平类型表现不同。以低水平经济类型县域为邻居时，稳定在低水平经济类型的概率较大，概率为 0.789，最有可能向中低经济水平类型转移，转移概率为 0.156，难以向更高经济水平类型转移；但是，在以高水平经济类型县域为邻居时，低水平县域经济类型稳定的概率为 0.514，小于以低水平县域为邻居时的稳定概率。说明不同经济邻居经济水平类型不同，对县域经济发展影响也不同，以高水平县域为邻居的县域经济会受到一定的带动作用。但是在以低水平县域为邻居时，中等水平类型县域向中低类型转移的概率较大，中高水平类型县域向中等水平转移概率较大；在以高水平经济类型县域为邻居时，中等水平类型县域向中高水平转移概率较大，中高水平经济类型县域向高水平经济类型转移概率较大。

（2）河南低水平经济类型县域仍较多，但转移趋势为中低水平经济类型。以低水平经济类型县域为邻居时，低水平县域稳定在低水平经济类型的概率为 0.789，向中低水平经济类型转移概率为 0.156；在以中低水平经济类型县域为邻居时，低水平县域稳定在低水平经济类型的概率为 0.722，向中低水平经济类型转移概率为 0.19；在以中等水平经济类型县域为邻居时，低水平经济类型县域稳定在低水平的概率为 0.653，向中低水平经济类型转移的概率为 0.186；在以中高水平经济类型县域为邻居时，低水平经济类型县域稳定在低水平的概率为 0.617，向中低水平经济类型转移的概率为 0.219；在以高水平县域为邻居时，低水平县域经济类型继续维持在低水平的概率为 0.514，向中低水平转移的概率为 0.247。在以不同经济类型为邻居县域时，低水平县域经济继续稳定在低水平的概率随着邻居县域经济水平的提高而逐步减小，但转移趋势不变，且向中低水平经济类型转移的概率逐步增大，说明低水平县域经济整体趋势向好。

（3）中等水平经济类型在以不同经济类型县域为邻居时，变动较大，极其不稳定。在以低水平以及中低水平县域为邻居时，中等水平类型县域经济类型向低一级的中低水平转移概率较大，其中在以低水平经济类型县域为邻居时，中等水平县域向中低水平类型转移的概率为 0.278，在以中低水平经济县域为邻居时，中等水平县域向中低水平转移的概率为 0.238；但在以高水平经济类型县域为邻居时，中等水平向低一级经济类型转移概率减小，反而向高一级的经济类型转移概率较大，以高水平县域为邻居时，中等水平县域向中高经济类型转移的概率为 0.245，但仍不排除向中低水平类型转移的可能性。

（4）高水平类型县域经济发展相对较为稳定，且转移趋势稳定。在以不同经济类型县域为邻居时，高水平县域经济维持在高水平经济类型的概率相对较为稳定，但在以中低水平、中等水平以及中高水平县域为邻居时，高水平县域经济稳定在高水平的概率小于在以低水平以及高水平县域为邻居时的概率，并且在以低水平、高水平县域为邻居时，高水平县域向中高水平经济类型转移的概率分别是 0.191、0.222，而在以中低水平、中等水平以及中高水平县域为邻居时，高水平县域向中高水平转移的概率分别为 0.265、0.289、0.212，出现两极分化趋势，反映出河南高水平经济类型县域在不同经济类型邻居中作用不同，在以低水平县域为邻居时，高水平经济类型县域发展容易产生“虹吸效应”，但辐射力不足，而在以中低水平、中等水平县域为邻居时，辐射至中高水平县域概率较大，范围有限。

9.5 未来县域经济增长类型预测

由以上的分析我们了解到区域经济增长确实存在空间相关性。那么，它的时间自相关性是否存在呢？对此，我们计算了 1995~2015 年全省各县域的时间序列自相关系数，计算公式如下：

$$\rho_{ik} = \frac{\sum_{t=1}^{T-k} (x_{it} - \overline{x_t})(x_{i,\ t+k} - \overline{x_i})}{\sum_{t=1}^{T} (x_{it} - \overline{x_i})^2} \qquad (9-13)$$

其中，ρ_{ik}表示第 i 个地级市第 k 阶的时间自相关系数，x_{it} 为第 i 个县域第 t 年的人均 GDP，T 为研究的时间长度，$\overline{x_i} = \frac{1}{T}\sum_{t=1}^{T} x_i(k)$，$\rho_k = [\rho_{1k},\ \rho_{2k},\ \cdots,\ \rho_{nk}]^T$ 代表河南省各县域第 k 阶的时间自相关系数，计算结果如表 9-8 所示。

表 9-8 河南县域经济增长时间自相关性

滞后	安阳	汤阴	内黄	滑县	淇县	浚县	南乐	清丰	台前	范县	濮阳	卫辉	长垣	封丘	延津	获嘉	原阳
一阶	0.86	0.82	0.84	0.87	0.65	0.83	0.83	0.80	0.84	0.83	0.85	0.80	0.81	0.81	0.82	0.81	0.82
二阶	0.73	0.63	0.69	0.69	0.45	0.66	0.68	0.62	0.67	0.65	0.70	0.60	0.60	0.64	0.64	0.64	0.65
三阶	0.55	0.47	0.53	0.50	0.30	0.50	0.53	0.45	0.49	0.49	0.55	0.43	0.42	0.48	0.47	0.48	0.48
滞后	修武	博爱	武陟	温县	泌阳	孟县	新安	孟津	宜阳	偃师	伊川	洛宁	嵩县	栾川	汝阳	义马	渑池
一阶	0.79	0.83	0.85	0.84	0.72	0.82	0.81	0.85	0.84	0.82	0.83	0.84	0.86	0.85	0.83	0.77	0.82
二阶	0.65	0.66	0.68	0.69	0.57	0.65	0.62	0.70	0.72	0.63	0.66	0.68	0.75	0.68	0.69	0.55	0.66
三阶	0.50	0.51	0.52	0.52	0.46	0.47	0.46	0.52	0.56	0.46	0.49	0.53	0.57	0.50	0.55	0.40	0.51
滞后	陕县	灵宝	卢氏	永城	夏邑	虞城	民权	宁陵	睢县	柘城	开封	新郑	巩义	汝州	郏县	叶县	长葛
一阶	0.86	0.80	0.84	0.82	0.80	0.79	0.79	0.80	0.77	0.81	0.85	0.83	0.82	0.84	0.88	0.82	0.80
二阶	0.70	0.59	0.68	0.63	0.62	0.60	0.59	0.60	0.57	0.61	0.67	0.68	0.65	0.67	0.74	0.64	0.61
三阶	0.53	0.42	0.52	0.43	0.43	0.42	0.44	0.41	0.41	0.42	0.50	0.53	0.50	0.50	0.58	0.47	0.43
滞后	许昌	鄢陵	襄城	临颍	舞阳	鹿邑	扶沟	郸城	淮阳	西华	商水	沈丘	项城	西峡	淅川	内乡	镇平
一阶	0.78	0.81	0.84	0.77	0.81	0.81	0.83	0.81	0.83	0.82	0.80	0.84	0.82	0.83	0.84	0.85	0.84
二阶	0.57	0.61	0.65	0.59	0.60	0.62	0.66	0.62	0.64	0.64	0.60	0.68	0.65	0.66	0.68	0.68	0.69
三阶	0.39	0.42	0.47	0.44	0.41	0.44	0.49	0.43	0.44	0.47	0.42	0.54	0.49	0.51	0.52	0.49	0.54
滞后	南召	方城	邓州	新野	社旗	唐河	桐柏	泌阳	西平	上蔡	遂平	平舆	汝南	确山	正阳	固始	淮滨
一阶	0.84	0.86	0.84	0.79	0.86	0.84	0.79	0.83	0.82	0.78	0.44	0.86	0.77	0.83	0.81	0.89	0.75
二阶	0.68	0.68	0.68	0.58	0.72	0.68	0.58	0.67	0.67	0.57	0.35	0.65	0.57	0.66	0.61	0.77	0.58
三阶	0.53	0.49	0.52	0.40	0.57	0.50	0.39	0.50	0.48	0.41	0.30	0.46	0.38	0.46	0.42	0.61	0.45
滞后	息县	潢川	商城	光山	辉县	尉氏	登封	禹州	杞县	新密	兰考	太康	林州	中牟	新蔡	宝丰	通许
一阶	0.83	0.81	0.87	0.81	0.84	0.81	0.83	0.84	0.84	0.83	0.78	0.82	0.85	0.80	0.80	0.78	0.78
二阶	0.64	0.66	0.73	0.60	0.68	0.64	0.68	0.68	0.67	0.66	0.61	0.64	0.69	0.63	0.61	0.57	0.61
三阶	0.45	0.49	0.53	0.44	0.51	0.49	0.50	0.50	0.50	0.48	0.44	0.47	0.52	0.46	0.44	0.41	0.45
滞后	荥阳	鲁山	舞钢	新乡													
一阶	0.82	0.85	0.81	0.82													
二阶	0.66	0.62	0.65	0.63													
三阶	0.52	0.45	0.46	0.46													

可以看出，绝大多数县域均存在显著的时间自相关性，且随着滞后阶数的增加，时间自相关性的程度减弱，滞后一阶的自相关系数大多大于 0.8，

而滞后二阶的自相关系数大多大于 0.6，滞后三阶的自相关系数大多大于 0.4，三阶之后的自相关性不强，因此验证了河南各县域经济增长存在时间自相关。

据此，我们可以发现时间自相关和空间自相关同时出现于河南各县域的经济增长过程中。但是，将两者结合起来分析俱乐部趋同现象的研究较少，在此，我们将用时空马尔科夫方法来实现两者的结合。

在本章预测的初步阶段，我们首先预测了 2015 年河南各县域的区域经济增长俱乐部趋同情况，比较其预测值与真实值的差距，在预测值与真实值符合率高于 80%的条件下，再进一步预测未来河南各县域的俱乐部趋同情况。由于计算结果比较复杂，只列出一部分县域进行说明，见表 9-9。

表 9-9　河南部分县域时空加权马尔科夫链预测

县域	状态/阶数	经济类型					2015 年预测	2015 年实际
		低水平	中低水平	中等水平	中高水平	高水平		
安阳县	中高水平/1	0	0	0.109	0.845	0.046	中高水平	中高水平
	中高水平/2	0	0	0.135	0.828	0.037		
	中高水平/3	0	0	0.159	0.809	0.032		
内黄县	中低水平/1	0.017	0.975	0.004	0	0	中低水平	中低水平
	中低水平/2	0.019	0.973	0.004	0	0		
	中低水平/3	0.02	0.97	0.005	0	0		
巩义市	高水平/1	0	0	0	0.013	0.987	高水平	高水平
	高水平/2	0	0	0	0.015	0.985		
	高水平/3	0	0	0	0.021	0.979		
睢县	低水平/1	0.969	0.031	0	0	0	低水平	低水平
	低水平/2	0.967	0.033	0	0	0		
	低水平/3	0.956	0.044	0	0	0		
嵩县	中等水平/1	0	0.736	0.178	0.086	0	中低水平	中低水平
	中等水平/2	0	0.718	0.166	0.116	0		
	中等水平/3	0	0.687	0.159	0.154	0		

统计发现，2015 年预测结果中，河南 108 个县域有 19 个县域与实际不符合。马尔科夫概率转移矩阵本身是概率矩阵，即某一县域维持在原经济类型状态的概率为 78.4%，则有 21.6%的概率进行转移，这是预测产生偏差的

主要原因。综合来看，2015 年河南县域经济类型的预测结果与实际县域经济类型符合率为 82.4%。在此基础上，本节对 2020 年河南 108 个县域经济类型进行预测，结果详见表 9-10。

表 9-10 2020 年河南县域经济类型预测结果

经济类型	县域
低水平	滑县、浚县、卫辉市、封丘县、延津县、原阳县、卢氏县、夏邑县、虞城县、宁陵县、睢县、西华县、新野县、桐柏县、遂平县、潢川县、林州市、鲁山县
中低水平	上蔡县、内黄县、台前县、获嘉县、嵩县、汝阳县、民权县、柘城县、郏县、鹿邑县、扶沟县、郸城县、淮阳县、商水县、沈丘县、项城市、西峡县、镇平县、南召县、方城市、邓州市、唐河县、西平县、汝南县、确山县、固始县、淮滨县、息县
中等水平	宝丰县、舞钢市、汤阴县、南乐县、清丰县、范县、濮阳县、伊川县、永城县、长葛市、舞阳县、内乡县、正阳县、商城县、新县、罗山县、辉县、登封市
中高水平	安阳县、长垣县、宜阳县、偃师市、洛宁县、栾川县、汝州市、叶县、鄢陵县、襄城县、临颍县、淅川县、社旗县、泌阳县、平舆县、光山县、尉氏县、新郑市、杞县、太康县、通许县、荥阳市
高水平	淇县、修武县、博爱县、武陟县、温县、沁阳市、孟州市、新安县、孟津县、义马市、灵宝市、陕县、中牟县、巩义市、许昌县、禹州市、兰考县、新密市、新蔡县、新乡县

9.6 本章主要结论与政策建议

9.6.1 主要结论

本章首先采用马尔科夫链分析了 1995~2015 年河南 108 个县域经济俱乐部趋同及其空间演变，然后加入经济邻居，运用空间马尔科夫链以及时空加权马尔科夫链进一步分析河南县域经济协调发展情况及其演变趋势，得到的主要结论有：

(1) 河南县域经济发展有两极分化趋势，处于低水平以及高水平经济类型县域较稳定，其他经济类型县域在经济新常态背景下变动较为明显。低水平经济类型县域主要分布在豫东南及豫西地区，中低水平县域多分布于豫南、豫北、豫东边缘，中等水平县域分布较为零散，并且此类型县域多在中低—中等—中高水平变动，中高水平以及高水平地区多分布于郑州—洛阳片区，且中高水平围绕高水平县域分布。

(2) 河南县域经济在发展过程中，以低水平县域为邻居时，高水平经济类型县域容易产生“虹吸效应”，但辐射力不足，而在以中低水平、中等水平县域为邻居时，低水平县域与中低—中等水平县域联系强度不够，高水平辐射至中高水平县域范围有限。省内县域低水平较多，与比其经济发展水平高的县域经济连续性不够，经济发展较好地区未充分辐射经济邻居，带动力度不强。

(3) 传统地理邻居具有一定局限性，经济邻居相对较全面。传统地理邻居对中低水平、中等水平县域经济类型判定存在误差，且变化趋势与地理邻居经济水平呈正相关，而在经济邻居下，综合考虑县域经济邻居的经济水平与县域水平变化，转移概率小于地理邻居下的转移概率，且更符合实际。

(4) 利用时空加权马尔科夫链方法预测河南县域2020年经济类型发现，发生经济类型转移概率较大的县域原始状态多为中低、中等、中高水平县域，低水平县域与高水平县域经济类型维持在原状态不动的概率在70%以上。

9.6.2 政策建议

根据本章的研究，为了促进河南省经济的协调发展，特提出以下政策建议：

(1) 要具体问题具体对待，对各地区出现的问题对症下药。河南省的区域经济增长主要表现出贫穷和富裕两大俱乐部趋同现象。政府应该根据各个地区不同的地理特征、历史背景、资源状况和文化特征制定差异化的经济发展政策。对于低水平区域要加大扶持力度、开发力度，对于富裕地区要增强其自主发展的能力，位于中间区域的地区要加强区内软硬环境的投资，提升吸收先进技术和再创新的能力，积极向高水平的区域靠拢。

(2) 完善基础设施，加强企业间的合作。高水平区域的发展对周围地区的经济发展具有带动作用，所以与高水平区域相邻的地区要加强与其之间的联系，可以汲取高水平地区的文化和技术资源，与高水平地区的企业之间更加密切地合作，也要完善地区之间的通信设施和交通设施，以更好地促进彼此合作，实现互利共赢。由于低水平区域很容易形成“贫困陷阱”，所以为了避免这种情况的发生，政府要对低水平区域给予更多的重视。对经济落后的地区，控制人口增长的同时一定要加强教育，制定相应的地区优惠政策从而留住更多的人才，提高医疗卫生、社会保障、教育等公共服务水平，及时开发低水平区域的可利用资源，寻找当地的特色优势，加快低水平趋同俱乐部的发展。

（3）要深化区域分工，充分发挥各地优势。河南省各区域的经济增长变化不是随机的，每个区域都要受到其邻居区域的影响，为了缩小区域之间的经济差距，可以通过产业转移等方法实现区域之间的分工协作，经济发达地区向不发达地区输送人才、技术等，不发达地区向发达地区提供原材料等，实现经济的对接。

（4）在趋同俱乐部中发展增长极，带动周围区域的发展。从本章的实证分析可以看到，四类趋同俱乐部从空间分布上看包括的县域较多，基本上都是成片出现。从其中找出一个可以带动它们共同发展的增长极极为重要，而新型中小城镇是较为理想的增长极，城市的抱团发展能够在更大范围内实现资源的优化配置，增强辐射带动作用，同时促进城市群内部各城市自身的发展，这是未来河南省区域经济增长的主体形态。

10　河南省区域经济赶超发展的城市支撑

10.1　引言

前面的章节分析了河南省经济总体横向演进规律和河南省内部区域经济差异以及协调发展演进，可以看出，河南省区域经济差距较大，经济发展不平衡。同时，河南省与沿海较发达省市之间在产业结构、空间集聚、城市化水平等方面也有很大差距。由于城市群是当前促进区域经济增长和缩小区域差距的重要空间表现形式，因此，为加快河南经济发展，缩小省内、省际发展差距，本章将对河南区域经济发展的城市支撑进行分析，重点分析河南的城市化进程及城市群的发展。

目前世界公认的大型城市群有五个，分别为美国波士顿—纽约—华盛顿城市群、北美五大湖城市群、日本东海道城市群、法国巴黎城市群、英国伦敦城市群。我国有学者认为，长三角将成为世界第六大城市群，并预测再过若干年，全世界十大城市群有五个可能在中国。目前，我国将形成十大城市群：京津冀、长三角、珠三角、山东半岛、辽中南、中原、长江中游、海峡西岸、川渝和关中城市群。国家“十一五”规划纲要明确要把城市群作为推进城镇化的主体形态；已形成城市群发展格局的京津冀、长江三角洲、珠江三角洲等区域，要继续发挥带动和辐射作用，加强城市群内各城市的分工协作和优势互补，增强城市群的整体竞争力；具备城市群发展条件的区域，要加强统筹规划，以特大城市和大城市为龙头，发挥中心城市作用，形成若干用地少、就业多、要素集聚能力强、人口分布合理的新城市群。这是政府促进城市化进程和区域发展的重要战略决策，对我国经济和社会发展必将产生重要且深远的影响。

我国拥有 13 亿人口，且大多居住在东中部生态环境较好的地区，这些地区的城市数量比较多，规模也比较大，随着城市化水平的提高，无论是城市数量还是城市规模将进一步扩大。除了京津冀、长三角、珠三角三大城市群之外，还将涌现出新的城市群，已露端倪的有山东半岛城市群、辽中南城市群、中原城市群、长江中游城市群、海峡西岸城市群、川渝城市群和关中城市群。

作为现代化的核心过程和重要标志，城镇化和城市群是21世纪以来中国社会经济生活和学术讨论中两个极其重要的与“区域”密切相关的概念。2014年出台的《国家新型城镇化规划（2014-2020）》指出，“根据土地、水资源、大气环流特征和生态环境承载能力，优化城镇化空间布局和城镇规模结构”。在《全国主体功能区规划》中，对城镇化地区，要求按照统筹规划、合理布局、分工协作、以大带小的原则，发展集聚效率高、辐射作用大、城镇体系优、功能互补强的城市群，强调城市群是推进新型城镇化的“主体形态”，赋予了城市群作为推进新型城镇化的“主体”空间载体和平台的重大战略功能。

2012年11月，国务院正式批复《中原经济区规划（2012-2020年）》，中原经济区是以郑州都市区为核心，以中原城市群为支撑，涵盖河南全省延及周边地区的经济区域，包括河南全省18个地市及山东、安徽、河北、山西12个地市3个县区，成为国家重要的粮食生产和现代农业基地，全国工业化、城镇化、信息化和农业现代化协调发展示范区，全国重要的经济增长板块。

《中原经济区规划（2012~2020年）》指出，提升郑州国家区域性中心城市地位，建设郑州都市区及郑州航空经济综合实验区，将郑州定位为立足中原、服务全国、连通世界的国际化航空大都市。以中原城市群核心9市为依托，打造形成核心发展区域，形成高效率、高品质的组合型城市地区，打造成为中原经济区发展的核心区域。中原城市群位于河南省中部地区，依托中原这块肥沃的土地，孕育了若干个中外闻名的大都市，如洛阳、开封、许昌等，几经兴废，风韵犹存。郑州虽是后起的城市，但由于其得天独厚的交通优势，得以后来居上，成为中原城市群的中心。区域内人口密度达665人/平方千米，是我国人口密度最大的区域之一。各城市发展势头强劲，经济联系日益紧密，基本形成了以郑州为中心、一个半小时通达的交通网络，具备了一体化发展的基础和条件。

现有对城市群的分析均是在分析城市之间经济联系的基础上进行的，对此进行分析有利于交通运输与规划的编制与修订，国内一些学者对上海、广州、深圳、合肥、赣州以及长江三角洲、珠三角经济圈、武汉都市圈、滇中城市群等地区城市间的联系度进行了研究。因此，本章将重点测算中原城市群间的经济联系程度。

另外，本章将中原城市群与国内较发达的长三角、珠三角等城市群进行对比。目前，城市群的对比研究倾向于两个角度：一是将城市群作为一个区域单元，从外部因素，如经济发展水平、人力资本、产业结构、综合竞争力等方面对比城市群的经济发展现状、特点和规律；二是从内部功能，如产业集群、城市规模、空间集聚度和产业经济联系入手，分析影响城市群发展的主要因素。当前，对于城市群的实证研究，多数是从第一方面对几大城市群进行对比，本章将从内部功能方面对珠三角、长三角和中原城市群的发展进行对比。

10.2 河南省城市化发展进程

10.2.1 全国城市化进程

改革开放以来，伴随着经济的高速发展，中国城市化进程不断加快。目前，中国城市总数已达660多个。与此同时，城市建设和发展也取得了举世瞩目的成就，过去40年来，几乎中国的每个城市都发生了巨大变化。专家曾预测，在21世纪，中国将会形成十大城市群，这些城市群的地理位置涵盖沿海地区、内陆腹地、内陆边境地区，它们将成为中国最有发展潜力的区域。其中，20世纪末已经成为中国经济主导区域的京津冀、长三角、珠三角三大城市群，将在未来继续引领中国经济发展的潮流。积极稳妥地推进城市化进程，是21世纪中国必须面对的一个重大课题。

1949年以后，中国的城市化过程分为三个阶段：第一个阶段是1949~1959年。这个阶段中国城市人口从5765万人增加到9949万人，增幅为72.58%。而同期，农村人口仅仅增加13.02%。城市化过程带来了我国经济的高速发展，钢铁、煤炭、电力、棉花、粮食等领域得到迅速发展。第二个阶段是1959~1978年。中国社会经历了一个畸形的城市化过程。在1966年以前，大量农村人口涌进城市，使城市人口增加过快，而国民经济发展相对滞后，出现农产品大量短缺，最后迫使城市减少职工，城市人口减少，城市化进程几乎趋于停滞。1966年“文化大革命”爆发后，又出现了一次畸形城市化过程。计划经济和长期的政治运动使我国城市化出现倒退，同时户籍制度也妨碍了农村人口的城市化。第三个阶段是1978年至今，中国城市化进入理性和高潮期。我国政府工作重心已经转移到经济建设上来，乡镇企业、私人企业、外资企业、合资企业蓬勃发展，农村人口快速向城市转移，同时带来了经济、文化、社会结构和教育的高速发展。1978~2008 年，中国的城镇人口比率从 17.92%上升到 45.7%，平均每年提高 0.926 个百分点。2008~2014 年，中国的城镇人口比率从 45.7%上升到 54.77%，平均每年提高 1.512 个百分点。

2013 年 12 月 26 日，中国社会科学院公布了《2014 年中国社会分析与预测社会局势蓝皮书》。这一调查显示，中国人口结构正在加速变化着，预计城镇化率在 2013 年底超过 54%，到 2018 年达到 60%。联合国开发计划署发布《2013 中国人类发展报告》指出，中国只用 60 年的时间就实现了城镇化率从 10%到 50%的过程。到 2030 年，中国将新增 3.1 亿城市居民，届时，中国城市人口总数将超过 10 亿人，中国城市化率将达 70%。如报告所述，2011 年中国城市人口总数首次超过农村人口，中国只用 60 年的时间就实现了城镇化率从 10%到 50%的过程。克拉克指出，“同样的转变，在欧洲用了 150 年，在拉丁美洲则用了 210 年”。报告强调，城市化不仅能加快现代化进程、促进经济结构升级，而且已成为国家发展战略重点之一，有利于中国政府从以 GDP 为核心的出口导向型经济向一个更加稳定的、以人类发展为基础的发展方向转变。

国家统计局 2015 年 1 月 20 日发布 2014 年经济数据，2014 年末，中国大陆总人口（包括 31 个省、自治区、直辖市和中国人民解放军现役军人，不包括香港、澳门特别行政区和台湾省以及海外华侨人数）136782 万人，比 2013 年末增加 710 万人。从城乡结构看，城镇常住人口 74916 万人，比 2013 年末增加 1805 万人，农村常住人口 61866 万人，减少 1095 万人，城镇人口占总人口比重为 54.77%。全国居住地和户口登记地不在同一个乡镇街道且离开户口登记地半年以上的人口（即人户分离人口）2.98 亿人，比 2013 年末增加 944 万人，其中流动人口为 2.53 亿人，比 2013 年末增加 800 万人。年末全国就业人员 77253 万人，比 2013 年末增加 276 万人，其中城镇就业人员 39310 万人，比 2013 年末增加 1070 万人。

然而，从总体上看，我国的城市化尚处于初级阶段，目前全国城市化水平与国际上同等工业化水平国家相比，滞后 10~15 个百分点，滞后程度为 20%~30%。在经济、社会和环境挑战这三个方面，中国城市化进程都到了关键时刻。与此同时，在提高能源和其他自然资源的使用效率，完善城市治理体系，就业、交通、住房及基本社会公共服务的可获得性，安全，农民工生计，人口老龄化，经济结构转型，以及空气与水的污染等一系列问题上，中国也面临着日益增长的压力。另外，中国的城市化存在着明显的区域差异，发达省份和欠发达省份之间城市化水平的差异较大。

由表 10－1 可以看出，1993 年，上海市的城市化率最高，已达到 77.62%，而城市化率最低的省份为西藏，仅为 14.2%；2013 年，城市化率最高的地区仍为上海市，为 89.6%，北京市的城市化率为 86.3%，略低于上海市，城市化率最低的地区仍旧为西藏，为 23.71%。城市化率最高的上海的城市化水平比城市化率最低的西藏高出将近四倍。从时间序列来看，河南的城市化水平在 1993 年和 2013 年分别为 16.5%、43.8%，明显低于全国的平均值，属于城市化较为落后的省份。2014 年河南省城市化率有所提高，已达到 45.2%，比 2013 年上升了 1.4 个百分点。东部区域是城市化水平最高的区域，而西部是城市化水平最低的区域，中部的城市化水平较低。2014 年，北京市的城市化率已达到 86.4%，而河南省的城市化率仅有 45.2%，两者之间差距明显。

表 10-1　中国 31 个省份城市化率

年份	1993	1996	1999	2002	2005	2008	2011	2013
北京	71.21	73.32	75.63	80.20	83.62	84.90	86.20	86.30
天津	70.78	71.17	71.83	73.28	75.11	77.23	80.50	82.01
河北	20.94	24.19	25.51	30.54	37.69	41.90	45.60	48.12
山西	31.02	33.20	34.51	37.82	42.11	45.11	49.68	52.56
内蒙古	37.48	39.26	41.21	44.56	47.20	51.71	56.62	58.71
辽宁	51.96	53.30	54.15	56.10	58.70	60.05	64.05	66.45
吉林	48.80	49.78	49.78	50.87	52.52	53.21	53.40	54.20
黑龙江	49.61	51.07	51.39	52.22	53.10	55.40	56.50	57.40
上海	77.62	83.09	87.45	88.72	89.09	88.60	89.30	89.60
江苏	29.09	32.69	36.14	45.24	50.50	54.30	61.90	64.11
浙江	39.58	42.61	47.10	51.76	56.02	57.60	62.30	64.00
安徽	23.28	25.55	27.68	30.86	35.50	40.50	44.80	47.86
福建	34.70	37.86	40.97	44.81	49.40	53.00	58.10	60.77
江西	24.58	26.64	27.33	31.28	37.00	41.36	45.70	48.87

续表

年份	1993	1996	1999	2002	2005	2008	2011	2013
山东	34.01	39.15	37.47	40.89	45.00	47.60	50.95	53.75
河南	16.50	18.42	22.02	25.81	30.65	36.03	40.57	43.80
湖北	32.44	38.03	39.89	41.56	43.20	45.20	51.83	54.51
湖南	23.52	26.84	29.12	32.67	37.00	42.15	45.10	47.96
广东	47.61	54.16	55.56	57.51	60.68	63.37	66.50	67.76
广西	22.16	26.63	28.36	30.40	33.62	38.16	41.80	44.81
海南	29.29	34.88	38.80	43.18	45.20	48.00	50.50	52.74
重庆	21.94	26.48	31.58	37.96	45.20	49.99	55.02	58.34
四川	22.61	25.37	26.11	29.12	33.00	37.40	41.83	44.90
贵州	22.92	24.13	24.21	25.07	26.87	29.11	34.96	37.83
云南	19.31	20.86	22.83	25.78	29.50	33.00	36.80	40.48
西藏	14.20	16.31	18.56	19.75	20.85	21.90	22.71	23.71
陕西	26.94	29.34	31.49	34.29	37.23	42.10	47.30	51.31
甘肃	21.49	22.87	23.63	26.37	30.02	33.56	37.15	40.13
青海	32.85	34.25	34.69	36.62	39.25	40.86	46.22	48.51
宁夏	29.73	32.42	33.01	36.30	42.28	44.98	49.82	52.01
新疆	33.14	34.25	34.03	35.17	37.15	39.64	43.54	44.47

事实上，城市化不是孤立的，它与城市经济发展具有相互促进的作用。一方面，城市经济的发展是农村剩余劳动力转移的依托，它会对城市化进程形成拉力。另一方面，城市化的推进可以为城市工业化创造条件，为第二、第三产业提供发展空间。所以，城市化也必然会推动城市经济的发展。可以说，没有城市化，就没有城市经济的快速发展；没有城市经济的快速发展，也就没有城市化目标的最终实现。因此，对城市化与城市经济发展相关问题的探讨，不能忽视两者之间的辩证关系。城市化进程有其自身的发展规律，它应当与它所在区域的经济发展水平相适应，盲目求快也会危害城市乃至区域经济的健康发展。只有把它们作为一个整体进行研究，才有利于城市化与城市经济的健康协调发展。

10.2.2 河南省城市化进程

城市化受政治、经济等因素的影响，必然要经历一个曲折的发展过程。同时，城市化过程包括人口职业的转变、产业结构的转变、土地及地域空间的变化。改革开放以来，尽管河南的城市化进程较快，截至 2014 年，河南省总人口为 10662 万人，常住人口 9436 万人，然而，人口基数大，并且受到阶段性政策和经济发展水平的制约，河南的城市化进程并不是一帆风顺的。了解这一发展过程，有助于理解河南城市化发展的历史背景、现状及存在的问题。

表 10-2 是改革开放以来河南各年的城市化率。可以看出，1978~2014 年，河南城市化各个时期的发展速度是不同的。

表 10-2 1978~2014 年河南省城市化率

年份	城市化率（%）	年份	城市化率（%）	年份	城市化率（%）
1978	13.6	1991	15.9	2004	28.9
1979	13.8	1992	16.2	2005	30.7
1980	14	1993	16.5	2006	32.5
1981	14.2	1994	16.8	2007	34.3
1982	14.4	1995	17.2	2008	36
1983	14.6	1996	18.4	2009	37.7
1984	14.7	1997	19.6	2010	38.8
1985	14.8	1998	20.8	2011	40.6
1986	15	1999	22	2012	42.4
1987	15.1	2000	23.2	2013	43.8
1988	15.3	2001	24.4	2014	45.2
1989	15.4	2002	25.8		
1990	15.5	2003	27.2		

分阶段来看，自 1991 年以来，河南城市化发展速度明显加快（见表 10-3）。1978~2014 年，河南省城市化率提高了 31.6%，年均增长率为 0.8541 个百分点。与发达国家城市化的准备阶段（即城市化率低于 25%的阶段）相比，城市化水平相对较低，但是城市化率增长速度却是很快的。

表 10-3　河南各阶段城市化速度

时期	城市化年均增长率（%）
第一阶段：1978~1990 年	0. 1462
第二阶段：1991~1995 年	0. 2600
第三阶段：1996~2014 年	1. 4105
改革开放以来	0. 8541

根据城市化发展速度的差异，可以把改革开放以来河南城市化的进程大致分为以下三个阶段：

10. 2. 2. 1　城市化的稳步推进阶段（1978~1990 年）

改革开放以来，生产力水平的提高、经济结构的调整以及制度上的创新是河南城市化稳步发展的主导因素。1978 年，中共十一届三中全会确立了以经济建设为中心，坚持改革开放政策的指导方针，经济和城市化建设真正步入持续稳定的发展阶段。在农村改革取得阶段性成果的基础上，城市体制改革相继推进。1980 年，国务院制定了“严格控制大城市规模，合理发展中等城市，积极发展小城镇”的城市化发展方针，河南确立了优先发展小城镇的政策，并于 1983 年以后积极实行地、市合并或撤地建市，实行市带县的新体制，发挥城市对周围地区的辐射作用，一些经济发达的县陆续改为市（小城市）。城市作为区域政治、经济、交通、贸易、信息与文化中心开始发挥作用。1990 年，全省 GDP 总值达到 1046 亿元，比 1978 年增长 6. 4 倍，平均每年增长 9. 8%，大大高于改革开放前年均增长 5. 8%的速度。经济的快速发展，促进了城市化水平的提高，全省城市数量由 1978 年的 14 个增加到 1990 年的 27 个，城市人口由 599 万人增加到 1525 万人。

10. 2. 2. 2　城市化的快速推进阶段（1991~1995 年）

1992 年中共十四大以后，我国进入了建设社会主义市场经济体制的新时期，相继对财税、金融、外贸、投资等体制进行了改革，初步构建了社会主义市场经济体制的基本框架。现代企业制度的改革从理论研讨进入实施阶段，国有企业从计划经济体制下解脱出来，以独立市场主体身份参与市场竞争。在整个经济体制改革深入开展的同时，河南保持了国民经济的快速发展，全省 GDP 的增长速度连续 5 年都在 12%以上。随着市带县体制的逐步完善，城市综合实力进一步增强，城市化步入了快速发展时期。

10. 2. 2. 3　城市化的高速推进阶段（1996~2014 年）

20 世纪 80 年代初，多年阻碍城乡劳动力流动的定量制度逐步被取消，城市原有的特权减少了，户口已不再是农民进入城市的必要条件。1996 年 7 月，国务院颁布了《国营企业实行劳动合同制暂行规定》，指出企业用工可以“面向社会公开招聘、全面考核、择优录用”，这就为劳动力供求双方提供了更多的自主权，促进了劳动力的合理流动。接踵而来的是城市职工住房、医疗、养老和教育等多种福利制度改革。这些都为农民进城开辟了新的途径。户籍制度、商品供应制度、劳动用工制度及社会福利保障制度等一系列改革，拓宽了人们选择工作的渠道，这种制度创新，有助于加快城市化进程。2014 年河南城市化率达到 45.2%，与 1996 年的 18.4%相比，上升幅度明显，增长速度较快。

10.3　河南城市发展及存在问题

10.3.1　河南城市发展现状

10.3.1.1　城市数量增多

改革开放以来，河南新设城市 24 个，城市数量由 1978 年的 14 个增加到 2014 年的 38 个，增加了 2.71 倍，其中，省辖市 17 个，县级市 21 个。城市数量占全国总数的 5.74%，在各省区中居第四位。河南在能源开发的基础上诞生了一批新兴城市，如义马市、汝州市、新密市等是以煤炭为主的工业城市，濮阳市是在中原油田的勘探和开发后新建的城市。进入 20 世纪 80 年代，在国家改革开放政策指引下，商品经济迅猛发展，各地更加重视经济中心的地位与作用，积极扶持小城市建设。在此形势下，经国务院批准，河南先后又新设卫辉、辉县、沁阳、济源、禹州、邓州、巩义、荥阳、新郑、登封、偃师、林州、孟州、灵宝、长葛、项城等小城市。

10.3.1.2　城市体系逐步形成

随着城市增多，规模扩大，一个以省会郑州为中心，以区域性的城市洛阳、开封、新乡、安阳、平顶山、焦作等为骨干，以众多的小城市为纽带，联系广大乡村腹地的层次分明的城市体系已基本形成（见表 10-4）。在这个城市体系中，各城市间的分工与合作正在加强。郑州市既是河南政治、经济、文化中心，也是全国重要的铁路枢纽，已形成了一个以纺织、机械制造为主的综合性工贸城市。洛阳市不仅以古老璀璨的文化遗产闻名全国，更以机器制造工业中心著称。开封、安阳、新乡等城市成为以轻纺为主，并有一定工业基础的新型生产性城市。平顶山、焦作、鹤壁、义马等城市，以其较大的生产规模使河南煤炭工业在全国处于举足轻重的地位。濮阳市已成为中州大地的石油新城。其他城市都以各具特色的地方工业和产品集散中心的优势，在国民经济建设中发挥着越来越重要的作用。

表 10-4 2014 年河南省行政区划

地级市	下辖县级市	地级市	下辖县级市
郑州市	巩义、新密、荥阳、新郑、登封、中牟	许昌市	禹州、长葛、许昌、鄢陵、襄城
开封市	兰考、尉氏、通许、杞县	漯河市	舞阳、临颍
洛阳市	偃师、孟津、新安、洛宁、宜阳、栾川、伊川、汝阳、嵩县	三门峡市	义马、灵宝、渑池、卢氏
平顶山市	汝州、舞钢、鲁山、宝丰、叶县、郏县	商丘市	永城、民权、宁陵、柘城、虞城、夏邑、睢县
安阳市	林州、安阳县、汤阴、内黄、滑县	南阳市	邓州、南召、西峡、方城、镇平、内乡、淅川、社旗、唐河、新野、桐柏
鹤壁市	浚县、淇县	信阳市	罗山、光山、潢川、固始、淮滨、商城、新县、息县
新乡市	辉县、卫辉、新乡、获嘉、原阳、延津、封丘、长垣	周口市	项城、扶沟、西华、商水、沈丘、淮阳、郸城、太康、鹿邑
焦作市	沁阳、孟州、修武、博爱、武陟、温县	驻马店市	西平、遂平、平舆、上蔡、新蔡县、正阳、泌阳、确山、汝南
濮阳市	清丰、濮阳、南乐、台前、范县	济源市	

10.3.2 河南城市发展存在问题

10.3.2.1 市政基础设施水平较低

下面将从市政公用事业，供水、用水及用电情况，煤气及液化石油气供应及利用情况，城市道路面积及公共汽车、出租车拥有情况等方面进行对比分析。

2014 年，全省 17 个地级市中，郑州市在年末实有城市道路面积、排水管道长度这两个方面都是最高的。在年末实有城市道路面积方面，城市道路面积超过 1000 万平方米的城市有郑州、洛阳、南阳、开封、焦作、新乡、平顶山；在排水管道长度方面，排水管道长度超过 1000 千米的城市有郑州、洛阳、南阳。三门峡则在年末实有城市道路面积、排水管道长度方面最低。

2014 年，郑州市在供水、用水及用电的各方面指标均高于省内其他地级市。供水总量方面，郑州、洛阳、新乡、平顶山四市的供水总量均超过 10000 万吨，其中，郑州市的供水总量为 35413 万吨，洛阳市为 16218 万吨，供水量较少的商丘市和信阳市分别为 3847 万吨和 3848 万吨；居民生活用水方面，只有郑州市的居民生活用水超过 10000 万吨，用水量为 12411 万吨，其次是洛阳市，为 6550 万吨，居民生活用水量最少的地市为周口市，仅为 1138 万吨；全社会用电方面，郑州、洛阳、焦作、安阳四个城市的用电量较大，均超过 100 亿千瓦时，其中，郑州市的全社会用电量为 3618500 万千瓦时，最少的周口市仅有 151200 万千瓦时；工业用电方面，郑州、洛阳、焦作和安阳的工业用电量较大；城乡居民生活用电方面，郑州、南阳、洛阳的城乡居民生活用电超过 10 亿千瓦时。

河南省 17 个地级市煤气的使用量较少，只有部分地市使用煤气，液化石油气的使用量以郑州市最多。煤气供气总量方面，安阳、南阳、平顶山三市还在使用煤气，安阳市的煤气供气总量为 43000 万立方米，而其他地市使用煤气的相关数据暂缺；液化石油气方面，郑州市使用的总量最大，为 63024 吨，使用的人口最多，1009200 人在使用液化气，洛阳市、南阳市和开封市的液化石油气供气总量也相对较高，分别为 22123 吨、20605 吨，20248 吨，而新乡市、鹤壁市、焦作市的液化石油气供气总量相对较低，分别为 1200 吨、1418 吨、2117 吨。

在人均城市道路面积方面，周口市高于其他地市，人均道路面积达到 22.99 平方米，人均城市道路面积最少的为郑州市，仅为 6.55 平方米；实有城市道路面积方面，郑州、洛阳、南阳、开封、平顶山、焦作、新乡、驻马店等市的城市道路面积均超过了 1000 万平方米，其中，郑州市的年末实有城市道路面积为 3836 万平方米，许昌市仅为 606 万平方米，郑州市约是许昌市的 6.33 倍。公共汽车拥有方面，郑州市公共汽车拥有量最多，拥有 18729 辆，全面公共汽车客运总量高达 34431 万人次；私有载客汽车拥有方面，郑州的私有汽车最多，超过 100 万辆。

10.3.2.2 资源环境质量不高

在绿地面积方面，河南省只有少数几个地级市的绿地面积超过 10000 公顷，包括郑州、开封、洛阳、南阳、信阳，而多数地级市的绿地面积在 5000 公顷左右，其中，郑州市的绿地面积为 37788.2 公顷，三门峡市为 2983 公顷。公园绿地面积方面，郑州、洛阳、南阳的公园绿地面积超过 1000 公顷，公园绿地面积最少的为周口市，仅为 321 公顷；建成区绿化覆盖面积方面，全省 17 个地市中，郑州市的绿化覆盖面积最多，为 14540 公顷，建成区绿化覆盖率达到 38%，而绿化覆盖面积最少的三门峡市仅为 1304 公顷，其建成区绿化覆盖率为 43.5%，明显高于南阳市的 25.2%。

河南省 17 个地市中 12 个地市的工业废水排放量超过 10000 万吨，包括郑州、开封、洛阳、平顶山、新乡、焦作、濮阳、三门峡、南阳、信阳、周口、驻马店，郑州市的排放量最高，为 28619.97 万吨，其次为周口市、南阳市、驻马店市、焦作市、洛阳市、许昌市等，鹤壁市的排放量最低，仅为 5588.32 万吨。工业二氧化硫排放方面，排放量超过 10 万吨的城市有郑州市、洛阳市、安阳市、三门峡市 4 个地市，其中，洛阳市的工业二氧化硫排放量最高，为 142900 吨，其次为三门峡市，排放量为 128700 吨；工业二氧化硫排放量相对较少的地区有漯河市、周口市、商丘市、濮阳市、信阳市、驻马店市等，17 个地市中，漯河市的二氧化硫排放量最低，仅为 20500 吨。

工业氮氧化物排放量方面，郑州市、洛阳市的工业氮氧化物排放量超过 10 万吨，郑州市的排放量为 178300 吨，洛阳市的排放量为 138600 吨，其次为焦作市、南阳市、新乡市等；工业氮氧化物排放量相对较少的城市有漯河市、驻马店市、商丘市、信阳市等，其中漯河市的工业氮氧化物排放量最少，仅为 18700 吨，与郑州市的工业氮氧化物排放量相比，两者相差 159600 吨，前者约是后者的 9.53 倍。工业烟（粉）尘排放量方面，河南 17 个地级市中，工业烟（粉）尘排放量最高的是安阳市，高达 92900 吨，其次为平顶山市、洛阳市、郑州市、焦作市等城市；最低的是漯河市，仅为 6200 吨，与安阳市相比，两者相差 86700 吨，前者约是后者的 14.98 倍，同时，工业烟（粉）尘排放量相对较低的地区有信阳市、鹤壁市、周口市、商丘市等。

2014 年，河南省 17 个地级市中，一般工业固体废物综合利用率方面，漯河市的综合利用率水平最高，已达到了 100%，许昌市、商丘市的综合利用率达到了 99.9%，新乡市、信阳市则达到了 99.8%；三门峡市的一般工业固体废物综合利用率水平最低，仅为 32%，焦作市和洛阳市的综合利用率也相对不高，分别为 58%、59%。污水处理率方面，洛阳市和安阳市的污水处理率最高，均高达 98%，许昌市和三门峡市的污水处理率均已达到 97%；污水处理率相对较低的是鹤壁市、焦作市、南阳市、信阳市，其处理率分别为 70%、88%、88%、89%。

综上所述，河南省 17 个地市在工业废水排放量、氮氧化物排放量、二氧化硫排放量、工业烟（粉）尘排放量、工业固体废物综合利用率和污水处理率等方面处于中等水平，工业废水和废物的排放量还很大，废物利用的效率整体不高，个别地市表现突出。

10.3.2.3　城市体系结构水平较低

2014 年 11 月 21 日，《关于调整城市规模划分标准的通知》明确，新的城市规模划分标准以城区常住人口为统计口径，将城市划分为五类七档：城区常住人口 50 万以下的城市为小城市，其中 20 万以上 50 万以下的城市为Ⅰ型小城市，20 万以下的城市为Ⅱ型小城市；城区常住人口 50 万以上 100 万以下的城市为中等城市；城区常住人口 100 万以上 500 万以下的城市为大城市行列，其中 300 万以上 500 万以下的城市为Ⅰ型大城市，100 万以上 300 万以下的城市为Ⅱ型大城市；城区常住人口 500 万以上 1000 万以下的城市为特大城市；城区常住人口 1000 万以上的城市为超大城市。

河南省城市体系结构水平较低首要表现在首位城市规模不足。郑州虽进入特大城市行列，但首位度只有 22.7%，城市规模不足。由于郑州进入百万人口城市行列的时间短，经济实力有限，辐射能力弱而未覆盖全省，使城市发展缺少内聚力和推动力。城市规模偏小还表现在 38 个城市中以中等城市居多，共有 18 个，占全省城市总数的 47.36%。一些小城市与乡村联系密切，人口密度低，尚有较大发展余地。但一些区域性中心城市，如周口、驻马店等，人口都在 100 万以下，规模偏小，经济实力不足，难以带动周边区域经济发展，这是豫东、豫南地区经济发展相对落后的重要原因之一。

10.3.3　中原城市群核心—外围经济联系潜力

赖利（Reilly）1929 年发表的对零售关系的研究方法是对地理学家牛顿引力模型的最早引用，用引力模型来定量描述城市间的吸引力强弱。其前提是假定城市之间的相互吸引力与两者之间距离的平方成反比，与所用指标（如 GDP）成正比，因此建立以下模型来测算城市之间的经济联系潜力：

$$R_{ij}=(\sqrt{P_iG_i}\times\sqrt{P_jG_j})/D_{ij}^2 \qquad (10-1)$$

其中，R_{ij}为两城市经济联系潜力，P_i 与 P_j 为两城市市区城镇人口数，G_i 和 G_j 为两城市市区 GDP，D_{ij}为两城市距离。

根据 2013 年中原城市群各城市的市区城镇人口数以及市区 GDP，按照式（10-1）计算得到 2013 年郑州市与其余 8 个城市之间城际联系量由高到低排序依次为开封、新乡、洛阳、焦作、许昌、漯河、平顶山、济源（见表 10-5）。

表 10-5 中原城市群核心—外围经济联系潜力

城市	市区城镇人口（万人）	市区生产总值（万元）	高速公路距离（千米）	城际联系量（万人·万元/平方千米）	强度等级
郑州	396.06	25189200	0	0	
开封	75.96	3065200	50	609634.53	很强
洛阳	169.98	10869300	140	219043.97	较强
平顶山	91.62	4528400	150	90421.71	有一定联系
新乡	98.09	5685100	80	368543.81	较强
焦作	75.32	3710800	92.5	195161.05	较强
许昌	47.31	2977100	101.5	115061.17	较强
漯河	65.1	5077700	130	107454.59	较强
济源	39	4601300	128	81665.82	有一定联系

通过测算并按得分大小将郑州对外经济联系潜力分为五个等级：

（1）很强，联系潜力>50 亿元·万人/平方千米。

（2）较强，10 亿元·万人/平方千米<联系潜力<50 亿元·万人/平方千米。

（3）有一定联系，5 亿元·万人/平方千米<联系潜力<10 亿元·万人/平方千米。

（4）较弱，3 亿元·万人/平方千米<联系潜力<5 亿元·万人/平方千米。

（5）很弱，联系潜力<3 亿元·万人/平方千米。

根据测算得到的城际联系量及划分标准，将郑州与其余 8 个城市之间的城际联系划分为三类，其中，开封与郑州的联系很强，新乡、洛阳、焦作、许昌、漯河 5 个城市与郑州的联系较强，而平顶山和济源与郑州有一定联系。

因此可以看出，郑州与周边城市联系较为紧密，因此，郑州是一个重要的中心城市。此外，郑州向北联系指向性明显，与省内中北部地区城市联系较强。因此，郑州作为中部地区的中心城市与周边城市联系紧密，对国家发展中部、带动中部地区经济增长有促进作用。

10.4 中原城市群与长三角、珠三角城市群对比分析

10.4.1 空间范围

长江三角洲包括上海市，江苏省的南京、苏州、无锡、常州、扬州、镇

江、南通、泰州（即苏南地区），以及浙江省的杭州、宁波、湖州、嘉兴、绍兴、舟山、台州（即浙东北地区），共计16市、59县，2013年市辖区行政区域土地面积为39794平方千米，建成区面积为3508平方千米，市辖区年末总人口4843.1万人。

珠江三角洲包括广州、深圳、珠海、佛山、江门、中山、东莞、惠州市区、惠东县、博罗县、肇庆市区、高要市、四会市，共计7市、12县（区）。2013年市辖区行政区域土地面积为20855平方千米，建成区面积为2884平方千米，市辖区年末总人口2163.7万人。

中原城市群包括郑州、开封、洛阳、平顶山、新乡、焦作、许昌、漯河、济源，共计9市。2013年市辖区行政区域土地面积为4468平方千米，建成区区面积为1132平方千米，市辖区年末总人口1279.1万人。

10.4.2 经济发展水平比较

2013年中原城市群地区生产总值的平均水平（880.32亿元）远远低于长三角城市群（4178.66亿元）、珠三角城市群（5433.32亿元），分别只是它们的1/5和1/6，但其地区生产总值增长率的平均水平与珠三角城市群不相上下，与长三角城市群相比，只是其1/3（中原城市群地区生产总值增长率平均为10.29%，长三角、珠三角分别为32.95%、10.18%）。

同时，2013年，中原城市群人均GDP均值仅为50966元，明显低于长三角城市群和珠三角城市群的人均GDP均值，仅为长三角的1/2、珠三角的约1/4，差距较为明显。中原城市群中地区生产总值最高的是深圳，最低的是许昌；长三角城市群中最高的是上海，是郑州的6倍，最低的舟山，是许昌的3倍；珠三角城市群中最高的是深圳，是郑州的4倍，最低的是肇庆，是许昌的2倍。相比之下，长三角城市群在地区生产总值上占绝对的优势，而中原城市群仍处于初期发展阶段。特别是，焦作在2013年的地区生产总值增长率上呈现负增长，而平顶山只有0.59%。在人均地区生产总值方面，中原城市群各地级市均不高。中原城市群中最高的地级市为许昌，但仍低于长三角城市群中最低的台州、珠三角城市群中的江门。由此可以看出，中原城市群要赶上其他两个大城市群的经济实力，仍需长期的持续发展（见表10-6）。

表 10-6 地区生产总值比较

城市群	市辖区	地区生产总值（万元）	人均地区生产总值（元）	地区生产总值增长率（%）
长三角城市群	上海	213391800	156446	6.99
	南京	80117800	124600	23.89
	无锡	41738900	171765	5.75
	常州	33496800	144383	10.86
	苏州	66208300	198824	9.47
	南通	19087880	90037	8.57
	扬州	21823307	94473	11.96
	镇江	12659600	122909	9.9
	泰州	12911977	79215	73.87
	杭州	66398609	147225	6.87
	宁波	43094609	189011	9.07
	嘉兴	7803705	91808	9.48
	湖州	8055714	73234	8.04
	绍兴	23610562	108804	298.84
	舟山	6803038	95817	9.24
	台州	11382346	72040	8.47
珠三角城市群	广州	141465480	205918	13.58
	深圳	145002302	467749	11.97
	珠海	16623757	152512	10.55
	佛山	70101725	183512	6.01
	江门	10757661	76840	3.54
	肇庆	5850715	106377	13.32
	惠州	17908026	128835	14.99
	东莞	54900207	290477	9.58
	中山	26389329	171359	8.11
中原城市群	郑州	33357336	64521	18.63
	开封	3525997	40529	29.05
	洛阳	12236651	63402	15.52
	平顶山	4528427	46208	0.59
	新乡	5685015	54664	11.93
	焦作	3037725	30997	-11

续表

城市群	市辖区	地区生产总值（万元）	人均地区生产总值（元）	地区生产总值增长率（%）
中原城市群	许昌	2976705	70874	9.92
	漯河	5077751	36531	7.57
长三角城市群平均值		41786559	122537	32.95
珠三角城市群平均值		54333245	198175	10.18
中原城市群平均值		8803201	50966	10.29

10.4.3 城市规模比较

长三角城市群有5种城市等级，其中上海为超大城市，城市等级中数量最多的是Ⅱ型大城市，占整个城市群数量的62.5%。珠江三角洲城市群中未出现超大城市，其中数量最多的也是Ⅱ型大城市，占整个城市群数量的55.6%。中原城市群中，郑州为特大城市，但有一个Ⅰ型小城市为许昌，无Ⅰ型大城市，Ⅱ型大城市只占整个城市群数量的37.5%，还未达到城市数量的1/2。可以看出，长三角城市群和珠三角城市群城市体系基本完整，而中原城市群城市体系不够完善，且城市等级较低（见表10-7）。

表10-7 三大城市群中的城市等级划分

城市群	城市等级	市辖区
长三角城市群	超大城市	上海
	特大城市	南京
	Ⅰ型大城市	苏州、杭州
	Ⅱ型大城市	无锡、常州、南通、扬州、镇江、泰州、宁波、湖州、绍兴、台州
	中等城市	嘉兴、舟山
珠三角城市群	特大城市	广州
	Ⅰ型大城市	深圳、佛山
	Ⅱ型大城市	珠海、江门、惠州、东莞、中山
	中等城市	肇庆
中原城市群	特大城市	郑州
	Ⅱ型大城市	洛阳、新乡、漯河
	中等城市	开封、平顶山、焦作
	Ⅰ型小城市	许昌

10.4.4　产业结构比较

中原城市群在三次产业中，第一产业和第二产业所占比例的平均水平均要高于长三角、珠三角城市群的平均水平，虽然长三角城市群中第一产业的平均水平也达到了3.01%，但是其第三产业所占比例要高于其他两个产业的平均水平。

中原城市群中各地级市在三次产业中，第二产业所占比重最大，只有郑州、开封、新乡、焦作四个地级市的第三产业所占比例超过了第二产业所占比例。在三个城市群中，中原城市群中第一产业所占比例最高的是开封，相比于上海，是其11倍；最低的是许昌，是深圳的15倍。中原城市群产业水平相比于其他两个城市群仍较低，只有适应现代产业的发展，优化产业结构，提高产业水平，摆脱传统产业的束缚，才能获得经济的持续增长。

10.4.5　地方公共财政比较

中原城市群在地方公共财政收入方面是相对于地区经济而言的，其科学技术支出的平均支出占地方公共财政支出平均支出的2%，而长三角、珠三角城市群均达到了5%；但中原城市群也有一定的优势方面，中原城市群教育支出的平均水平占地方公共财政支出平均水平的比重达到了17%，甚至超过了长三角城市群在这一方面的投入，其仅为15%（见表10-8）。

表10-8　地方公共财政收支状况

城市群	市辖区	地方公共财政收入（万元）	地方公共财政支出（万元）	科学技术支出（万元）	教育支出（万元）
长三角城市群	上海	40689368	44096266	2560185	6613913
	南京	8313076	8509085	401226	1258890
	无锡	4420228	4492796	280104	702460
	常州	3373890	3325841	185552	500786
	苏州	6946083	6255136	413314	1000705
	南通	2187487	2260019	78955	473157
	扬州	1817311	2026892	71202	317646
	镇江	1364327	1451954	58918	198038
	泰州	1300849	1671474	41540	246644
	杭州	8207264	6662314	385361	1152076

续表

城市群	市辖区	地方公共财政收入（万元）	地方公共财政支出（万元）	科学技术支出（万元）	教育支出（万元）
长三角城市群	宁波	5507299	6201396	255258	867080
	嘉兴	884582	992315	30850	177552
	湖州	595534	834600	23944	153716
	绍兴	1881371	1870849	94940	377225
	舟山	766682	1368485	31938	175155
	台州	1103883	1168714	42421	261538
珠三角城市群	广州	10491376	12788533	518543	2298795
	深圳	17312618	16908280	1329814	2877280
	珠海	1941981	2520300	121303	510801
	佛山	4382128	4883953	163697	1025636
	江门	915557	1104047	43229	244344
	肇庆	451296	654821	11986	110162
	惠州	1918614	2264681	43107	446291
	东莞	4092897	4446589	170307	1135943
	中山	2253068	2366583	105594	661004
中原城市群	郑州	5499921	5737363	145155	856382
	开封	413239	709276	11950	118222
	洛阳	1429130	1769686	43307	285492
	平顶山	632087	900934	10098	172300
	新乡	627236	940535	14013	196793
	焦作	480814	844257	16930	154368
	许昌	411103	566029	11217	108020
	漯河	419851	846765	6362	165418
长三角城市群平均值		5584952	5824259	309732	904786
珠三角城市群平均值		4862171	5326421	278620	1034473
中原城市群平均值		1239173	1539356	32379	257124

10.4.6 金融发展比较

中原城市群范围内年末金融机构人民币各项存款超过其平均水平的只有

郑州、洛阳这2个地级市，可以看出，大部分数值都是郑州贡献的，而在年末金融机构人民币各县贷款方面超过其平均水平的也只有郑州、洛阳。可以看出，中原城市群的其他地级市金融机构存贷款能力依然不足。长三角、珠三角在这两个方面超过其平均水平的至少有3个地级市，而且上海、广州这两个发达城市在金融机构存款方面分别是郑州的6倍和3倍（见表10-9）。

表10-9　年末金融机构存贷款余额

城市群	市辖区	年末金融机构人民币各项存款（万元）	居民人民币储蓄存款余额（万元）	年末金融机构人民币各项贷款（万元）
长三角城市群	上海	692563200	211856900	443578800
	南京	180508183	48832900	137910583
	无锡	69761061	24720871	48802322
	常州	50804906	21012446	34433590
	苏州	117375908	32868752	93513579
	南通	34601268	15939748	21689981
	扬州	28018973	12766330	17204005
	镇江	16523966	6174725	10699381
	泰州	17604966	7678587	11984699
	杭州	197477422	53825451	166365912
	宁波	86815636	25915297	82045757
	嘉兴	17410003	7080602	12971378
	湖州	13566661	6441219	10333160
	绍兴	44684971	17455352	38817667
	舟山	12531652	11593230	11593230
	台州	24534747	20982105	20982105
珠三角城市群	广州	324863992	117496654	211382081
	深圳	298309900	92893700	198035800
	珠海	38921300	13406248	19722214
	佛山	113871268	56025780	71113052
	江门	19075404	10308479	9981583
	肇庆	7787974	3682834	5983991
	惠州	22482443	9975251	14894343
	东莞	86307325	44764310	47742282
	中山	37865572	19326712	21113966

续表

城市群	市辖区	年末金融机构人民币各项存款（万元）	居民人民币储蓄存款余额（万元）	年末金融机构人民币各项贷款（万元）
中原城市群	郑州	109071128	34272709	85354498
	开封	6094927	3468174	4536804
	洛阳	22952004	9726601	14702068
	平顶山	9413680	5010101	6299750
	新乡	7614548	3813322	5041123
	焦作	6080195	3116047	4395125
	许昌	6197280	2623202	4761832
	漯河	4955921	2880274	2727986
长三角城市群平均值		100298970	32821532	72682884
珠三角城市群平均值		105498353	40875552	66663257
中原城市群平均值		21547460	8113804	15977398

10.4.7 固定资产投资比较

中原城市群在固定资产投资情况的各项指标中的平均水平均是另外两个城市群平均水平的 1/2。郑州在各项指标中为最高，洛阳次之。平顶山在固定资产投资（不含农户）方面为最低，漯河在房地产开发投资、住宅方面均为最低。长三角城市群中有 5 个地级市在固定资产投资（不含农户）中超过郑州，珠三角城市群中有 2 个地级市在该方面超过了郑州。

10.4.8 社会消费品零售总额及批发零售贸易业比较

长三角城市群限额以上批发零售贸易业商品销售总额的平均值最高，而珠三角社会消费品零售总额的平均值最高。中原城市群限额以上批发零售贸易业商品销售总额的平均水平是长三角城市群的 1/10，而社会消费品零售总额的平均水平是珠三角城市群的 1/4。中原城市群中限额以上批发零售贸易企业数最高的是郑州，最低的是许昌，两者之间相差 17 倍。但相比于其他两个城市群，郑州在批发零售贸易方面不具有竞争力，广州是其 6 倍，而上海是其 8 倍。总之，长三角城市群、珠三角城市群具有社会消费品零售总额及批发数量上的巨大优势，中原城市群只是处于初期的发展状态，没有形成地区间的横向联系，各地级市间关联度还不够（见表 10-10）。

表 10-10 社会消费品零售总额及批发零售贸易业情况

城市群	市辖区	限额以上批发零售贸易业商品销售总额（万元）	社会消费品零售总额（万元）	限额以上批发零售贸易企业数（法人数）（个）
长三角城市群	上海	574098850	79766189	7356
	南京	96107349	35317285	2607
	无锡	35449114	17588501	1275
	常州	39106070	11923773	2527
	苏州	41978229	18953775	1676
	南通	17256404	7205421	776
	扬州	8428867	7292995	607
	镇江	6735681	4382533	377
	泰州	8066841	4111253	350
	杭州	152584974	30419033	3150
	宁波	82110598	14077290	2252
	嘉兴	8869743	3282975	417
	湖州	7436279	3985525	216
	绍兴	14766999	7544170	841
	舟山	8042767	2576599	257
	台州	10028174	5862532	387
珠三角城市群	广州	286185193	65048918	5898
	深圳	179279043	44335936	1896
	珠海	27005074	7205234	860
	佛山	36404093	22641007	1650
	江门	6720446	3899745	342
	肇庆	2995148	1837231	120
	惠州	8172294	5281460	299
	东莞	29369393	14866589	1292
	中山	14372413	8905506	846
中原城市群	郑州	28398494	16529844	949
	开封	1744760	2675262	123
	洛阳	8896808	6577358	419
	平顶山	5427772	2596871	201

续表

城市群	市辖区	限额以上批发零售贸易业商品销售总额（万元）	社会消费品零售总额（万元）	限额以上批发零售贸易企业数（法人数）（个）
中原城市群	新乡	3209952	3087354	170
	焦作	1785436	1673908	113
	许昌	2010441	1311027	54
	漯河	1626826	1946400	167
长三角城市群平均值		69441684	15893116	1567
珠三角城市群平均值		65611455	19335736	1467
中原城市群平均值		6637561	4549753	275

10.4.9 利用外资比较

中原城市群在外商直接投资合同项目方面与其他两个城市群之间有很大的差距，珠三角城市群在这一方面有明显的优势。长三角城市群在当年实际使用外资金额方面比珠三角城市群的平均水平要高。在外商直接投资合同项目中，郑州是中原城市群最高的，其数值为 59 个，肇庆是珠三角城市群中最低的，其数值为 82 个，但是两者相比，郑州明显低于肇庆。由此可以看出，沿海地区相比内陆地区存在着天然的优势，依靠邻近沿海港口，便于与外界沟通，而内陆地区想要获得更多的外商投资，必须靠政府为其招商引资，仅仅依赖当地经济的吸引力是很难有所发展的（见表 10-11）。

表 10-11 利用外资情况

城市群	市辖区	外商直接投资合同项目（个）	当年实际使用外资金额（万美元）
长三角城市群	上海	3740	1677958
	南京	533	403262
	无锡	163	220119
	常州	209	293880
	苏州	486	465916
	南通	125	100302
	扬州	131	148449
	镇江	92	162011

续表

城市群	市辖区	外商直接投资合同项目（个）	当年实际使用外资金额（万美元）
长三角城市群	泰州	76	81307
	杭州	365	456432
	宁波	297	222459
	嘉兴	74	64708
	湖州	81	50841
	绍兴	112	56081
	舟山	4	10615
	台州	10	9447
珠三角城市群	广州	1051	465282
	深圳	2056	546789
	珠海	272	168730
	佛山	205	252089
	江门	114	45167
	肇庆	82	58332
	惠州	203	130439
	东莞	506	393775
	中山	173	64637
中原城市群	郑州	59	247250
	开封	6	24108
	洛阳	32	111778
	平顶山	5	14637
	新乡	—	27570
	焦作	5	16990
	许昌	1	31038
	漯河	15	53386
长三角城市群平均值		406	276487
珠三角城市群平均值		518	236138
中原城市群平均值		18	65845

10.4.10 社会保障水平比较

珠三角城市群在各项指标中均大于长三角城市群，而中原城市群各项指标水平仍较低。郑州的三项指标在该城市群所有地级市中最高，洛阳次之，但均未达到长三角城市群和珠三角城市群的平均水平。在珠三角城市群，城镇基本医疗保险参保人数要大于城镇职工基本养老保险参保人数，而在中原城市群中，正好相反。社会保障水平是社会稳定的重要保障，中原城市群相比其他两个城市群，社会保障体系仍不完善，城镇基本医疗保险实施仍不到位（见表10-12）。

表10-12 社会保障主要指标 单位：人

城市群	市辖区	城镇职工基本养老保险参保人数	城镇基本医疗保险参保人数	失业保险参保人数
长三角城市群	上海	13429800	13940900	6257400
	南京	3583517	2753648	2359779
	无锡	1856264	1331576	1275202
	常州	987562	1390968	794997
	苏州	2499871	2040599	2141313
	南通	1278459	793410	471654
	扬州	378376	723014	409228
	镇江	543220	339565	270633
	泰州	1175281	482971	266634
	杭州	4356500	3773780	2731968
	宁波	3069162	2297596	1598860
	嘉兴	585633	529694	308100
	湖州	448200	397300	242751
	绍兴	1406823	1164241	726166
	舟山	311747	285660	166592
	台州	597897	475628	350084
珠三角城市群	广州	—	—	—
	深圳	8139046	9995291	9304475
	珠海	1053606	1078995	874204
	佛山	3053984	2583450	2088290

续表

城市群	市辖区	城镇职工基本养老保险参保人数	城镇基本医疗保险参保人数	失业保险参保人数
珠三角城市群	江门	—	—	427237
	肇庆	331110	331555	226150
	惠州	1468610	1224293	1001721
	东莞	5219118	6180883	3224378
	中山	1900454	1634600	1494161
中原城市群	郑州	1601809	991801	870584
	开封	128050	239281	113708
	洛阳	765164	758162	420862
	平顶山	473831	454671	316390
	新乡	520529	409869	221794
	焦作	291145	272460	198589
	许昌	219949	177059	103800
	漯河	212100	290322	115985
长三角城市群平均值		2281770	2045034	1273210
珠三角城市群平均值		3023704	3289867	2330077
中原城市群平均值		526572	449203	295214

10.4.11 市政基础设施水平比较

长三角城市群城市维护建设资金支出的平均水平要大于珠三角城市群以及中原城市群。郑州在该方面的支出是广州的 1/3，超过了长三角、珠三角城市群的平均水平。郑州作为河南省经济实力较强的城市，其在市政公用事业的各项指标中与广州市、上海市相比，仍比较落后（见表 10-13）。

表 10-13 市政公用事业相关数据

城市群	市辖区	城市维护建设资金支出（万元）	年末实有城市道路面积（万平方米）	排水管道长度（千米）
长三角城市群	上海	1697598	9932	19425
	南京	2586514	12761	7398
	无锡	394326	6081	12536

续表

城市群	市辖区	城市维护建设资金支出（万元）	年末实有城市道路面积（万平方米）	排水管道长度（千米）
长三角城市群	常州	399774	3719	5003
	苏州	2354820	8005	7631
	南通	2060418	3816	2507
	扬州	372958	2329	2232
	镇江	260237	2114	1969
	泰州	230466	2199	1582
	杭州	1555479	5426	4455
	宁波	757265	2869	4492
	嘉兴	94367	1189	770
	湖州	221396	2031	1813
	绍兴	370718	2501	2393
	舟山	230363	1042	899
	台州	190229	2722	1940
珠三角城市群	广州	3046379	10241	9550
	深圳	564226	11496	10420
	珠海	617432	4633	1398
	佛山	—	—	2390
	江门	213383	2228	1385
	肇庆	649553	1062	785
	惠州	539543	2116	2340
	东莞	634485	10273	972
	中山	191179	1047	1053
中原城市群	郑州	907919	3836	3377
	开封	105625	1326	798
	洛阳	53653	2269	1538
	平顶山	27765	1048	438
	新乡	83197	1084	820
	焦作	195930	1201	816
	许昌	78877	606	499
	漯河	17964	805	466
长三角城市群平均值		861058	4296	4815
珠三角城市群平均值		807023	5387	3366
中原城市群平均值		183866	1522	1094

在供水、用水及用电情况方面，珠三角城市群的各项指标的平均水平均大于长三角城市群以及中原城市群。各地级市在供水总量方面差距较大，中原城市群中郑州是漯河的 8 倍，珠三角城市群中广州是肇庆的 17 倍，长三角城市群中上海是舟山的 48 倍。可见，中原城市群在供水总量方面的差距相比其他两个城市群还是较小的。在全社会用电量方面，中原城市群中郑州、洛阳、焦作 3 个地级市超过了其平均水平，而长三角、珠三角城市群中分别有 5 个和 4 个地级市超过了其平均水平（见表 10-14）。

表 10-14　供水、用水及用电情况

城市群	市辖区	供水总量（万吨）	居民生活用水量（万吨）	全社会用电量（万千瓦时）	工业用电（万千瓦时）	城乡居民生活用电（万千瓦时）
长三角城市群	上海	319072	102382	14106000	7994500	2050400
	南京	126656	36636	4626718	2867065	675488
	无锡	43021	14497	2761769	1940069	326663
	常州	26465	11758	2803051	2154766	193409
	苏州	70278	20836	5492795	4180034	521894
	南通	21688	9546	1344137	966163	377974
	扬州	17529	7672	1082080	697009	184641
	镇江	16750	5856	1084280	846658	97452
	泰州	8945	3193	762225	534321	108274
	杭州	60747	23733	4840497	2960819	715234
	宁波	47309	14606	3081224	2262718	320387
	嘉兴	10044	2341	991233	768964	87116
	湖州	8877	3726	755944	532200	100419
	绍兴	32915	5868	2447315	2013613	191942
	舟山	4662	1948	339076	180537	60514
	台州	14075	6413	942172	643060	156840
珠三角城市群	广州	196329	88722	6397985	3197361	1282044
	深圳	159139	91204	7297680	4393588	1039391
	珠海	33704	10650	1247341	774433	168438
	佛山	133845	47277	5270608	3798092	605033
	江门	20792	6085	1018789	707863	117245

续表

城市群	市辖区	供水总量（万吨）	居民生活用水量（万吨）	全社会用电量（万千瓦时）	工业用电（万千瓦时）	城乡居民生活用电（万千瓦时）
珠三角城市群	肇庆	11320	3729	419068	285572	52377
	惠州	26534	9892	1545632	1083545	191978
	东莞	160831	40418	6225139	4537990	720611
	中山	14404	—	2171019	1458375	328273
中原城市群	郑州	35413	11871	3618523	2420614	464875
	开封	7628	2233	480758	311453	77965
	洛阳	16218	6550	2440217	2152996	125649
	平顶山	10671	3572	797948	659362	66639
	新乡	7433	2946	757705	548926	79182
	焦作	8003	2382	1471965	1346814	52361
	许昌	4409	1461	300228	210827	44760
	漯河	4083	1149	351731	225504	62289
长三角城市群平均值		51815	16938	2966282	1971406	385540
珠三角城市群平均值		84100	37247	3510362	2248535	500599
中原城市群平均值		11732	4021	1277384	984562	121715

长三角城市群在（人工、天然气）供气总量及用气人口等方面的平均水平要大于珠三角以及中原城市群，而在液化石油气供气总量及用液化气人口方面的平均水平，珠三角城市群要远远超过长三角及中原城市群。郑州在（人工、天然气）供气总量方面超过长三角、珠三角城市群的平均水平，譬如，郑州市的供气总量为86524万立方米，家庭用量为30580万立方米，用气人口为4270000人，液化石油气供气总量为63024吨，家庭用量为45513吨，用液化气人口为1010000人；同时，中原城市群只有2个地级市高于整个城市群的平均水平，这两个城市是郑州市和洛阳市。可见，其他地级市与郑州之间差距很大。在用气人口的平均水平上，中原城市群在（人工、天然气）用气人口与珠三角城市群相差不多，长三角城市群则明显占优势；珠三角液化石油气用气人口平均水平处于绝对的优势地位，要远远大于长三角及中原城市群的液化石油气用气人口的平均水平（见表10-15）。

表 10-15 煤气及液化石油气供应及利用情况

城市群	市辖区	供气总量（万立方米）	家庭用量（万立方米）	用气人口（人）	液化石油气供气总量（吨）	液化气家庭用量（吨）	用液化气人口（人）
长三角城市群	上海	750231	135948	15596321	397314	235092	8555179
	南京	86128	24492	3735000	119147	74242	2215000
	无锡	62975	12415	2202000	44122	27030	255700
	常州	58829	8476	1427200	6123	1652	32500
	苏州	113539	21634	2575300	86976	34300	292800
	南通	15761	4052	871800	30490	24980	576000
	扬州	15164	5255	740000	35707	17225	351700
	镇江	30271	4189	624200	24830	11927	261000
	泰州	15577	1940	371300	24029	20170	522600
	杭州	57566	13869	2323600	119178	47031	923200
	宁波	61395	7728	1607000	133323	54050	215200
	嘉兴	13566	12920	—	24811	16069	194000
	湖州	15283	1208	291300	4679	2971	576700
	绍兴	30170	8760	719300	30293	25667	682300
	舟山	2639	1226	484500	28923	28923	76100
	台州	2262	277	200600	61770	43754	814700
珠三角城市群	广州	132896	23101	4370500	994614	241618	6212800
	深圳	314286	30534	4515000	387208	285752	6569011
	珠海	4973	413	43000	309900	145000	1500000
	佛山	87681	6255	—	259319	119634	—
	江门	5055	338	85300	77498	57540	1079000
	肇庆	5729	653	134100	16070	10100	40900
	惠州	—	—	—	84455	61900	1323300
	东莞	62747	11661	1455000	290356	176761	4642500
	中山	7689	2194	461900	34231	22250	234000
中原城市群	郑州	86524	30580	4270000	63024	45513	1010000
	开封	11558	3369	590000	10248	9382	220000
	洛阳	21949	3491	1506000	22123	19578	344300
	平顶山	9694	2867	800000	91	87	2014

续表

城市群	市辖区	供气总量（万立方米）	家庭用量（万立方米）	用气人口（人）	液化石油气供气总量（吨）	液化气家庭用量（吨）	用液化气人口（人）
中原城市群	新乡	13870	8310	700000	1200	1200	43700
	焦作	20265	4963	617500	2117	2117	91200
	许昌	4248	1299	260000	6776	6740	173000
	漯河	2123	1320	200000	9512	8925	258000
长三角城市群平均值		83210	16524	2251295	73232	41568	1034042
珠三角城市群平均值		77632	9394	1580686	272628	124506	2700189
中原城市群平均值		21279	7025	1117938	14386	11693	267777

珠三角城市群除年末实有出租汽车数的平均水平较低外，其他各项指标的平均水平均要大于长三角城市群和中原城市群。可见，珠三角城市群在城市建设方面要比长三角城市群投入更多，出行更方便。中原城市群在每万人拥有公共汽车数量上的平均水平与长三角城市群是相等的，但仍是珠三角城市群的1/2。中原城市群中心城市郑州市的年末实有城市道路面积为3836万平方米，人均城市道路面积仅为7.42平方米，每万人拥有公共汽车数量为11.11辆。人均城市道路面积方面的平均水平，珠三角城市群要比中原城市群多一倍，可以看出，中原城市群的城市交通较为拥堵，特别是郑州，还没有达到中原城市群的平均水平（见表10-16）。

表10-16　道路面积及公共汽车、出租车拥有情况

城市群	市辖区	年末实有城市道路面积（万平方米）	年末实有公共汽车营运车辆数（辆）	全年公共汽车客运总量（万人次）	年末实有出租汽车数（辆）	每万人拥有公共汽车（辆）	人均城市道路面积（平方米）
长三角城市群	上海	9932	16717	271048	50612	12.25	7.28
	南京	12761	6946	106434	11612	10.8	19.84
	无锡	6081	3261	44283	4040	13.44	25.06
	常州	3719	2705	30938	3042	11.67	16.05
	苏州	8005	4493	63580	4303	13.5	24.05
	南通	3816	1408	12152	1472	6.63	17.97
	扬州	2329	1416	15867	2574	6.13	10.09

续表

城市群	市辖区	年末实有城市道路面积（万平方米）	年末实有公共汽车营运车辆数（辆）	全年公共汽车客运总量（万人次）	年末实有出租汽车数（辆）	每万人拥有公共汽车（辆）	人均城市道路面积（平方米）
长三角城市群	镇江	2114	1176	13309	1323	11.38	20.46
	泰州	2199	656	7762	800	4.02	13.47
	杭州	5426	8249	132221	10904	18.3	12.04
	宁波	2869	4454	47759	4627	19.57	12.61
	嘉兴	1189	1025	9176	973	11.99	13.91
	湖州	2031	677	4554	825	6.16	18.48
	绍兴	2001	1408	18729	1704	6.5	11.54
	舟山	1042	604	5286	802	8.55	14.75
	台州	2722	844	5101	1518	5.35	17.25
珠三角城市群	广州	10241	13010	263433	21437	18.95	14.91
	深圳	11496	30590	263408	15973	98.53	37.03
	珠海	4633	1938	33195	2165	17.85	42.67
	佛山	—	5396	57395	3425	14.14	—
	江门	2228	977	9542	569	7	15.97
	肇庆	1062	450	6168	883	8.17	19.28
	惠州	2116	1916	18615	1732	13.8	15.24
	东莞	10273	1416	18270	7691	7.49	54.37
	中山	1047	2363	24173	1581	15.34	6.79
中原城市群	郑州	3836	5745	103233	10608	11.11	7.42
	开封	1326	1634	697	3679	18.72	15.19
	洛阳	2269	1709	28731	4267	8.84	11.74
	平顶山	1048	668	11148	2080	6.82	10.71
	新乡	1084	817	13372	1738	7.86	10.43
	焦作	1201	689	9955	1398	7.01	12.22
	许昌	606	550	1151	1396	13.14	14.48
	漯河	805	946	12830	1100	6.79	5.77
长三角城市群平均值		4416	3502	49262	6321	10	16
珠三角城市群平均值		5387	6451	77133	6162	22	26
中原城市群平均值		1522	1595	22640	3283	10	11

10.4.12 资源环境质量比较

根据各城市群的平均水平，中原城市群的公园绿地面积占绿地面积的26%，而长三角城市群、珠三角城市群这一比率分别是16%和20%，可见，中原城市群在绿化方面有一定的成果。但在建成区绿化覆盖率方面，中原城市群比其他两个城市群都要低，特别是郑州，还没有达到中原城市群平均水平，而珠海竟然高达64.45%。可见，中原城市群在这一方面仍要加以改善，努力改善建成区的绿化环境（见表10-17）。

表10-17 绿地面积及建成区绿化覆盖面积

城市群	市辖区	绿地面积（公顷）	公园绿地面积（公顷）	建成区绿化覆盖面积（公顷）	建成区绿化覆盖率（%）
长三角城市群	上海	124295	17142	38312	—
	南京	86117	8725	31824	44.63
	无锡	18333	3616	13908	42.79
	常州	8088	1873	7960	42.8
	苏州	21315	4341	18549	42.06
	南通	7271	2070	7232	42.05
	扬州	6724	1899	5704	43.21
	镇江	7388	1576	5423	42.37
	泰州	3585	834	3909	40.72
	杭州	17071	5820	18606	40.27
	宁波	10905	1927	11290	38.27
	嘉兴	4570	1036	4103	44.1
	湖州	4257	1433	4445	48.3
	绍兴	7043	1878	8050	40.8
	舟山	13333	756	2299	38.3
	台州	5031	1178	5102	43.9
珠三角城市群	广州	131444	21165	41983	41
	深圳	96697	17750	39267	45.08
	珠海	8203	2867	7992	64.45
	佛山	5718	2461	6091	38.8
	江门	11136	2052	6825	43.2
	肇庆	5335	1192	3356	35.33

续表

城市群	市辖区	绿地面积（公顷）	公园绿地面积（公顷）	建成区绿化覆盖面积（公顷）	建成区绿化覆盖率（%）
珠三角城市群	惠州	7706	2567	8531	36
	东莞	39165	10075	5707	50.96
	中山	3573	1212	4305	40.61
中原城市群	郑州	13444	3895	12677	33.1
	开封	3568	697	3679	32.56
	洛阳	6143	1869	7148	37.23
	平顶山	2594	952	2900	39.73
	新乡	4195	775	4492	40.84
	焦作	3585	776	4080	37.78
	许昌	2990	508	3289	35.75
	漯河	2250	791	2588	42.43
长三角城市群平均值		21583	3507	11670	42.30
珠三角城市群平均值		34331	6816	13784	43.94
中原城市群平均值		4846	1283	5107	37.43

中原城市群的工业二氧化硫的排放量的平均水平相比其他两个城市群的平均水平要高，其中，中原城市群工业二氧化硫排放量的平均水平是长三角城市群的2倍，也远远高于珠三角城市群的平均水平。中原城市群的工业二氧化硫产生量的平均水平要高于珠三角城市群的平均水平，基本接近长三角城市群的平均水平。虽然中原城市群工业废水排放量的平均水平远小于长三角及珠三角城市群，但是其他两项指标相对来说较高，严重影响中原城市群的环境质量。譬如，中原城市群的中心城市郑州市的工业废水排放量为11837万吨，工业二氧化硫产生量为307883吨，工业二氧化硫排放量为106123吨（见表10-18）。

表10-18 工业废水排放量和二氧化硫产生及排放量

城市群	市辖区	工业废水排放量（万吨）	工业二氧化硫产生量（吨）	工业二氧化硫排放量（吨）
长三角城市群	上海	45400	—	17290
	南京	25291	509201	11066

续表

城市群	市辖区	工业废水排放量（万吨）	工业二氧化硫产生量（吨）	工业二氧化硫排放量（吨）
长三角城市群	无锡	23093	289912	8321
	常州	12017	116913	3582
	苏州	66916	600132	16491
	南通	14584	215375	6300
	扬州	9731	186856	4586
	镇江	9665	285362	6319
	泰州	7514	127168	5034
	杭州	39186	171357	82021
	宁波	19666	576750	134630
	嘉兴	21130	200736	72960
	湖州	10789	86923	36806
	绍兴	27245	119101	59635
	舟山	2094	28202	13687
	台州	31025	189040	43170
珠三角城市群	广州	22558	445344	63331
	深圳	12012	35342	8193
	珠海	5538	89681	22653
	佛山	14822	221862	79441
	江门	11750	176441	57857
	肇庆	10153	49378	29647
	惠州	8320	82137	30029
	东莞	23463	249413	112132
	中山	8914	32510	22490
中原城市群	郑州	11837	307883	106123
	开封	8647	114297	42892
	洛阳	7741	459703	117413
	平顶山	8978	285680	113426
	新乡	13088	190489	57033
	焦作	10868	118468	60357

续表

城市群	市辖区	工业废水排放量（万吨）	工业二氧化硫产生量（吨）	工业二氧化硫排放量（吨）
中原城市群	许昌	5562	122165	38099
	漯河	2753	49101	18359
长三角城市群平均值		22834	246869	32619
珠三角城市群平均值		13059	153568	47308
中原城市群平均值		8684	205973	69213

中原城市群的工业烟（粉）尘去除量的平均水平最高，远远超过珠三角城市群的平均水平。虽然中原城市群在工业烟（粉）尘去除量方面明显占优势，但其排放量也较高，甚至快达到长三角城市群的平均水平。长三角城市群经济较为发达，产业较多，但是中原城市群相比较为逊色，其工业烟（粉）尘排放量相比之下较多。譬如，中原城市群中心城市郑州市的工业烟（粉）尘去除量为 10193815 吨，工业烟（粉）尘排放量为 33823 吨（见表 10-19）。

表 10-19　工业烟（粉）尘去除及排放量

城市群	市辖区	工业烟（粉）尘去除量（吨）	工业烟（粉）尘排放量（吨）
长三角城市群	上海	—	67200
	南京	5396989	65256
	无锡	5633367	44330
	常州	2071449	35161
	苏州	6229796	65042
	南通	2279475	33970
	扬州	1653530	16050
	镇江	2118987	21489
	泰州	899237	15584
	杭州	4172829	40243
	宁波	6796256	25275
	嘉兴	2115343	—
	湖州	3580830	—
	绍兴	1333616	—

续表

城市群	市辖区	工业烟（粉）尘去除量（吨）	工业烟（粉）尘排放量（吨）
长三角城市群	舟山	114444	—
	台州	1011337	—
珠三角城市群	广州	3114074	11008
	深圳	388863	753
	珠海	822876	9595
	佛山	1967613	49831
	江门	1419523	12510
	肇庆	1836659	31909
	惠州	—	23017
	东莞	621988	15543
	中山	109375	17401
中原城市群	郑州	10193815	33823
	开封	317579	21564
	洛阳	6827141	51633
	平顶山	7716020	86534
	新乡	3276417	14286
	焦作	3764211	33177
	许昌	2053699	17822
	漯河	682635	4791
长三角城市群平均值		3027166	39055
珠三角城市群平均值		1285121	19063
中原城市群平均值		4353940	32954

长三角城市群一般工业固体废物综合利用率的平均水平最高，中原城市群次之，而污水处理厂集中处理率的平均水平则为最低。开封在一般工业固体废物综合利用率方面已经达到100%，但是其污水处理厂集中处理率仍不及整个城市群的平均水平。中原城市群在这两方面要高于珠三角城市群，但在一般工业固体废物综合利用率方面，长三角城市群更具有优势（见表10-20）。

表 10-20 工业固体废物综合利用率和污水及生活垃圾处理率

城市群	市辖区	一般工业固体废物综合利用率（%）	污水处理厂集中处理率（%）
长三角城市群	上海	97.12	87.7
	南京	91.2	61.5
	无锡	91	86.6
	常州	98.2	87.4
	苏州	97.9	77.2
	南通	98	88.4
	扬州	97.7	83.6
	镇江	98.1	78.6
	泰州	98.2	61.4
	杭州	94	93.9
	宁波	90.06	77
	嘉兴	95	91
	湖州	96.27	91.4
	绍兴	92.7	86.19
	舟山	99.83	64.1
	台州	96.44	88.18
珠三角城市群	广州	95.17	91.38
	深圳	78.69	96.22
	珠海	92.81	88.5
	佛山	93.14	94.28
	江门	90.84	87.19
	肇庆	46.34	80.3
	惠州	—	95.5
	东莞	78.94	90.93
	中山	62.66	90.7
中原城市群	郑州	73.55	95.8
	开封	100	76.72
	洛阳	59.61	97.91
	平顶山	95.6	93.16

续表

城市群	市辖区	一般工业固体废物综合利用率（%）	污水处理厂集中处理率（%）
中原城市群	新乡	97.6	85.88
	焦作	57.2	87.3
	许昌	98.8	96.97
	漯河	99.98	95
长三角城市群平均值		95.73	81.51
珠三角城市群平均值		79.82	90.56
中原城市群平均值		85.29	91.09

10.5 本章小结

（1）河南省城市体系趋向规范，但发展过程中存在诸多问题。河南省截至2014年有38个城市，逐渐形成了以省会郑州为中心，以区域性的城市洛阳、开封、新乡、安阳、平顶山、焦作等为骨干，以众多的小城市为纽带，联系广大乡村腹地的城市体系。各城市之间的分工与合作正在逐步深化，努力发挥自身优势带动当地经济的发展。但由于各城市之间基础条件不同，想要共同发展起来存在一定的困难，主要表现在：①市政基础设施水平较低。根据上文中所得结论，大部分地级市在各项指标中均没有达到全国平均水平。除郑州外，虽然洛阳在供水、用水及用电、道路面积及公共汽车、出租车拥有情况这几个方面达到了全国平均水平，但其他地级市只有全国平均水平的几分之一。②资源环境质量不高。从绿地面积可以看出一个省份的环境质量好坏，河南省大部分地级市未达到全国平均水平。而且，全省只有1/2的地级市在工业废水排放量和二氧化硫产生及排放量、工业烟（粉）尘去除及排放量、工业固体废物综合利用率和污水及生活垃圾处理率等方面达到全国平均水平。③城市体系结构水平较低。河南省的38个城市大部分处于中等城市水平，占全省城市总数的47.36%，而郑州虽进入特大城市行列，但城市首位度只有22.7%，城市规模不足。④城市化水平空间差异显著。河南省城市化水平较高的地级市只有5个，大部分地级市处于中低水平。城市化水平和地区生产总值在空间上存在一定的关系。经济发展水平高的区域，其城市化水平也较高；反之，城市化水平则较低。河南省城市布局在空间上不平衡，这一规律并不是绝对的，但在一定程度上可以观察到两者之间存在这样的联系。

（2）中原城市群中的各地级市的核心—外围经济联系潜力较大。中原城市群作为一个国家带动地区经济发展的重要举措，对河南省的经济发展具有重要意义。根据中原城市群核心—外围经济联系潜力的数据，各地区与郑州都存在一定的经济联系潜力。其中，开封与郑州的联系很强，其次，洛阳、新乡、焦作、许昌、漯河 5 个地级市与郑州具有较强的经济联系度。郑州作为一个重要的中心城市，向北联系指向性明显，与省内中北部地区城市联系较强。中原城市群主要是以郑州为中心，郑州作为中部地区的物流中心和交通枢纽，除了需要与周边城市联系紧密以外，还需要带动周边地区经济的发展，形成辐射效应。这对中原城市群的成功发展，以及对国家发展中部、带动中部地区经济增长具有重要的促进作用。

（3）中原城市群处于初期发展状态，与长三角、珠三角城市群之间的发展仍存在一定的差距，主要表现在以下几个方面：

1）经济发展水平低。中原城市群地区生产总值的平均水平只是长三角城市群的 1/5、珠三角城市群的 1/6，而在地区生产总值增长率上，只是长三角城市群地区生产总值增长率平均水平的 1/3。郑州作为中原城市群的重要城市，其在地区生产总值上仅是上海的 1/6。从这些数值可以看出，中原城市群各地区虽然处于快速的经济发展时期，但其水平相比那些先进地区，仍处于落后状态。

2）城市规模较小。上海作为长三角城市群的超大城市，具有一定的影响力，而郑州虽然作为特大城市，但其城市首位度仍较低。中原城市群城市等级较低，Ⅱ型大城市只有 3 个，占整个城市群数量的 37. 5%，而长三角城市群中Ⅱ型大城市占整个城市群数量的 62. 5%，珠三角城市群也不相上下。可以看出，中原城市群虽然城市体系较为规范，但其城市规模仍较低。

3）产业结构低下。中原城市群中主要以第二产业为主，第一产业水平仍较高，只有郑州、开封、新乡、焦作 4 个地级市的第三产业所占比例超过了第二产业所占比例。在第一产业所占比例中，开封所占比例最高，是上海的 11 倍。中原城市群的产业水平相比其他两个城市群仍是较低的，只有适应现代产业的发展，才能获得经济的持续增长。

4）各城市经济水平不高。对比中原城市群与长三角、珠三角城市群地方公共财政、金融发展、固定资产投资、社会消费品零售总额及批发零售贸易、利用外资情况、社会保障水平等各项指标，可以看出，中原城市群在地方公共财政方面大部分地级市财政支出严重超支，财政资金利用不当。在金融发展发面，除郑州较好外，大部分地级市未达到全国的平均水平。中原城市群在固定资产投资、社会消费品零售总额及批发零售贸易方面，与长三角、珠三角城市群存在很大差距，特别是利用外资情况，其他两个城市群具有明显的优势。

5）市政基础设施水平不高。中原城市群在市政公用事业，供水、用水及用电情况，煤气及液化石油气供应及利用情况，道路面积及公共汽车、出租车拥有情况这几个方面与其他两个城市群之间的差距仍然很大。在市政公用设施方面，郑州作为河南省经济实力较强的城市，其在市政公用事业的各项指标中与广州、上海相比，仍比较落后，其中，郑州在城市维护建设资金支出方面仅是广州的 1/3。而在供水总量方面，各地级市间具有很大差距。在其他方面，中原城市群也与其他两个城市群相差较大，发展基础较为薄弱，仍需要长时间的持续发展。

6）资源环境质量较低。虽然中原城市群在有关环境质量的指标中处于劣势，但有些指标相比其他两个城市群有一定的优势。例如，中原城市群在污水处理厂集中处理率方面的平均水平，要比其他两个城市群的平均水平高；而在公园绿地面积所占比例中，中原城市群的平均水平高达 26%，高于其他两个城市群。但其工业二氧化硫排放量相对来说较高。因此，中原城市群在环境质量保护方面仍需采取有效措施，防止地区环境的污染。

11　河南省区域经济赶超发展的产业支撑

11.1　三次产业发展概况

11.1.1　经济运行稳中有进

2014 年河南省实现地区生产总值 34939.38 亿元，比 2013 年增长 8.9%，增速同比回落 0.1 个百分点，高于全国平均水平 1.5 个百分点，居全国第 13 位，比 2013 年前移 8 位。其中，第一产业增加值 4160.81 亿元，增长 4.1%；第二产业增加值 17902.67 亿元，增长 9.6%；第三产业增加值 12875.9 亿元，增长 9.4%。

11.1.1.1　农业生产保持稳定

粮食产量实现十一连增。2014 年，全省粮食总产量达到 1154.46 亿斤，连续四年超过 1100 亿斤，占全国总产量近一成。其中，夏粮总产 667.8 亿斤，比 2013 年增产 20.76 亿斤，仍居全国第一；秋粮总产 486.66 亿斤，比 2013 年减少 9.04 亿斤；夏增秋减，全年比 2013 年增产 11.72 亿斤，增长 1%。畜牧业生产总体平稳。全省猪、牛、羊肉产量分别达到 478 万吨、82.1 万吨和 25.4 万吨，分别增长 5.3%、1.9%、2.6%；牛奶产量 332 万吨，增长 4.9%；禽肉、禽蛋产量分别为 118 万吨、404 万吨，分别下降 3.5%、1.5%。

11.1.1.2　工业生产平稳增长，增速位次前移

2014 年，全省规模以上工业增加值增长 11.2%，增速同比回落 0.6 个百分点。受异常因素影响，8 月增速偏低，9 月之后增速小幅回升，全年工业增加值呈现小幅波动、总体平稳的增长态势。工业增速高于全国平均水平 2.9 个百分点，居全国第 7 位，比 2013 年前移 8 位；居中部六省第 2 位，前移 1 位。

非金属矿物制品业，计算机、通信和其他电子设备制造业，化学原料和化学制品制造业等9个行业是拉动全省工业增长的主要力量。2014年，这9个行业增加值占全省工业的48.5%，增长14.4%，高于全省平均水平3.2个百分点，对全省工业增长的贡献率为60.2%，拉动全省工业增长6.6个百分点。

11.1.1.3　固定资产投资增速回落，仍保持较快增长

2014年，全省固定资产投资30012.28亿元，增长19.2%，增速同比回落4个百分点。在全国整体呈持续回落态势的背景下，全省投资在较快增长的基础上增速放缓，仍保持在19%以上的较高平台上运行，高于全国及中部六省的平均水平，增速位次前移。全省投资增速高于全国3.5个百分点，居全国第9位，比2013年前移6位，高于中部六省平均水平1.4个百分点，居中部第3位，前移1位。工业投资增速回落，全省工业投资15382.2亿元，增长17.1%，增速同比回落2.4个百分点，占全省投资的比重为51.3%，同比降低0.8个百分点。民间投资保持较快增长，全省民间投资25433.21亿元，增长23.2%，高于全省投资增速4个百分点，占全省投资的比重为84.7%，同比提高2.8个百分点。

房地产投资增速回落。2014年，全省房地产开发投资4375.71亿元，增长13.8%，增速同比回落12.8个百分点；商品房销售面积7879.67万平方米，增长7.8%，增速同比回落14.7个百分点；商品房销售额3440.58亿元，增长11.9%，增速同比回落22.5个百分点。

11.1.1.4　消费品市场平稳运行

2014年，全省社会消费品零售总额13835.9亿元，增长12.7%，增速同比回落1.1个百分点，高于全国0.7个百分点，居全国第10位，比2013年前移4位。2014年上半年，社会消费品零售总额小幅稳步回升，下半年开始小幅波动回落，总体运行平稳。零售业零售额增速略有回落，批发和住宿餐饮业零售额增速提高。2014年，全省限额以上零售业零售额增长14.2%，同比回落1.2个百分点；批发业零售额增长9.8%，同比持平；住宿、餐饮业零售额分别增长2.7%、10.9%，同比分别提高8个和4.7个百分点。五大类商品拉动力强。2014年，占限额以上批发和零售业销售额77.4%的粮油食品饮料烟酒类、服装鞋帽纺织品类、家用电器和音响器材类、石油及制品类、汽车类五大类商品零售额分别增长19.3%、17.4%、12%、4.2%和12.9%，拉动限额以上批发和零售业销售额增长10个百分点。

11.1.1.5 进出口增速回落

2014 年，全省进出口总值 650.33 亿美元，增长 8.5%，增速同比回落 7.4 个百分点。其中，出口总值 393.84 亿美元，增长 9.4%，增速同比回落 11.9 个百分点；进口总值 256.49 亿美元，增长 7%，增速同比回落 1.6 个百分点。全年全省进出口增速呈现同比回落、月度间小幅波动态势。

11.1.2 结构调整和转型升级取得新进展

11.1.2.1 第三产业增长提速，三次产业结构持续优化

2014 年，全省第三产业增加值增长 9.4%，高于 GDP 增速 0.5 个百分点，对 GDP 增长的贡献率为 31.4%，拉动 GDP 增长 2.8 个百分点。2014 年，全省三次产业结构为 11.9∶51.2∶36.9，第三产业比重明显提升。

11.1.2.2 工业产业结构继续呈现积极变化

2014 年，全省高成长性制造业和高技术产业增加值增速分别高于全省工业增加值增速 2.6 个和 11.4 个百分点，占全省工业增加值的比重分别为 45%、7.6%，同比分别提高 2.7 个和 1.2 个百分点；对全省工业增长的贡献率分别为 53.2%和 13.6%，分别拉动全省工业增长 5.9 个和 1.5 个百分点。

11.1.2.3 产品升级优化趋势增强

通过加快初级加工环节改造，增强产业链中高端产品带动能力，产品精深加工程度提高，下游深加工产品产量高速增长。化工工业中，煤化工、盐化工、石油化工、融合发展和上下游一体化发展加快，产业链向高端延伸。2014 年全省精甲醇产量增长 12.3%、化学农业原药增长 16.7%，而硫酸、烧碱、纯碱产量下降，盐酸产量仅增长 3.6%。有色工业中，铝材产量增长 15.4%，超过上游电解铝产量增速 13.5 个百分点。钢铁工业中，钢材产量增长 10.4%，增速分别比上游的粗钢和生铁快 6.6 个和 2.3 个百分点。纺织服装工业中，服装产量增长 13%，分别高出上游产品纱和布增速 6 个和 40.7 个百分点。通过拉长产业链条、实施传统产业改造提升，全年传统支柱产业增长基本稳定在 9%以上。

11.1.2.4 投资结构不断优化

高成长性制造业投资增长较快，占比提高。2014 年，全省高成长性制造业投资 8331.67 亿元，增长 22.8%，高于全省工业投资增速 5.7 个百分点，高于传统支柱产业投资增速 12.6 个百分点；占工业投资的比重为 54.2%，同比提高 2.5 个百分点。第三产业投资较快增长，占比提高。全省第三产业投资 13361.87 亿元，增长 19.6%，占投资的比重为 44.5%，同比提

高0.1个百分点。投资结构的不断优化不仅能带动即期全省产业结构的升级，而且会促进未来经济结构改善，增强经济发展后劲。

11.2 农业发展优势及劣势分析

11.2.1 农业发展优势分析

11.2.1.1 粮食总产实现十一连增

2014年，河南省按照粮食生产核心区战略规划，大力实施高标准良田“百千万”建设工程，加快转变农业发展方式，积极应对秋季干旱考验，粮食在高起点上继续增产，连续四年超过1100亿斤，粮食总产量达到1154.46亿斤，占全国总产量的9.5%，比2013年增产11.72亿斤，增长1%。全省粮食播种面积稳定增长，达到15314.7万亩，比2013年增加192万亩，增长1.3%。其中，夏粮播种面积8150万亩，增长0.7%；秋粮播种面积7164.7万亩，增长1.9%。

夏粮十二连增，单产首次突破400公斤。2014年河南省夏粮总产量达667.8亿斤，比2013年增产20.76亿斤，增长3.2%，实现连续十二年增产、连续七年超过600亿斤，夏粮总产继续位居全国第一。2014年夏粮平均亩产首次突破400公斤，达到409.67公斤，比2013年平均每亩增产9.8公斤，增长2.4%，表明河南省夏粮已迈上高产新台阶。

河南省在全国率先开展高标准良田建设，目前已建成3000多万亩。高标准良田建成区粮食单产大幅提高，有效地提高了粮食生产能力。土地流转促进了土地规模化经营，大大提高了粮食生产的机械化、专业化、集约化程度，再加上土地整治对土壤质量的改善等措施，耕地产出能力提高，奠定了粮食生产的基础。

近年来，河南农田水利建设投入持续增长，农田水利基本建设不断完善。全省积极整合各类资金，开展灌区续建配套与节水改造、小型农田水利重点县建设、高效节水灌溉工程建设、农田灌溉等重点工程项目，大力推进全省农田水利建设，灌溉条件得到改善、灌溉面积得到增加。2014年，在严重干旱考验下，灌溉条件好、水利设施较为完善的地区保持了稳产高产，为粮食增产发挥了重要作用。

河南省主要粮食作物良种覆盖率达到98%以上，良种对粮食增产的贡献率超过四成。测土配方施肥、病虫害统防统治、秸秆还田等农业科技的推广，有效地提高了河南省粮食生产能力。

2014 年中央安排农业“四补贴”力度不断加大，农民种粮热情高涨。中央财政下拨农作物种粮补贴资金 214.45 亿元，实现了水稻、小麦、玉米等农作物的全国覆盖。为了让农民种粮心中有数，中央继续出台一系列强农惠农政策，及早预拨农业“四补贴”，及早发布小麦、稻谷最低收购价，继续实施产量大县奖励政策，进一步调动多方面的粮食生产积极性。

11.2.1.2 棉花种植减少，油料、蔬菜生产稳定

由于棉花种植费工时且效益不佳，棉花种植大幅减少；油料播种面积增加；蔬菜生产稳定。2014 年以来，河南省蔬菜产业发展迅速，结构不断调整，品种日益丰富，档次不断提升，大部分蔬菜品种生产稳定、市场供应充足。2014 年全省蔬菜播种面积 2588 万亩，同比减少 1.1%；全年产量 7169 万吨，同比增加 0.8%。

11.2.1.3 畜牧业生产形势总体较好

（1）牛羊生产形势保持平稳。随着人们生活水平提高，饮食结构不断改善，对牛羊肉的消费需求量增加，拉动牛羊肉价格上涨。牛羊生产效益较好，河南省牛羊生产平稳增长，存出栏皆出现同比上涨。其中，牛存栏 918.2 万头，同比增长 1.4%；牛出栏 546 万头，同比增长 2%。羊存栏 1886 万只，同比增长 3%；羊出栏 2088 万只，同比增长 2.7%。2014 年以来，全省牛羊肉价格保持高位，但同比涨幅趋缓。12 月底，牛肉价格 57.98 元/千克，同比略降 0.5%；羊肉价格 60.27 元/千克，同比下跌 3.7%。

（2）生牛奶产量稳定增长，效益较好。在全省大力实施千万吨奶业跨越工程带动下，河南省奶牛养殖稳定发展，牛奶产量稳定增长。2014 年以来，鸡蛋价格出现大幅上涨，最高涨幅近 40%。

11.2.1.4 主要农产品市场运行平稳

（1）小麦价格平稳。全年小麦价格保持稳定，价格维持在 120~125 元/百斤范围内，小麦市场运行正常。

（2）玉米价格总体平稳，出现季节性波动。受养殖业不景气、饲料企业需求减弱等因素影响，全年玉米价格保持总体平稳，玉米价格整体低于小麦价格。在 9 月新玉米尚未上市、陈玉米库存不多时，玉米价格出现短暂的快速上涨，但属于正常的季节性波动。

11.2.1.5 化肥价格下降，农资市场平稳运行

在国内产能过剩加剧和市场需求疲软因素影响下，国内化肥产品价格总体下降。12 月下半月，复合肥、尿素价格分别为 2741.96 元/吨、1728.41

元/吨，同比下降 1.4%和 8.3%。国际油价接连下跌，国内成品油价连续多次下调，农用柴油价格也随之下降到 5.93 元/升，同比降幅达 19.5%。化肥及农用柴油价格下降，有利于降低农民在农业生产中的费用成本。

11.2.1.6　新型农业经营组织蓬勃发展

新型农业经营组织在提高农业经济效益、增加农民收入、推动现代农业发展等方面发挥着日益重要的作用。河南省高度重视新型农业经营主体的培育工作，不断加大对农民专业合作社、家庭农场、专业大户等新型农业经营主体的扶持力度，全省新型农业经营主体呈现良好的发展态势。截至 2014 年 6 月底，全省共有新型农业经营主体 9.84 万户，居全国第二位，居中部六省第一位。其中，农民专业合作社 8.63 万户，出资总额 2360.93 亿元，家庭农场 1.2 万户，出资总额 179.04 亿元。农业经营主体的业务范围覆盖种植业、农业服务业、畜牧业、林业、渔业等，基本形成了覆盖面较广的新型农业生产经营体系。

11.2.1.7　高标准粮田建设成效明显

2014 年，河南规划建设高标准粮田 900 万亩，上半年，全省完善和新建高标准粮田 486 万亩。截至 6 月底，全省累计完善建成 3173 万亩高标准粮田，按 6000 万亩的建设目标计算，建设进度已过半。高标准粮田建设对保住耕地红线、保障全省粮食种植面积有着重要意义，并且对提升耕地生产能力、实现粮食稳产增产发挥着巨大作用。特别是在 2014 年遭遇干旱情况下，高标准粮田完善的农田水利设施和配套设施为保障粮食生产发挥了重要作用，高产创建效果显著，有效地带动了农民增收，促进了现代农业的发展。

11.2.1.8　农民收入保持快速增长态势

2014 年，农村居民现金收入继续保持稳定快速增长。河南粮食生产核心区、中原经济区、郑州航空港经济综合实验区三大战略的实施，为农民就业、收入增长提供了良好机遇和条件。更多农民实现在“家门口”就业，工资性收入稳定增长，粮食连年丰收，农产品价格稳定增长，家庭经营收入不断增加，土地经营权流转为农民带来更多的财产性收入，种粮补贴、农资农机补贴、养老医疗保障等各种转移性收入平稳增加等，都为农民收入保持快速增长态势提供了保障。

11.2.2　农业发展的劣势分析

11.2.2.1　农田水利设施不完善，抗灾能力不强

2014 年河南省遭遇 60 年不遇的大旱，暴露出农田水利设施存在不少薄

弱环节，主要表现在缺乏监管、保护不力，年久老化、效能衰减，部分工程标准低、质量差，配套设施不完善、无法使用等方面。河南省地调队对全省120个行政村进行的专项调查显示，机电井无专人管护比例达41.2%，12.5%的机电井、34.4%的排灌渠道建于20世纪80年代以前，10.5%的机电井由于建设质量差而无法正常使用。在严重旱情面前，部分农田水利设施无法发挥正常灌溉作用，影响了农业生产。

11.2.2.2　高标准粮田建设进度不一，质量有待提高

尽管河南省高标准粮田建设总体进度较快，但各地的建设进度和质量参差不齐。个别地方和部门对高标准粮田建设认识不到位，重视程度不够，保障措施不力，各地工程建设进度不平衡。高标准粮田田间建设涉及多个项目和部门，各项目单位在实施过程中各自为政，自行设计施工，田间工程项目建设标准不一致，项目实施后，部分建设项目与高标准粮田建设要求有差距。标准不一给高标准粮田的检查、验收带来较大的困难，部分项目建设质量有待提高，如机电井井深不够、出水不足、节水灌溉比例偏低、田间道路宽度及质量不一致等。

11.2.2.3　农民持续增收难度增大

一是粮食生产成本上涨，种粮收益增长受到挤压。据河南省地调队调查，2014年夏粮、秋粮生产成本分别同比增长0.6%和14.1%，机耕、机播、机收、排灌等费用明显增加。而从收益来看，秋粮每亩收益505.1元，仅比2013年增加0.8元，成本上涨挤压了因粮食价格上涨带来的收益。二是2014年畜禽养殖特别是生猪遭遇普遍亏损，养殖户损失较大。

11.2.2.4　规模化生产水平较低

河南省农业生产仍然以分散的家庭经营为主，尚未形成以专业大户、家庭农场、专业合作社等为主体的规模化生产和经营模式，一家一户的分散经营使农业生产的规模效应难以实现。分散的家庭经营模式抵御自然风险及市场风险能力较弱，不利于农业生产的稳定发展。

11.3　工业发展优势及劣势分析

11.3.1　工业发展的优势分析

11.3.1.1　工业生产增长基本平稳，增速位次前移

2014年，全省工业生产总体呈现平稳增长态势，规模以上工业实现增加

值同比增长 11.2%，比 2013 年同期回落 0.6 个百分点，较前三个季度回升 0.2 个百分点，与第一季度和上半年持平；各月累计增速不超过 0.4 个百分点。2014 年全省工业增速高于全国平均水平 2.9 个百分点，居全国第 7 位，同比前移 8 位，比第一季度、上半年和前三季度分别前移 5 位、2 位和 2 位。在中部六省位次由 2014 年 1~2 月的第 5 位前移到第 2 位，同比前移 1 位。

11.3.1.2 工业经济效益主要指标增速基本稳定

2014 年以来，全省工业主营业务收入增速波动中小幅回升，由 1~2 月的同比增长 10.1%提高到 1~11 月的 11.3%。利润总额增速小幅回落，由 1~2 月的同比增长 10.5%回落到 1~11 月的 8.3%。

11.3.1.3 经济效益综合指数基本平稳

2014 年 1~11 月，反映企业盈利水平的工业主营业务收入利润率为 7.1%，高于全国平均水平 1.4 个百分点，较第一季度下降 0.4 个百分点，与上半年和前三季度持平。成本费用利润率为 7.8%，高于全国平均水平 1.6 个百分点，较第一季度和上半年略有回落，但比前三季度提高 0.1 个百分点。反映企业负债程度的资产负债率为 47.5%，分别较第一季度、上半年和前三季度回落 2.9 个、1.6 个和 0.6 个百分点，呈逐季回落态势。显示在经济新常态下，工业经济效益总体上仍保持平稳运行态势。

11.3.1.4 工业结构调整取得明显成效

2014 年，全省积极推动先进制造业大省建设，大力发展技术含量高、市场潜力大的高成长性制造业，加快培育先导作用突出的战略性新兴产业，打造传统支柱产业新的竞争优势，工业产业结构转型升级取得明显成效。高成长性制造业、高技术产业快速增长，比重提高。2014 年，全省电子、装备制造、汽车及零部件、食品、现代家居、服装服饰六大高成长性制造业增加值增长 13.8%，高出全省平均水平 2.6 个百分点，占全省工业增加值的比重达到 45%，同比提高 2.7 个百分点。高技术产业增加值比重突破 7%。近两年来，全省高技术产业增加值比重不断攀升，2013 年比重达到 6.3%，突破了 2011 年以来一直在 5%~6%区间徘徊的局面；2014 年比重突破 7%，达到 7.6%，同比提高 1.3 个百分点，实现增加值同比增长 22.6%，高于全省平均水平 11.4 个百分点。传统支柱产业改造提升步伐加快。2014 年以来，冶金、建材、化学、轻纺、能源五大传统支柱产业改造升级步伐明显加快，增速持续稳定在 10%左右，2014 年增长 9.2%，其中冶金、建材、化学工业增速均在 11%以上。下游深加工产品快速增长，产业链向高端延伸。化工工业中，初级化工产品硫酸、烧碱、纯碱均为负增长，盐酸仅增长 3.6%，而农用化肥、化学药品原药分别增长 9. 8%、16. 7%。有色工业中，全省铝材增长 15. 4%，超过上游电解铝产量增速 13. 5 个百分点，其中，铝型材、铝带材产量分别增长 83. 7%和 50%。钢铁工业中，钢材产量增长 10. 4%，增速比上游的粗钢和生铁分别高出 6. 6 个和 2. 3 个百分点。纺织服装工业中，服装产量增长 13%，增速比上游的产品纱和布分别高出 6 个和 40. 7 个百分点。

六大高载能行业占比下降。近年来，六大高载能行业占比逐渐下降。2014 年，六大高载能行业增长 9. 7%，低于全省平均水平 1. 5 个百分点，占全省工业增加值的比重为 35. 3%，较 2013 年同期下降 2. 1 个百分点。其中，煤炭、黑色、有色、电力行业比重分别下降 1. 2 个、0. 4 个、0. 5 个和 0. 2 个百分点，煤炭、黑色个位数增长，电力行业负增长，已经制约了全省工业经济持续稳定发展。

11. 3. 1. 5 稳增长、调结构，一系列措施为工业平稳增长创造了良好的外部环境和客观条件

近年来，省委、省政府出台了一系列促进工业发展的政策措施，为工业结构优化升级指明了方向，创造了好的发展环境和条件。一是加快推进产业结构战略性调整。下发《河南省人民政府关于加快推进产业结构战略性调整的指导意见》，提出加快发展高成长性制造业，积极培育战略性新兴产业，改造提升传统支柱产业，着力构建高质能效、开放创新、具有竞争活力的现代工业发展格局，为全省工业结构调整指明了方向。二是统筹推进先进制造业大省建设。印发《先进制造业大省建设行动计划》，提出了以产业集聚区为载体，以培养“百千万”亿元级优势产业集群为抓手，实施高成长性制造业发展、战略性新兴产业培育和传统支柱产业转型三大工程，推动制造业向更高层次、更大规模、更高水平发展。三是以稳增长为首要任务，着力加强运行调节。针对工业经济运行中存在的突出矛盾和问题，省政府多次召开运行工作会议，深入基层和企业协调解决问题。加快承接产业转移，支持中小企业健康发展，开展产业集聚区建设现场观摩，以及全省工业稳增长、调结构、促发展，减轻企业负担督导活动等一系列稳增长、调结构措施，推动全省工业保持平稳增长态势。

11. 3. 1. 6 高成长性制造业和高技术产业推动作用逐步增强

2014 年，全省高成长性制造业和高技术产业增加值占比超过 50%，对全省工业发展的带动作用进一步增强。2014 年以来，全省高成长性制造业累计增速一直保持在 11. 8%以上，全年实现增加值同比增长 13. 8%，对全省工业增长的贡献率为 53. 2%，拉动全省工业增长 5. 9 个百分点。分行业看，电子

信息、装备制造、汽车及零部件、服装服饰四个行业增速均快于全省平均水平，其中电子信息、装备制造、汽车及零部件增速分别达到 29.7%、15.7% 和 16%，三个行业合计拉动全省工业增长 3.7 个百分点。

高技术行业保持快速增长。2014 年，高技术行业实现增加值同比增长 22.6%，高于全省平均水平 11.4 个百分点，对全省工业增长的贡献率为 13.6%，同比提高 2.5 个百分点，拉动全省工业增长 1.5 个百分点，同比多拉动 0.2 个百分点。

11.3.1.7　产业集聚区已经成为稳增长的主要支撑和推动力量

随着全省产业集群提升工程深入推进，亿元以上重大工业结构调整项目陆续投产，产业集群发展效应更加突出。2014 年，产业集聚区工业企业单位数 8179 家，占全省工业企业单位数的 40.1%。产业集聚区实现工业增加值占全省的 53.4%，同比提高 5 个百分点，同比增长 16.7%，对全省工业增长的贡献率达到 75.3%，拉动工业增长 8.4 个百分点。产业集聚区对全省工业的带动作用明显增强，成为全省工业增长的重要支撑和新的增长点。

11.3.1.8　重点产业及骨干企业对全省工业增长的带动作用增强

随着招商引资、承接产业转移等政策措施成效的持续显现，全省部分重点产业行业集中度明显提升，大型企业集团对全省工业增长的拉动作用继续增强。电子信息产业集中度从 2011 年的 65.5%提升至 2014 年的 80.5%，增幅达 15 个百分点；汽车产业行业集中度从 29.2%提升至 29.8%。2014 年这两个行业对全省工业增长的贡献率分别为 8.4%和 4.9%，合计拉动全省工业增长 1.4 个百分点。电子信息行业中富士康旗下电子企业对全省工业的拉动作用明显。9 月以来，富士康企业集团订单需求旺盛，产销良好，富士康旗下电子企业生产加快，2014 年全年手机产量达到 1.2 亿部，初步形成全球重要的智能终端生产基地。大型企业集团培育实现新突破，竞争力继续增强。2014 年中国企业 500 强中河南企业达到 10 家，河南能源化工企业在世界 500 强企业中的位次和水平继续提升。

11.3.2　工业发展的劣势分析

在河南省工业经济发展优势基础上，也应该认识到当前工业经济发展的内外环境依然错综复杂，市场需求不足、产能过剩、部分传统行业生产经营困难的问题未能从根本上得到解决，保持全省工业经济平稳增长面临着巨大的压力和挑战。

11.3.2.1 市场需求整体偏弱

从短期先行指标来看，2014年中国采购经理人指数（PMI）7月以来呈现逐月回落态势，12月回落至2014年以来最低，汇丰制造业PMI 7个月来也首次低于50的荣枯线。这意味着受订单下降影响，企业生产活动放缓，制造业增长动力有所减弱。从工业产品价格走势看，全省工业生产者出厂价格指数连续31个月负增长，持续时间之长为15年来之最。2013年以来，河南工业生产者出厂价格持续低于购进价格，两者之间差幅在0.1~1.2个百分点。河南工业月度趋势调查情况显示，2014年重点监测的能源类、金属类、化工、建材类工业产品中，煤炭类产品，钢铁类产品棒材、钢筋、线材、中板、厚钢板，化工类产品精甲醇、纯碱、烧碱等价格均有所下降，表明工业产品整体市场需求依然偏弱。

11.3.2.2 部分行业拉动力减弱，成为工业较快增长的拖累点

2014年，全省工业40个行业大类中黑色金属冶炼和压延加工业、电力热力生产和供应业、烟草制品业、纺织业等20个行业对全省工业增长的拉动作用同比减弱，这些行业合计拉动全省工业增长3.2个百分点，同比少拉动1.9个百分点，其中同比下降0.1个百分点以上的行业有10个，合计同比少拉动1.6个百分点。特别是钢铁、电力等传统行业生产经营持续困难，成为全省工业较快增长的拖累点。2014年钢铁、电力等能源工业增加值同比增长2.6%，增速低于全省平均水平8.6个百分点，占全省工业增加值的比重为9.7%，仅拉动全省工业增长0.3个百分点，同比少拉动0.3个百分点。受生产持续放缓影响，1~11月，全省能源工业利润总额同比下降18.5%，增速低于全省平均水平26.8个百分点，下拉全省工业企业利润增长1.2个百分点。

11.3.2.3 大中型企业生产增长放缓

全省大中型企业实现增加值占全省的63.1%，是工业经济发展的重要支撑。2014年，全省大中型企业生产增长放缓，同比增长9.3%，低于全省平均水平1.9个百分点，较2013年同期回落1.5个百分点，对全省工业增长的贡献率由2013年同期的65.6%下降为53.7%，拉动全省工业增长6个百分点，同比少拉动1.7个百分点。其中，大型企业同比增长7.5%，低于全省平均水平3.7个百分点，较2013年同期回落2.8个百分点，对全省工业增长的贡献率由2013年同期的36.2%下降到23.8%。中型企业增速呈现下滑态势，2014年增长10.5%，较第一季度和上半年分别回落1.6个和0.2个百分点，与前三季度持平。

11.3.2.4　工业企业存货增速呈加快态势

2014 年，受到市场需求不振影响，全省工业企业存货增速总体呈加快态势，由 2 月末的 7.3%提高到 11 月末的 8.1%。其中产成品存货增速持续攀升，8 月达到最高点后增速略有回落，但仍处于 2014 年以来的较高水平。11 月末同比增长 12.4%，较 2013 年同期加快 6.8 个百分点。7 月以来，产成品存货增速已经连续 5 个月高于主营业务收入增速，1~11 月高于主营业务收入增速 1.1 个百分点。

11.3.2.5　国有控股工业亏损严重

2014 年，国有企业盈利能力表现不佳，不少企业徘徊在亏损边缘，甚至出现持续巨额亏损。1~11 月，全省国有企业主营业务收入同比下降 1.1%，分别较第一季度、上半年和前三季度回落 3.9 个、1.7 个和 0.5 个百分点，实现利润同比下降 9.3%，分别较第一季度、上半年和前三季度回落 25.7 个、14.3 个和 6.5 个百分点。主营业务收入和利润增速均为 2014 年以来最低水平。1~11 月，全省国有企业亏损单位数 240 家，亏损面高达 31.9%，远高于全省工业企业 4.7%的平均水平，亏损额 143.55 亿元，占全省亏损企业亏损额的比重高达 65.2%。全省亏损前十大企业中，洛阳石化、万基控股、中铝河南分公司、郑煤集团、中铝中州分公司、中原石油勘探局等 9 家均为国有控股企业。

11.4　服务业发展优势及劣势分析

11.4.1　服务业发展的优势分析

11.4.1.1　服务业增加值总体呈现稳中有升态势

（1）服务业增加值增速持续攀升，高于 GDP 增速。2014 年，全省服务业增加值增长 9.4%，呈现季度持续攀升态势。

（2）服务业投资快速增长，占比提高。2014 年，全省服务业投资 13361.87 亿元，增长 19.6%，高于全社会投资增速 0.4 个百分点，比第二产业投资增速高 2.9 个百分点，服务业投资占全部投资的比重为 44.5%，同比提高 0.1 个百分点。

（3）服务业税收贡献份额持续提升。2014 年 1~11 月全省服务业税收收入 1827.58 亿元，同比增长 14.3%，增速高于全部税收收入增速 5 个百分点。服务业税收收入占全部税收收入的比重为 56.1%，对税收收入增长的贡献率达82.1%，拉动全省税收收入增长7.7个百分点。房地产、金融和批发零售业是服务业税收收入增长的主要拉动力，对服务业税收收入的贡献率分别为30.5%、26.4%和19.8%，分别拉动第三产业税收收入增长4.4个、3.8个和2.8个百分点。

（4）消费品市场平稳增长。受宏观经济环境趋紧、需求不旺、市场竞争加剧等多重因素影响，全省消费品市场走势平稳，增速略有回落。2014年，全省社会消费品零售总额增长12.7%，高于全国0.7个百分点，在中部六省中低于安徽、湖南，与湖北并列第三位。

11.4.1.2　服务业重点领域实现稳步增长

（1）交通运输基础设施进展显著。2014年全省高速公路总通车里程5859千米。"米"字形快速铁路网建设大力推进，郑徐客专加快建设，郑万高铁即将开工，郑合高铁预科研已经完成，郑开城际铁路已通车，郑焦城际铁路即将通车运营。郑欧国际铁路货运班列开行班次实现去程每周四班、回城每月两班，班列班数、货重、货值均居国内亚欧班列首位。强化与菜鸟网络、京东商城、中外运长航、招商集团等国内外知名企业合作，推动中原经济区物流一体化、豫疆区域物流合作。郑州机场已获批成为国家"自产内销货物返区维修业务"试点，已启动内陆地区首个"国家移动通信设备检测重点实验室"建设，已获批筹建肉类进口口岸。河南电子口岸服务中心项目可实现各口岸监管单位、货代企业与异地申报的"一个门户入网、一次认证登录、一站式服务"。

（2）交通运输业发展态势良好。客货运输量和周转量保持稳定增长。2014年，全省货物运输量20.06亿吨，比2013年增长9.4%，其中，铁路、公路货物运输量分别增长9.3%和10.9%；旅客运输量14.18亿人，比2013年增长3.6%，其中铁路、公路旅客运输量分别增长11.1%和2.3%；货物周转量7367.09亿吨千米，比2013年增长3.2%，其中公路货物周转量增长7.4%，水运货物周转量增长10.5%；旅客周转量1858.89亿人千米，比2013年增长18.7%，其中铁路旅客周转量增长5%，公路旅客周转量增长18.6%。航空运输业持续高速发展。随着郑州航空港综合经济试验区战略措施的逐步实施，郑州机场二期物流配套工程加快推进，郑州机场航空货邮吞吐量增速大幅提升。2014年全省航空货邮吞吐量达37.31万吨，增长44.6%，增速比2013年提高8.5个百分点。其中，郑州机场累计完成旅客吞吐量1580.54万人次，增长20.3%；完成货邮吞吐量37.04亿吨，增长44.9%。目前，郑州机场运营的航空公司共有41家，开通客货运航线171

条，稳居中部首位。澳大利亚、TNT等航空公司也将在郑州机场开辟国际货运航线，新增悉尼、列日等航点。郑州机场货运航班量、航班架次、通航城市均走在中部地区前列，中部国际航空货运枢纽地位进一步得到巩固。2014年，全省取得快递经营许可证的企业有169家，全年快递业务量2.61亿件，增长52.2%，业务收入36.42亿元，增长54%。

（3）信息服务业取得重大突破，重大项目进展顺利。郑州国家级互联网骨干直连点建设全面启动，郑州、济源两市入选第一批国家信息消费试点示范市，洛阳入选第二批国家电子商务示范城市，“河南省电子制造云计算服务平台”被确定为国家“工业云”创新服务试点，中国联通中原数据基地、中国移动数据中心、洛阳景安云计算和互联网数据中心等项目加快推进。谷歌在华首个国际贸易电子商务体验中心落户河南，“阿里巴巴”河南产业带和淘宝河南特色馆上线运营。全省新增省级电子商务示范基地6个，示范企业32家。

（4）金融市场运行平稳，各项存贷款余额增加较多，信贷投放结构较为均衡。中原银行、中原农业保险股份有限公司获批筹建，中原证券在香港上市，2家企业在境内上市，16家企业在新三板挂牌。郑东新区新入驻金融机构16家，累计达到207家，中原金融产业园、民生银行战略研发基地等重点项目进展顺利。2014年12月末，全省金融机构本外币各项存款余额41931.13亿元，增长11.5%，较年初增加4340.03亿元。其中，人民币各项存款余额为41374.91亿元，增长11.7%，较年初增加4326.02亿元；储蓄存款余额为22417.16亿元，增长10.8%，较年初增加2185.04亿元。金融机构本外币各项贷款余额为27583.37亿元，增长17.3%，较年初增加3971.3亿元。其中，人民币各项贷款余额为27228.27亿元，增长17.9%，较年初增加4026.89亿元。

（5）文化产业硕果累累。大运河、丝绸之路入选世界遗产名录，河南电视台国际频道正式全球开播，国家级文化和科技融合示范基地落户洛阳高新区，中原传媒集团实现主营业务整体上市，约克股份在新三板挂牌。“双十工程”扎实推进，21种图书分别荣获国家和省“五个一工程奖”，文化节目《汉字英雄》、电视剧《大河儿女》收视率和口碑获得双丰收。

（6）新兴服务业成果显著。科技服务方面，郑州、洛阳、南阳、新乡先后被认定为全国知识产权示范城市，省科学技术信息研究院被确定为第五批国家技术转移示范机构，全省60家科技企业孵化器入驻企业3700多家，中原彼得堡航空大学项目签约落地。商务服务方面，出台《河南省会展业发展暂行办法》，漯河食品博览会、南阳玉博会等品牌展会列入商务部引导支持展会项目，中原国家级广告产业园二期工程开工建设。养老健康服务方面，健康体检、健康咨询、健康网络服务等健康管理服务较快发展，艾迪康医学检验中心等一批民营健康机构投入运营，中挪肿瘤微转移联合治疗中心等32个健康养老项目集中签约，阜外华中心血管病医院等4个重点医疗卫生项目加快建设。

11.4.1.3　服务业重点监测企业经营状况良好

根据对全省3500家服务业重点企业的监测资料，全省规模以上服务业企业实现营业收入3190.2亿元，比2013年同期增长9.7%，实现营业利润240.33亿元，比2013年同期增长40.2%。

从营业收入看，传统的交通运输、仓储和邮政业为1765.38亿元，占营业收入总量的55.3%，占绝对优势；信息传输、软件和信息技术服务业，科学研究和技术服务业，租赁和商务服务业营业收入分别为546.18亿元、239亿元和291.63亿元，分别占营业收入总量的17.1%、9.2%和9.1%。上述四个行业营业收入合计占营业收入总量的90.7%，是重点服务业企业的四大支柱行业。营业收入增长速度较高的行业为物业管理和房地产中介服务、教育、租赁和商务服务业、居民服务、机动车修理和其他服务业。

从营业利润看，营业利润较大的行业是信息传输、软件和信息技术服务业，教育，水利和公共设施管理业，2014年1～11月营业利润同比增幅分别为67.4%、47.6%和38.5%，信息传输、软件和信息技术服务业，文化体育和娱乐业营业利润增速较低，分别增长3.9%和1.1%。

11.4.1.4　服务业发展政策支持因素增多

（1）经济新常态为服务业发展提供重大机遇。我国经济社会发展已进入新常态，经济增速放缓，结构调整加快，服务业特别是现代服务业已成为支撑经济增长方式实现科学转变的优势产业。习近平总书记强调，“我国发展仍处于重要战略机遇期，我们要增强信心，从当前我国经济发展的阶段性特征出发，适应新常态，保持战略上的平常心态”。同时，习近平总书记还强调，要加快发展服务业，把服务业培育成现代产业体系的重要支柱。新常态是对当前所处阶段的科学判断，也代表着宏观经济调控的新趋势，加快服务业发展是主动适应新常态的重大战略举措。

（2）河南服务业发展的积极因素增多。全省服务业大会召开后，全省上下已经形成大力发展服务业的良好局面。《关于建设高成长服务业大省的若干意见》《关于进一步加快服务业发展的若干政策》等政策出台，极大地推动了这些行业的快速发展，河南省服务业重点领域、新兴产业发展将面临重大机遇。国内外大型服务业企业，尤其是国内外知名品牌落户河南，将极大带动河南交通运输、仓储、信息等相关产业的大发展，随着其龙头带动作用逐步显现，会带动上下游一大批企业优先考虑河南。

（3）三大国家发展战略为河南服务业发展提供了更加宽松的环境。三大国家战略中，中原经济区建设、郑州航空港经济综合实验区都与服务业发展密切相关。中原经济区规划明确提出要加快发展服务业，巩固提升郑州综合交通枢纽地位，构筑便捷高效的交通运输网络，建设全国现代物流中心。中原经济区规划、郑州航空港经济综合实验区发展规划都剔除了促进服务业发展的政策措施，这将为河南服务业发展提供更加宽松的环境。

11.4.2 服务业发展的劣势分析

11.4.2.1 服务业发展增速偏低

从增速来看，服务业增速仍然偏低，在全国位次依然靠后，服务业对经济增长的拉动作用偏弱。

11.4.2.2 城乡居民收入水平限制了服务业的发展空间

从城乡居民收入水平来看，城乡居民收入、城镇化水平仍然偏低，限制了服务业发展空间。2014 年，河南省城镇化率仍明显低于全国平均水平，农村居民人均纯收入、城镇居民人均可支配收入也明显低于全国平均水平。

11.4.2.3 新兴服务业规模偏小

从服务业构成来看，服务业发展更多依靠传统产业，新兴服务业规模偏小。虽然近几年新兴产业有一定的升级趋向，但远没有成为产业增长的主体，市场竞争力不强。

11.4.2.4 发展潜力不足

从发展潜力来看，服务业尤其是新兴服务业后续发展不足。2014 年，全省服务业投资占全社会投资比重为 44.5%，比全国低 10 个百分点左右。从内部结构看，投资的主要方向是房地产和公共设施建设，房地产、水利环境公共设施管理等传统服务业投资分别占服务业投资的 50.7%和 16.3%，而文化体育娱乐、租赁商务服务、居民服务修理及其他服务、科学技术服务、信息软件等新兴服务业投资比重分别仅为 2.4%、2.3%、1.2%、1%和 0.8%，服务业尤其是新兴服务业增长的后续力量严重不足。

12 河南省区域经济赶超发展策略研究

据前几章的详细分析可知，与国内较发达省份对比，河南省代表当今经济发展的高端制造业和现代服务业发展较缓慢，要实施创新发展之路，提高区域综合竞争力；据省内地市分析，河南省区域差异明显，县域经济大致呈现出核心—外围的分布格局，要实施区域协调发展战略，实现可持续发展。城市群是国家新型城镇化发展到较高阶段的必然产物，也是我国当前与未来经济发展格局中最具有活力和潜力的核心地区，是推进区域社会经济与新型城镇化建设快速发展的重要途径，对开展国家级新区区位选择具有重要的指导意义。通过与国内几大城市群的对比分析发现，河南迫切需要以城市群为空间载体来实现区域经济的快速、协调发展。结合经济新常态的背景，以及借鉴区域经济接力增长模型，在前几章对河南区域经济进行全面分析的基础之上，本章对河南区域经济赶超发展策略进行设计。

12.1 抓住经济新常态机遇，实现河南省整体经济的赶超发展

经济新常态下，珠三角、长三角、环渤海等东部发达地区进入了增速减缓和结构调整阶段，而包括河南省在内的内地部分省区市则进入了快速增长阶段。特别是，“一带一路”倡议的提出，改变了沿海开放战略下河南省不靠海、不沿边的被动局面，外部条件的变化为河南省整体经济的赶超发展提供了重要契机。

国家《推动共建丝绸之路经济带和21世纪海上丝绸之路的愿景与行动》中对河南在“一带一路”倡议中有明确的定位，即：利用内陆纵深广阔、人力资源丰富、产业基础较好的优势，推动区域互动合作和产业集聚发展，打造郑州为内陆开放型经济高地；建立中欧通道铁路运输、口岸通关协调机制，打造“中欧班列”品牌，建设沟通境内外、连接东中西的运输通道；支

持郑州建设航空港、国际陆港，加强内陆口岸与沿海、沿边口岸通关合作，开展跨境贸易电子商务服务试点；优化海关特殊监管区域布局，创新加工贸易模式，深化与沿线国家的产业合作。当前，河南主动融入“一带一路”建设，以中欧班列（郑州）为龙头的“陆上丝绸之路”、以郑州航空港经济综合实验区为支撑的“空中丝绸之路”、以跨境电子贸易为基础的“网上丝绸之路”、以现代综合性交通枢纽为依托的海陆空相衔接“立体丝绸之路”四路并举，开创了河南省开放型经济持续高速发展的新局面。

在此背景下，加快河南经济赶超发展的策略主要有：其一，深入推进郑州航空港经济综合实验区建设，明确郑州航空港经济综合实验区的国际功能定位。虽然在最具开放性的郑州航空港经济综合实验区战略中，突出了航空经济发展的国际化背景和功能定位，但还比较宽泛和笼统，尚缺乏指向明确的国际功能定位。其二，提升郑州作为丝绸之路经济带东段最大的中心城市的综合竞争能力。郑州作为丝绸之路经济带东段最大的中心城市，其综合竞争能力还不强，中心枢纽的地位不容乐观，辐射带动城市群发展的能力有待进一步提高。其三，打造一套体系化的对外开放政策平台。河南省沿“丝绸之路”的东西开放尚缺乏成体系的政策平台。河南虽然有郑州航空港经济综合实验区、产业集聚区、出口加工区、综合保税区、金融集聚区等对外开放的政策平台，但尚缺乏自由贸易区、中外合作开发园区，陆地和航空口岸的规模小，服务能力还比较弱，金融、物流等生产服务业的发展水平低，集聚和辐射效应不显著。只有从战略上规划和建设一套体系化的对外开放的政策平台，才能在丝绸之路经济带构建和建设中发挥主导和带动作用。

12.2 有序组织不同趋同俱乐部的增长，以接力的方式保持河南整体经济的持续增长

（1）重点支持确山县、潢川县、固始县、光山县、商城县、罗山县、桐柏县、台前县、通许县、濮阳县、南乐县、虞城县、新县、南召县及卢氏县等新增长点的加快发展。根据本书的研究，确山县、潢川县、固始县、光山县、商城县、罗山县、桐柏县、台前县、通许县、濮阳县、南乐县、虞城县、新县、南召县与卢氏县等县经济的静态水平虽处于冷点地区，但其经济增长的动态水平处于热点地区，即这些县目前虽然经济发展水平不高，但是其经济增长速度总体较快，今后这些县域将成为河南省新的增长点。建议省政府抓住其经济总体上进入了快速增长阶段的有利时机，在全省区域发展总

体战略中将这些县域作为一个重点发展的政策区域，加大对它们的政策支持力度，稳定其经济快速增长势头，将其培育成接替已有增长点、推动全省经济持续较快增长的主要区域。

可以考虑的具体措施包括以下几个方面：一是加大在这些县域的重大发展项目布局，引导其以新型工业化为导向，以内需和外需为支撑，大力发展传统优势制造业、先进制造业和现代农业，建设成为河南省重要的制造业和农业基地。二是培育特色城镇，促进人口和经济活动向特色城镇适度集聚，加速其发展，使之成为这些县域新型城市化的引擎和全省经济社会发展的战略支点。三是增大基础设施网络密度，大力提升其现代化基础设施水平，形成对经济持续较快增长的有力支撑。

（2）推动巩义市、新郑市、中牟县、沁阳市、孟津县、偃师县、孟州市、温县等现有增长点的产业升级和结构调整。巩义市、新郑市、中牟县、沁阳市、孟津县、偃师县、孟州市、温县等县市无论是经济发展水平还是经济增长速度都一直处于热点地区，这些县市是河南经济增长的重要支撑，未来要保持这些县市的经济发展势头，积极推进高新技术产业和新型第三产业的发展。

首先，推动现有增长点的产业结构转型升级，在一定时期内，敢于承受这些地区经济增速减缓所产生的压力，允许其从容地进行结构转型和升级，防止为保一时的增速而失去转型升级的战略机遇。其次，瞄准第三次工业革命的新动向，以增强创新发展能力、抢占新的技术和产业制高点为核心，引导这些发达地区的结构转型和升级，推动其在全省率先进入新的增长周期。最后，加强教育和科技投入，提升人力资源素质，着力构建支撑结构转型升级的要素禀赋，积极培育结构转型升级所必需的“土壤”，防止陷入仅仅靠投资来发展现代产业的误区。

（3）积极促进其他县域的经济增长。除了上述县域外，河南省其他县域面临着经济增长基础较弱、增长势头不够稳定、推动经济增长的动力结构不健全等问题。因此，建议省政府针对这类县域采取以下措施，逐步提高其与先进县域接力增长的能力，使之成为推动全省经济持续较快增长的后备接力区域：一是加大对这些县域的基础设施、基础教育投入，改善公共卫生和文化条件，加强生态环境治理，不断增强其经济持续快速增长的内生能力。二是从优化投资结构入手，引导这些县域转变经济增长方式，提高经济增长的持续性。重点是改变依赖自然资源开采和粗加工、利用房地产投资而产生的不健康的经济快速增长现象。特别是要严控房地产过快发展，预防其拉动要素价格过快上涨而使这些县域的低要素成本优势在短期内耗尽，丧失增长后劲。三是把消除区域性贫困摆在重要位置，采取移民搬迁与乡村城镇化、工业化相结合，生态治理与生态农业、生态旅游业发展相结合，政府扶持与非政府组织、企业参与相结合等多种手段，突破制约连片贫困地区发展的瓶颈。

12.3 利用西北与东南的互动，增强新增长点的接力增长能力

河南省现有增长点经济实力相对雄厚，可以为新增长点的加快发展注入新的能量。因此，建议省政府从以下几个方面推动现有增长点与新增长点之间的互动发展：第一，加大引导产业有序转移的力度，支持现有增长点的劳动密集型和资源密集型产业向新增点转移，激活承接区域的资源和市场潜力，促进其经济结构调整和经济增长。第二，以“米”字形高铁、城际铁路、京广线、陇海线，以及省内四通八达的高速公路为依托，以交错分布在快速增长俱乐部和缓慢增长俱乐部之间的中等县域为纽带，构建西北与东南互动发展大走廊。第三，大力支持西北部发达县域与东南部落后县域之间开展以地方政府和企业为主体的区域合作，形成互利共赢的区域合作长效机制。第四，创新现有增长点与新增长点之间的帮扶机制，开展包括地方政府、非政府组织、企业等多元主体，县、乡、村等多个层次在内的多样化对口帮扶，帮助新增长点地区消除加快发展的区域“短板”。

将资源与产业合作作为发达区域与欠发达区域之间连接的桥梁。比较经济学指出，一个地区应当发展其具有绝对优势和比较优势的产品，欠发达地区也有其优势资源，这些资源通常为自然资源、廉价的人力资源及土地资源等。要素的比较优势只有通过要素的流动和组合才能体现，如果没有外来的推动力，欠发达地区把这些资源优势转化为人民生活水平的提高将会是非常缓慢的。这就需要借助政府搭建的促进行政区经济协调发展的平台，利用发达地区在资本、科技和先进管理方面的优势，形成互补。随着经济的发展，一方面，发达地区的土地、人力资本等要素成本上升，使一些重大项目无法落地；另一方面，发达地区产业转型升级步伐加快，一批企业急需寻找新的空间。资源与产业合作是为了寻求欠发达地区所拥有的资源优势和成本优势而发生的转移，符合产业转移规律，既能促进欠发达地区加快发展，又能促使发达地区产业转型升级，是一项促进资源优化配置、互惠互利的双赢工

程。对于欠发达地区，通过资源与产业合作，用资源引进了产业项目，拓宽了人力资源增收途径，推进了经济的快速增长。对于发达地区而言，资源与产业合作有效缓解了土地等要素资源的制约，促进了发达地区资本、技术服务的输出，加深了发达地区对欠发达地区的市场渗透，增加了发达地区的贸易机会，有利于企业充分利用欠发达地区的区位、科技、信息、市场、土地等资源，加快企业成长，提高市场运作能力，规范企业行为，拓展发展空间，促进整个产业结构的调整。

如浙江省山海协作工程中的"土地换项目"创下多赢结果。衢州市与杭州市、宁波市、绍兴市对接，提出了资源与产业合作，先后与三市签订以"土地换项目"为主要内容的资源与产业合作协议，为杭州、宁波、绍兴等地调剂了各类土地指标35万亩，有效缓解了三市重点项目和城市建设用地紧张矛盾，为产业发展腾出了新的空间。比如浙江乐迪电子科技公司原只是宁波余姚一镇上的小工厂，年产值不到千万元，转战衢州扩张后，固定资产投入1.2亿元，2008年产值达11亿元。"土地换项目"对企业来说，有了一个重新发展的巨大空间，对于发达地区来说，腾出了一块黄金宝地，对于欠发达地区来说，这样一个大企业无疑是推动经济发展的强力引擎，因此，获得了多赢的结果。近几年来，浙江省发达地区与欠发达地区的合作交流已表现出宽领域、多层次、全方位特点，不再停留在项目上，还大力共建工业园区，使发达地区产业在转移的同时，能形成一定的集聚度，进一步把欠发达地区培育成浙江省新的经济增长点。

12.4　尽快缩小河南区域经济差异，实现区域经济的协调发展

（1）经济新常态时期是落后县域缩小与经济水平较好县域经济差距的良好机会，河南县域经济低水平以及高水平类型县域保持原有经济类型的概率较大，未来应逐步缩小河南县域两极差距，实行辐射—吸附兼顾战略，实现省内县域经济协调发展。低水平县域应努力提高自身经济水平，向中低—中等经济类型转移，高水平县域在保持高水平经济发展的前提下应带动其他县域经济发展。经济水平处于低水平的县域要发掘县域内优势产业，并将该产业链向上发展至中等水平、中高水平甚至高水平经济类型地区，以促进当地经济发展，比如西峡县、安阳县等县域特色产业产品可向郑州—洛阳周边县域布局厂房设施；而经济发展水平较好的地区，在产业转移、产业园区建设

等条件下，应对周边落后地区进行考察，在劳动成本、交通时间、经济范围等允许前提下，为落后地区带来产业、工业或者其他行业厂区，辐射至周边县域，吸收落后地区劳动力，形成园区，比如郑州市制造业等企业向武陟、安阳等高铁站点开通县域转移，这样不仅促进了自身产业转型、产业经济等的完成与提升，而且带动了落后地区县域经济发展，提高了当地人均收入和人民生活质量，缩小了两县域间的经济差距，促进了县域间经济协调发展。

（2）将政府引导作为区域经济协调发展的发动力。各区域的经济差异是客观存在的，政府的主要作用在于缩小辖区内各地的经济差异，实现协调发展。在既有的产业分布格局无法改变的情形下，市场力量将扩大区域经济差异，要实现区域经济的协调发展，政府必须行动起来，通过制定相关的区域政策，弥补市场机制的缺憾，建立良好的市场秩序和完善的市场网络，提高资源的配置效率。多数学者均认为，政府的区域政策对于促进欠发达地区的经济增长具有关键作用，特别是省级政府必须发挥在其辖区内的不同区域之间进行财政转移的组织能力和经济能力，以实现其协调区域经济发展的功能。具体而言，政府引导作用的发挥主要有以下途径：

1）把促进区域经济协调发展、解决区域公共问题等列为对地方政府及其官员进行政绩考核的重要指标。政府引导作用的发挥首要的是职能的转变，必须纠正长期以来把经济增长作为单一考核指标的倾向，把考核的重点之一放在缩小辖区内经济差异、促进区域协调发展上。

2）搭建促进区域经济协调发展的平台。比如，当浙东沿海地区人均GDP已达到发达国家水平时，浙西南的衢州、丽水、舟山等地，人均GDP却只有它们的1/4，城乡居民的可支配收入也仅为东部发达地区的50%左右。为了实现全省经济的协调发展，浙江省政府实施了“山海协作工程”，其中，“山”主要指以浙西南山区和舟山海岛为主的欠发达地区（包括衢州、丽水、舟山），“海”主要指沿海发达地区和经济发达的县（市、区）。历经10多年的发展，“山海协作工程”已由最初省内沿海发达地区与西南山区、海岛的交流合作，变成了全省范围内依托产业发展的自由结对，产业合作也从过去的“低小散”升级为大企业、大项目的投资合作，欠发达地区人民的致富思路也在产业的转型升级中打开了。“山海协作工程”的实施实现了发达地区与欠发地区的合作共赢，对促进全省区域协调发展发挥了积极作用。广东省政府实施的“山洽会”自2000年首次举办以来为珠三角企业到山区及东西翼投资搭建了一个高效的项目对接平台，“山洽会”对山区经济的拉动作用不可忽视。

3）建立统筹区域经济发展的协调机制。建立具有相当权威的区域统筹规划办，担负起统筹规划、制定政策、协调利益等主要职能。比如，浙江省成立了“山海协作工程”领导小组及其办公室，建立了省内发达地区与欠发达地区的结对机制，各市也都建立了相应的组织机构，并通过召开本级“山海协作工程”情况汇报会，及时掌握情况，协调解决有关问题。省发改委、省经贸委、省财政厅、省科技厅、省劳动保障厅、省卫生厅、团省委、九三学社省委、民进省委等省级单位也都明确了分管领导和职能处室。再如，江苏省政府2001年专门成立了苏北发展协调小组，其宗旨是促进江苏省区域经济的协调发展，从而为区域经济协调发展提供组织保障。

（3）建立旨在缩小和解决区域发展差异的调控体系，加大对欠发达地区的扶持力度。根据河南省区域经济的时空演变及关联特征可知，河南省存在不同贫富等级的空间格局，空间依赖性与集聚特征很明显。低收入趋同俱乐部主要分布在河南东部和西南部地区，中低水平和中高水平趋同俱乐部分散分布在河南各地，高水平趋同俱乐部主要分散在河南的西北部和中部地区。因此，在促进河南省区域经济协调发展时，要充分考虑高高集聚富裕区域与低低集聚贫困区域的进一步连片扩散，削弱两极化趋势的持续演变。

1）建立规范的政府转移支付制度，对欠发达地区的基础设施建设、人力资本投资等进行财政支持。如江苏省早在1991年就提出要加强苏北地区的基础设施建设，2004年颁布的《关于促进苏北地区加快发展的若干政策意见》中提出，要加大对农村公路建设的投入，苏北通村公路的补助标准由每千米10万元提高到15万元，对县乡河道疏浚补助资金由3600万元提高到6600万元。2005年颁布的《关于鼓励苏南产业向苏北转移奖励政策有关实施办法的通知》规定，苏南投资者在苏北同一开发区内基础设施建设投资总额达3亿元，每年奖励1000万元。

需要注意的是，虽然缩小区域经济差距需要政府“有形的手”给予支持，但是政府的“钱袋子”不可能无限地加大投入，如何解决发展与财力这一棘手难题，广东为我们提供了较好的模式，即“财政资金竞争性分配机制”，由省里每年拿出一定数量的扶持资金，面向粤东、粤西、粤北各市招标，然后请专家去论证。谁的方案好，谁的效益大，就由谁来用这笔资金。同时，为保障资金分配的公平性和科学性，广东根据项目技术、专业等特点建设专家库，正式评审时通过抽签决定评审专家，评审过程充分引入媒体监督和部门监督。

2）实行差别税率制度，对转入欠发达地区的企业提供税收、土地以及信贷等方面的优惠政策，以吸引发达地区的产业转移。比如，《浙江省山海协作工程财政贴息资金管理暂行办法》规定，贴息资金重点支持本省发达地区的企业，特别是中小企业在欠发达地区投资兴办工业企业、专业市场、旅游合作、基础设施建设、资源开发和原料基地建设、农林开发和生态环境建设、科技教育以及企业兼并重组等领域里经济效益和社会效益较好的项目。

3）采取差别化的金融政策。欠发达地区经济的发展特别需要金融市场的支持，金融市场不仅可以从资金上支持企业的成长，而且对于欠发达地区产业结构调整及城镇化进程加速等均发挥着重要作用。另外，一般在经济发展初期，金融市场的作用在先，而等到经济发展进入到相对发达阶段后，实体经济的作用更加突出。因此，差别化的金融政策对协调区域发展相当重要。信贷政策要向欠发达地区倾斜，从贷款额度上增加对欠发达地区的金融支持，特别是对一些公益性质的项目贷款应该提供更优惠的低息政策。

如浙江省鼓励各商业银行加大对欠发达地区的信贷支持，尤其对重大山海协作项目要给予重点支持，在符合贷款投放条件下，尽可能增加信贷资金额度、简化贷款手续。鼓励各地采取担保机构担保和联保等多种方式，有效解决山海协作项目融资担保问题，加快推进山海协作企业创新发展。再如，江苏省各大商业银行在产业政策的引导下对江苏产业的南北对接提供有力的帮助。

（4）经济新常态下政府出台相关政策，引导高水平县域的产业向中高水平、中等水平、中低水平以及低水平县域有序转移。在未来发展中，经济邻居县域迫切需要高水平县域地区带动，形成经济共同体，共同发展。以高水平县域为例，在未来发展中，根据自身发展需要，可向经济邻居进行投资，增强县域间经济流动，带动经济邻居经济发展，缩小差距，这样更有利于未来自身的发展。经济邻居为低水平县域，应保持自身优势产业，主动承接中高水平、高水平地区产业转移，政府应当给予这些产业一定的优惠政策、扶持政策，促使低水平地区逐步与中高水平、高水平县域合作发展经济，低水平经济类型县域应积极培育自身优势产业，培育经济增长极，与中低水平、中等水平、中高水平，甚至高水平县域部分产业形成产业链供给，培育共同经济增长极，打破传统的梯度，实施反梯度战略，形成经济共同体，从而摆脱低水平经济邻居的负面影响，向中低水平、中等水平逐步转移，促进县域间经济共同发展。经济新常态背景下，中等水平、中高水平经济类型县域经济发展波动较大，应在稳定的基础上，对这些县域加强资产投资，促进当地产业发展，此外，高水平地区可以在这些县域寻求投资机会，刺激中等水平、中高水平县域市场，牵引这些县域经济向好的趋势发展，增强空间经济互动，逐步向高水平转移，中等水平、中高水平县域根据自身需要，选择性地吸纳中低水平县域、低水平县域产业并进行扶持，带动低水平县域、中低水平县域经济发展，避免“中等收入陷阱”的重复出现，从而促进经济环境共同改善，实现县域间协调发展。

（5）经济新常态背景下，河南县域经济发展应打破传统地理邻居局限，实现空间经济互动网并进行加强，形成经济共同体。河南县域经济水平与县域经济邻居水平相关性较大，且县域经济水平与经济邻居县域经济水平不协调，在以不同经济类型为邻居县域时，不同经济类型县域转移趋势不同。未来发展中，河南各县域应根据自身优势与不足，积极拓展跨区域产业企业，根据各产业产品输出地以及运输成本，在不同县域建立产业子公司，打破地理邻近设址束缚，实现跨区域作战，在空间上由点形成线，实现县域优势企业及产业的空间经济网，从而形成经济共同体。

（6）提高落后地区的交通基础设施水平，助力落后地区经济增长，为经济发展提供良好的渠道。在中原城市群建设背景下，洛阳、焦作等片区县域经济得到快速发展，郑州—武陟、郑州—焦作、郑州—洛阳等城铁相继开通，缩短了城市联系时间，节约了时间成本。其中，武陟、温县、新安县等县域承接的一些资产投资、设施建设等项目都由政府牵头。省内其他县域应向武陟、温县、新安等县域学习，努力完善自身设施，缩短经济联系时间，降低经济联系成本，由政府牵头，实现产业多元化发展，打破传统地理意义上的障碍，利用自身优势，突破经济范围圈，实现共享经济，缩小县域经济差距，促进河南县域经济协调发展。

（7）根据对河南县域 2020 年经济类型预测，低水平—中低水平经济类型县域占比仍然较大，未来发展中，低水平—中低水平县域应积极向中等水平以及中高水平县域寻求产业等经济发展机会，而中低水平县域中，部分县域是由中等水平县域转移而来的，在近两年中，这些县域应注意自身经济发展变化，尤其是对经济贡献率较大的产业发展变化，积极采取应对措施，避免经济在 2020 年转移为低水平。中等水平县域个数相对最少，反映出 2020 年河南中等水平县域经济水平仍然不稳定，但中高水平县域有所增多，多为中等水平县域转移而来，但部分县域是由高水平经济类型转移为中高水平县域经济类型。在未来发展中，经济类型转移为比自身低一等级的县域，应在经济发展过程中及时发现问题，并寻求解决办法，保证经济稳定发展，而维持原经济类型不动的县域，应主动寻求促进经济发展的道路，培育优势企业，高水平县域努力保持在高水平经济类型，其他县域努力突破经济障碍，向比自身经济水平高的地区寻求机会，从而提升自身的经济水平。经济类型向高水平转移的县域，应迅速稳定当前经济，防止经济回落，并积极向高水平—中高水平县域学习，为后期向更高水平经济类型转移打好基础。

（8）调整各个影响因素的作用力度。根据不同影响因素对河南区域经济差异的影响程度，要缩小河南区域经济差异，应该对各影响因素的作用有所调整。在投资方面，应该对需要资金的有待发展的欠发达区域加大投资力度，作为比较重要的资金支持，能够充分调动贫困区域发展的积极性；政府也应该适当简政放权，让各区域充分发挥优势，有针对性地发展，提高经济水平。产业结构是促进河南省区域经济差异扩大的主要因素，应该重视新型工业化进程，积极推进高新技术产业和新型第三产业的发展，逐步加大欠发达区域第二、第三产业在其区域经济发展中的作用。在第一产业的发展上，要改造传统的农业生产方式，积极引进新的农业技术，促进农业现代化水平的提高。市场活跃度越大，就越有助于区域经济差异的缩小，所以要充分发挥市场的作用，尤其是在河南省以农业生产为主的贫困区域，可以推进农产品产业化，与市场结合起来，调动该区域市场的活跃性。河南省的资源禀赋、城乡分异、地形因素等客观因素对经济差异的影响，需要去适应性地调整，对于地势条件好、矿藏资源充足的区域，粗放型重工业的发展要有所放缓，不能一味追求经济效益，要加快生产经营方式转型。对于落后的地区，要找寻优势，保障信息的流畅，创造良好的生产条件以及投资环境，争取可以促进发展的较好机会。

12.5 加快中原城市群的创新发展，为河南省整体经济的赶超发展提供城市支撑

随着经济全球化的加速和城市化的发展，城市之间的竞争不再仅仅表现为单个城市的竞争，而是越来越表现为以核心城市为中心的城市群或城市集团的竞争，以大城市为核心的城市群已经成为一种具有全球性意义的城市—区域发展模式和空间组合模式，只有城市群才能有足够的产业集聚和经济规模参与全球性的城市竞争与合作，形成强强联合的经济共同体和命运共同体，应对全球化的挑战。在中国城市的发展过程中，长江三角洲、珠江三角洲、京津冀地区经济增长极的出现，标志着中国城市竞争和经济竞争进入了区域性集团化的新阶段。全国各地根据自身情况，借助于国家发展政策，形

成了一大批新兴城市群，如哈长城市群、山东半岛城市群、辽中南城市群、海峡西岸城市群、关中城市群等区域性城市群。在这样的背景下，河南省委、省政府在关注区域经济发展的同时将城市群建设提到了重要位置。根据河南省委、省政府的统一部署，省发改委反复论证并组织编制的《中原城市群总体发展规划纲要》于2005年11月17日正式出台。2007年3月伊始，省政府发出《关于实施中原城市群发展规划纲要》的通知，意味着规划纲要真正进入实施阶段。以郑汴一体化为突破口的中原城市群建设活动进展迅速。通过郑州、洛阳、许昌、新乡、焦作、平顶山、开封、漯河、济源九个城市的功能定位，实现九城市范围内大小城市空间和内在经济联系上的紧紧相连，提高中原城市群的整体竞争力。

2011年，国务院办公厅公布的《全国主体功能区规划》中将我国国土空间分为以下主体功能区：按开发方式，分为优化开发区域、重点开发区域、限制开发区域和禁止开发区域；[①] 按开发内容，分为城市化地区、农产品主产区和重点生态功能区；按层级，分为国家和省级两个层面。国家重点开发区域主要是指具备以下条件的城市化地区：具备较强的经济基础，具有一定的科技创新能力和较好的发展潜力；城镇体系初步形成，具备经济一体化的条件，中心城市有一定的辐射带动能力，有可能发展成为新的大城市群或区域性城市群；能够带动周边地区发展，且对促进全国区域协调发展意义重大。

《全国主体功能区规划》中，将中原城市群作为国家层面的重点开发区域，该区域位于全国“两横三纵”城市化战略格局中陆桥通道横轴和京哈京广通道纵轴的交会处，包括河南省以郑州为中心的中原城市群部分地区，其功能定位是：全国重要的高新技术产业、先进制造业和现代服务业基地，能源原材料基地，综合交通枢纽和物流中心，区域性的科技创新中心，中部地区人口和经济密集区。由此可见，中原城市群的发展应以此为契机，强化区域协调发展，完善科学跨越机制，加强重点开发区域的发展。为此特提出如下策略：

（1）注重市政公用基础事业的发展，加大投资力度。城市建设是经济发展过程中必不可少的内容，也是地区经济获得发展的基础。河南省各城市在这一方面的投入相比其他先进省份仍然较少。政府在维护城市建设、增加城

① 优化开发、重点开发和限制开发区域原则上以县级行政区为基本单元；禁止开发区域以自然或法定边界为基本单元，分布在其他类型主体功能区域之中。

市公共交通工具、扩宽道路面积等方面要有合理的资金投入，不能单纯地依靠产业发展来带动经济发展。对于地区来说，一个优良的发展环境能够获得更多企业投资的机遇，吸引新兴企业来此投资设厂；对于企业来说，良好的市政公用设施环境不仅能够节省成本，获得更多的利润，并且还可能由于当地发展的需要，从而具有广阔的市场。中原城市群作为一个重大的发展机遇，对河南省来说具有重要的意义。加强对各地区的城市建设，对中原城市群的发展也有重要的促进作用。

（2）加强城市间的集聚效应，引导各城市之间相互竞争与合作。河南省有 18 个地级市和 20 个县级城市，这些城市都为发展较为良好的城市，郑州作为这些城市的中心，其重要作用不言而喻。这些城市纵横交错，都有一定的经济基础，多个城市之间可以根据自己的地区优势形成一条产业链，这样可以带动多个城市经济共同发展。中原城市群已经初具规模，但其集聚效应仍没有长三角、珠三角城市群明显，各城市之间仍然存在发展障碍。特别是在产业集聚方面，需要政府引导企业间形成密切的联系，政府在这方面往往起到重要的作用。而当地企业也需要有一定的合作意识，寻找对自己最有利的渠道，努力开拓，从而对自身以及对当地经济的发展都具有不容置疑的优势。

（3）重点发展中原城市群。中原城市群是中国九大区域性城市群之一，是河南省乃至中部地区承接发达国家及中国东部地区产业转移、西部资源输出的枢纽和核心区域，是参与国内外竞争、促进中部崛起、辐射带动中西部地区发展的核心增长极。中原城市群与已有的长三角、珠三角城市群相比，具有较大的发展潜力，各城市由于获得政府的大力支持，经济增长较快，虽然仍有地区处于落后状态，但经过长时间的发展，地区经济会发生较大的改变。河南省各级政府应当制定适宜当地经济发展的经济措施，为当地企业提供更多的优惠政策，吸引新兴产业来此投资，实现地区产业的优化升级。

（4）防止环境污染物的大量排放，提高当地环境质量。环境问题一直是各地区经济发展中存在的问题。我国已步入经济的快速发展时期，各地区出现的环境问题严重影响到人民的生活。各城市也应当秉持“不以牺牲环境促发展”的理念，坚持可持续发展。河南省各城市在处理环境污染物方面取得了一定成效，但仍然是环境污染的重灾区，特别是郑州，近几年一直处在严重污染地区之列。引进绿色能源，坚持绿色出行，保护自然环境，不仅是政府需要做的，也是各地区人民群众需要践行的。一个清新舒适的城市环境，不仅能够促进当地经济的发展，而且是健康生活的重要基础。因此，提高当地环境质量，加大地区对污染环境的惩戒力度，是一个地区持续发展的重要动力。

12.6 加快产业的转型和结构优化，为河南省整体经济的赶超发展提供产业支撑

根据前面章节的分析，河南是农业大省，但不是农业强省，为了整体经济的赶超发展，还需从以下方面加强农业的发展：

（1）强化农田水利设施建设和管护。一是加大农田水利设施建设投入，建立农田水利资金整合机制，提高资金投入利用效率；二是切实做好工程规划和建设质量管理，统一建设标准，严格工程验收，提高建设质量；三是明确责任，强化维护和管理，探索建立建管结合的发展机制和模式，确保田间设施长期发挥作用。

（2）统一建设标准，提高农田建设质量。制定统一的高标准粮田建设标准，对田间工程标准、耕地地力标准、技术标准等进行统一规范，因地制宜开展建设。借鉴世界农业发达国家经验，如以色列节约型农业模式，发展喷灌和滴灌节水灌溉技术，提高灌溉效率；大力推广测土配方施肥、秸秆还田、病虫害统防统治等技术；加速科技成果的转化应用，提高科技进步对农业增长的贡献率。提高耕地产出能力，发展资源节约型、环境友好型农业。

（3）多措并举，保障农民持续增收。一是转变农业发展方式，发展规模经营，降低农业生产成本，提高种粮收益；二是对化肥、农药、种子等农资价格进行检测预警和调控，防止农资价格过快上涨；三是建立完善农产品价格信息发布预警系统，预警市场风险，防止农产品价格供求失衡、价格暴涨暴跌；四是拓宽农民增收渠道，加强职业培训，增加财产性收入来源，形成新的增收渠道。

（4）发展适度规模经营。加强引导，创新形式，使农村土地向专业大户、家庭农场、农民专业合作组织等新型农业经营主体流转，提高规模化生产程度。鼓励支持农民专业合作社、家庭农场等新型农业经营组织发展，加强辐射带动作用，加强与农户的利益联结机制，建立新型农业生产经营体系。

目前，国际经济形势依然严峻复杂，国内经济增长目标下调，结构调整任务艰巨，全省工业经济发展面临的困难将进一步增多。从短期看，工业品出厂价格持续回落，能源原材料等行业和部分企业效益下降、亏损增加，工

业经济下行压力较大。从长期看，工业经济长期积累的结构性矛盾亟须解决，传统支柱产业带动力逐步弱化，新兴产业受市场竞争力不强、技术支撑不足等因素制约，对全省工业带动作用相对有限，短时间内还难以形成像传统支柱产业那么大的拉动力，增长动力转换尚需时日。为了实现整体经济的赶超发展，还需从以下方面加强工业的发展：

（1）加强工业经济运行监测分析。密切跟踪形势变化，密切监测重点行业、重点企业生产经营态势，及时发现企业生产经营中的困难和问题，加强对工业经济运行中出现的苗头性、倾向性问题的监测分析，及时反映经济运行中的新情况、新变化，准确把握运行态势，切实保障工业经济平稳运行。

（2）加快推进工业结构优化升级。充分发挥河南优势，大力培育战略性新兴产业，在具有比较优势的电子信息、新能源汽车等领域抢占先机。大力发展先进制造业，加大产业转移力度，壮大汽车、装备等产业规模，不断提高行业发展水平和竞争力，使其成为工业经济发展新的战略支撑。加快传统行业改造提升力度，综合运用延伸链条、技术改造、兼并重组、淘汰落后等手段，促使其尽快摆脱困境。

（3）充分发挥企业主体作用。企业是市场经济的主体，也是推动工业经济发展的重要力量。要充分发挥市场资源配置的基础性调节作用，有效激发企业的创新创业活力，使企业真正成为研究开发投入、技术创新活动、创新成果应用的主体。发展一批主业突出、具有行业引领能力和国际竞争力的“航空母舰”，培育一批“小巨人”企业，真正发挥企业引领工业经济转型升级、推动先进制造业大省建设的主体作用。

服务业是河南省的弱势产业，全省要紧紧围绕高成长性服务业大省建设，以中原经济区、郑州航空港综合经济实验区等战略规划为导向，督促已有政策措施的落实，进一步完善服务业发展相关政策，逐步增强服务业对国民经济的拉动力，促进产业结构优化升级。

（1）加强领导，统分结合，形成服务业发展强大合力。建立健全“统分结合”的服务业发展工作机制。一是建立健全与服务业发展新形势相适应的组织领导和工作推进机制，增强省服务业领导小组指导协调、统筹规划、研究解决服务业发展重大问题的作用，强化统一牵头协调作用。二是各管理部门特别是领导小组成员单位、行业牵头部门要各司其职、密切配合，调动各分部门的积极性，形成万众一心推动服务业发展的强大合力。

（2）落实政策，加强引导，营造服务业发展良好环境。一是加强学习研究，制定服务业发展配套政策和实施细则，强化土地、资金、电力等要素保障力度，减轻服务业企业尤其是小微企业保税负担，确保各项政策落到实处。二是进一步完善服务业发展政策体系，加大对服务业特别是中小企业的资金引导和政策扶持力度，最大限度地营造加快服务业发展的良好氛围。

（3）突出重点，融合发展，取得服务业发展新突破。一是立足本地实际，最大限度地发挥比较优势，在现代物流、信息服务、金融、商务服务、文化旅游、健康、医疗、养老、家庭服务及教育培训等重点领域多下功夫，以重点产业的突破带动全局发展。二是推动服务业与制造业、农业融合发展，强化服务业内部业态融合发展，打造一批跨界融合知名品牌。三是以加快城镇化为基本推动力，抓好商务中心区和特色商业区建设，抓好产业集聚区配套服务区和服务业特色园区，努力形成产城一体融合发展、服务业与城镇化良性互动的生动局面。四是培育龙头企业，增强服务业企业竞争力，加强创新人才队伍建设，最大限度地激发人才的创新创造活力。

（4）完善制度，加强考核，激发服务业发展动力。一是逐步建立覆盖全行业的服务业统计调查制度，完善服务业核算体系，加强服务业同级力量，努力使统计数据能够及时、准确地反映服务业发展的状况。二是完善落实服务业发展绩效考核办法，建立更加科学、有效的考核评价体系，加强对各地各部门服务业发展情况的考核，激发服务业发展动力。

参考文献

[1] 安杰山．河南区域经济差异与可持续发展关系探讨[J]. 商业时代，2008（28）：107-108.

[2] 安树伟，郁鹏．未来中国区域经济发展空间战略新棋局[J]. 区域经济评论，2015（1）：13-17.

[3] 白永平，李建豹．基于 ESDA 的区域经济空间差异分析——以兰新铁路辐射带为例[J]. 经济地理，2011，31（7）：1057-1063.

[4] 白永平．基于 ESDA 的区域经济空间差异分析——以兰新铁路辐射带为例[J]. 经济地理，2011，31（7）：1057-1063.

[5] 白仲林，宋涛，刘建民．中国经济持续增长的人口红利效应是否依然存在[J]. 现代财经，2012（4）：89-95.

[6] 蔡昉．经济增长方式转变与可持续性源泉[J]. 宏观经济研究，2005（12）：34-37.

[7] 蔡昉．未来的人口红利——中国经济增长源泉的开拓[J]. 中国人口科学，2009（1）：2-10.

[8] 曹芳东，黄震方，吴江等．1990 年以来江苏省区域经济差异时空格局演化及其成因分析[J]. 经济地理，2011，31（6）：895-902.

[9] 曹洪峰．山东省区域经济协调发展状况评价与分析[J]. 山东经济，2005（2）：95-99.

[10] 曹建军，刘永娟，李金莲．江苏省区域经济差异的多尺度研究[J]. 地域研究与开发，2010，29（5）：55-59.

[11] 陈博文，白永平，吴常艳．基于"时空接近"的区域经济差异、格局和潜力研究——以呼包鄂榆经济区为例[J]. 经济地理，2013，33（1）：27-34.

[12] 陈存友，汤建忠．大都市区城市经济整合发展研究——以长江三角洲为例[J]. 中国软科学，2003（6）：120-124.

[13] 陈红霞，李国平．京津冀区域经济协调发展的时空差异分析[J]. 城市发展研究，2010（5）：7-11.

[14] 陈利，朱喜钢，李小虎．云南省区域经济差异时空演变特征[J]. 经济地理，2014，34（8）：15-22.

[15] 陈娜．河南省区域经济差异与协调发展研究［D］．河南大学硕士学位论文，2011.

[16] 陈培阳，朱喜钢．中国区域经济趋同：基于县级尺度的空间马尔科夫链分析[J]. 地理科学，2013，33（11）：1302-1308.

[17] 陈培阳．福建省区域经济差异及其空间格局演化[J]. 地域研究与开发，2009，28（1）：53-57.

[18] 陈培阳．基于不同尺度的中国区域经济差异[J]. 地理学报，2012，67（8）：1085-1097.

[19] 陈秀山，刘红．区域协调发展要健全区域互动机制[J]. 党政干部学刊，2006（1）：26-28.

[20] 程玉鸿，黄顺魁．改革开放以来广东省经济发展不平衡时空演变[J]. 经济地理，2011，31（10）：1592-1598.

[21] 代琳琳．河南省区域经济发展差异分析[J]. 经济研究导刊，2007（8）：165-167.

[22] 邓春玉．基于对外经济联系与地缘经济关系匹配的广州国家中心城市战略分析[J]. 地理科学，2009，29（3）：329-335.

[23] 邓春玉．珠三角经济圈对外经济联系与地缘经济关系匹配分析[J]. 地理科学进展，2010，29（2）：208-216.

[24] 丁洪建．基于经济联系量与地缘经济关系的城市经济区划分[J]. 城市发展研究，2011，18（3）：78-82.

[25] 丁任重，陈姝兴．大区域协调：新时期我国区域经济政策的趋向分析——兼论区域经济政策“碎片化”现象［J］．经济学动态，2015（5）：4-10.

[26] 杜鹏，韩增林，王利，于欣，肖太梁．东北地区县区经济增长空间格局演化[J]. 地理研究，2015（12）：2309-2319.

[27] 樊新生，李小建．河南省经济空间结构演变分析[J]. 地理与地理信息科学，2005，21（2）：70-73.

[28] 高志刚．新疆区域经济协调发展若干问题探讨[J]. 经济师，2003

（2）：229-230.

［29］管卫华，林振山，顾朝林．中国区域经济发展差异及其原因的多尺度分析[J].经济研究，2006，41（7）：117-125.

［30］郭庆旺，贾俊雪．中国全要素生产率的估算：1979-2004［J］.经济研究，2005（6）：51-60.

［31］郭腾云．近50年来我国区域经济空间极化的变化趋势研究[J].经济地理，2004，24（6）：743-747.

［32］国务院办公厅．国务院关于印发全国主体功能区规划的通知［EB/OL］.中央政府门户网站，http：//www.gov.cn/zwgk/2011-06/08/content_ 1879180.htm，2011.

［33］郝寿义．区域经济学原理［M］．上海：上海人民出版社，2007.

［34］何帆，张明．中国国内储蓄、投资和贸易顺差的未来演进趋势［J］.财贸经济，2007（5）：79-85.

［35］何书霞，孙红兵，彭艳艳．基于因子分析的河南省区域经济差异综合评价[J].科学技术与工程，2011，11（25）：6132-6138.

［36］何伟纯，姜玉玲，康江江，王发曾．河南省经济差异的时空演变及其动力机制[J].地域研究与开发，2016（4）：22-26，31.

［37］何一鸣等．基于马尔科夫链的四川省产业结构时空演变[J].中国人口·资源与环境，2011，21（4）：68-75.

［38］河南省发改委．《中原城市群总体发展规划纲要》公布[EB/OL].河南省人民政府门户网站，http：//www.henan.gov.cn/zwgk/system/2007/03/05/010024041.shtml，2007.

［39］洪兴建．中国地区差距、极化与流动性[J].经济研究，2010（12）：82-96.

［40］侯新生．河南省区域经济差异与可持续发展问题研究［D］．郑州大学硕士学位论文，2007.

［41］胡彬，董波等．长三角与珠三角的制造业与区域竞争力比较[J].经济管理，2009（2）.

［42］黄雪琴，汤琰，凌亢．改革开放以来江苏省区域经济差异演变的统计研究[J].南京社会科学，2009（9）：21-27.

［43］贾俊雪，郭庆旺．中国区域经济趋同与差异分析[J].中国人民大学学报，2007，21（5）：61-68.

[44] 江进德，赵雪雁，张方圆．安徽省合肥和芜湖市对外经济联系量与地缘经济关系匹配分析[J]. 长江流域资源与环境，2012，21（2）：137-144.

[45] 江小涓．中国经济发展进入新阶段：挑战与战略[J]. 经济研究，2004（10）：4-13.

[46] 蒋清海．区域经济发展的若干理论问题[J]. 财经问题研究，1995（6）：49-54.

[47] 靳诚，陆玉麒．基于县域单元的江苏省经济空间格局演化[J]. 地理学报，2009，64（6）：713-724.

[48] 阚先学，韩秀兰．支撑未来中国经济持续增长的因素探析[J]. 未来与发展，2009（5）：8-10.

[49] 李宾，曾志雄．中国全要素生产率变动的再测算：1978-2007年[J]. 数量经济技术经济研究，2009（3）：3-15.

[50] 李丁，冶小梅，汪胜兰等．基于ESDA-GIS的县域经济空间差异演化及驱动力分析——以兰州—西宁城镇密集区为例[J]. 经济地理，2013，33（5）：31-37.

[51] 李国平，王立明，杨开忠．深圳与珠江三角洲区域经济联系的测度及分析[J]. 经济地理，2011，21（1）：33-37.

[52] 李建，何剑，张雯．基于空间马氏链的新疆产业结构高度时空演变研究[J]. 干旱区地理，2014（5）.

[53] 李莉，刘慧，刘卫东．基于城市尺度的中国区域经济增长差异及其因素分解[J]. 地理研究，2008，27（5）：1048-1058.

[54] 李秋斌．区域经济差异的实证研究与R/S分析——基于长江三角洲、珠江三角洲和海峡西岸经济区的比较分析[J]. 东南学术，2006（1）：42-49.

[55] 李树桂，王小琪．横向开放经济带：沿海与内地的协调发展[J]. 数量经济研究，1989（9）：68-74.

[56] 李小建，乔家君．20世纪90年代中国县际经济差异的空间分析[J]. 地理学报，2001，56（2）：136-145.

[57] 李晓嘉．地方政府公共投资与区域经济增长的差异性分析[J]. 财经理论与实践，2011，32（2）：94-97.

[58] 李秀伟，修春亮．东北三省区域经济极化的新格局[J]. 地理科学，

2008，28（6）：722-728.

［59］李胭胭，鲁丰先．河南省经济增长质量的时空格局[J]. 经济地理，2016（3）：41-47.

［60］李旸，陶向伟，刘旗．河南区域经济差异的泰尔指数分析[J]. 河南农业大学学报，2008，42（1）：116-120.

［61］李政．基于岭回归分析法的中国区域经济差异影响因素分析[J]. 统计与决策，2006（4）：103-106.

［62］林毅夫，任若恩．东亚经济增长模式相关争论的再探讨[J]. 经济研究，2007（8）：4-12.

［63］刘承良，余瑞林，熊剑平等．武汉都市圈经济联系的空间结构[J]. 地理研究，2007，26（1）：197-209.

［64］刘清春，王铮．中国区域经济差异形成的三次地理要素[J]. 地理研究，2009，28（2）：430-440.

［65］刘伟，蔡志洲．我国地区发展差异与经济高速增长持续——地区发展差异是提高反周期能力和保持持续增长的重要资源[J]. 经济学动态，2009（4）：4-10.

［66］刘伟．区域经济结构演进与宏观调控方式转变[J]. 上海行政学院学报，2012，13（2）：4-9.

［67］刘晓园．河南省区域经济差异及协调发展研究［D］．中央民族大学硕士学位论文，2010.

［68］芦惠，欧向军，李想等．中国区域经济差异与极化的时空分析[J]. 经济地理，2013，33（6）：15-21.

［69］陆大道，薛凤旋等．1997 中国区域发展报告［M］．北京：商务印书馆，1998.

［70］罗润东，郭建强．京津冀、长三角、珠三角人力资本竞争力状况比较[J]. 经济问题，2009（1）：117-121.

［71］麻永建．基于 ESDA 的河南省区域经济差异的时空演变研究[J]. 软科学，2006，20（5）：51-54.

［72］蒙少东，张世英．我国东西部区域经济协调发展的空间模型研究[J]. 预测，2003（6）：41-45.

［73］苗长虹，胡志强．城市群空间性质的透视与中原城市群的构建[J]. 地理科学进展，2015，34（3）：271-279.

[74] 欧向军，顾朝林．江苏省区域经济极化及其动力机制定量分析[J]. 地理学报，2004，59（5）：791-799.

[75] 欧向军，沈正平，王荣成．中国区域经济增长与差异格局演变探析[J]. 地理科学，2006，26（6）：641-648.

[76] 欧向军，赵清．基于区域分离系数的江苏省区域经济差异成因定量分析[J]. 地理研究，2007，26（4）：693-704.

[77] 欧阳建国，欧晓万，余甫功．区域经济差异的 σ 收敛——基于广东省各地区数据的实证分析[J]. 湖北社会科学，2010（2）：77-80.

[78] 潘竞虎．甘肃省区域经济增长俱乐部空间趋同分析[J]. 西北师范大学学报（自然科学版），2007，43（6）：84-89.

[79] 潘文卿．中国区域经济差异与收敛[J]. 中国社会科学，2010（1）：72-84.

[80] 彭荣胜．区域经济协调发展的内涵、机制与评价研究［D］．河南大学博士学位论文，2007.

[81] 彭荣胜．区域经济协调发展内涵的新见解[J]. 学术交流，2009（3）：101-105.

[82] 皮建才．中国区域经济协调发展的内在机制研究[J]. 经济学家，2011（12）：15-22.

[83] 蒲英霞等．基于马尔科夫链的江苏省“俱乐部趋同”演变特征[J]. 南京社会科学，2006（7）：34-38.

[84] 齐元静，杨宇，金凤君．中国经济发展阶段及其时空格局演变特征[J]. 地理学报，2013（4）：517-531.

[85] 邱晓华，郑京平，万东华等．中国经济增长动力及前景分析[J]. 经济研究，2006（5）：4-12.

[86] 尚正平，白永平．赣州市 1 小时城市经济圈划分研究[J]. 地域研究与开发，2007，26（2）：16-19.

[87] 沈体雁，冯等田，孙铁山．空间计量经济学（Spatial Econometrics）［M］．北京：北京大学出版社，2010.

[88] 史燕茹，冯德显．河南省县域经济发展水平聚类分析[J]. 河南科技，2013（3）：234-235.

[89] 孙平军，修春亮，丁四保等．东北地区区域发展的非均衡性与空间极化研究[J]. 地理与地理信息科学，2011，30（6）：715-723.

[90] 覃成林，姜文仙．区域协调发展：内涵、动因与机制体系[J]. 开发研究，2011（1）：14-18.

[91] 覃成林，张华，毛超．区域经济协调发展：概念辨析、判断标准与评价方法[J]. 经济体制改革，2011（4）：34-38.

[92] 覃成林，郑云峰，张华．我国区域经济协调发展的趋势及特征分析[J]. 经济地理，2013，33（1）：9-14.

[93] 覃成林．区域协调发展机制体系研究[J]. 经济学家，2011（4）：63-70.

[94] 谭俊涛，张平宇．“振兴东北”前后区域经济重心格局演变分析[J]. 地理与地理信息科学，2013，29（6）：68-72.

[95] 汤向俊，任保平．劳动力有限供给、人口转变与中国经济增长可持续性[J]. 南开经济研究，2010（5）：34-37.

[96] 陶晓红，齐亚伟．中国区域经济时空演变的加权空间马尔科夫链分析[J]. 中国工业经济，2013（5）.

[97] 王德忠，庄仁兴．区域经济联系定量分析初探——以上海与苏锡常地区经济联系为例[J]. 地理科学，1996，16（1）：51-57.

[98] 王少剑，方创琳，王洋等．广东省区域经济差异的方向及影响机制[J]. 地理研究，2013，32（12）：2244-2256.

[99] 王少剑，王洋，赵亚博．广东省区域经济差异的多尺度与多机制研究[J]. 地理科学，2014，34（10）：1184-1192.

[100] 王小鲁，樊纲，刘鹏．中国经济增长方式转换和增长可持续性[J]. 经济研究，2009（1）：4-16.

[101] 王洋，修春亮．1990-2008 年中国区域经济格局时空演变[J]. 地理科学进展，2011，30（8）：1037-1046.

[102] 魏枫，樊士德．中国经济持续增长的原因研究：技术进步路径的视角[J]. 中国软科学，2010（4）：50-61.

[103] 吴乐英，苗长虹．河南省区域经济差异与协调发展研究[J]. 河南科学，2012（3）：372-375.

[104] 吴培冠．人力资本流动对区域经济增长差异之影响[J]. 中山大学学报（社会科学版），2009，49（5）：200-208.

[105] 西献新．泛珠三角区域经济发展差异的因素分解[J]. 地理与地理信息科学，2008，24（5）：51-56.

［106］夏雪，韩增林，赵林等．省际边缘区区域经济差异的时空格局与形成机理——以鄂豫皖赣为例[J]．经济地理，2014，34（5）：21-27.

［107］徐建华，鲁凤，苏方林，卢艳．中国区域经济差异的时空尺度分析[J]．地理研究，2005，24（1）：57-68.

［108］许淑娜．河南省县域经济空间结构动态演变分析[J]．河南科学，2013（9）：1496-1501.

［109］许召元，李善同．近年来中国地区差距的变化趋势[J]．经济研究，2006（7）：106-116.

［110］薛宝琪．河南省经济空间格局演化特征分析[J]．地域研究与开发，2013，32（4）：44-48.

［111］颜世辉，白国强．区域经济协调发展内涵新探[J]．湖北社会科学，2009（3）：95-98.

［112］杨冬梅．区域经济差异趋势研究：收敛抑或发散——基于山东区域经济差异的实证分析[J]．山东社会科学，2010（3）：113-116.

［113］姚富．刍议东、中、西区域经济协调发展[J]．经济问题探索，1989（11）：19-22.

［114］叶信岳，李晶晶，程叶青．浙江省经济差异时空动态的多尺度与多机制分析[J]．地理科学进展，2014，33（9）：1177-1186.

［115］易纲，林明．理解中国经济增长[J]．中国社会科学，2003（2）：45-60.

［116］余军华．中国区域经济差异及协调发展研究［D］．华中科技大学博士学位论文，2007.

［117］曾鹏．中国十大城市群综合发展水平：因素分析与综合集成评估[J]．中国人口·资源与环境，2008（1）：69-73.

［118］战明华，许月丽，宋洋．转轨时期中国经济增长的可持续性条件及其转换路径：中国高投资、低消费经济增长模式的一个解释框架[J]．世界经济，2006（8）：47-56.

［119］张敦富，覃成林．中国区域经济差异与协调发展［M］．北京：中国轻工业出版社，2001.

［120］张怀志，武友德，王源昌等．滇中城市群空间经济联系与地缘经济关系匹配研究[J]．地域研究与开发，2014，33（2）：16-19.

［121］张健，濮励杰．县（区）级区域经济差异初步研究——以苏皖

毗邻四县（区）为例[J]. 经济地理，2007，27（2）：261-264.

［122］张军. 资本形成、工业化与经济增长：中国的转轨特征[J]. 经济研究，2002（6）：3-14.

［123］张可云. 论区域和谐的战略意义和实现途径[J]. 改革，2007（8）：5-9.

［124］张为付，吴进红. 对长三角、珠三角、京津地区综合竞争力的比较研究[J]. 浙江社会科学，2002（6）：24-28.

［125］张伟丽，李建新. 中国行政区经济协调发展的空间格局及演化分析[J]. 经济地理，2013，33（6）：8-14.

［126］张伟丽，张翠. 中原经济区增长俱乐部趋同及其演变——基于县域尺度的加权马尔科夫链分析[J]. 干旱区资源与环境，2015（8）：14-19.

［127］赵强. 河南省区域经济不平衡问题研究［D］. 河南大学硕士学位论文，2012.

［128］赵淑玲. 河南区域经济差异及协调发展的对策[J]. 郑州航空工业管理学院学报，2008（4）：91-95.

［129］赵小芳，耿建忠. 甘肃省区域经济差异及其发展对策研究[J]. 干旱区资源与环境，2008，22（8）：7-11.

［130］赵莹雪. 广东省县际经济差异与协调发展研究[J]. 经济地理，2003，23（4）：467-471.

［131］甄峰，顾朝林. 改革开放以来广东省空间极化研究[J]. 地理科学，2000，20（5）：404-410.

［132］郑京海，胡鞍钢，Arne Bigsten. 中国的经济增长能否持续？——一个生产率视角[J]. 经济学（季刊），2008，7（3）：777-808.

［133］中国社科院经济增长前沿课题组. 高投资、宏观成本与经济增长的持续性[J]. 经济研究，2005（10）：12-23.

［134］周杰文. 中部地区经济差异的多尺度分析[J]. 广西社会科学，2011（10）：57-60.

［135］周绍杰，王有强，殷存毅. 区域经济协调发展：功能界定与机制分析[J]. 清华大学学报（哲学社会科学版），2010（2）：141-148+161.

［136］周扬，李宁，吴文祥，吴吉东. 1982-2010 年中国县域经济发展时空格局演变[J]. 地理科学进展，2014（1）：102-113.

［137］周腰华，王振华，张广胜. 中国县域经济增长的影响因素及其空

间溢出效应分析[J]. 云南财经大学学报，2017（1）：35-47.

[138] 朱国忠，乔坤元，虞吉海．中国各省经济增长是否收敛？[J]. 经济学（季刊），2014（3）：1171-1194.

[139] 朱智勇，苏朝阳．改革开放以来河南省区域经济差异分析[J]. 生态经济，2009（7）：28-32.

[140] 朱智勇．改革开放以来河南省区域经济差异分析[J]. 生态经济，2009（7）：28-32.

[141] Bandyopadhyay S. Rich States, Poor States: Convergence and Polarization in India [J]. Scottish Journal of Political Economy, 2011, 58 (3): 414-436.

[142] Bosworth Barry, Susan M. Collins. Accounting for Growth: Comparing China and India [J]. Journal of Economic Perspectives, 2008, 22 (1): 45-66.

[143] Cao Jing, Mun S. Ho, Dale W. Jorgenson, Ruoen Ren, Linlin Sun, Ximing Yue. Industrial and Aggregate Measures of Productivity Growth in China, 1982-2000 [J]. Review of Income and Wealth, 2009, 55 (1).

[144] Garnaut Ross. The Sustainability and Some Consequences of Chinese Economic Growth [J]. Australian Journal of International Affairs, 2005, 59 (4): 509-518.

[145] Herrerías M. J. Weighted Convergence and Regional Growth in China: An Alternative Approach (1952-2008) [J]. The Annals of Regional Science, 2012, 49 (1): 685-718.

[146] James Xiaohe Zhang. Is the Chinese Economic Growth Sustainable? A Macroeconomic Approach [J]. Journal of Business and Policy Research, 2010, 79 (2): 25-40.

[147] Jian Tianlun, Sachs Jeffrey D., Warner Andrew M. Trends in Regional Inequality in China [R]. The National Bureau of Economic Research, NBER Working Paper NO. 5412, 1996.

[148] Krugman P. The Myth of Asia's Miracle [J]. Foreign Affairs, 1994, 73 (6): 62-78.

[149] Lardy R. Nicholas. China: Toward a Consumption-Driven Growth Path [J]. Policy Briefs in International Economics, 2006 (10).

[150] Liao F. L. H. F., Wei Y. H. D. Dynamics, Space, and Regional Ine-

quality in Provincial China: A Case Study of Guangdong Province [J]. Applied Geography, 2012, 35 (1): 71-78.

[151] Manfred Fischer, James LeSage. A Bayesian Space-time Approach to Identifying and Interpreting Regional Convergence Clubs in Europe [J]. Regional Science, 2015, 94 (4): 677-702.

[152] Martín Víctor, Guillermo Vazquez. Club Convergence in Latin America [J]. The B. E. Journal of Macroeconomics, 2015, 15 (2): 791-820.

[153] Michael Pfaffermayr. Spatial Convergence of Regions Revisited: A Spatial Maximum Likelihood Systems Approach [J]. Journal of Regional Science, 2012, 52 (5): 857-873.

[154] Palley Thomas. External Contradictions of the Chinese Development Model: Export-led Growth and the Dangers of Global Economic Contraction [J]. Journal of Contemporary China, 2006, 15 (46): 69-88.

[155] Paul D. Deng, Gary H. Jefferson. Explaining Spatial Convergence of China's Industrial Productivity [J]. Oxford Bulletin of Economics and Statistics, 2011, 73 (6): 818-832.

[155] Peilei Fan. Innovation Capacity and Economic Development: China and India [J]. Econ Change Restruct, 2011 (44): 49-73.

[156] Quah D. T. Empirics for Growth and Distribution: Stratification, Polarization and Convergence Clubs [J]. Journal of Economic Growth, 1997 (2): 27-59.

[157] Rawski Thomas G. Can China Sustain Rapid Growth Despite Flawed Institutions? [J]. Paper for the Sixth International Symposium of the Center for China-US Cooperation, University of Denver, 2008 (5): 30-31.

[158] Tsui Kai-yuen. China's Regional Inequality, 1952-1985 [J]. Journal of Comparative Economics, 1991 (15): 1-21. doi: 10.1016/0147-5967 (91) 90102-Y.

[159] Wei Y. H. D., Yu D. L., Chen X. J. Scale, Agglomeration, and RegionalInequality in Provincial China [J]. Tijdschriftvoor Economic on Social Geography, 2011, 102 (4): 406-425.

[160] Wei Y. Multi-scale and Multi-mechanisms of Regional Inequality in China: Implications for Regional Policy [J]. Journal of Contemporary China,

2002, 11 (30): 109-124.

[161] Wolfson, Michael C. When Inequalities Diverge? [J]. American Economic Review, 1994, 84 (2): 353-358.

[162] Yanrui Wu. Total Factor Productivity Growth in China: A Review [J]. Journal of Chinese Economic and Business Studies, 2011, 9 (2): 111-126.

[163] Yongqin Wang. Understanding Economic Development and Institutional Change: East Asian Development Model Reconsidered with Implications for China [J]. Journal of Chinese Political Science, 2010 (16): 47-67.

[164] Young Alwyn. Gold into Base Metals: Productivity Growth in the People's Republic of China during the Reform Period [J]. Journal of Political Economy, 2003 (111): 1221-1261.

后　记

河南省作为内陆人口大省，劳动力、自然资源等传统要素资源丰富，技术、管理以及资金等创新要素、高端要素不足，其主要人均指标低于全国平均水平的状况一直没有改变。经济新常态下，河南县域经济增长开始发力，2015 年，多数县域经济增长速度达到两位数。比如，新郑市为 15.6%，中牟县达到 13.5%，孟津县 12.1%，新安县 12.5%，郏县 15.6%，安阳县 13.7% 等。那么，这是否意味着欠发达地区迎来了赶超发达地区的黄金时期呢？更进一步地，欠发达地区如何才能实现区域经济的赶超发展呢？本书的撰写就是为了解决这些疑问。本书的价值主要体现在以下几方面：

第一，长期以来，研究中国经济增长持续性的文献很多，但从区域经济角度所做的探讨却很少。本书通过构建区域经济接力增长理论模型，以及据此对中国经济持续快速增长做出解释，为这方面的研究提供了一个研究路径和方法方面的参考。同时，从这个方面去探寻并设计欠发达地区区域经济赶超发展的模式是有效的。

第二，多尺度分析，既注重时间尺度，也关注空间尺度，能够测度不同时间段及不同地域单元的区域经济差异，全面刻画区域经济差异的不同时空表现。而多机制分析则在空间水平的模型中加入了不同的时间及空间层次，弥补了现有机制分析忽视时间或忽视空间的缺陷，揭示的区域经济差异的形成机制更加合理。

第三，现有区域经济增长的研究方法忽视了时间维度和空间维度的耦合。事实上，一方面，区域经济的增长不仅与当期的指标有关，还与前几期的指标有关，因此，存在时间自相关性；另一方面，区域经济的增长不仅与其本身有关，还与其周围的邻居有关，因此，存在空间自相关性。马尔科夫链侧重时间方面的自相关，而空间马尔科夫链侧重空间方面的自相关，因此，亟须将时间维度和空间维度结合起来，采用时空加权马尔科夫链分析方法，该方法还可较为准确地预测区域经济增长类型的演变趋势，更好地为政策制定服务。

第四，在区域经济接力增长模型的基础上，本书将河南省作为欠发达地区的典型案例，并基于对河南区域经济发展现状、河南县域经济增长空间分布动态、河南区域经济差异的多尺度多机制分析、河南区域经济协调发展的空间格局及其演变、河南县域经济新增长点研究、河南区域经济增长类型的预测、河南省区域经济赶超发展的城市和产业支撑等的分析，构建了欠发达地区区域经济赶超发展策略。